Rainer Rosenberg

Literaturwissenschaftliche Germanistik

Literatur und Gesellschaft

Herausgegeben von der
Akademie der Wissenschaften der DDR
Zentralinstitut für Literaturgeschichte

Rainer Rosenberg

Literaturwissenschaftliche Germanistik

Zur Geschichte ihrer Probleme und Begriffe

Akademie-Verlag Berlin

1989

ISBN 3-05-000877-6
ISSN 0232-315 X

Erschienen im Akademie-Verlag Berlin, Leipziger Str. 3–4, DDR - 1086 Berlin

Lizenznummer: 202 · 100/125/89
Printed in the German Democratic Republic
Gesamtherstellung: VEB Druckerei „Gottfried Wilhelm Leibniz", 4450 Gräfenhainichen
Lektor: Elżbieta Mischke
Bestellnummer: 755 040 5 (2150/98)

01100

Inhalt

Vorwort 7

Das Selbstverständnis der Literaturwissenschaft 10

Der Status der Nationalphilologie und das gesellschaftliche Prestige ihrer Vertreter 10

Germanisten und Schriftsteller. Das Verhältnis der Literaturwissenschaft zur zeitgenössischen Literatur 22

Die akademische Germanistik und die Entwicklung des literaturtheoretischen Denkens 29

Der Literaturbegriff der Literaturgeschichtsschreibung . . . 53

Wolfgang Menzel und Robert Prutz 53

Die Neukonstituierung des Literaturbegriffs als Wertkategorie und die Ausgrenzung der Trivialliteratur 69

Literaturgeschichte oder Geschichte der Dichtung? Ideologische Implikationen der Opposition von Literatur und Dichtung im literaturtheoretischen Denken der ersten Hälfte des 20. Jahrhunderts 77

Deutsche Klassik und Romantik. Kanonbildung 85

Die jungdeutsche Auseinandersetzung mit der „Kunstperiode". „Nur" Literaturkritik oder Ansatz für einen alternativen literaturgeschichtlichen Diskurs? 85

Kanonbildung im Diskurs der akademischen Literaturgeschichtsschreibung. Gervinus. Hettner. Scherer. R. M. Meyer 99

Die Klassik-Konzeption der deutschen Geistesgeschichte. Dilthey 134

Epochengliederung. Stil 161

Das Periodisierungsproblem in der Geschichte der Literaturgeschichtsschreibung 161

Dimensionen des Stilbegriffs. Stilperioden? 185

Nationalliteratur und Weltliteratur 202

Die Ambivalenz des philologischen Ansatzes. Zur Bedeutung von Jacob Grimms Germanistik-Konzeption für die Entwicklung der Literaturwissenschaft 202

Germanistik und Komparatistik. Vorleistungen und Hindernisse für die Etablierung der vergleichenden Literaturwissenschaft 211

Die Literatur der Arbeiterbewegung als Forschungsgegenstand der Literaturwissenschaft 242

Anmerkungen 274

Personenregister 298

Vorwort

Vorliegende Studien erstrecken sich auf ungefähr denselben Zeitraum wie der 1981 erschienene Band *Zehn Kapitel zur Geschichte der Germanistik – Literaturgeschichtsschreibung.* Während dort die literaturwissenschaftliche Germanistik von etwa 1830 bis in die ersten Jahrzehnte des 20. Jahrhunderts vorwiegend unter ideologie-, institutions- und methodengeschichtlichen Aspekten behandelt worden war, gehen die Studien im wesentlichen problem- bzw. begriffsgeschichtlich vor. In einer Reihe von Längsschnitten wird die Geschichte der literaturwissenschaftlichen Germanistik daraufhin untersucht, wie diese Teildisziplin zentrale Probleme der Konstituierung, der Systematisierung und der Darstellung ihres Objektbereichs behandelt und mit welchem Selbstverständnis von der gesellschaftlichen Funktion ihrer Tätigkeit sie jeweils gearbeitet hat. Diese Vorgehensweise trägt der Tatsache Rechnung, daß das heutige Interesse an der Wissenschaftsgeschichte in hohem Maße problem- und begriffsgeschichtlich bestimmt ist und daß die Entwicklung der meisten dieser Probleme noch nicht zusammenhängend dargestellt wurde.

Daß der Literaturbegriff und die Bewertung der Literatur ebenso wie die Periodisierung der Literaturgeschichte, das Verhältnis von National- und Weltliteratur oder bürgerlicher und sozialistischer Literatur – die Themen der vorliegenden Studien also – zu den zentralen Problemen der Literaturgeschichtsschreibung gehören, wird kaum bestritten werden. Folglich muß man auch wissen, wie der Literaturbegriff sich verändert hat, welche literarischen Gattungen zu den verschiedenen Zeiten beschrieben, wie sie hierarchisiert wurden und in welchem Verhältnis die Verfahren der Literaturwissenschaft zum Literaturprozeß selbst standen. Man steht vor der Aufgabe, den Selektionsprozeß zu rekonstruieren, in dem ein bestimmtes Corpus von Literaturwerken aus der Masse des Überlieferten herausgehoben und mit ästhetischen Werten besetzt wird, die ihrerseits andere – moralische, religiöse, politische und soziale – Wertsetzungen implizieren. Dabei erhebt sich die Frage, welche Werte jeweils im literarischen Erbe gesucht wurden, welche Werthierarchie die literaturwissenschaftliche Germanistik herstellte und in welcher gesellschaftlichen Funktion und mit welchem Funktionsverständnis sie das tat. Es liegt auf der Hand, daß hierfür die Herausbildung der Vorstellungen von der deutschen Klassik und die Geschichte der Romantik-Rezeption von besonderem Interesse sind – die Geschichte einer Opposition, deren Behandlungsweise für die literaturwissenschaftliche Germanistik in Deutschland zu jeder Zeit signifikant war. Ähnliches gilt für das Periodisierungsproblem – die Frage, welche Periodensequenzen gebildet wurden, von welchen gegenstandskonstituierenden Bestimmungen sie ausgingen und welche geschichtsphilosophischen Auffassungen ihnen zugrunde lagen. Nicht zu übersehen ist dabei die Bedeutung, die die Einführung des Stilbegriffs in die Literaturwissenschaft gehabt hat. Und die Literaturgeschichtsschreibung muß daraufhin befragt werden, inwieweit sie nach dem Übergang vom universalgeschichtlichen auf das nationalgeschichtliche Konzept den weltliterarischen Horizont offenzuhalten imstande war. In diesen Zusammenhang gehört die Beantwortung der Frage, wie die Germanistik sich zu den Konzepten einer vergleichenden Literaturwissenschaft verhielt – konkret: warum die vergleichende Literaturwissenschaft in Deutschland sich nicht entwickeln konnte. Schließlich hätte man den Diskurs der Literaturwissenschaft selbst historisch zu betrachten. Zur Debatte stehen die Wandlungen in der Darstellung der Literaturgeschichte. Sprache und „Stil" der literaturwissenschaftlichen Germanistik wären zu konfrontieren mit dem alternativen literaturgeschichtlichen Diskurs, den der Kritiker-, Philosophen- und Schriftsteller-Essay des späten 19. und des 20. Jahrhunderts vorgeführt hat.

Dieser Aufzählung lassen sich selbstverständlich noch andere Fragen hinzufügen, die für die Wissenschaftsgeschichte von ebenso großem Gewicht sind. Aber mit der Vorlage der Studien wird keinerlei Anspruch erhoben, die eingangs genannten Probleme in ihrer geschichtlichen Entwicklung umfassend dargestellt zu haben. Das wäre schon deswegen nicht möglich, weil es sich dabei ja um allgemeine Probleme der Literaturgeschichtsschreibung handelt, deren Entwicklung nicht auf die Geschichte einer Philologie begrenzt ist, sondern von dieser nur spezifiziert wird. Zur allgemeinen Geschichte literaturwissenschaftlicher Probleme und Begriffe können die Studien daher bestenfalls etwas beitragen. Das allerdings möchten sie auch, obwohl sie selbst unterhalb der ihnen gesetzten Grenze – der Einschränkung auf die Geschichte der Germanistik – nur punktuelle Annäherungen zu bieten vermögen. Die Annäherungspunkte freilich sind nicht zufällig gesetzt. Innerhalb des angegebenen zeitlichen Rahmens konzentrieren sich die Problemgeschichten auf die „akuten" Phasen der Probleme, markieren sie Umschlagpunkte. Der zeitliche Rahmen wird nur insofern gesprengt, als die Studien häufig auch explizit auf den gegenwärtigen Diskussions- und Erkenntnisstand eingehen und der Autor dann auch seine eigene Auffassung zur Diskussion stellt. Einige Studien gehen überhaupt von einer Beschreibung der heutigen Problemlage aus, um dann die Geschichte danach zu befragen, wie diese Problemlage entstanden ist. Mit diesem Versuch, Wissenschaftsgeschichte als die geschichtliche Dimension gegenwärtiger Streitfragen darzustellen, verfolgt der Autor den Zweck, ein Maximum an verfügbarem historischem Wissen in die aktuellen literaturtheoretischen Debatten einzubringen.

Das Selbstverständnis der Literaturwissenschaft

Der Status der Nationalphilologie und das gesellschaftliche Prestige ihrer Vertreter

Angehende Literaturwissenschaftler gewöhnen sich heutzutage bald daran, nach Sinn und Zweck ihrer Tätigkeit befragt zu werden. Sie erfahren auch beizeiten, daß die verfügbaren Antworten die Fragenden meist nicht befriedigen. Manche finden sich damit ab, setzen sich sogar über den Verdacht ihrer Nutzlosigkeit hinweg oder halten sich schließlich selbst für parasitäre Existenzen. Anderen bleibt das bedrückende Gefühl ständigen Legitimationszwangs. Man kann es ihrem Habitus ablesen.

Gefragt wird heute nicht nur von literarisch Uninteressierten und ästhetisch Ungebildeten, sondern ganz unverfänglich auch von kunstverständigen Lesern und, oft in provokatorischer Weise, von Schriftstellern, Theaterregisseuren und anderen Kunstproduzenten und -praktikern. Die Literaturwissenschaftler können auf einen Antwortkatalog zurückgreifen, an dem Generationen in ernsthafter Selbstreflexion ihrer Beschäftigung gearbeitet haben. Er enthält so viele Argumente für die wissenschaftliche Erforschung der Literatur in einem praktisch einsichtigen, weil übergeordneten gesellschaftlichen Interesse, daß diese, möchte man glauben, auch in den Augen derer als gerechtfertigt erscheinen muß, für die das bloße Vorhandensein eines kulturellen Phänomens wie der Literatur an und für sich noch kein zureichender Grund ist, es wissenschaftlich zu erforschen.

Wenn die Fragen nach dem Sinn und dem Nutzen der Literaturwissenschaft dennoch nicht verstummen, dann liegt es sicher nicht daran, daß dieses übergeordnete Interesse ignoriert würde. Vielmehr stößt man allenthalben auf den Zweifel, ob die Literaturwissenschaft die Funktionen, mit denen sie sich legitimieren möchte, auch wirklich erfüllt. Man hört den Einwand, daß ihr Beitrag zur Geschichtsforschung zu gering sei, weil sie selektiv verfahre und die Literatur der Vergangenheit nicht in ihrer ganzen Breite und in ihren realen Wirkungszusammenhängen erfasse, Literaturgeschichte folglich zumeist an der wirklichen Geschichte des gesellschaftlichen Umgangs mit Literatur vorbeigeschrieben werde und deshalb nicht genügend Ansatzpunkte für kulturgeschichtliche Synthesen biete. Und man muß sich sagen lassen, daß wir die großen Wiederentdeckungen aus dem Bestand der alten Literatur, die angenommen wurden, und die Neuinterpretationen und Umwertungen alter Werke, die sich durchgesetzt haben, seit geraumer Zeit viel seltener der Literaturwissenschaft verdanken als der Literatur selbst und dem zeitgenössischen Theater. Eines der eindrucksvollsten Beispiele dafür aus der jüngsten Zeit ist das wiedererwachte Interesse an der Romantik, von dem die Literaturwissenschaft regelrecht überrumpelt worden ist.

Nun könnte man sich vielleicht noch damit abfinden, daß Literatur- und Theaterpraktiker ein feineres Gefühl für die Stimmungen und Affinitäten ihrer Zeitgenossen ausgebildet haben als die meisten Literaturwissenschaftler und daß sie damit auch die aktuellen Wirkungspotenzen alter Literatur besser zu erkennen imstande sind als diese. Schlimmer für die Literaturwissenschaftler ist schon der Einwand, daß die Schriftsteller ihnen häufig auch als Interpreten der Werke den Rang ablaufen, über deren Wirkungspotenz man sich einig ist. Aber nicht genug damit: Auch für die Theorie der Literatur sind, soweit sie ihre Anregungen nicht aus der Philosophie, der Psychologie oder der Linguistik erhalten hat, in den letzten Jahrzehnten die Denkansätze von Schriftstellern und Kritikern oft produktiver gewesen als die Verallgemeinerungen der akademischen Wissenschaft.

Diese Einwände muß man gelten lassen. Sie kennzeichnen die wirkliche Situation. Man kann eigentlich nur dagegen halten, daß die Literaturwissenschaft eben aus dieser Situation heraus in den letzten Jahrzehnten verstärkte Anstrengungen unternommen hat, sich als praktisch wirksam und gesellschaftlich nützlich zu erweisen. Nicht nur, daß die Aufmerksamkeit für die Gegenwartsliteratur bei den Literaturwissenschaftlern zugenommen hat: Gewachsen ist auch die Zahl derer, die sich kritisch einmischen, die Kritik der Neuerscheinungen als gesellschaftlichen Auftrag der Literaturwissenschaft ansehen und auf diese Weise den Dialog mit den Schriftstellern wieder aufzunehmen bemüht sind. Schließlich gibt es Beispiele dafür, daß Literaturwissenschaftler schon vor der postmodernistischen Vermengung der Diskurse selbst mit kunstliterarischen Texten an die Öffentlichkeit getreten sind und – aus akademisch gesicherter Position – sich dem „Literaten“-Typ annäherten, dem die institutionalisierte Wissenschaft in der ersten Hälfte unseres Jahrhunderts mit bornierter Arroganz ihre wissenschaftliche Anerkennung verweigert hat. Neben solcher Einmischung in den literarischen Gegenwartsprozeß, die die Kluft zwischen Literaturwissenschaftlern und Schriftstellern bislang keineswegs zu überbrücken vermochte, erkennt man den fortgesetzten Versuch, durch die Aufnahme empirischer soziologischer Forschungen über Lesegewohnheiten und Lesererwartungen zu Ergebnissen zu gelangen, die kultur- und sozialpolitisch unmittelbar zu verwerten sind. Aber selbst der statistische Beleg, daß Publikationen der Wissenschaftler insgesamt heute weiter verbreitet sind als irgendwann früher, kann nicht über die Funktionsbeschränkung der Literaturwissenschaft hinwegtäuschen, die den definitiven Prestigeverlust bis zur Bezweiflung ihrer Existenzberechtigung nach sich gezogen hat.

Das Selbstverständnis einer Wissenschaft richtet sich nicht automatisch auf solche Funktions- und Statusveränderungen ein: Die Bemühungen um die Einbindung der literaturwissenschaftlichen Arbeit in andere, unzweifelhafte gesellschaftliche Praxisformen zeigen das ebenso wie die anhaltenden internen Methodendiskussionen der letzten Jahrzehnte. Man hat also, wenn man nach dem Selbstverständnis der Literaturwissenschaft fragt, immer auch danach zu fragen, inwieweit es mit dem geschichtlich gegebenen Status dieser Wissenschaft übereinstimmt, inwieweit es ihre realen Möglichkeiten übersteigt oder hinter ihnen zurückbleibt. Hier soll deshalb zunächst der Versuch gemacht werden, den Status zu beschreiben, den die Literaturwissenschaft in Deutschland seit der Reichsgründung besessen hat. Dabei ist von ihrer philologischen Organisation auszugehen und zwischen der Wissenschaft von der deutschen Literatur und den sogenannten Fremdphilologien zu unterscheiden.

Schon die nationalphilologische Organisationsform der Literaturforschung resultierte daraus, daß die historiographische Darstellung der Literaturgeschichte des eigenen Volkes eine politisch-ideologische Funktion bei der Entwicklung eines bürgerlichen Nationalbewußtseins und im Kampf um die nationalstaatliche Einigung erhalten hatte. Das Prestige im öffentlichen Leben und die Vorzugsstellung der Wissenschaft von der je eigenen Nationalliteratur gegenüber den Fremdphilologien erwachsen aus dieser Funktion.

Diese Funktion hatte sich in Deutschland nach der Reichsgründung in spezifischer Weise verändert. Die deutsche Literatur, zuerst als die eigentliche Existenzform der deutschen Nation angesehen, dann zur Begründung des Anspruchs auf den bürgerlichen Nationalstaat eingesetzt, sollte nun dem neugegründeten Deutschen Reich als geistige Tradition verfügbar gemacht werden. Das war jedenfalls der klar definierte ideologische Auftrag, den die Mehrzahl der Literaturwissenschaftler angenommen hatte. Die Gründe dafür liegen nicht nur in deren mehrheitlicher Zustimmung zu diesem Staat, sei es aus liberaler, sei es aus preußisch-konservativer ideologischer Einstellung. Sie liegen sicher auch im damaligen Profil der Literaturforschung als einer vorwiegend historiographischen Beschäftigung, die schon seit ihrer romantischen Periode unter den Vorzeichen der Traditions- und Wertbildung stand. Vor allem aber muß man sie wohl in dem Streben nach einer wissenschaftlichen Begründung der nationalen Identität suchen, die damals nicht nur die Philologie, sondern auch andere Humanwissenschaften beschäftigte.

Daß dieses Streben in Deutschland aus der politischen Entwicklung kräftige Impulse erhielt, liegt auf der Hand. Es läßt sich jedoch nicht auf die besondere Lage der Völker zurückführen, die ihre nationale Einheit und Souveränität noch nicht erlangt hatten. Vielmehr handelt es sich dabei um einen der großen Wissenschaftstrends des 19. Jahrhunderts, der von der nationalen Organisation der bürgerlichen Gesellschaft ausging und mit dem Aufstieg der Naturwissenschaften verbunden war: Es wurde daran gearbeitet, die Völker als natürliche geschichtliche Größen zu erfassen und die gemeinsamen biologischen Anlagen der Angehörigen eines Volkes oder einer Volksgruppe und die aus biologischen Anlagen und historischen Schicksalen der betreffenden Gruppen gebildeten nationalen Charaktereigenschaften zu bestimmen. Der diesen Arbeiten zugrunde liegenden Auffassung der „Völker", d. h. der bürgerlichen Nationen als Subjekt der Geschichte entsprachen in der geschichtsphilosophischen Verallgemeinerung der von den Einzelwissenschaften angebotenen Forschungsergebnisse und Hypothesen die mannigfaltigen Versuche, den Geschichtsverlauf aus den unterschiedlichen Nationalcharakteren zu erklären.

Eine Schlüsselstellung in den Bemühungen, unterschiedliche Nationalcharaktere zu bestimmen, erhielt die Psychologie, die sich im letzten Drittel des 19. Jahrhunderts als empirische Wissenschaft auf naturwissenschaftlicher Grundlage konstituierte. Sie tat das eben in Gestalt der „Völkerpsychologie". Ihre Begründer Lazarus und Steinthal kamen von der vergleichenden Sprachwissenschaft her und waren durch deren Ergebnisse zu den neuen Fragestellungen angeregt worden. Schon sie hatten jedoch auch den Erkenntniswert begriffen, den die Mythen und Märchen, die poetische Überlieferung der Völker, für ihre Fragestellungen besaß. Die Literaturhistoriker schließlich, die diesem Trend folgten, waren überzeugt, mit ihrem Forschungsgegenstand überhaupt den beredtesten Ausdruck der seelischen Eigenart der Völker in ihrer Kompetenz zu haben. Sie beriefen sich auf die Psychologie als Grundlagenwissenschaft aller Geisteswissenschaften und betrachteten die zusammenfassende Erklärung ihrer Forschungsergebnisse letztlich als ein psychologisches Problem.

In ihrer Ausrichtung auf die Frage nach der Identität der Völker und in ihrer Überzeugung, daß die Literatur dafür die tiefgreifendsten und umfassendsten Antworten bereithalte, begriff sich die Philologie der je eigenen Sprache und Literatur als nationale Wissenschaft par excellence, als die eigentliche Nationalwissenschaft. Eine solche „Nationalwissenschaft" erfüllte wichtige Funktionen nicht nur, solange der Nation die politische Realität fehlte. In Deutschland wurde sie nach der Reichsgründung erst recht gebraucht: als eine Institution, die die nationale Identität der Deutschen an den imperialistischen deutschen Staat band, indem sie die in der Literatur verkörperten geistigen Werte der Nation als Kulturbesitz dieses Staates darstellte. Die Germanistik hat diese Funktion einer „Nationalwissenschaft" in Deutschland bis 1945 ausgeübt und sich seit den zwanziger Jahren teilweise auch selbst als „Deutschkunde", „Deutschwissenschaft" oder „deutsche Wissenschaft" deklariert. Ihr gesellschaftliches Prestige blieb daher auch von den epochalen Veränderungen der Bildungsstruktur, dem Vordringen der naturwissenschaftlichen Bildung und dem schwindenden Anteil geistig-kulturellen Bildungsguts im öffentlichen Bewußtsein lange Zeit unbeeinflußt. Als approbierte Verwalterin und Vermittlerin höchster nationaler Werte behielt die Germanistik ihr Ansehen auch bei der Masse derjenigen Vertreter des gebildeten Bürgertums, für die das Erbe der deutschen Literatur nur noch einen deklarativen Wert besaß.

Was die Beschäftigung mit der neuzeitlichen Literatur anbelangt, so war sie überhaupt erst nach der Reichsgründung in die Germanistik integriert worden. Erst im letzten Drittel des 19. Jahrhunderts wurden an den germanistischen Instituten der Universitäten die ersten Lehrstühle für „neuere deutsche Literatur" geschaffen, deren Inhaber allerdings schon bald keine Mühe hatten, die Dignität ihres Gegenstandes gegenüber der wesentlich sprachwissenschaftlich ausgerichteten germanistischen Mediävistik zu behaupten. Auch die Vertreter dieser Richtung, die der Integration der neueren deutschen Literatur gegenüber reserviert blieben (sie bildeten noch um 1900 die Mehrheit in der deutschen Germanistik), konnten sich der Einsicht nicht verschließen, daß diese Literatur, dank der internationalen Geltung einiger ihrer Spitzenwerke, besser als die germanischen und deutschen Altertümer geeignet war, den Großmachtanspruch des neuen Staates kulturpolitisch zu unterstützen.

Die Einbindung der Literaturwissenschaft in das nationalwissenschaftliche Konzept der Germanistik ist freilich nicht nur unter dem Aspekt der politisch-ideologischen Funktion zu sehen, die sie damit übernahm. Unter dem Einfluß des Berliner Germanisten Wilhelm Scherer, der für diese Integration bahnbrechend wirkte, und seiner positivistischen Schule stellte sich die Literaturwissenschaft auch auf die wissenschaftliche Grundorientierung und die Methoden der Germanistik ein. Diese hatte sich von der Sprachforschung her dem naturwissenschaftlichen Wissenschaftsmodell des Positivismus leichter und daher auch früher anpassen können. Im Rahmen der Germanistik hatte sich nun auch die Beschäftigung mit der neuzeitlichen deutschen Literatur vor allem auf empirische Forschung einzustellen, d. h. auf Quellenforschung, die als Ursachenforschung betrieben wurde. Sie hatte der positivistischen Forderung nach Objektivität und Überprüfbarkeit der Aussagen zu entsprechen, die als wissenschaftliches Postulat zur Geltung kam. Die Masse des damals aufgearbeiteten literaturgeschichtlichen Materials ist gewaltig. Für die Mehrzahl der bis dahin bestehenden literaturwissenschaftlichen Gegenstände wurde erst in dieser Zeit eine gesicherte Materialbasis geschaffen. Im Verein mit der Überzeugung von der nationalpolitischen Relevanz ihrer Tätigkeit verhalfen die methodische Sicherheit und die tatsächlich erbrachte Forschungsleistung den germanistischen Literaturwissenschaftlern zu einem Selbstwertgefühl, das uns heute oft als unangemessen erscheint.

Das positivistische Kausalitätsprinzip wirkte sich auf die Literaturforschung derart aus, daß man sich auf der phänomenologischen Ebene nicht lange aufhielt. Es galt, das literarische Faktum auf seine Ursachen zurückzuführen, und die Verlagerung des eigentlichen Erkenntnisinteresses auf die wissenschaftliche Begründung der nationalen Identität erhielt dadurch ihre wissenschaftstheoretische Rechtfertigung. Wissenschaftsprinzip und Erkenntnisinteresse trafen in der Person des Autors als des unmittelbaren Verursachers des literarischen Faktums zusammen; auf die psychologische Erhellung seiner Persönlichkeit lief die positivistische Literaturforschung folglich zunächst hinaus. Die Dichterbiographie trat ins Zentrum der literaturwissenschaftlichen Arbeit. Diese wie auch das allgemeine Interesse an ihr sind zumindest in Deutschland weit über die positivistische Phase der Literaturwissenschaft hinaus von der Dichterbiographie bestimmt gewesen. Das literarische Werk kam mehr oder weniger nur als Ausdruck der Persönlichkeit des Dichters in Betracht, dessen geistige Verfassung, Lebensschicksale und Weltanschauung man aus ihm erschließen und mit ihm belegen wollte. Dementsprechend wurde auch die Literaturgeschichte als eine Personalgeschichte geschrieben, obwohl die deterministische Persönlichkeitsauffassung der positivistischen Historiker dem eigentlich widersprach.

Schließlich hat sich die Literaturwissenschaft mit ihrem Übergang in die Kompetenz der Germanistik auch deren weitem kulturgeschichtlichem Horizont geöffnet. Denn die Grimmsche Wissenschaftskonzeption, von der Scherer ausgegangen war, setzte ja auf dem breiten Fundament sozialgeschichtlicher Tatsachen an, die, unter dem Aspekt der Lebensweise gesehen, in unserem heutigen Verständnis die Grundlage der Kulturgeschichte bilden. Auch der nationalwissenschaftliche Anspruch der Germanistik wurde durch die Entwicklung dieses kulturgeschichtlichen Ansatzes bekräftigt, in deren Verlauf die Erforschung der „Sitten und Gebräuche", des „Volksglaubens" (der Reste der germanischen Mythologie) und der vorliterarischen (oralen) Formen der Volkspoesie einen eigenen Zweig germanistischer Forschung (die sogenannte Volkskunde) bildeten. Von diesem Ansatz her, den Scherer in das Studium der neuzeitlichen deutschen Literatur einführte, kam die Germanistik der sozialgeschichtlichen Ableitung der Fakten der Literaturgeschichte, die der Positivismus – vermittelt über die Determination der Autorpersönlichkeit – forderte, ebenso entgegen, wie sie die kulturgeschichtliche Verallgemeinerung der Erkenntnisse der Literaturwissenschaft förderte. Mit dieser Tendenz zur Kulturgeschichte wies die positivistische Literaturwissenschaft eine der Grundrichtungen auf, zwischen denen sich die bürgerliche Literaturforschung in der Folgezeit zu entscheiden hatte.

Die sogenannte geistesgeschichtliche Wende, mit der das naturwissenschaftliche Wissenschaftsideal verabschiedet und das geschichtlich-gesellschaftliche Leben der Möglichkeit einer ursächlichen Erklärung überhaupt entrückt wurde, markiert nach allgemeiner Auffassung einen tiefen Einschnitt in der Geschichte der deutschen Literaturwissenschaft. Er manifestiert sich nicht zuletzt in der entschiedenen

Negation der kulturgeschichtlichen Tendenz, in der Wiederherauslösung der Literaturforschung aus dem Zusammenhang mit Sprachgeschichte und „Volkskunde“ und ihrer neuerlichen Annäherung an Ästhetik und Philosophie. Der Orientierungswechsel erstreckte sich auch auf die mittelalterliche Literatur, in deren Studium bis dahin eindeutig das sprachwissenschaftliche Erkenntnisinteresse dominiert hatte. Gegen die positivistische Ausgrenzung weltanschaulich bestimmter Werturteile setzte die deutsche Geistesgeschichte auch in der germanistischen Mediävistik allmählich ihr Programm der Literaturwissenschaft als einer weltanschauungbildenden und wertsetzenden Tätigkeit durch.

In der Rückschau auf die wirkliche Entwicklung – und von ihr, nicht von dem jeweiligen Selbstverständnis der Literaturwissenschaft gehen wir aus – werden hinter den unterschiedlichen Wissenschaftsauffassungen allerdings Kontinuitätslinien sichtbar, die den Einschnitt überbrücken. Schon die Arbeit der positivistischen Literaturhistoriker war nicht nur von dem Bewußtsein getragen, daß ihre Gegenstände mit Werten besetzt sind, sondern auch von der Absicht erfüllt, diese Werte – vor allem als nationale Werte – zu vermitteln. Aber selbst die postulierte Wertneutralität der wissenschaftlichen Untersuchung wurde in der positivistischen Praxis nicht eingehalten – am allerwenigsten in der Literaturgeschichtsschreibung, wo ja schon der Auswahl der behandelten Autoren und Werke immer ein Werturteil zugrunde liegt: Die Literaturgeschichten sind voll von expliziten Wertungen, die ihre weltanschaulichen Prämissen offen zu erkennen geben. Die Geistesgeschichte ihrerseits hat die nationalwissenschaftliche Funktion der positivistischen Germanistik ungeschmälert übernommen und sogar weiter ausgebaut. Sie ging noch entschiedener auf Identifikationsforschung aus als der literaturwissenschaftliche Positivismus, und sie reflektiert dementsprechend noch stärker auf die Psychologie als Grundlagenwissenschaft. Ebensowenig wie für den Positivismus stand für sie – aufs Ganze gesehen – daher die Phänomenologie des literarischen Werks im Zentrum des wissenschaftlichen Interesses: Dieses ging nach wie vor durch das Werk hindurch auf die Person des Autors und über den Autor hinaus auf überindividuelle, metaphysische Größen – auf den „Zeitgeist“ und den „Volksgeist“, den „deutschen Geist“. Eben mit der Wendung zur Geistesgeschichte hat sich die ideologische Tendenz befestigt, die zu einem der charakteristischen Züge der Entwicklung der deutschen Literaturwissenschaft geworden ist. Im Vergleich mit den ausgebildeten werkphänomenologischen, formalistischen und strukturalistischen Konzeptionen in der Literaturwissenschaft des 20. Jahrhunderts rücken der literaturwissenschaftliche Positivismus der Scherer-Schule und die deutsche Geistesgeschichte enger zusammen.

Der mit der geistesgeschichtlichen Wende bezeichnete Paradigmawechsel vollzog sich also auf der Basis funktionaler Konstanten und im Rahmen eines gleichbleibenden Grundverständnisses der Aufgaben und Ziele der Literaturwissenschaft. Auf dieser Basis und in diesem Rahmen aber etablierte die Geistesgeschichte ein neues Wissenschaftsmodell, das der generellen Ablösung des Positivismus im bürgerlichen Geschichtsdenkens durch die Lebensphilosophie entsprach und das das Profil der Literaturwissenschaft entscheidend veränderte. In diesem Modell, für das Wilhelm Dilthey mit seiner *Einleitung in die Geisteswissenschaften* den ersten systematisch ausgearbeiteten Entwurf geliefert hatte, bildete die „Auffassung des Singularen, Individualen ... so gut einen letzten Zweck als die Entwicklung abstrakter Gleichförmigkeiten“[1]. Insofern als dem Kausalitätsprinzip im Bereich des geschichtlich-gesellschaftlichen Lebens die Gültigkeit abgesprochen und der dem Schererschen Positivismus noch innewohnende Gedanke an einen gesetzmäßigen Fortschritt im historischen Relativismus aufgelöst wurde, konnten „Gleichförmigkeiten“ in den historischen Wissenschaften jedoch überhaupt nur noch aus geschichtlichen Analogien entwickelt werden. Diese wiederum lassen prinzipiell nur noch eine typologische Verallgemeinerung zu. Es entsprach dem das Aufkommen einer Vielzahl von meistens psychophysiologisch begründeter Typologien, die in die Literaturforschung Eingang fanden und das kausale, historisch-genetische Erklärungsprinzip des Positivismus durch ein Prinzip deskriptiver Darstellung der anthropologischen Konstanten in den Handlungen und Hervorbringungen der Menschen ersetzten.

Eine der produktivsten Forschungsrichtungen, die von der lebensphilosophischen Geschichtsauffassung angeregt wurden, war die Stilforschung. Unter dem Gesichtspunkt der Einmaligkeit und Unwiederholbarkeit der konkreten geschichtlichen Erscheinung traten die individuellen Eigenarten künstlerischen Formierens in den Mittelpunkt des Interesses, versuchte man, die Formierungsweisen der einzelnen Künstler (ihren individuellen „Stil“) analytisch zu unterscheiden und typologisch zu ordnen. Was zunächst aber dabei herauskam, war – neben ersten Erkentnissen über psychologisch-konstitutionelle Determinanten des individuellen künstlerischen Ausdrucks – eine Vielzahl von Versuchen, anhand von Gruppen-, Generations- oder zeittypischen Merkmalen in der Formierungsweise verschiedener Künstler überindividuelle historische Stile zu beschreiben. Die Anregungen für diese stilanalytische Richtung innerhalb der deutschen Geistesgeschichte kamen aus den anderen Kunstwissenschaften, die auch in der typologischen Verallgemeinerung der Individualstile vorausgingen. In dieser Richtung lag der historisch bedeutsame Versuch der Literaturwissenschaft, mit der geistesgeschichtlichen Wiederannäherung an die Philosophie sich selbst als Kunstwissenschaft zu profilieren und damit zugleich den anderen Kunstwissenschaften anzunähern.

Ihnen folgte die Literaturwissenschaft allerdings auch in der Tendenz, die beschriebenen überindividuellen historischen Stile in anthropologische Typologien transzendieren zu lassen: Was z. B. als „romantisch“ einer konkreten literarischen Strömung abgezogen war, wurde – mit anderen historischen Strömungen parallelisiert – zu einem überzeitlichen Grundtyp künstlerischen Formierens verallgemeinert und zu einer ebensolchen Abstraktion des „Klassischen“ in Opposition gestellt. Da nun in jeder Nationalliteratur ein solcher Grundtyp überwiegen sollte (um zu diesem Ergebnis zu kommen, bedurfte es nur der typologischen Parallelisierung der dafür erforderlichen unterschiedlichen historischen Strömungen), wurde dieser Typ als der der betreffenden Literatur eigentlich gemäße, und das hieß im Umkehrschluß: als der der Mentalität, dem „Geist“ des Volkes gemäße künstlerische Ausdruck angenommen, das diese Literatur hervorgebracht hatte. Auf diese Weise brachte die Literaturwissenschaft schließlich ihre Antwort auf die Frage nach der nationalen Identität auf einfache Formeln: Der deutsche „Geist“ war seiner ursprünglichen Anlage und eigentlichen Entwicklungstendenz nach romantisch (gotisch, barock, expressionistisch), nicht klassisch (realistisch), oder musikalisch, nicht plastisch, oder malerisch, nicht linear wie der „Geist“ der romanischen Völker. Indem alle diese Stiltypologien ins Weltanschaulich-Philosophische transzendierten und dort letztlich in der Opposition von Rationalität und Irrationalismus aufgingen, ergab sich als Schlußformel: Deutsch = Irrationalistisch. Die Literatur hatte zu bezeugen, daß die Lebensphilosophie, auf der die deutsche Geistesgeschichte fußte, die dem Deutschen gemäße Weltanschauung war.

Die weitestreichenden Veränderungen im Profil der Literaturwissenschaft waren schließlich mit der lebensphilosophischen Überzeugung verbunden, daß die von dem Prinzip der linearen Kausalität ausgehende positivistische Methode der Naturwissenschaften den Phänomenen des geschichtlich-gesellschaftlichen Lebens nicht adäquat sei und daß die Geisteswissenschaften ihre eigene, von der naturwissenschaftlichen unterschiedene Methode zu entwickeln haben. Diese Methode, die man in der theologischen und juristischen Hermeneutik vorgebildet sah, sollte der lebensphilosophischen Anschauung Rechnung tragen, daß „das Spiel der für uns seelenlos wirkenden Ursachen“ im geschichtlich-gesellschaftlichen Leben abgelöst werde „von dem der Vorstellungen, Gefühle und Beweggründe“ und daß es in den Geisteswissenschaften also statt auf Ursachenerklärung darauf ankomme, die „Beweggründe“ zu verstehen, auf die das geschichtlich-gesellschaftliche Handeln der Menschen zurückzuführen ist.[2] Die Möglichkeit des Verstehens wurde allgemein durch die prinzipielle Gleichartigkeit der Menschennatur, speziell durch das Eingebundensein des Verstehenden in einen gesellschaftlichen Interaktionszusammenhang begründet, der mit dem Zusammenhang, in den die Individuen eingebunden waren, deren Handlungen oder Hervorbringungen verstanden werden sollten, prinzipiell übereinstimmt. Demzufolge war als Methode der Geisteswissenschaften eine allgemeine Verstehenslehre zu entwickeln, stellte sich die Forderung nach der Ausarbeitung der Hermeneutik zu einer Methode der Interpretation menschlicher Lebensäußerungen überhaupt.

In der Literaturwissenschaft, die im literarischen Kunstwerk ein Objekt hat, das auf ein solches Verstehen angelegt ist und in der folglich von Anfang an immer auch Werke interpretiert wurden, bezeichnet der Übergang vom Positivismus auf lebensphilosophische Positionen die Phase, in der die Interpretation sich als die eigentliche Aufgabe dieser Wissenschaft darzustellen und zugleich theoretisch und methodologisch zu problematisieren begann. Vom historischen Relativismus der Lebensphilosophie ging die Etablierung einer auf die Werkinterpretation konzentrierten Literaturwissenschaft aus, für die die Geschichtlichkeit der Literatur zu einem Randproblem herabsank.

Die Verselbständigung der phänomenologischen Annäherung an das einzelne Werk und der Rückgang des Interesses an dessen geschichtlicher Situierung stellten sich jedoch erst im Verlauf eines Prozesses ein, der über weite Strecken latent blieb. Zunächst trat die Literaturwissenschaft, soweit sie sich auf lebensphilosophische Grundlagen stellte, ja gerade mit dem Anspruch auf, in der „Geistesgeschichte“ die ideellen Zusammenhänge zu erfassen, die dem Positivismus verschlossen geblieben waren und die in ihrer Sicht die eigentliche „innere" Geschichte der Literatur bildeten. Tatsächlich erbrachten einige der zahlreichen ideen-, mentalitäts- oder stilgeschichtlichen Untersuchungen, die auf dieser philosophischen Grundlage entstanden, auch Ergebnisse, die sich einer wirklichen Geschichtserkenntnis zuordnen. Angesichts der Verzettelung der positivistischen Forschung in mikroskopischen Detailanalysen konnten die weiträumigen Zusammenhangsdarstellungen der Geistesgeschichte zunächst sogar als eine Reaktivierung des geschichtlichen Denkens erscheinen. Deren innere Aushöhlung durch den historischen Relativismus wurde in der Kunst- und Literaturgeschichtsschreibung auch noch dadurch verdeckt, daß für sie die verabschiedete welthistorische Entwicklungskonzeption auch vordem nicht in der Weise gegolten hatte wie für die Beschreibung des geschichtlichen Gesamtprozesses. In der stadialen Beschreibung historischer Stile, der Herausarbeitung der ihnen immanenten Gesetzmäßigkeit des Fortschreitens der voll ausgebildeten Formen zur Auflösung und des Neuansatzes im Gegensatz, wie wir sie der Geistesgeschichte verdanken, wurde jedoch erstmalig der zyklische Verlauf bestimmter formaler Entwicklungsprozesse nachgewiesen, die sich einem Denken in den Kategorien menschheitsgeschichtlichen Fortschritts zu immer höheren Entwicklungsformen entzogen. Der Nachweis solcher zyklischer Prozesse in der Kunst- und Literaturgeschichte diente nun dazu, Kunst- und Literaturgeschichte (und darüber hinaus den gesamten Geschichtsverlauf) überhaupt als eine Kette von zyklischen Prozessen darzustellen, die keine Feststellung einer zyklenübergreifenden durchgehenden Gerichtetheit mehr erlaubte.

Während aber auch auf der Basis dieser relativistischen Auffassung noch zahlreiche Arbeiten geleistet wurden, deren Interesse sich auf das geschichtliche Werden der Phänomene der Kunst konzentrierte, führte eben diese Auffassung andererseits notwendig dazu, das die einzelnen Erscheinungen Verbindende im Anthropologisch-Übergeschichtlichen zu suchen, d. h. in Kunst und Literatur die Manifestation eines Menschenwesens erkennen zu wollen, dem die gesellschaftlichen Verhältnisse, in denen es sich geschichtlich manifestierte, äußerlich waren. Dauernde Wirkung von Kunstwerken als die traditionelle Bestätigung ihres ästhetischen Werts wurde danach auf einen allgemeinmenschlichen Gehalt, die Gestaltung menschlicher Grundsituationen und Urerlebnisse zurückgeführt – sie waren der gemeinsame Bezugspunkt der dauernd wirkenden, „zeitlosen" großen Kunstwerke, und das bedeutete auch, daß nur zwischen diesen noch über die Zeiten hinweg eine innere Verbindung gesucht wurde, während alles übrige als den vergänglichen Bedingungen seiner Entstehungszeit verhaftet wegfiel. Kurz: Der geschichtlich-gesellschaftliche Entstehungszusammenhang der Werke war von Belang nur noch für die Produkte des literarischen Durchschnitts, der die Literaturwissenschaft nicht mehr interessierte.

Wie schon gesagt, mündete auch dieser direkte Enthistorisierungsprozeß nicht in die Phänomenologie des „Werks 'rein für sich'"[3], sondern in eine Phänomenologie der Dichterpersönlichkeit, die sich in ihm verwirklicht hatte. Was eigentlich aus der zum eintönigen Auf und Ab verödeten geschichtlichen Bewegung herausgehoben werden sollte, war das Genie, in dem man in je besonderer Weise die menschlichen Wesenskräfte zeitlos gültig verkörpert sah. So fand z. B. Friedrich Gundolf in seinem Goethe-Buch die eigentlichen Vergleichsgrößen für die Persönlichkeit des Dichters in Christus und in Napoleon, nicht in Goethes dichtenden Zeitgenossen.[4] Von den positivistischen Versuchen der psychologischen Erklärung der Persönlichkeit aus ihren biologischen Anlagen und den geschichtlichen Bedingungen und gesellschaftlichen Umständen ihres Werdens setzte sich diese Richtung der Literaturwissenschaft natürlich ebenfalls entschieden ab. Die große Persönlichkeit konstituierte sich für sie in ihren aus dem Strom der Geschichte herausragenden Handlungen und Hervorbringungen. Die Werke waren nach dieser Auffassung dann „nicht die Zeichen, welche ein Leben bedeuten, sondern die Körper welche es enthalten. Der Künstler existiert nur, insofern er sich im Kunstwerk ausdrückt"[5]. Sein Leben außerhalb seiner Kunst zu erforschen galt als unangemessen.

Germanisten und Schriftsteller. Das Verhältnis der Literaturwissenschaft zur zeitgenössischen Literatur

Zu den angedeuteten inhaltlichen und methodischen Veränderungen des Profils der Literaturwissenschaft kam ein gesteigertes Selbstwertgefühl ihrer Vertreter. Zwar war das dank des nationalwissenschaftlichen Anspruchs ihres Fachs bei den Germanisten auch vorher schon sehr hoch. Aber sie hatten mit diesem Anspruch auch die Erschütterung des humanistischen Bildungsideals durch die industrielle Revolution kompensiert, zu deren Folgen für das gesellschaftliche Bewußtsein die zunehmende Orientierung auf die Naturwissenschaften gehörte. Und die Positivisten waren, obwohl das Prestige der Germanistik durch deren politisch-ideologische Funktion hochgehalten wurde, immer bestrebt, nachzuweisen, daß sie in ihrer Tätigkeit dem Paradigma der Naturwissenschaften folgten. Die sogenannte geistesgeschichtliche Wende kehrte den epochalen Vorgang der fortschreitenden Schwerpunktverlagerung des gesellschaftlichen Interesses zu Naturwissenschaften und Technik zwar nicht um, aber sie signalisierte eine Bewußtseinslage, in der das Vertrauen darauf, daß der wissenschaftlich-technische Fortschritt eo ipso die gesellschaftlichen Widersprüche lösen werde, verlorengegangen war. Die Wende erfolgte, als das Prinzip der linearen Kausalität, das das Weltbild des alten Positivismus bestimmte, durch die Entwicklung der Naturwissenschaften selbst auch in seiner Gültigkeit für deren Bereich relativiert worden war. Der lebensphilosophische Irrationalismus, den die Geistesgeschichte für alle Bereiche des geschichtlich-gesellschaftlichen Lebens reklamierte, erhielt durch die Entwicklung der Naturwissenschaften quasi eine zusätzliche Bestätigung. So ergab sich, daß die Gesellschaftswissenschaften in der Geistesgeschichte die Kompetenz für die Weltanschauungsfragen zurückerlangten, die sich dem bürgerlichen Bewußtsein nach dem Verlust seines Fortschrittsoptimismus mit neuer Schärfe stellten. Indem die Geistesgeschichte, der Verpflichtung auf das positivistische Wissenschaftsmodell enthoben, diese Fragen entschieden aufgriff, wußten sich ihre Vertreter mit menschlichen Belangen befaßt, die auch im allgemeinem Bewußtsein vor die einfache Tatsachenerkenntnis traten und für die die Naturwissenschaften nicht mehr kompetent waren. Diese Belange konzentrierten sich in der Sinn- und Wertproblematik, für deren Erörterung die Lebensphilosophie Kunst und Literatur als Paradigma eingesetzt hatte. Nahmen die Geisteswissenschaften insgesamt gegenüber den Naturwissenschaften die sublimeren Gegenstände für sich in Anspruch, so konnte sich die Literaturwissenschaft auch noch über die anderen Geisteswissenschaften erheben – als diejenige Disziplin, die ihnen nunmehr das Modell gab. Der elitäre Status, den die Literaturwissenschaft von daher erhielt, wurde durch die Beschaffenheit ihres Wissenschaftsmodells noch erhöht. Indem sie ihren Literaturbegriff auf die Dichtung eingrenzte und sich immer häufiger auch als „Dichtungswissenschaft" („Geschichte der deutschen Dichtung", „Wissenschaft von der deutschen Dichtung") deklarierte, legte sie schon ihrer Gegenstandsbestimmung eine Wertkategorie zugrunde. Denn die Qualität der Dichtung kam nach ihrem Begriff durchaus nicht jedem fiktionalen Literaturprodukt zu, sondern nur den aus der Masse der Literatur herausragenden Werken: Es gab eigentlich nur „große", „wahre" Dichtung, und eben diese konstituierte den Gegenstand der Literaturwissenschaft. Annäherndes Verständnis einer großen Dichtung setzte aber nach der Auffassung der lebensphilosophischen Verstehenslehre eine Erlebnisfähigkeit voraus, die die Masse der Menschen gar nicht besaß. Zur adäquaten Interpretation bedurfte es der Kongenialität mit dem Dichter, und der Literaturwissenschaftler, der sich an die Interpretation einer großen Dichtung wagte, erhob folglich den Anspruch, sich ebenso über die Masse zu erheben, wie es der Dichter mit seinem Werk getan hatte.

Durch diese elitäre Haltung wurde das Verhältnis der Literaturwissenschaft zur zeitgenössischen Literaturproduktion, das schon bei den Positivisten problematisch geworden war, noch weiter kompliziert. Die Zugehörigkeit Gundolfs und einiger anderer Literaturwissenschaftler zum Anhängerkreis Stefan Georges änderte daran ebenso wenig wie die Aufgeschlossenheit etwa Oskar Walzels für den deutschen Expressionismus. Die literarische Praxis, auf die ein Gundolf, Bertram oder Borchardt reflektierten, distanzierte sich selbst von den Hauptströmen der zeitgenössischen Literatur, und Walzel stand im Umkreis der geistesgeschichtlich orientierten Literaturhistoriker ziemlich vereinzelt da. Die George-Anhänger betrachteten die Auflösung der Epik in der modernen Erzählprosa – einen der Hauptzüge der Literaturgeschichte im bürgerlichen Zeitalter – an und für sich als Verfall, als Abstieg von der „Dichtung" zur „Literatur", die ihrerseits im Journalismus ihr letztes Verfallsstadium erreicht hatte. Die Kritik der Gegenwartsliteratur verschwand daher weitgehend aus ihrem Wissenschaftsprofil, wurde den Journalisten überlassen, die sich ihrer angenommen hatten, und derjenige Wissenschaftler, der sich noch auf dieses Feld wagte, setzte sich bei ihnen dem Vorwurf des „Feuilletonismus" aus. Bei den meisten anderen engte sich das Blickfeld auf die konservativen zeitgenössischen Schriftsteller ein, die zu fördern und zu würdigen sich einige durchaus angelegen sein ließen.

Selbstverständlich gilt die Feststellung, daß sich die Literaturwissenschaft unter der Dominanz der Geistesgeschichte mehr noch als im Positivismus auf das literarische Erbe der Vergangenheit zurückzog, nur tendenziell.[6] Vom Positivismus herkommende Autoren wie Nadler, Bartels oder Engel haben ihre Literaturgeschichten immer noch bis an die Gegenwart herangeführt und in ihnen zur zeitgenössischen Literatur dezidiert Stellung genommen.[7] Bartels und Engel standen allerdings außerhalb des akademischen Betriebs. Julius Petersen, der Direktor des Berliner Germanischen Seminars, lud seit 1928 Mitglieder der Preußischen Akademie der Künste, darunter auch Alfred Döblin, zu Vorträgen in die Universität ein, um einen „Zusammenhang mit dem Schaffen der Gegenwart"[8] zu vermitteln. Und schließlich war da ja auch ein Mann wie Albert Soergel, der sich ganz der Aufarbeitung der zeitgenössischen Literatur verschrieben hatte, dem wir den ersten Versuch einer Gesamtdarstellung der expressionistischen Literaturbewegung verdanken und der 1934 auch mit einer Darstellung der *Dichter aus deutschem Volkstum* sofort zur Stelle war.[9] Soergel hatte eine Professur freilich nur an einer Technischen Hochschule bekommen. Die Tendenz des Rückzuges auf das Erbe und der Geringschätzung der Hauptströmungen der Gegenwartsliteratur ist jedenfalls – trotz mancher eindrucksvoller Gegenbeispiele – ebensowenig zu übersehen wie eine Tendenz zunehmender Geringschätzung der institutionalisierten Wissenschaft auf seiten der Schriftsteller. Man würde es sich aber zu leicht machen, wenn man darin nur eine Revanche der Schriftsteller sähe.

Die Aufgliederung der kritischen Beschäftigung mit der Literatur in archivalische Forschung, Historiographie und Vermittlung der aufgearbeiten Erbmasse zur Gegenwart auf der einen Seite, die Auseinandersetzung mit der Gegenwartsliteratur auf der anderen lagen auf der Linie der fortschreitenden Arbeitsteilung auch im Bereich der Humanwissenschaften. Daß die Arbeit so geteilt wurde, war ja auch ein Resultat der Literaturentwicklung selber, d. h. der Arbeitsteilung im Bereich der literarischen Praxis: Die Literaturkritik war längst von den auf sie spezialisierten Journalisten professionalisiert worden. Da infolgedessen das Gros der Literaturwissenschaftler nicht nur keinen Kontakt mehr zum literarischen Leben der Gegenwart hatte, sondern die literarischen Gegenwartsprozesse auch nicht mehr verfolgte, war die Kompetenz der institutionalisierten Wissenschaft für die Beurteilung zeitgenössischer Werke und Tendenzen tatsächlich eingeschränkt. Mehr noch: Dieser Rückzug aus dem literarischen Leben führte auch dazu, daß die Wissenschaft die geistigen Bedürfnisse und Affinititäten der Zeitgenossen vielfach schlechter oder später erfaßte als die Schriftsteller und Kritiker, die auch im Selektions- und Reaktivierungsprozeß des literarischen Erbes eine immer größere Rolle spielten. Schriftsteller und Kritiker konnten für sich in Anspruch nehmen, daß die meisten Erbeangebote, die angenommen wurden, von ihnen gemacht worden waren. Vor allem aber: Der Wissenschaft entgingen auf diese Weise die fundamentalen Veränderungen in den Kommunikationsformen der Gesellschaft, die mit dem Aufkommen der modernen Massenmedien eintraten und von denen die Literatur selbst betroffen war. Sie reflektierte weder die quantitative Einschränkung des Anteils an der gesellschaftlichen Kommunikation, die die Literatur durch die Entwicklung von Film und Rundfunk erfuhr, noch die qualitativen Einwirkungen auf die Literatur, die von diesen Medien ausgingen. (Dabei lagen doch die Folgen, die schon die Einführung des Telefons für die Kultur des Briefschreibens gehabt hatte, längst auf der Hand.) In der akademischen Wissenschaft begann sich, als Film und Rundfunk bereits auf ihrem Siegeszug waren, gerade erst die Erkenntnis durchzusetzen, daß das Theater nicht in der von ihr behandelten Dramenliteratur aufging. Theatergeschichte und Geschichte des Journalismus waren von Außenseitern der Literaturwissenschaft zwar schon im 19. Jahrhundert betrieben worden. Aber erst in den zwanziger Jahren des 20. Jahrhunderts wurden in Kiel, Köln, Berlin und München die ersten Institute für Theaterwissenschaft an deutschen Universitäten gebildet. Und immerhin waren es die Literaturwissenschaftler Max Herrmann und Julius Petersen gewesen, die die Einrichtung des Berliner Instituts betrieben hatten. Das erste Institut für „Zeitungskunde" war 1916 an der Universität Leipzig gegründet worden. Antworten auf die Fragen nach den neuen Medien, die in den Mittelpunkt des öffentlichen Interesses rückten, bekam man aber von der institutionalisierten Wissenschaft in den zwanziger Jahren noch nicht. Wiederum waren es Schriftsteller, Kritiker und Literaturwissenschaftler und Soziologen, die außerhalb des akademischen Betriebs standen, die damals die durch die neuen Medien entstandenen Probleme zuerst zur Diskussion stellten. All das schmälerte natürlich das Ansehen der etablierten Literaturwissenschaftler. So kann man sagen: Dem gesteigerten Selbstwertgefühl der etablierten Wissenschaftler, ihrem elitären Habitus, stand zunehmender Autoritätsverlust der institutionalisierten Wissenschaft in der Öffentlichkeit gegenüber. Von wenigen einzelnen abgesehen, zählten die Namen der Akademiker nur noch in der „Fachwelt". Außerhalb dieser gewannen auch in Fragen der Literaturgeschichte die Antworten der Kritiker und Essayisten immer mehr an Gewicht.

Der Widerspruch, der sich hier auftat, läßt sich nicht einfach als ein Resultat der Arbeitsteilung beschreiben. Er wurzelte in der Institutionalisierung der Germanistik als „Nationalwissenschaft". Als solche erhielt sie spätestens mit der Reichsgründung eine systemstabilisierende, staatsapologetische Funktion. Die Vertreter der Institution hatten den förmlichen Status von Staatsbeamten, und ihre Auswahl erfolgte so, daß die Institution diese Funktion auch erfüllte. Waren dazu in den siebziger und achtziger Jahren auch die liberalen und nationalliberalen Positionen noch geeignet, mit denen die meisten bürgerlichen Intellektuellen in das neue Reich eintraten, so verschob sich mit dessen Aufstieg zur imperialistischen Großmacht und mit dem Anwachsen der Arbeiterbewegung der Schwerpunkt des apologetisch nutzbaren Ideologienspektrums – politisch gesehen – erheblich nach rechts. Für die Mobilisierung nationaler Gemeinschaftsgefühle, die die Klassengegensätze überbrückten, für die Einübung chauvinistischer, expansionistischer politischer Haltungen, wie sie der zum Krieg rüstende deutsche Imperialismus benötigte, eigneten sich die sogenannten völkischen Ideologien am besten, die die angenommene deutsche Überlegenheit quasi naturwissenschaftlich begründeten. Solchen die faschistische Rassentheorie präformierenden Ideologien hatte die positivistische Germanistik selbst zugearbeitet, indem sie die nationale Identität auf rassisch-biologische Qualitäten zurückführte; sie entwickelten sich auf unveränderter positivistischer Grundlage, aber in der Folgezeit meist geistesgeschichtlich überhöht z. T. auch innerhalb der Germanistik. Und obwohl diese Ideologien zumindest in der Literaturwissenschaft bis 1933 noch hinter der Geistesgeschichte zurücktraten, einige Vertreter der Geistesgeschichte sie auch mit dem Verdikt gegen den Positivismus ausdrücklich ablehnten, drangen sie auch in die Geistesgeschichte ein, die in wachsendem Maß ihren wesentlichen Inhalt entweder als Voraussetzung akzeptierte oder aber auf die eigene lebensphilosophische Weise bestätigte. Selbst wo das nicht der Fall war, die Geistesgeschichte also von völkischen, rassistisch-antisemitischen und chauvinistischen Gedankengängen sich reinhielt, war ihren Vertretern von ihren lebensphilosophischen weltanschaulichen Grundlagen her ein politisch-konservativer Standpunkt vorgeschrieben. Die akademische Germanistik der Weimarer Republik, die den Beamtenapparat des zusammengebrochenen Kaiserreiches nahezu unbeschädigt übernommen hatte, bildete daher dann insgesamt ein Zentrum konservativer und nationalistischer politischer Überzeugungen, das sich gegen jegliche Demokratisierung sperrte. Die militärische Niederlage des deutschen Imperialismus und die Revolution bewirkten in der akademischen Germanistik keine Neuorientierung. Sie bestärkten sie vielmehr in ihrer Abwehrhaltung gegen westliche Zivilisation, Demokratie und Sozialismus, durch die man die nationalen Kulturwerte jetzt mehr denn je bedroht sah. Mit dem Pathos der Bewahrung und Verteidigung dieser Werte trat die akademische Germanistik der Weimarer Republik nahezu geschlossen für die Festigung des erschütterten Gesellschaftssystems ein, überwiegend mit politischen Ordnungsvorstellungen, die die Errungenschaften der Revolution von 1918/19 negierten.

Die durchgehend konservative Grundhaltung des weitaus größten Teils der akademischen Germanistik, darunter auch der meisten ihrer führenden Vertreter, mindestens seit den neunziger Jahren des vorigen Jahrhunderts, wird auch von denen nicht geleugnet, die ihre Geschichte genauer besehen, Positionen und Tendenzen differenziert und Gegenbeispiele gebracht haben. In ihrer konservativen Grundhaltung stand die germanistische Literaturwissenschaft der Literatur dieses Zeitraums gegenüber, deren ästhetisch relevante Strömungen fast alle eine gesellschaftskritische Tendenz hatten und bürgerlich-demokratische oder sozialistisch-revolutionäre Ideen transportierten oder – nach 1918 – zumindest vom bürgerlich-parlamentarischen System der Weimarer Republik ausgingen. Tonangebend im literarischen Leben der Weimarer Republik war eine linke Intelligenz, aber bereits die führenden Vertreter der deutschen Literatur der Wilhelminischen Ära haben in Opposition, wenn schon nicht zur herrschenden politischen Ordnung, so doch zur offiziellen Kulturpolitik gestanden und zumindest bis zum Kriegsausbruch Distanz zu den offiziell begünstigten nationalistischen Strömungen gewahrt, die in die Germanistik eindrangen.

Diese gegensätzliche Ausrichtung von Literatur und Literaturwissenschaft war wohl der entscheidende Faktor in dem Prozeß, in dem die institutionalisierte Wissenschaft seit dem Naturalismus ihren Kontakt zur Gegenwartsliteratur immer mehr einschränkte und zuletzt nur noch zu politisch und ästhetisch konservativen Strömungen aufrechterhielt, wie sie die – jedenfalls für die Literatur der Weimarer Republik nicht mehr repräsentativen – Schriftsteller um Stefan George oder die epigonalen neoklassizistischen Dramatiker und die Vertreter der sogenannten Heimatkunst bildeten. Auf dieser Linie gab es auch noch einige „Doppelexistenzen“ – dichtende George-Anhänger, die germanistische Lehrstühle innehatten bzw. Lehrstuhlinhaber mit belletristischen Ambitionen wie Ernst Bertram; sie wurden von ihren Fachkollegen akzeptiert und brauchten sich nicht gegen den Vorwurf des Feuilletonismus zu verteidigen.

Die akademische Germanistik und die Entwicklung des literaturtheoretischen Denkens

Wodurch man auch immer die wechselseitige Entfremdung von Literatur und Literaturwissenschaft bedingt sehen mag – sie ist eine die Geschichte der institutionalisierten Literaturwissenschaft in unserem Zeitraum bestimmende Tatsache. Daß die Unangemessenheit vieler Urteile von Literaturwissenschaftlern über die zeitgenössische Literatur daraus resultiert, ist offensichtlich. Hier handelt es sich jedoch darum, daß die Literaturwissenschaft mit dieser Entfremdung von der zeitgenössischen Literaturproduktion auch in ihrer Fähigkeit zur theoretischen und methodologischen Weiterentwicklung eingeschränkt wurde, die in jeder historischen Wissenschaft sich an der Entwicklung ihres Gegenstandes bildet, und daß sie dabei auch ein wichtiges Organ für die zeitgemäße Aufnahme des literarischen Erbes verlor. Die letzte Phase, bei der man zumindest noch von einer gewissen Gleichgerichtetheit von Literatur und Literaturwissenschaft sprechen kann, war eben die sogenannte geistesgeschichtliche Wende. Die lebensphilosophischen Wissenschaftskonzeptionen, die damals durchdrangen, der geistesgeschichtliche Personenkult, die Hervorhebung der Fragen des künstlerischen Stils, die Aufwertung der deutschen Romantik korrespondieren unverkennbar mit den irrationalistischen, vitalistischen und symbolistischen Tendenzen der zeitgenössischen Literatur, vor allem in den neuromantischen und neoklassizistischen Strömungen, bei den literarischen Vorkämpfern und Verfechtern des Jugendstils. Solche Korrespondenzen mit der literarischen Avantgarde werden danach immer seltener; Oskar Walzels Entwicklung der Stiltypologie in eine Richtung, die eine deutliche Affinität zum Expressionismus aufwies, steht in der akademischen Literaturwissenschaft isoliert da.

Selbstverständlich konnte die wissenschaftliche Aufarbeitung des literarischen Erbes nicht mehr mit der Traditionswahl der zeitgenössischen Schriftsteller zusammenfallen, nachdem die bürgerliche Gesellschaft ein Geschichtsbewußtsein entwickelt hatte, das ihr die künstlerischen Errungenschaften aller Zeiten und Zonen zugänglich machte. Der modernistische Traditionsbruch, mit dem Kunst und Literatur eben auf die Errichtung dieses „imaginären Museums" reagierten, nachdem sie alle seine Gänge ausgeschritten hatten, war von den Kunstwissenschaften nicht nachzuvollziehen. Aber der Unfähigkeit der akademischen Germanistik, der Entwicklung ihres Gegenstandes überhaupt zu folgen und die Fragen aufzunehmen, die die Gegenwart an die Literatur der Vergangenheit stellte, ist es zuzuschreiben, daß sie an der Geburt der Ideen und an der Gewinnung der Aspekte, die die Literaturwissenschaft voranbrachten, schon in den zwanziger Jahren kaum noch Anteil hatte.

Wollte man die Hauptlinie der Wissenschaftsentwicklung auch nur grob skizzieren, dann hätte man jedenfalls seit der Novemberrevolution, in bestimmter Hinsicht aber schon seit den neunziger Jahren des vorigen Jahrhunderts, das Hauptaugenmerk auf Prozesse zu richten, die sich außerhalb der Germanistik, in der Literaturkritik und in der Reflexion der Schriftsteller über ihre eigene literarische Praxis, in benachbarten Wissenschaften wie der Linguistik oder der Soziologie und in der literaturtheoretischen und literaturgeschichtlichen Arbeit vollzogen, die im Rahmen der Arbeiterbewegung geleistet wurde. Hinzuzufügen ist, daß wesentliche Impulse, die die Literaturwissenschaft aus diesem Umfeld erhalten hat, über andere Philologien vermittelt wurden.

Dem möglichen Einwand, die literaturwissenschaftliche Konzeptionsbildung in Deutschland sei auch vor Scherer nicht von der Germanistik bestimmt worden, kann man entgegnen, daß erst Scherer die neuzeitliche deutsche Literatur in die Kompetenz der Germanistik hineinnehmen wollte. Nicht alle aus seiner Schule hervorgegangenen Germanisten sind ihm übrigens dabei gefolgt. Auf den Einwand, die innerhalb der Germanistik entwickelten geistesgeschichtlichen Konzeptionen seien Adaptionen der Lebensphilosophie gewesen: teils unmittelbar auf Dilthey, teils – vermittelt über die Kunstwissenschaft – auf diesen oder – vermittelt über die Literatur – auf Nietzsche zurückgehend, kann man antworten, daß auf dieser philosophischen Grundlage eben doch innerhalb der Germanistik noch Konzeptionen gebildet wurden, die auf die gesamte Literaturwissenschaft ausstrahlten. Die für die Entwicklung des bürgerlichen literaturtheoretischen Denkens entscheidenden Prozesse wurden in der literaturwissenschaftlichen Germanistik unmittelbar mit- oder mit geringer zeitlicher Verzögerung nachvollzogen. Das gilt aber schon für die zweite Generation der Geistesgeschichte, die Anfang der zwanziger Jahre auftrat, nicht mehr.

Weder an der Einführung der formalistischen und strukturalistischen Verfahren in die Literaturwissenschaft, wie sie von der Linguistik und der Ethnologie vorgezeichnet worden waren, noch an der Ausarbeitung des den gesellschaftlichen Umgang mit Literatur systematisierenden Modells einer Sozialgeschichte der Literatur, wie es die sogenannte Frankfurter Schule etablierte, hatte die Germanistik in den zwanziger Jahren noch Anteil. Diese und andere theoretische und methodologische Neuansätze kamen in der deutschen Germanistik erst Jahrzehnte später zur Geltung. Sie wurden damals entweder nur im Ausland oder – in Deutschland – im institutionellen Rahmen anderer Disziplinen bzw. – häufiger noch – überhaupt außerhalb des universitären Bereichs entwickelt. Letzteres gilt natürlich vor allem für die sozialgeschichtlich fundierten ideologiekritischen Ansätze, die dem Geniekult und dem hermeneutischen Verfahren der Geistesgeschichte – sie beherrschte ja auch die anderen Philologien in Deutschland – direkt entgegengerichtet waren und die sich jedenfalls als völlig ungeeignet für die der deutschen Germanistik qua Nationalwissenschaft aufgetragene Ideologiebildungsfunktion erwiesen.

Allenfalls von der stiltypologischen Richtung, wie sie vor allem von Oskar Walzel vertreten wurde, kann gesagt werden, daß sie auch in den zwanziger Jahren noch Probleme berührte, deren Formulierung auf der Ebene der Entwicklung des allgemeinen literaturtheoretischen Denkens lag. Das betraf das Problem der stilistischen Analogien in den verschiedenen Künsten (von Walzel in der Hypothese der „wechselseitigen Erhellung der Künste" gefaßt)[10] und die Frage nach den Möglichkeiten ihrer Verallgemeinerung im Begriff eines Zeit- oder Epochenstils. Walzel fand bei seinen germanistischen Fachkollegen jedoch auch in den zwanziger Jahren wenig Anklang.

Zweifellos ist das Verhältnis der literaturwissenschaftlichen Germanistik zu der allgemeinen Entwicklung der Literaturtheorie und der Methodologie der Literaturwissenschaft ausschlaggebend für die Bestimmung des jeweiligen Niveaus dieser Disziplin. Was sie als historische Wissenschaft zu einer bestimmten Zeit an konkreter materialaufbereitender Forschungsarbeit leistete, hängt jedoch nicht von ihrem theoretischen Niveau und nicht allein von ihrem methodologischen Standard ab. Man erhielte ein schiefes Bild, wenn man die wissenschaftliche Leistung der deutschen Germanistik allein nach den theoretischen Anstrengungen ihrer Vertreter beurteilen wollte. Die Mehrzahl auch der theoretisch profilierten und methodenbewußten germanistischen Literaturwissenschaftler verstand sich in erster Linie als Literatur*historiker* und leistete hauptsächlich historiographische Arbeit. Natürlich wäre eine Sammlung germanistischer Programmschriften leicht aufzubringen – die meisten Fachvertreter haben in Antrittsvorlesungen, Vorworten oder auch in größeren theoretischen Arbeiten ihre Wissenschaftsauffassung, ihr Forschungsziel und ihr beabsichtigtes Vorgehen dargelegt. Und jede Sammlung dieser Art würde das offensichtliche Zurückbleiben der akademischen Germanistik hinter der allgemeinen Entwicklung der Literaturtheorie bestätigen. Aber was den wirklichen Ertrag der hauptsächlichen historiographischen Arbeit betrifft, so kann man wohl annehmen, daß er, wenn die Arbeit auf einem höheren theoretischen Niveau geleistet worden wäre, hätte größer sein können: daß er hätte größer sein müssen, verbürgen theoretisches Profil und Methodenbewußtsein allein jedoch nicht. Von den führenden Vertretern auch noch der jüngeren Generation der deutschen Geistesgeschichte hatten immerhin einige auf einem je bestimmten Gebiet der Literaturgeschichte tatsächlich einen neuen Forschungsstand geschaffen, andere nahmen das unberechtigt für sich in Anspruch. Man hielt sich traditionell jedenfalls möglichst nachprüfbare Forschungsergebnisse zugute, gewann auch seinen wissenschaftlichen Ruf in der „Fachwelt" von diesen, und das galt auch für Autoren, die – wie z. B. Julius Petersen in seiner *Wissenschaft von der Dichtung*[11] – bemüht waren, die theoretisch-methodologischen Grundlagen des Fachs festzustellen und zu systematisieren. Auch unter der Dominanz der Geistesgeschichte blieb das positivistische Erbe in der deutschen Germanistik bis 1933 so stark, daß die Wertschätzung von Konzeptionen und Programmen im allgemeinen von dem Umfang der konkreten Forschungsleistungen derer abhing, die sie vortrugen.

Wenn für die zwanziger Jahre eine Dominanz der Geistesgeschichte behauptet wird, dann darf nicht übersehen werden, daß es sich in Wirklichkeit um ein breites Spektrum unterschiedlicher literaturwissenschaftlicher Positionen handelt, die nur im Vergleich mit ausgesprochen naturalistischen, rassenbiologischen, mit streng formalistischen oder sozialgeschichtlichen und ideologiekritischen Konzeptionen unter diesem Begriff subsumiert werden können. Einen Eindruck davon, wie breit dieses Spektrum war und wie weit die Standpunkte auseinandergingen, vermittelt der 1930 erschienene Sammelband *Philosophie der Literaturwissenschaft*[12]. Dieser Band zeigt auch, daß die Germanisten durchaus nicht alle in den Nachbarwissenschaften und außerhalb der Universität entwickelten Ansätze prinzipiell ignorierten. Abgesehen davon, daß hier auch dezidierte Gegner der Geistesgeschichte unter den Germanisten selbst wie Josef Nadler zu Wort kamen, enthält der Band eine Reihe von Beiträgen geistesgeschichtlich orientierter Autoren, die eine große Aufgeschlossenheit gegenüber solchen Ansätzen an den Tag legten, sie als andere Möglichkeiten der Annäherung an den Gegenstand gelten ließen oder auch argumentativ sich mit ihnen auseinandersetzten. Diese bei vielen Germanisten vorhandene Aufgeschlossenheit führte vor 1933 allerdings kaum zur Aufgabe ihrer geistesgeschichtlichen Konzeptionen.

Während also die Verfahren und Erkenntnisse des linguistischen und ethnologischen Strukturalismus, der Psychoanalyse oder der bürgerlichen Soziologie für die akademische Germanistik vor 1933 zwar nicht fruchtbar gemacht wurden, aber doch nicht generell jenseits ihres Horizonts lagen, fand eine ernsthafte Auseinandersetzung mit dem historischen und dialektischen Materialismus nirgends statt. Ihre spärlichen Kenntnisse über ihn hatten auch die aufgeschlossensten Germanistikprofessoren nur aus zweiter oder dritter Hand. Selbst die literaturkritischen und literaturgeschichtlichen Arbeiten der Theoretiker der deutschen Arbeiterbewegung wurden von der akademischen Germanistik kaum beachtet.

Nicht nur Marxisten ist diese historische Tatsache heute meist unbegreiflich. Dabei kann man doch der Geschichte der deutschen Arbeiterbewegung entnehmen, daß diese selbst bis zum Ausgang der II. Internationale keinen Begriff von marxistischer Philosophie hatte. Abgesehen davon, daß die Schriften von Marx und Engels überhaupt erst seit dem letzten Jahrzehnt des 19. Jahrhunderts in der deutschen Arbeiterbewegung größere Verbreitung fanden (vieles, was für die Konstituierung des Marxismus als Philosophie in der Folgezeit wichtig wurde, blieb aber noch lange unveröffentlicht) – der Begriff einer marxistischen Philosophie wäre gerade den Führern der deutschen Sozialdemokratie bis hin zu Mehring als paradox erschienen. Wollten sie den wissenschaftlichen Kommunismus von allen Spielarten bürgerlicher Geschichtsphilosophie doch eben dadurch unterschieden wissen, daß er nicht von irgendwelchen spekulativ-philosophischen Voraussetzungen ausging, sondern auf der wirklichen Erkenntnis des Funktionsmechanismus der kapitalistischen Gesellschaft basierte und von ihr aus eine objektive geschichtliche Entwicklungstendenz bestimmte, während sie im übrigen mit dem erkenntnistheoretischen Instrumentarium auszukommen meinten, das ihnen die herrschende Kathederphilosophie, der Neukantianismus, zur Verfügung stellte. Wenn man sich darüber klar wird, daß sich selbst in der deutschen Arbeiterbewegung erst in der ersten Hälfte der zwanziger Jahre (nach dem Erscheinen von Lukács' *Geschichte und Klassenbewußtsein* und Korschs *Marxismus und Philosophie* und mit der Rezeption der Arbeiten Lenins) ein Begriff von marxistischer Philosophie bildete, dann wird einen aber auch nicht mehr verwundern, daß er den bürgerlichen deutschen Germanisten, auch den den Zeittendenzen aufgeschlossensten, fehlte.

Demgegenüber konnte die literaturkritische und literaturgeschichtliche Arbeit, die schon vor 1918 im Rahmen der deutschen Arbeiterbewegung geleistet worden war, den Germanisten natürlich nicht verborgen bleiben. Zumal diese Leistungen wesentlich mit den Namen Lassalles, Mehrings, Zetkins, Kautskys und Luxemburgs verbunden waren – den Namen führender Vertreter der Arbeiterbewegung also, die jeder kannte. Bei Mehring, der nicht nur in seiner profunden Kenntnis der deutschen und europäischen Geschichte und in der Weite seines literarischen Horizonts den meisten deutschen Germanisten überlegen war, sondern auch im Umfang des speziell literaturgeschichtlichen Fragen gewidmeten Teils seines Werkes es mit den meisten von ihnen aufnehmen konnte, kommt hinzu, daß er mit Büchern wie der *Lessing-Legende* oder seiner Schiller-Monographie ja nachweislich auch in bürgerlichen Kreisen rezipiert wurde. Wenn diese Bücher die Germanisten auch fachwissenschaftlich herausforderten – mit Mehring ließen sie sich auf keine Diskussion ein, was allerdings nur zu dem Schluß hinführt, der für den bürgerlichen Wissenschaftsbetrieb generell gezogen worden ist: Daß die im Rahmen der Arbeiterbewegung geleistete gesellschaftswissenschaftliche Arbeit prinzipiell in ihrer die herrschende gesellschaftliche Ordnung untergrabenden politischen Funktion gewertet wurde, angesichts deren jede wissenschaftliche Diskussion aufzuhören hatte und die politische Denunziation begann. Man muß danach die Geltung eines ungeschriebenen Gesetzes annehmen, daß man die Literatur der Arbeiterbewegung nicht las. In der bürgerlichen Germanistik ist dieses Tabu zumindest von den älteren Fachvertretern bis Ende der sechziger Jahre unseres Jahrhunderts beachtet worden. Literaturhistoriker, für die es Ehrensache war, die entlegensten Quellen aufzusuchen, um ihre Aussagen zu belegen, legten Wert darauf, nicht den Verdacht aufkommen zu lassen, daß sie etwa einen Band der Werke von Marx und Engels selbst in die Hand genommen hätten. Noch in den siebziger Jahren hat ein Mann wie Friedrich Sengle, der sich selbst für einen Liberalen erklärte und der die wissenschaftliche Literatur in breitem Umfang in seine Literaturgeschichtsdarstellung einbezog, in seinem Monumentalwerk *Biedermeierzeit*[13] neben konservativen und reaktionären bürgerlichen Ideologen zwar auch noch Linkshegelianer bis hin zu Arnold Ruge eingehend behandelt, Marx und Engels jedoch nicht nur keinen eigenen Abschnitt eingeräumt, sondern die spärlichen Aussagen über sie ostentativ als aus zweiter Hand ausgewiesen.

Bis 1945 galt dieses Tabu in der akademischen Germanistik nahezu unbedingt. Werner Mahrholz,[14] der eine von Marx hergeleitete Tradition sozialgeschichtlicher Literaturbetrachtung in die deutsche Geistesgeschichte integrieren wollte, wurde seine Außenseiterrolle schon von den Zeitgenossen ausdrücklich bestätigt. Die Germanistik wollte, auch wenn sie soziologische Gesichtspunkte gelten ließ oder gar selbst ins Spiel brachte, von einer Gesellschaftstheorie, die die Grundlagen der bestehenden Ordnung in Frage stellte, nichts wissen. Von dieser Berührungsangst, für die es im politischen Klima der Weimarer Republik reale Gründe gab, einmal abgesehen, lagen die Erkenntnisinteressen der Germanistik und der Literaturgeschichtsschreibung der Arbeiterbewegung allerdings auch weit auseinander.

Für den Literaturhistoriker der Arbeiterbewegung, den wir in Deutschland zuerst in Mehring verkörpert sehen, galt zunächst, daß er, selbst wenn er – wie Mehring – Germanistik studiert hatte, kaum philologische Interessen bedienen mußte. Er brauchte auch keine Rücksicht zu nehmen auf die Einhaltung der nationalphilologischen Grenzen, die der institutionalisierten Wissenschaft gesetzt waren. Wer im bürgerlichen Wissenschaftsbetrieb diese Grenzen überschritt, hatte, selbst wenn er die Sprachkompetenz nachweisen konnte, mit dem Vorwurf des Dilettantismus zu rechnen, mit dem auch die Bemühungen um die Etablierung einer vergleichenden Literaturwissenschaft in Deutschland von den Germanisten als unseriös abgetan wurden. Der Literaturhistoriker der Arbeiterbewegung brauchte nicht nur keine Rücksicht auf einen solchen zum Ausweis akademischer Seriosität und Solidität hochstilisierten bornierten Spezialismus zu nehmen – er durfte es auch gar nicht tun, weil die ihm gestellten Aufgaben den Horizont der Germanistik überstiegen.

Es versteht sich von selbst, daß die Bestätigung der nationalen Identität – und das muß jetzt heißen: der Identität der bürgerlichen Nation, die wir als das Hauptanliegen der Germanistik seit ihren Anfängen festgestellt haben – dem Anliegen des Literaturhistorikers der Arbeiterbewegung direkt widersprach. Denn in der Orientierung auf den Nationalcharakter, das „deutsche Wesen“ bzw. den „deutschen Geist“ als den eigentlichen Zielpunkt der Literaturforschung und in der gleichzeitigen Inanspruchnahme der deutschen Literatur als höchsten Ausdruck dieses allen Deutschen aus ethnischen Wurzeln und historischem Schicksal erwachsenen Gemeinsamen, das als Selbstwert gesetzt wurde, wirkte die Germanistik prinzipiell auf eine ideologische Harmonisierung der Klassengegensätze hin. Unter den mit der Reichseinigung und dem Aufstieg der Bourgeoisie zur herrschenden Klasse entstandenen historischen Bedingungen übte die Germanistik objektiv eine gegen die Theorie der Arbeiterbewegung gerichtete Wirkung aus. Daß die Mehrzahl der Germanisten dem Sozialismus auch subjektiv feindlich gegenüberstand, ist nicht zu übersehen, obwohl das Image des deutschen Gelehrten gepflegt wurde und man möglichst als parteipolitisch unabhängig zu erscheinen hatte.

Der Literaturhistoriker der Arbeiterbewegung trat als Parteimann auf. Seine Aufgabe war es zunächst, die Literatur auf ihre Bedeutung für den Emanzipationskampf der Arbeiterklasse hin zu befragen, und dabei handelte es sich sowohl um das literarische Erbe wie um die zeitgenössische bürgerliche Literatur, um deutsche Literatur wie um die Literatur anderer Völker. (Daß von Mehrings literaturkritischen und literaturhistorischen Arbeiten nichtdestoweniger die meisten der deutschen Literatur gewidmet sind, erklärt sich leicht daraus, daß diese in der literarischen Kommunikation der deutschen Arbeiterbewegung naturgemäß die größte Rolle spielte.) Der Literatur war folglich ein Wert abzugewinnen, den die Germanisten nie in ihr gesucht hatten. Zugleich galt es, die traditionellen bürgerlichen Wertsetzungen vom Interessenstandpunkt der Arbeiterklasse aus kritisch zu überprüfen. Dabei handelte es sich nicht nur um die Neuinterpretation der im Kanon der Literaturgeschichtsschreibung enthaltenen Werke, sondern um die kritische Überprüfung dieses Kanons. Die gesamte Literaturgeschichte war neu zu durchforschen, auf die Geschichte der deutschen Literatur bezogen: die von der Germanistik nach 1871 aufgebauten Geschichtslegenden waren zu zerstören, die von ihr unterdrückten oder übergangenen politisch-revolutionären Traditionen der deutschen Literatur waren neu zu besehen, die sozialrevolutionären plebejischen und proletarischen z. T. überhaupt erst zu entdecken. Der Literaturhistoriker der Arbeiterbewegung stand vor der Aufgabe, die materialistische Geschichtsauffassung in die Literaturgeschichtsschreibung einzuführen. Die gesamte Literaturgeschichte war von ihr aus neu darzustellen.

An ein systematisches Herangehen bei der Lösung auch nur dieser, einem Mann wie Mehring bewußten Aufgabe war zur Zeit der II. Internationale selbstverständlich noch gar nicht zu denken. Denn die

Theoretiker der Arbeiterbewegung waren auf vielen Gebieten gleichermaßen gefordert. Für eine Arbeitsteilung, die einer gewissen Anzahl ihrer Vertreter eine dem bürgerlichen Wissenschaftsbetrieb analoge Spezialisierung auf Literaturfragen erlaubt hätte, war das Kräftepotential noch zu schmal. Selbst Mehring, der als ausgewiesener Literaturkritiker zur sozialdemokratischen Partei gekommen war und der die intensivste und umfangreichste literaturkritische und literaturhistorische Arbeit in ihr geleistet hat, hat insgesamt mehr über andere in der Arbeiterbewegung genauso dringend oder dringender zu verhandelnde Gegenstände geschrieben als über Literatur. Daß sich die Beschäftigung mit der Literatur unter diesen Umständen zunächst auf die wichtigsten Fragen konzentrierte: die Behandlung des großen bürgerlichen Literaturerbes von Aufklärung, deutscher Klassik und Vormärz, das Verhältnis zu den Haupttendenzen der zeitgenössischen bürgerlichen Literatur und die Probleme und Perspektiven einer eigenständigen proletarischen Literatur, ist nur folgerichtig. Auf das Niveau, auf dem diese Fragen diskutiert wurden, hat sich die umfassende gesellschaftswissenschaftliche Bildung, die die Theoretiker der Arbeiterbewegung unter dem Zwang erlangten, auf verschiedenen Gebieten tätig zu werden, selbstverständlich günstig ausgewirkt.

Dabei darf nicht vergessen werden, daß sich der Literaturhistoriker der Arbeiterbewegung nicht an eine germanistische „Fachwelt“ wandte und nicht für das gebildete Bürgertum schrieb, sondern den lesenden Arbeiter ansprach. Das Arbeiterbildungsprogramm der deutschen Sozialdemokratie blieb bis zum Ende der II. Internationale der ideelle Rahmen für die Beschäftigung mit Literatur und Literaturgeschichte. Daraus ergaben sich für den Literaturhistoriker der Arbeiterbewegung nicht nur die disziplinierenden Anforderungen hinsichtlich der Gemeinverständlichkeit seiner Aussagen, sondern auch bestimmte Vorentscheidungen für seine Themenwahl. Vor allem aber ergab sich für ihn daraus die Orientierung auf die Zeitung als dasjenige literarische Kommunikationsmittel, das die größte Zahl der lesenden Arbeiter erreichte. Der Literaturhistoriker der Arbeiterbewegung war Journalist. Der größte Teil von Mehrings literaturkritischem und literaturgeschichtlichem Werk besteht aus Arbeiten, die für Blätter wie die *Neue Zeit* oder *Die Volksbühne,* nicht für wissenschaftliche Fachzeitschriften geschrieben waren. Dem entsprechen der polemisch-propagandistische Duktus, die unmittelbare Zeitbezogenheit, die Mehrings Werk auch stilistisch von der akademischen Germanistik unterscheiden.

Wenngleich Mehring zu der oft geplanten zusammenhängenden Darstellung der Geschichte der deutschen Literatur nicht gekommen ist, war diesem Werk doch die erste historisch-materialistische Gesamtkonzeption der neueren deutschen Literaturgeschichte abzulesen. Sie hat, ungeachtet der Revision, der Mehrings Auffassungen und Urteile in vielen Fällen unterlagen, die Entwicklung der marxistischen Literaturgeschichtsschreibung über Jahrzehnte wesentlich mitbestimmt. Mehrings wissenschaftsgeschichtliche Rolle wird zweifellos vor allem dadurch bestimmt, daß seine Konzeption der deutschen Literaturgeschichte im marxistischen literaturtheoretischen Denken der Folgezeit – trotz erheblicher Korrekturen – in wesentlichen Zügen unangefochten geblieben ist. Sie resultiert aber auch daraus, daß es nach ihm bis 1945 in Deutschland niemanden gegeben hat, von dem in diesem Umfang die Probleme der deutschen Literaturgeschichte vom marxistischen Standpunkt aus aufgearbeitet worden sind. Mehring war der erste und blieb bis 1945 der einzige Theoretiker der deutschen Arbeiterbewegung, von dem man für nahezu den gesamten Kompetenzbereich der Professoren für „neuere deutsche Literatur" Auskunft erhalten konnte.

Kehren wir zum Ausgangspunkt zurück, so können wir nun feststellen, daß mit Mehrings Werk dem nationalwissenschaftlichen Selbstverständnis der deutschen Germanistik ein sozial-emanzipatives Verständnis des Sinnes literaturwissenschaftlicher Arbeit gegenübertritt, dem das literaturtheoretische Denken unserer Zeit, und nicht nur das marxistische, wesentliche Impulse verdankt. Dieses Selbstverständnis bildet sich in der Literaturkritik und Literaturgeschichtsschreibung der Arbeiterbewegung, greift aber in den zwanziger Jahren über sie hinaus und bestimmt auch das literaturtheoretische Denken einer Reihe von Schriftstellern, Literaturkritikern und Philosophen, die sich der Arbeiterbewegung annähern, ohne eine organisatorische Bindung an sie einzugehen. Doch auch innerhalb der Arbeiterbewegung geht die kritische Beschäftigung mit der Literatur auf einen Kritiker- oder Wissenschaftlertypus über, dessen Profil sich von dem eines Mehring (oder Plechanow) deutlich unterscheidet.

Mehring verkörperte in bestimmter Hinsicht noch das genaue Gegenbild des akademischen Literaturwissenschaftlers seiner Zeit. Mit seiner materialistischen Geschichtsauffassung, seinem weltliterarischen, nicht philologischen Ansatz und seiner publizistischen Wissensvermittlung an einen Adressaten, gegen den die Germanistik – nicht zuletzt durch die Darbietungsweise ihrer Erkenntnisse – sich abschloß, kontrastierte er das Bild des durchschnittlichen akademischen Vertreters der „neueren deutschen Literatur“, mit dem er doch manches gemeinsam hatte: die weitgehende Konzentration auf die Literatur*geschichte* und hierbei wiederum auf die Geschichte der klassischen deutschen Literatur, eine gewisse Abneigung gegen die Reflexion ästhetisch-theoretischer Fragestellungen und – bei aller Aufgeschlossenheit für die Werke der Gegenwartsliteratur – die charakteristische Fremdheit gegenüber den zeitgenössischen Schriftstellern, ihren schaffenspsychologischen Problemen und praktisch-künstlerischen Bedürfnissen. Daß der Literaturhistoriker der Arbeiterbewegung – ebenso wie der bürgerliche „Neugermanist“ – das Hauptgewicht auf die deutsche Literaturgeschichte von Lessing bis Heine legte, entsprach nicht nur Mehrings persönlichen Neigungen, sondern auch dem Charakter des sozialdemokratischen Bildungsprogramms, in dem die Aneignung des klassischen bürgerlichen Literaturerbes durch die Arbeiterklasse eine zentrale Rolle spielte.

Die Revolution suspendierte dieses Programm auf einen Schlag. Die Funktion der Kunst im revolutionären Kampf stand auf der Tagesordnung und drängte die Fragen der Literaturgeschichte in den Hintergrund. Politisch engagierte Künstler, die sich mit der revolutionären Arbeiterbewegung verbündeten, machten sich zu Wortführern in den Debatten über die Literatur. Hinzu kam jetzt der marxistische Philosoph, der aus seinen lebensphilosophischen Anfängen die engste Affinität zu den Phänomenen von Kunst und Literatur mitbrachte und der auf eine dialektisch-materialistische Beantwortung der ästhetisch-theoretischen Fragen ausging, in denen die alte Sozialdemokratie noch weitgehend auf den gängigen neukantianischen Positionen stehengeblieben war. Der Philosoph war es jetzt auch, der die literaturgeschichtliche Dimension in die aktuellen Debatten wieder hineinbrachte und der selbst den umfangreichsten und anspruchsvollsten Beitrag zur Historiographie der deutschen Literatur geleistet hat, der von marxistischer Seite nach Mehring bis 1945 erbracht wurde.

Im Unterschied zur Zeit vor dem ersten Weltkrieg, in der das bürgerliche literaturtheoretische Denken überhaupt keinen Sinn für die Fragen aufbrachte, die die Arbeiterbewegung an die Literatur und die Literaturwissenschaft stellte, ging seit der Revolution, und weit über die revolutionäre Nachkriegskrise hinaus, eine breite Schicht linker bürgerlicher Intelligenz in ihren Fragestellungen mit der revolutionären Arbeiterbewegung konform. Das entsprach in vielen Fällen, jedoch durchaus nicht immer, einer weltanschaulichen und politischen Annäherung an die kommunistische Partei. Erstmals wurden in den zwanziger Jahren Elemente der Marxschen Gesellschaftstheorie auch von bürgerlichen Philosophen, Soziologen und Kunsttheoretikern aufgenommen, die distanziert blieben von der Arbeiterbewegung und ihren politischen Organisationen. Resultat solcher Anleihen war dann bekanntermaßen a u c h die Reduktion der Marxschen Theorie auf eine Ideologiekritik, die sich den Marxismus selbst zum Objekt machte, sich am Marxismus selbst erprobte. Man kann jedoch schwerlich übersehen, daß die Marx-Rezeption anderer linker bürgerlicher Intellektueller, auch wo sie nicht zum Marxismus führte, eine entscheidende Rolle dabei gespielt hat, daß Fragestellungen aufgenommen wurden, die auch für das marxistische literaturtheoretische Denken von Belang waren, und daß in einer Reihe bedeutender Fälle Lösungsvorschläge oder Verfahrensvorschläge für die Lösung literaturtheoretischer und literaturgeschichtstheoretischer Fragen gemacht wurden, die sich mit ihm vereinbarten.[15] Hier wären vor allem einige Vertreter der „kritischen Theorie" zu nennen, wie sie im Umkreis des Frankfurter Instituts für Sozialforschung betrieben wurde. In allen diesen Fällen war ein gesellschaftskritisches, sozial-emanzipatives Funktionsverständnis der Literatur und der Literaturwissenschaft richtunggebend.

Dabei ist zu bedenken, daß ein solches Funktionsverständnis noch keineswegs die Kongruenz der individuellen literaturtheoretischen Ansätze programmierte. Bekannt ist, daß selbst die von marxistischen Theoretikern seit den zwanziger Jahren gemachten Ansätze weit auseinandergingen – ein Faktum, das gewöhnlich an der konfrontativen Positionsbestimmung Lukács' und Brechts, Eislers oder Benjamins Mitte der dreißiger Jahre verdeutlicht wird. Daß sich Brecht und Eisler mit dem gleichen Recht wie Lukács auf Marx berufen konnten, ist heute auch unter Marxisten nicht mehr strittig. Die Entwicklung des Ansatzes bei der Basis-Überbau-Relation lenkte das ästhetischtheoretische Denken jedoch notwendig in eine andere als die Brecht-Eislersche Richtung, für die der konstitutive Aspekt die Totalität des gesellschaftlichen Produktionsprozesses war und die mithin bei der Bestimmung der Kunst als praktisch-geistiger Tätigkeit, als einer besonderen Form der geistigen Produktion ansetzte. Das Problem, daß die Schlußfolgerungen und Ergebnisse, zu denen die Entwicklung dieser beiden von unterschiedlichen Aspekten einer einheitlichen Grundauffassung ausgehenden Ansätze geführt hat, nicht mehr untereinander vollständig synthetisierbar sind, ist oft erörtert worden und kann daher ebenfalls als bekannt vorausgesetzt werden.[16] Hier kommt es folglich nur noch darauf an, einige der wichtigsten Ergebnisse festzuhalten, die das marxistische literaturtheoretische Denken der zwanziger/dreißiger Jahre in seinen verschiedenen Entwicklungsrichtungen erzielt hat.

Lukács' literaturwissenschaftliche Arbeiten aus diesen Jahren werden eingedenk der Folgen, die das Operieren mit dem in diesen Arbeiten gebildeten Realismus-Begriff für die Entwicklung nicht nur der Literaturwissenschaft, sondern der Literatur selber gehabt hat, heute nur noch mit Einschränkungen positiv bilanziert. War der Realismus-Begriff in Lukács' Fassung doch unabtrennbar an ein Prinzip künstlerischen Formierens (die Gestaltung der Totalität des Lebens im „geschlossenen" Kunstwerk) gebunden, durch dessen Verabsolutierung er in seiner Funktion als ästhetische Wertkategorie sowohl die zeitgenössische Literatur wie die Erbeaneignung einengte. Und trotzdem steht fest, daß diese Arbeiten – mit diesem Realismus-Begriff im Zentrum – schon die am weitesten entwickelte Theorie der Eigenart des Ästhetischen enthielten, die auf marxistischer Grundlage bis dahin gebildet worden war.

Lukács hat so zwar dazu beigetragen, dem marxistischen literaturtheoretischen Denken den Zugang zu anderen künstlerischen Formierungsweisen und damit vor allem zu einem wesentlichen Teil der modernen Literatur für lange Zeit zu verbauen, seine ästhetischen Auffassungen wirkten in ihrer gnoseologischen Ausrichtung auf die Differenz zwischen wissenschaftlicher Erkenntnis und künstlerischer Gestaltung der Lebenswirklichkeit jedoch zugleich allen nach 1918 aufgekommenen Tendenzen der bedingungslosen politischen Instrumentalisierung und rein ideologischen Bewertung der Literatur entsprechend der Weltanschauung der Schriftsteller entgegen. Mit dem „großen Realismus", wie er ihn im europäischen Roman des 19. Jahrhunderts verwirklicht sah, hat Lukács so auch einen Maßstab aufgerichtet, der es ihm als Literaturgeschichtsschreiber ermöglichte, einen wesentlichen Teil des bürgerlichen Literaturerbes als einen für den Sozialismus unverzichtbaren Wert zu beschreiben – eine geschichtliche Funktion der Realismus-Theorie, die nicht außer acht gelassen werden darf. Und darüber hinaus konzedieren auch Literaturhistoriker, für die dieser Aspekt belanglos bleibt, daß der marxistische Philosoph in seinen Aufsätzen zur Literatur des 19. Jahrhunderts die Literaturgeschichtsschreibung auf ein theoretisches Niveau gehoben hat, das nur wenige seiner Zeitgenossen erreichten.

Während Lukács' Wirkung im wesentlichen auf die marxistische Literaturgeschichtsschreibung beschränkt blieb, ging der Einfluß der beim Produktionsaspekt ansetzenden literaturtheoretischen Konzeptionen bekanntlich weit darüber hinaus. Die Totalitätsforderung der klassischen Ästhetik negierend, enthielten diese Konzeptionen eine Theorie der offenen Form, die die Verfahrensweisen der modernen Kunst durch die gesellschaftlichen Realitäten – den Stand der Entwicklung der Produktivkräfte, die kapitalistischen Produktions- und Herrschaftsverhältnisse – legitimierte. Der Literaturgeschichtsschreibung war damit ein Zugang zur modernen Literatur eröffnet, von dem aus sie die geschichtliche Notwendigkeit der Auflösung der tradierten künstlerischen Formen theoretisch begründen konnte. Indem diese Konzeptionen dem Dekadenzschema widersprachen, nach dem die Auflösung der Kunstform der Ausdruck der Auflösung der Gesellschaftsform war, ermöglichten sie es der marxistischen Literaturgeschichtsschreibung, sich aus dem Paradox zu befreien, daß sie ausgerechnet den Teil der modernen Kunst – von der linken bürgerlichen Avantgarde bis zum proletarisch-revolutionären Agitprop – ästhetisch ablehnen mußte, der ihr politisch am nächsten stand. Indem diese Konzeptionen das von Lukács prinzipiell festgehaltene organische Werkmodell der klassischen Ästhetik, in der die Kunstform nur als Erscheinungsform eines konkreten Inhalts zu denken war, durch ein Konstruktionsmodell ersetzten (genauer gesagt: statt von dem nach dem Organismusmodell aufgefaßten fertigen Kunstwerk von einer konstruktiven Auffassung der Produktion von Kunst ausgingen), lenkten sie die Aufmerksamkeit der Literaturwissenschaft auf die eigene Dynamik der Entwicklung des künstlerischen „Materials". An die Stelle der Inhalt-Form-Relation trat die Frage nach den jeweils verfügbaren künstlerischen Techniken und Mitteln und nach der Art und Weise von deren Handhabung entsprechend den jeweiligen Wirkungsintentionen der Kunstproduzenten. Insofern als das literaturtheoretische Denken in dieser Richtung sich generell im Rahmen einer Konzeption revolutionärer Gesellschaftsveränderung bewegte, in die Theorie der Revolution eingebunden war und die massenhafte Erzeugung revolutionärer Haltungen, also die Organisation von Wirkung, zum Ziel hatte, griff es notwendigerweise über die Sphäre der Literaturproduktion hinaus, erfaßte es die distributiven Institutionen (die „Apparate" der Kunstvermittlung) und die geschichtlich-gesellschaftlich gebildeten Rezeptionsweisen. Ein anderer Zugang zu dem heute bevorzugten „funktional-kommunikativen" literaturwissenschaftlichen Diskurs als der über die Hermeneutik gewonnene rezeptionsästhetische tat sich hier auf. Die Literaturgeschichtsschreibung kam von daher zu einer veränderten Gegenstandsbestimmung, was seinen praktischen Niederschlag zunächst in einer neuen Art von Sozialgeschichte der Literatur fand. Diese erschöpfte sich nicht mehr in dem Bemühen, die in der Literatur zum Ausdruck gebrachte Weltanschauung der Schriftsteller auf deren Klassenlage oder soziale Herkunft zurückzuführen, sondern unternahm es, den gesellschaftlichen Umgang mit Literatur, deren geschichtlich bestimmte gesellschaftliche Funktionen zu beschreiben und die Literaturentwicklung selbst, den Wandel innerhalb der literarischen Gattungen, die Herausbildung neuer Genretypen und die Veränderungen des gesamten Gattungsgefüges in ihrem Zusammenhang mit den Veränderungen im gesellschaftlichen Umgang mit Literatur darzustellen. Damit stellte sich einmal auch die Frage nach der Rolle der distributiven Institutionen im Literaturprozeß, und zwar sowohl unter technologischen und ökonomischen wie unter politischen und ideologischen Aspekten. Zum anderen kam damit die literarische Massenproduktion, d. h. die Masse der Literaturproduktion, überhaupt erst wieder ins Spiel, und zwar nicht als positivistische Materialsammlung, sondern unter einem theoretischen Gesichtspunkt. Und in dieser Richtung liegen auch die ersten wissenschaftlichen Untersuchungen des gesellschaftlichen Umgangs mit den neuen Medien und der Bedeutung der neuen Medien für die Literatur (Kracauer, Benjamin, Brecht).

Kann man also sagen, daß die Literaturwissenschaft seit den zwanziger Jahren ihre nachhaltigst wirksamen Anregungen zu einem bedeutenden Teil von Schriftstellern, Literaturkritikern und -theoretikern mit einem sozial-emanzipativen Funktionsverständnis ihrer Tätigkeit empfangen hat, so ist doch auch der enorme Einfluß der phänomenologisch-formalistischen Richtung des literaturtheoretischen Denkens nicht zu übersehen, für deren Vertreter ein solches Funktionsverständnis nicht charakteristisch war. Es war zwar ursprünglich auch hier vorhanden – im russischen Formalismus, dessen Nähe zur literarischen Praxis schon aus der Tatsache hervorgeht, daß einige seiner Wortführer selbst poetisch produktiv waren (Schklowski, Tynjanow). Die meisten Vertreter dieser Richtung im Westen waren jedoch vorwiegend theoretisch interessierte Wissenschaftler, die auf den akademischen Bereich beschränkt blieben, ihren Gegenstand von einem spezialistischen Standpunkt aus bestimmten und sich ihm in einer szientistischen Haltung annäherten. So z. B. Roman Ingarden mit seinem phänomenologischen Werkmodell wie auch die Angehörigen des Prager linguistischen Kreises (Roman Jakobson, Jan Mukařovský u. a.). Von der akademischen deutschen Germanistik unterscheiden sie sich vor allem dadurch, daß ihr Erkenntnisinteresse tatsächlich auf die Verfahren der Literatur konzentriert war und daß sie in der systematisch-theoretischen Richtung, in der sie arbeiteten, nicht so fest in die ideologischen Funktionen einer Nationalphilologie eingebunden waren. Für den russischen Formalismus der zwanziger Jahre – und zwar sowohl für seine in der jungen Sowjetunion weiterarbeitenden Vertreter wie für den emigrierten Jakobson – waren diese Funktionen nach der Revolution zunächst sowieso weggefallen. Aber auch ein Literaturwissenschaftler wie Mukařovský bediente den tschechischen bürgerlichen Nationalismus eben nicht in dem Sinne wie die meisten deutschen Germanisten die imperialistsche deutsche Herrschaftsideologie, obwohl er – ebenso wie die russischen Formalisten – seine Untersuchungen hauptsächlich an Beispielen aus der eigenen Nationalliteratur durchführte und auf diese Weise auch einen hervorragenden Beitrag zur Historiographie der tschechischen Literatur leistete – wie Schklowski, Tynjanow oder Eichenbaum zur Historiographie der russichen Literatur.

Von diesen phänomenologischen, formalistischen und strukturalistischen Konzeptionen ging die Entwicklung theoretischer Modelle für eine exakte, bei der Sprache ansetzende Werkbeschreibung bzw. Textanalyse aus, die der Literaturwissenschaft bis dahin gefehlt hatte. Von der philosophischen Ästhetik aus waren solche Modelle nicht zu entwickeln gewesen. Die deutsche Geistesgeschichte hatte von ihr einen Formbegriff erhalten, der als äußere Erscheinungsform („Gestalt") einer „inneren Form", d. h. einer ideellen Struktur („Gehalt"), gedacht war. Sie konnte gemäß ihrem holistischen, organischen Werkmodell Formfragen nur als Fragen der bestimmten Form eines bestimmten Inhalts, also am einzelnen Werk, diskutieren. In der Praxis bedeutete das, daß sie in der Interpretation eines literarischen Kunstwerks geradenwegs auf dessen ideelle Struktur ausging und dann deren äußerlich-formale Entsprechungen zu bestimmen versuchte (wenn sie sich überhaupt so lange beim Werk selbst aufhielt und nicht gleich auf den geistigen Zusammenhang des betreffenden Werks mit anderen Werken und auf die geistige Verfassung des Autors überging). Dabei kam sie – wenn überhaupt – zuallerletzt bei der Sprache an. Formalismus und Phänomenologie kehrten die Untersuchungsrichtung um. Sie fingen mit der Sprache an und nahmen damit zum ersten Mal in der Geschichte des literaturtheoretischen Denkens die banale Tatsache ernst, an die Hermann Hettner schon Mitte des 19. Jahrhunderts die Literaturhistoriker erinnern zu müssen geglaubt hatte: daß Literatur nämlich aus Sprache besteht.

Nun hat die Rückbesinnung auf die sprachliche Natur des literarischen Kunstwerks bekanntlich auch dazu geführt, daß sein Begriff in einem Textbegriff aufgelöst wurde, der gegenüber der möglichen literarischen (poetischen) Qualität oder Funktion von Texten überhaupt indifferent war, und daß die Arbeit der Literaturwissenschaft sich damit prinzipiell auf alle möglichen „Textsorten" ausweitete, aber zugleich auch auf die Strukturanalyse von Texten eingrenzte. Während die russischen Formalisten eine „linguistische", d. h. sprachwissenschaftlich fundierte „Poetik" entwickeln wollten, ging die Literaturtheorie in bestimmten strukturalistischen und semiotischen Konzeptionen der Folgezeit in der Linguistik auf. (Sie ging, auf „Texttheorie" reduziert, als „Textlinguistik" in die Kompetenz der Sprachwissenschaft über.) Das war jedoch, wie wir heute wissen, nicht das notwendige Endergebnis der Entwicklung der formalistischen und strukturalistischen Ansätze. Deshalb erscheinen diese heute trotz der reduktionistischen und liquidatorischen Konsequenzen, zu denen sie auch geführt haben, vielmehr als Ansätze für die Entwicklung von theoretischen Modellen der konzeptionellen Verbindung von Sprachwissenschaft und Literaturwissenschaft, wie sie der aus dem 19. Jahrhundert überkommene institutionelle Rahmen der Nationalphilologien eigentlich vorausgesetzt hatte, ohne daß diese ein solches Modell wirklich besaßen.

Hinzu kommt, daß die Ersetzung des organischen Werkmodells durch ein Modell des künstlerischen Verfahrens, die für die Entwicklung der soziologischen Ansätze so wichtig wurde, zuerst von den russischen Formalisten vorgenommen worden war. Sie waren es auch, die von diesem konstruktivistischen Verfahrensmodell aus zuerst formale Kriterien für die Bestimmung der literarischen Qualität (des poetischen Charakters) eines Textes – seiner „Literarität" – entwikkelten und die Vorstellung eines „innerliterarischen Prozesses" der Ablösung, Veränderung und wechselnden Kombination literarischer Formelemente gewannen (Tynjanows Theorie der „literarischen Evolution"). Damit eröffneten sie die Perspektive auf die Konzeption einer Formen- bzw. Strukturgeschichte der Literatur, die die Rekonstruktion dieses Prozesses zum Ziel hatte, der in der Literaturgeschichtsschreibung bisher am wenigsten deutlich geworden ist. Die

Problematik eines auf die „Literarität" bzw. „Poetizität" der Texte eingegrenzten Literaturbegriffs ebenso wie einer Literaturgeschichtskonzeption, die das Werk nicht mehr in seiner individuellen Einmaligkeit und Ganzheit als „Ereignis" würdigen wollte, in der die einzelnen Werke vielmehr nur noch „soweit ins Blickfeld kamen, wie sie das System der Formelemente modifizierten", ist ausgiebig erörtert worden, zuletzt von Klaus Städtke. Auf die Formalismus-Kritik Bachtins und seiner Schüler und auf die Wiederaufnahme der Diskussion in der strukturalistisch-semiotischen Schule von Moskau und Tartu zu Beginn der sechziger Jahre eingehend, beschreibt er diese Positionen zugleich als die am besten durchdachten Versuche, Aporien des Formalismus auszuweichen, ohne hinter die von ihm eröffneten Möglichkeiten zurückzugehen.[17]

Schließlich ist daran zu erinnern, daß Ingarden und die tschechischen Strukturalisten ebenfalls dazu beigetragen haben, das literaturtheoretische Denken in Richtung auf die Rezeptionsproblematik hin zu erweitern. Indem Mukařovský und Vodička den Rezeptionsvorgang – die Lektüre – als den systematischen Ort des Werks bestimmten, haben sie überhaupt den entscheidenden theoretischen Schritt in diese Richtung getan. Daß es sich dabei nicht nur um einen Schritt in Richtung auf eine bestimmte, erst viel später ausgebildete ästhetische Theorie – die sogenannte Rezeptionsästhetik –, sondern um einen generellen Erkenntnisfortschritt handelte, läßt sich kaum bestreiten: Keine ästhetische Theorie hat bis heute ein Modell für den Rezeptionsvorgang anbieten können, das plausibler wäre als das der bestimmten Konkretisation der Leerstellen, das wir Mukařovský und Ingarden verdanken. Dieses Modell entstand in der phänomenologischen Auseinandersetzung mit der deutschen Geistesgeschichte und sollte vor allem helfen, den geistesgeschichtlichen „Subjektivismus und Relativismus in der Literaturinterpretation und -bewertung"[18] zu überwinden. Tatsächlich hat es für die theoretische Durchdringung der Interpretations- und Bewertungsfragen Erhebliches geleistet. Weniger in der abstrakten, ungeschichtlichen Form, in der es Ingarden handhabte. Dafür um so mehr in seiner von Mukařovský vorgenommenen geschichtlich-gesellschaftlichen Funktionalisierung. Indem Mukařovský[19] den individualisierenden Akt der ästhetischen Konkretisation des „materiell-künstlerischen Gebildes", des „ohne Veränderung andauernden Artefakts" als eine Handlung erklärte, in der sich „das rezipierende Subjekt auf die im kollektiven Bewußtsein verankerten ästhetischen Wertvorstellungen und Normen bezieht", wurden „die

'Einmaligkeit und Unwiederholbarkeit' des konstituierten 'ästhetischen Objekts' mit der kollektiven ästhetischen Erfahrung einer sozialen Gemeinschaft vermittelt"[20], die Interpretation eines literarischen Kunstwerks als ein geschichtlich-gesellschaftlich bestimmter Akt begriffen. Indem er den „objektiven ästhetischen Wert" der „Artefakte", an dem er ebenso festhält wie Ingarden, als einen Wert „nur der Möglichkeit nach" setzte und von ihm einen „aktuellen ästhetischen Wert" abhob, „der sich erst im ästhetischen Kommunikationsakt entfaltet zwischen dem Kunstwerk, das als Artefakt seine Fähigkeiten einbringt (die Steuerungsfunktion des Werks als 'Rezeptionsvorgabe' in der Terminologie von 'Gesellschaft – Literatur – Lesen'), und dem Rezipienten, der diese ästhetische Potenz entsprechend der ihm verfügbaren kollektiven Normen und Wertvorstellungen (wir würden sagen, seiner subjektiven Erwartungshaltungen und Realisierungspotenzen, kurz, seiner Lektürekompetenz) aktualisiert"[21], – indem Mukařovský so verfuhr, führte er die Wertdiskussion schon nahe an den Punkt heran, an dem sie heute steht. Für die Auffassung der Literaturgeschichte aber war entscheidend, daß Mukařovský von seinem semiotischen Ansatz her über die Erörterung der Wertproblematik ebenfalls zu einem Begriff der praktisch-gesellschaftlichen Rolle der Literatur kam. Indem er dem „aktuellen ästhetischen Wert" eines literarischen Werks das „dynamisierende Vermögen" zuerkannte, eine Vielzahl außerästhetischer Werte zu aktualisieren, erklärte er die ästhetische Funktion der Literatur selbst als eine soziale, stellte er, über seine Werttheorie, auch einen semiotisch-strukturalistisch begründeten Zusammenhang von Literatur- und Sozialgeschichte her.

Diese Auflistung literaturtheoretischer Positionen und Tendenzen, die sich in der ersten Hälfte des 20. Jahrhunderts außerhalb der Germanistik gebildet haben, sollte konkreter veranschaulichen, wie gering schon vor 1933 der Anteil der akademischen deutschen Germanistik an der Entwicklung der Theorien und Methoden gewesen ist, auf die die Literaturwissenschaft heute – in unterschiedlicher Weise – reflektiert und die deren heutiges Selbstverständnis – auch in den Nationalphilologien – bestimmen. Die totale Kompromittierung durch die faschistische Barbarei hatte dann nach 1945 zur Folge, daß die deutsche Germanistik selbst sich nicht mehr auf die Traditionen berufen mochte, die sie in den Faschismus hineingeführt hatten. Daß die in der DDR sich entwickelnde marxistische Germanistik radikal mit diesen Traditionen brechen wollte, versteht sich von selbst. Aber auch in der BRD wurde die geistesgeschichtliche Orientierung der

Literaturwissenschaft weitgehend aufgegeben. Das bedeutete dort allerdings zumeist den Verzicht auf eine geschichtliche Darstellung der Literatur überhaupt und eine programmatische Beschränkung auf die „immanente Interpretation“ isolierter Einzelwerke. Die nationalwissenschaftliche Repräsentation wurde auch von der bürgerlichen Germanistik eingestellt, wenngleich sie damit ihre Wertorientierung zunächst noch nicht aufgab, sondern nur auf einen übernationalen, „abendländischen“ oder existentiell-anthropologischen Horizont projizierte. Erst mit dem neopositivistischen New Criticism setzte sich in der westdeutschen Germanistik der szientistische, spezialistische Standpunkt durch, von dem aus Literaturwissenschaft in den westlichen Ländern bis in die zweite Hälfte der sechziger Jahre vorwiegend betrieben wurde. Die geschichtliche Dimension der Literatur kam von diesem Standpunkt aus jedoch ebensowenig in Betracht wie bei der immanenten Interpretation. Natürlich ist während dieser Zeit auch in der BRD unausgesetzt Literaturgeschichte geschrieben worden; aber erst mit der Entwicklung der Rezeptionsästhetik und unter dem sozialgeschichtlichen und ideologiekritischen Aspekt der kritischen Germanistik gewann die Literaturgeschichte dort wieder ein breiteres Interesse. Die methodologische Schulung, die die Germanistik seit ihrem Heraustreten aus den Bahnen der Geistesgeschichte und seit ihrer Öffnung für die verschiedenen Richtungen des zeitgenössischen literaturtheoretischen Denkens erfahren hatte, schärfte in ihr allerdings auch das Bewußtsein für die Problematik der traditionellen Formen der Literaturgeschichtsschreibung. Das neuerwachte Interesse kollidierte so mit der Erkenntnis, daß eine Literaturgeschichtsdarstellung, die allen Ansprüchen gerecht werden wollte, die man traditionell an dieses Genre stellt, und die alle Funktionen erfüllte, die der literaturgeschichtliche Diskurs hat, theoretisch nicht stringent zu begründen und methodisch nicht konsequent durchzuführen war.

Hier soll nicht die Germanistik-Geschichte der letzten Jahrzehnte in ein paar Sätzen zusammengefaßt werden. Das verbietet sich schon deswegen, weil wir es schließlich nun auch mit dem Aufbau und der Entwicklung einer anderen Institution zu tun haben – der Germanistik der DDR als einer Institution eines Gesellschaftssystems, das sich von dem bürgerlichen, in dem die bisherige Entwicklung der Literaturwissenschaft, auch die der marxistischen, stattgefunden hat, fundamental unterscheidet. Die Germanistik der DDR hat ihre eigene Geschichte. Historische Forschung und Literaturgeschichtsdarstellung standen hier eben zu der Zeit, da sie in der westdeutschen Germanistik nur noch eine untergeordnete Rolle spielten, im Mittelpunkt der Arbeit. Es galt, das bisher unterdrückte revolutionär-demokratische, proletarisch-revolutionäre und sozialistische Literaturerbe aufzubereiten und die progressiven, humanistischen Werte der bürgerlichen deutschen Literatur herauszuarbeiten. Die gesamte Literaturgeschichte war umzuschreiben. In der zweiten Hälfte der sechziger Jahre wurden die mannigfaltigen auf dieses Ziel gerichteten Bemühungen in dem Plan der zwölfbändigen *Geschichte der deutschen Literatur* zusammengefaßt, der im Verlauf eines Jahrzehnts im wesentlichen verwirklicht wurde.[22] Daß das ansehnliche Resultat dieser Bemühungen ebenso wie die ihm vorausgehenden Leistungen von der DDR-Germanistik selbst seit der Mitte der siebziger Jahre gleichfalls theoretisch und methodologisch problematisiert wurden, und zwar auch unter rezeptions- und sozialgeschichtlichen, formengeschichtlichen und systemtheoretischen Aspekten, die Diskussion um die Literaturgeschichte also auch hier in ein neues Stadium eintrat, beweist nur, daß auch die Literaturwissenschaft nicht in verschiedenen Ideologien aufgeht. Sie kommt – die Ausführungen über das literaturtheoretische Denken der zwanziger und dreißiger Jahre sollten auch das veranschaulichen – nicht nur im faktischen Bereich, sondern auch auf der wissenschafts-(disziplin-)theoretischen und (fach-)methodologischen Ebene zu Ergebnissen, die in ideologischem Rahmen produziert werden und von unterschiedlichen Weltanschauungen her unterschiedlich interpretiert werden können, die sich an und für sich jedoch als je bestimmter Erkenntnisstand generell durchsetzen.

Im Verhältnis zur bürgerlichen deutschen Germanistik der alten Schule trifft für diese Disziplin wohl heute generell die Feststellung zu, daß sie sich – wie die anderen Philologien – am gegenwärtigen theoretischen und methodologischen Erkenntnisstand der Literaturwissenschaft orientiert. Die arrogante Selbstgenügsamkeit der Nationalphilologen, die wir in der Geschichte der deutschen Germanistik ausgemacht haben, ist heute nirgends mehr passabel, wo Germanistik als Nationalphilologie fungiert. Wenn also, um auf den Ausgangspunkt zurückzukommen, etwas über das heutige Selbstverständnis der Literaturwissenschaft ausgesagt werden soll, dann läßt sich im Hinblick auf die Literaturgeschichtsschreibung jedenfalls sagen, daß sie im deutschsprachigen Raum heute nirgends mehr das Prestige hat, die „eigentliche“ Geschichte zu erzählen. Weder im gesellschaftlichen Bewußtsein der anderen deutschsprachigen Länder noch in der DDR hat die Literaturgeschichte noch diesen Rang, und die Germanistik der BRD hat mit dem Anspruch darauf für lange Zeit das geschichtliche Denken überhaupt aufgegeben. Das national Besondere nimmt auch in der BRD in der Werthierarchie nicht mehr die Spitzenstellung ein, die es in Deutschland bis 1945 gehabt hatte. Die Literaturhistoriker in der DDR sind Gesellschaftswissenschaftler, die mit ihrer Arbeit einen spezifischen Beitrag zur Kulturgeschichte leisten und literarisches Erbe der Vergangenheit als kulturellen Wert – in dem Fall, da es sich um das Erbe der deutschen Literatur handelt, auch als nationalen Kulturwert – im gesellschaftlichen Leben präsent zu halten beitragen, indem sie, es interpretierend, ein entsprechendes Wertbewußtsein vermitteln. Sie haben in der DDR, verglichen mit anderen Gesellschaftswissenschaftlern, keine in irgendeiner Beziehung herausgehobene Stellung, vielmehr müssen sie sich in ihrer Erbe aufschließenden und Werte vermittelnden Tätigkeit gegen die Konkurrenz der Schriftsteller und Theaterleute behaupten, die diese Sache selbst in die Hand nehmen. Der Medienproblematik weichen die meisten von ihnen immer noch gern aus – in der Hoffnung, daß eine Medienwissenschaft sich etablieren und die von ihnen erwarteten Antworten geben würde. Auf die Schriftsteller- und Literaturkritiker-Essays von der hohen Warte der Wissenschaft geringschätzig herabzuschauen, kann sich heute kein professioneller Literaturhistoriker mehr leisten; er würde sich lächerlich machen vor seinen Zeitgenossen, die heute schon das Selbstwertgefühl bürgerlicher Literaturprofessoren der Weimarer Republik komisch anmutet.

Daß die Germanistik heute weder in der BRD noch in der DDR als d i e Nationalwissenschaft fungiert, bedeutet allerdings nicht, daß die entsprechenden Institutionen der beiden deutschen Staaten dieser Funktion völlig enthoben seien. Nicht mehr als d i e Nationalwissenschaft, aber als diejenige Disziplin, über die in der Regel der Zugang zur deutschen Kultur gesucht wird, hält die Germanistik im Ausland notgedrungen in wesentlichen Zügen an der Konzeption fest, mit der diese Disziplin in der ersten Hälfte des 19. Jahrhunderts hervortrat – an der Konzeption einer Wissenschaft von deutscher Sprache und Literatur unter dem Horizont einer Kulturgeschichte des deutschen Volkes. Die unveränderten Bedürfnisse der Auslandsgermanistik – der Germanistik als „Fremdphilologie" – sind der unverfänglichste Ausdruck dafür, daß die Germanistik – wie andere Philologien auch – in eine Funktion eingebunden bleibt, die über die Erforschung und Erklärung linguistischer und literaturwissenschaftlicher Sachverhalte hinausreicht: über das Literaturstudium, das die Sprachkompetenz voraussetzt, einen Zugang zur kulturellen Eigenart, zur nationalen Identität zu eröffnen. Die Bedürfnisse der Auslandsgermanistik haben daher auch allen, sei es von der Linguistik, sei es von der Literaturtheorie inspirierten Versuchen, die Institution der Nationalphilologie aufzuspalten und das Studium der deutschen Literatur unter einer allgemeinen Literaturwissenschaft oder unter den Kunst- und Kulturwissenschaften schlechthin zu subsumieren, eine Grenze gesetzt.

Daß nun aber die Frage nach der kulturellen Eigenart – und das heißt heute auch: nach den Unterschieden, die sich in der kulturellen Eigenart der Deutschen seit 1945 in den beiden deutschen Staaten herausgebildet haben, nicht nur eine Frage ist, die die Auslandsgermanistik beschäftigt, kann man seit einigen Jahren auch immer häufiger soziologischen, kulturgeschichtlichen und literaturwissenschaftlichen Untersuchungen ablesen, die in der DDR zur Diskussion gestellt werden. „Was sind wir, wir Deutschen in der DDR, woher kommen und wohin gehen wir? Inwiefern unterscheiden wir uns positiv oder negativ von anderen Völkern und Nationen, von Deutschen, die vor uns lebten oder neben uns, im anderen deutschen Staate leben?" – lautet die Ausgangsfrage z. B. eines Diskussionsbeitrags *Zum Problem der kulturellen Identität,* der 1985 in den *Weimarer Beiträgen*[23] erschien. Auch die Autoren dieses Beitrags halten dafür, daß die Frage nach der „nationalen kulturellen Identität" nicht mit der Konstituierung der bürgerlichen Nation abgetan ist. Deshalb scheint es ihnen „an der Zeit, auch in den Gesellschafts- und Kulturwissenschaften dem Problem der kulturellen Identität jene Beachtung zu schenken, die ihm in der Realität und auch in der Kulturpolitik längst zukommt."[24]

Selbstverständlich läßt sich dieses Problem – und das reflektiert ja auch der zitierte Beitrag – nicht lediglich unter dem Gesichtspunkt der Urteile diskutieren, die über Mentalität und charakteristische Verhaltensweisen einer sozialen Gruppe, eines Volkes, einer Nation von „außen", also etwa auch von der Wissenschaft gefällt werden, die sich der betreffenden Gruppe methodisch gegenüberstellt. Es handelt sich in der Realität um die Frage des kollektiven Selbstbewußtseins, und eben deswegen ist es auch ein die staatliche Kulturpolitik beschäftigendes Problem. Kulturpolitisch gefaßt, handelt es sich vor allem um die kollektive Identifikation der einzelnen Individuen mit sozialen, politischen, wissenschaftlichen und künstlerischen Errungenschaften, geschichtlich gebildeten mentalen Eigenschaften, Verhaltensnormen und Formen der Lebensweise des eigenen Volkes, die bewahrt bzw. weitergeführt oder -entwickelt werden sollen, um das Bewußtmachen nationaler Traditionen also, und das kollektive Bekenntnis zu ihnen.

Literatur und Literaturgeschichte spielen im kulturellen Selbstverständnis heute nicht mehr die gleiche Rolle wie im Deutschland des 19. Jahrhunderts. Auch die Traditionen, auf die die Kulturpolitik der DDR reflektiert, sind in erster Linie weder nur nationale noch literarische. Die Germanistik ist da nicht mehr allein gefordert. Aber sie hat es eben doch mit einem Gegenstand zu tun, der alle die Dinge zur Sprache bringt, auf die ein kollektives Selbstverständnis sich beziehen kann. Insofern bleibt die Nationalphilologie in alle Diskussionen über dieses Problem in besonderem Maße verwickelt. Sie kann sich daher auch dem Anspruch der Kulturpolitik, nicht nur in Fragen des nationalen Selbstverständnisses, am wenigsten entziehen.

Der Literaturbegriff der Literaturgeschichtsschreibung

Wolfgang Menzel und Robert Prutz

Unter dem bündigen Titel *Die deutsche Literatur* hatte Wolfgang Menzel 1828 eine Schrift herausgebracht, von der man gemeinhin allenfalls noch weiß, daß sie den Anstoß zur jungdeutschen Klassik-Diskussion gegeben haben soll. 1836 erschien eine zweite „vermehrte" Auflage in vier Teilen (zwei Doppelbänden). Darin rechtfertigt Menzel, die Darstellung über die Julirevolution und den von ihm provozierten Bundestagsbeschluß gegen das Junge Deutschland hinausführend, seinen Angriff auf Goethe. Das aber soll uns hier zunächst überhaupt nicht interessieren. Wir schauen uns das Inhaltsverzeichnis an und stellen fest: Im ersten Teil werden, nachdem unter den Stichworten „Nationalität", „Einfluß der Schulgelehrsamkeit", „Einfluß der fremden Literaturen" und „Der literarische Verkehr" die „allgemeinen natürlichen und historischen Bedingungen unserer Literatur"[25] besprochen worden sind, Religion und Philosophie abgehandelt. Der zweite Teil enthält Pädagogik, Geschichte und „politische Wissenschaften". Es folgt im dritten Teil die Übersicht über die naturwissenschaftliche Literatur. Und erst auf Seite 114 dieses dritten Teils beginnt die Darstellung der „schönen Literatur", die dann im vierten Teil weitergeführt wird, den ein Abschnitt über die Kritik beschließt.

In dem *Die Masse der Literatur* beschriebenen Einleitungskapitel des ersten Teils wird dieses Verfahren quasi ex negativo begründet. Menzel würdigt darin die vorhandenen „Spezialgeschichten einzelner Literaturfächer" und er beklagt, daß die „allgemeinen deutschen Literargeschichten" die meisten „Fächer" zu flüchtig behandeln. Sie stellen nicht „die deutsche Literatur in ihrer Gesamtheit und als ein geschlossenes Ganzes"[26] dar. Es ist offensichtlich: Menzel hält an einem Literaturbegriff fest, den die meisten seiner Zunftgenossen, indem sie der wissenschaftlichen, religiösen, didaktischen und politischen Literatur nur noch geringe Aufmerksamkeit schenkten, bereits aufgegeben hatten. Er mißversteht als unzulängliche „allgemeine"

Literaturgeschichte, was dabei war, sich auf die Herausbildung eines selbständigen Systems „Kunstliteratur“ einzustellen.

Daß man die Bezeichnung für einen im 18. Jahrhundert weiter und anders gefaßten Begriff allmählich auf dieses System übertrug, anstatt das neu aufgekommene Wort „Dichtung“ zu wählen oder auf den ihm sinnverwandten Poesiebegriff der Humanisten zurückzugehen, ist ein Kapitel für sich. Der wichtigste Erklärungsgrund dürfte wohl sein, daß dem Literaturbereich, der sich zu einem eigenen System verselbständigte, von Anfang an die erzählenden Prosaformen angehörten, ja daß dem modernen Roman überhaupt eine nicht zu unterschätzende Bedeutung für die Herausbildung des Systems zukam. Der Roman jedoch wurde nicht sogleich der epischen Gattung der Poesie zugeschlagen, weil der Poesiebegriff traditionell durch das Kriterium der metrisch gebundenen Rede bestimmt war. Die Ästhetik des 18. Jahrhunderts hatte den Roman ebenso wie die Biographie und die Geschichtsdarstellung zu den rhetorischen Genres gerechnet (so z. B. Johann Joachim Eschenburg in seinem *Entwurf einer Theorie und Literatur der schönen Wissenschaften),* und sie ließ seine Form allenfalls als „halbpoetisch“ gelten (so August Ferdinand Bernhardi in seiner *Sprachlehre*).[27] Der Ausdruck „schöne Literatur“ – eine Übersetzung des französischen „belles-lettres“, das ursprünglich das Studium der antiken Bildungsgüter, Philologie, Rhetorik, Poesie und Geschichte, zusammengefaßt hatte (und in dieser Bedeutung auf deutsch auch als „schöne Wissenschaften“ wiedergegeben worden war) – war hingegen für die Prosaerzählung offen. Einen Literaturbereich, den der Poesiebegriff im herkömmlichen Verständnis nicht abdeckte, benannt zu haben, bedeutete an und für sich noch keineswegs eine Veränderung des Literaturbegriffs. Die manifestierte sich erst dort, wo die Darstellung sich auf die „schöne Literatur“ im Sinn imaginativer und fiktionaler Literatur konzentrierte, d. h., wo die anderen Literatursorten aus der Literaturgeschichte ausgegrenzt wurden. Und dieser Prozeß hatte schon lange vor Menzels Auftritt begonnen.[28] Menzel selbst blieb nicht unbeeinflußt davon. Er hat die Arbeit an der „allgemeinen“ Literaturgeschichte nach der zweiten Auflage der *Deutschen Literatur* abgebrochen und sich statt dessen einer Geschichte der *Deutschen Dichtung von der ältesten bis auf die neueste Zeit* angenommen, die 1858 auf den Markt kam.

Daß er für den Bereich der „schönen Literatur“ jetzt nach dem Beispiel der vierten Auflage von Gervinus' *Geschichte der deutschen*

Dichtung (1853) das Wort Dichtung einsetzte, zeigt allerdings an, daß „Dichtung" Mitte des 19. Jahrhunderts in Deutschland mit dem Ausdruck „schöne Literatur" in Konkurrenz getreten war, um die Gesamtheit der imaginativen und fiktionalen Literaturprodukte zu bezeichnen. Die Geschichte der Einbürgerung des Wortes „Dichtung" hat Käte Hamburger in den siebziger Jahren aufgearbeitet.[29] Sie weist darauf hin, daß Jacob Grimm zwar das Wort bereits in Josua Maalers 1561 in Zürich gedrucktem Wörterbuch *Die Teutsch Spraach* gefunden hat, daß sich aber danach bis in die siebziger Jahre des 18. Jahrhunderts keine Zeugen für seinen Gebrauch mehr finden. Erst in Adelungs 1774 erschienenem *Vollständigen Wörterbuch* kann man lesen, daß „Dichtung" als Hauptwort von dichten „von den Neueren eingeführt worden" sei.[30] Dennoch reden selbst Goethe und Schiller zu Beginn des 19. Jahrhunderts noch weit häufiger von „Literatur", „Poesie" oder „Dichtkunst", findet sich „Dichtung" auch bei ihnen noch verhältnismäßig selten. Wenn wir später auf die virulente Phase des Dichtungsbegriffs in der ersten Hälfte des 20. Jahrhunderts zu sprechen kommen, werden wir zu bedenken haben, was Hamburger – ohne statistische Belege dafür vorweisen zu müssen – außerdem zur Evidenz gebracht hat: In welchem Maße nämlich die Geschichte dieses Begriffs mindestens seit der Romantik von der Auffassung des Dichters mitbestimmt wurde. Und daß die romantische Auffassung des Dichters als eines jedem dem rationalen Erkenntnisvorgang verhafteten Gelehrten überlegenen „Sehers" – wie Hamburger belegen kann – schon in der Geschichte der deutschen Literatur von Herder bis Hölderlin vorgeprägt worden ist.

Wir wollen vorerst noch bei der *Deutschen Literatur* verweilen und der Frage nachgehen, unter welchen Aspekten sie ihren Gegenstand abhandelt.

Zunächst ist festzustellen, daß Menzel von der „Masse der Literatur" ausgeht. Anhand der Leipziger Meßkataloge belegt er die enorme Zunahme der Buchproduktion nach dem Ende der Napoleonischen Kriege, rechnet er aus, daß „seit dem Frieden von 1814 ... bis zum Schluß des Jahres 1835 nicht viel weniger als 100 000 Werke in Deutschland gedruckt"[31] wurden, darunter 5 000 bis 6 000 Romane. Menzel beschreibt diesen Bücherberg als Resultat der kapitalistischen Entwicklung des Buchwesens: „Die Bücherverfertigung ist ein einträgliches Gewerbe geworden ... Endlich erkannten die Buchhändler, welchen Gewinn sie vom Publikum ziehen könnten, wenn sie demselben alles Interessante aus dem bisher von der Zunft verschloßnen Reiche des Wissens mittheilten, das Heilige profanirten, das Gute der Fremden nationalisirten, und alsbald legten sie Fabriken an und besoldeten ihre Büchermacher für alle Stände, Geschlechter und Alter, für das Volk, die Jugend, die Damen, und vorzugsweise für Alle, die an Masse die zahlreichsten, die Bücher auch in Masse bezahlen konnten."[32] So sei der Buchhändler „Fabrikant oder Spediteur oder beides zugleich" geworden. „Die Bücher sind seine Waare. Sein Zweck ist Gewinn, das Mittel dazu nicht absolute, sondern relative Güte der Waare, und diese richtet sich nach dem Bedürfniß der Käufer." Wenn aber ein Buch Käufer finden soll, „so muß es dem bekannten Geschmack des Publikums angemessen seyn, oder seinen Neigungen und Schwächen schmeicheln und eine neue Mode erzeugen können. Deßwegen begünstigen die Verleger das Triviale und das Abenteuerliche. Soll das Publikum wissen, daß das Buch seinem Geschmack entspricht, so muß der Titel es anlocken. Deßwegen ist dem Verleger ein guter Titel mehr werth, als ein gutes Buch . . ." Die „Besoldung" der Büchermacher glossiert Menzel schließlich in den Sätzen: „Woher nimmt aber der Verleger solche Waare, die er für gut erkennt? Sie wächst nicht so häufig wild, als er dadurch reich werden könnte. Sie muß also durch Kunst erzeugt werden. Es wird also statt der seltnen Alpenweide die überall ausführbare Stallfütterung der Autoren eingeführt. Der Verleger unterhält sie, und sie liefern ihm Milch, Butter, Käse, Haut und Knochen. Und ist wohl je ein Verleger verlegen um solche Leibeigene. Es drängen sich ihm mehr zu seinem Gnadentisch, als er verlangt."[33]

Die Entstehung kapitalistischer Literaturverhältnisse in Deutschland war nicht Menzels Entdeckung. Wilhelm Hauffs Skizze *Die Bücher und die Lesewelt*[34] gibt ein sehr ähnliches Bild und ist in ähnlichem Ton gehalten. Hauff trat kurz vor seinem frühen Tod in die Redaktion von Cottas *Morgenblatt* ein, dessen Literaturbeilage *(Literaturblatt)* Menzel herausgab. Die Skizze antizipiert eine Herstellung literarischer Konfektionsware, bei der die verschiedenen Arbeitsschritte oder einzelne Teile anonym von unterschiedlichen Schreibern ausgeführt werden. Aber auch Hauffs utopische Satire geht auf Erfahrungen und Beobachtungen zurück, die offensichtlich ein großer Teil der Literaten dieser Zeit gemacht hat. Dabei war die Idee einer gemeinschaftlichen Romanproduktion an und für sich gar keine Utopie mehr, sondern bereits von den Romantikern mehrfach in die Tat umgesetzt worden.[35] Bemerkenswert an Menzels Arbeit ist daher nicht so sehr, daß sie auch die kapitalistischen Praktiken der Literaturproduktion und -distribution beschreibt, als vielmehr, daß sie die literarischen Verkehrsformen überhaupt der Darstellung der zeitgenössischen deutschen Literatur zugrunde legt. Die den Literaturprodukten selbst abzulesende Symptomatik sich anbahnender tiefgreifender Veränderungen im literarischen Leben hat die Frage nach dem generellen Einfluß seiner Verfassung auf die Literaturproduktion ins Bewußtsein gehoben. Menzel interessiert sich demzufolge auch nicht nur für die unmittelbar mit der ökonomisch-gesellschaftlichen und technischen Entwicklung verbundenen Prozesse wie die Zunahme des Marktanteils der populärwissenschaftlichen Literatur und der Übersetzungen, die Entfaltung des Pressewesens oder die Vermehrung der Leihbibliotheken und Lesehallen, sondern auch für eine so alte, wenn auch zum damaligen Zeitpunkt nicht minder aktuelle Erscheinung wie die Zensur.

Bedenken wir, daß es eben Menzel war, der den spektakulärsten zensorischen Eingriff, das Publikationsverbot für Heine und die Schriftsteller des sogenannten Jungen Deutschland provoziert hatte, dann klingt es wie ein Hohn in unseren Ohren, wenn wir denselben Menzel sagen hören: „Es ist bekannt, daß die einzige Garantie einer gerechten Rechtspflege deren Oeffentlichkeit ist. Die Censur bedarf einer wenigstens eben so sichern Garantie, aber Oeffentlichkeit ist mit ihrer Natur unvereinbar. Sie soll ja gerade das Oeffentlichwerden gewisser Gedanken verhindern."[36] Oder wenn er sein Plädoyer für die Pressefreiheit in dem Satz zusammenfaßt: „Eine Nation, der man den Preßzwang auferlegt, ist gewöhnlich gebildet genug, um denken zu können, was sie nicht sagen darf."[37] Dennoch verdient auch hier wieder festgehalten zu werden, daß Menzel die konkreten Auswirkungen der Zensur auf den Charakter der Literatur erwägt: „Was die Censur uns raubt, ist weniger zu bedauern, als was sie uns bringt. Daß sie die Wahrheit zuweilen unterdrückt, ist schlimm, aber noch schlimmer, daß sie Unwahrheit und Halbheit hervorruft ... Mancher, der die Wahrheit sagen will, hüllt sie absichtlich in Nebel ein, durch die ein gewöhnlicher Censor, aber auch das gewöhnliche Publikum nicht durchsieht ... Endlich gibt es eine Menge Schriftsteller, die dicht unter der politischen Schneelinie nur zu einem krüppelhaften Wachsthum kommen, die, ohne perfid zu seyn, doch auch nicht ehrlich sind, ohne zu lügen doch auch die Wahrheit nicht zu verkündigen wagen und in einer erbärmlichen Halbheit es zugleich dem Zeitgeist und der Censur recht machen wollen."[38]

Bei all dem wird deutlich, daß Menzels eigentliches Erkenntnisinteresse auf die Wirkung der Literatur gerichtet war. Von der Aufklärung hatte er nicht nur deren ursprünglichen universellen Literaturbegriff übernommen, er blieb ihr auch – wie Peter Uwe Hohendahl[39] im Hinblick auf die Wegbereiter des Jungen Deutschland allgemein vermerkt – mit der Überzeugung von der lebenspraktischen Funktion der Kunst verpflichtet. Ein Wegbereiter des Jungen Deutschland war Menzel allerdings. Man kann in Gutzkows *Forum der Journal-Literatur* von 1831 nachlesen, welche Vorbild-Wirkung er ausgeübt hatte.[40] Hohendahl gibt zu bedenken, ob man Menzels offenen Übergang auf die Seite der Reaktion allein aus ideologischen Gründen erklären könne: „Zwei Gesichtspunkte sind bei der Beurteilung zu berücksichtigen: Als Konkurrenten auf dem literarischen Markt versuchen die Kritiker, einander zu verdrängen. Mit diesem Gesichtspunkt verbindet sich der andere, nämlich die Durchsetzung des eigenen Literaturprogramms gegenüber konkurrierenden Gruppen."[41] Er zitiert Heinrich Laube, der diesen Sachverhalt schon 1833 klar ausgesprochen hat: „Nicht wie natürlich Verbündete, die alle nach gleichem Ziele, einer gesteigerten Bildung, steuern, nein, wie natürliche Feinde begegnen sich die Schriftsteller auf dem Terrain der Oeffentlichkeit. Eine Hauptquelle dieser Leidenschaftlichkeit ruht wieder in ökonomischen Verhältnissen."[42] Zweifellos sah Menzel in seinem einstigen Adepten Gutzkow, in Laube und Theodor Mundt die Konkurrenz heranwachsen, diente deren Denunziation bei der Staatsmacht dem Ziel, sich seine Position als führender Kritiker zu sichern.[43] Hohendahl zeigt jedoch auch, daß Menzel dazu seine Weltanschauung nicht auszuwechseln brauchte. In seinen Burschenschaftler-Idealen war ein durch die Napoleonischen Kriege gesteigerter, religiös fundierter deutscher Nationalismus mit von der Französischen Revolution inspirierten Vorstellungen bürgerlicher Freiheitsrechte vereinigt. Man darf Menzel konzedieren, daß ihm die jungdeutschen Schriften tatsächlich auch als eine gefährliche „Abweichung" von dem Weg erschienen, auf den er seine deutschen Landsleute bringen wollte. Wo er die Freiheit des Individuums dem Gedanken der nationalen Einheit übergeordnet und die Verbindlichkeit christlicher Glaubens- und Moralgrundsätze in Frage gestellt sah, war gemeinsame Sache mit ihm nicht mehr zu machen. „Es ist der Punkt, wo sich der patriotische Liberalismus von radikalen sensualistischen und möglicherweise atheistischen Tendenzen trennt."[44] Der Punkt, an dem Leute von Menzels Schlag es dann doch lieber beim alten lassen wollten.

Seine Denunziation rechtfertigte Menzel mit der verderblichen Wirkung, die er von den jungdeutschen Schriften auf die Moral der Leser und infolgedessen auf den Bestand eines geordneten Gemeinwesens überhaupt ausgehen sah. Man spürt allenthalben den Glauben an die „Gewalt, welche die Schrift über die Meinungen übt"[45], und die unveränderte Überzeugung von der politisch und moralisch erzieherischen Aufgabe der Literatur. Von dieser Überzeugung war seine Sicht auf die zeitgenössische Produktion wie auf die Literaturgeschichte bestimmt, aus ihr leitete er seine simplen Wertungskriterien vor allem ab. Als Instrument der Meinungsbildung aufgefaßt, war Literatur danach zu beurteilen, welche Anschauungen und welche Ideen sie verbreitete, also einer rein ideologischen Kritik ausgesetzt. So wie Menzel als Kritiker der zeitgenössischen Produktion das Amt eines „Kunstrichters" beanspruchte, der auf deren Wirkung Einfluß nahm, indem er in erster Linie zum Publikum, nicht zu den kritisierten Schriftstellern sprach, wollte er auch die Wirkung des literarischen Erbes kanalisieren. In der Konsequenz seiner Auffassung lag aber eben auch, die Literaturgeschichte grundsätzlich als Geschichte eines gesellschaftlichen Verhältnisses zu beschreiben. Menzel zog diese Konsequenz insoweit, als er in seiner Darstellung davon ausging, was auf dem Markt war, also gelesen werden konnte und – den Auflagenziffern nach – massenhaft gelesen wurde: Daß er also der anschwellenden belletristischen Massenware den ihr als Wirkungsfaktor gebührenden Platz einräumte. Daß er – wohl als erster – einen Begriff der deutschen Literatur bildete, in dem die Übersetzungen enthalten waren. Und daß er die in Gebrauch gebliebene und wieder in Gebrauch gekommene alte Literatur unter dem Gesichtspunkt ihrer aktuellen Wirkungspotenzen in die Beschreibung der zeitgenössischen Literaturszene aufnahm. Auf Menzel geht wahrscheinlich der Begriff des literarischen Erbes zurück, der die Betrachtung der alten Literatur unter diesem Gesichtspunkt impliziert: „Wie viele tausend schlechte Bücher sind den Weg alles Papiers gegangen, oder modern in Bibliotheken! Die unsrigen halten nicht einmal so lange wieder, weil das Papier selber schlecht ist, wie der Inhalt ... Vermöge eines glücklichen Instinkts der menschlichen Natur nehmen wir uns aus dem literarischen Erbe der Vergangenheit immer nur das Beste, oder wenigstens das Wichtigste heraus."[46]

Natürlich kann man sagen, daß Menzel mit der alten Literatur prinzipiell genauso wie mit der zeitgenössischen Produktion verfährt. Er kritisiert sie von einem Standpunkt der Gegenwart, von seinem

Interessenstandpunkt, schreibt Literaturgeschichte als eine fortlaufende Kritik der Geschichte der deutschen Literatur. Man kann zwar entgegenhalten, daß Menzel damit nicht allein stand, daß die Aktualisierung des literarischen „Erbes" für die politischen Ziele des deutschen Bürgertums der eigentliche Zweck der Beschäftigung mit diesem Gegenstand auch bei anderen zeitgenössischen Literaturhistorikern war. Mit ihnen teilt er die Konzeption der „Literaturnation": „Die Literatur ist in der neuesten Zeit so sehr die glänzendste Erscheinung unsrer Nationalität geworden, daß wir diese eher aus jener erklären können, als umgekehrt. Es ist uns beinahe nichts übrig geblieben, wodurch wir unser Daseyn bemerklich machen, als eben Bücher ... Leben wir nicht als einige Nation wirklich nur in Büchern? versammelt sich das heilige Reich noch irgend anderswo als auf der Leipziger Messe?"[47] So ähnlich ist es auch bei anderen zu lesen. Gemeint war immer: Die Deutschen sollten stolz sein auf ihre Literatur, sie sollten in ihrer Größe die Größe der Nation und deren natürlichen Anspruch auf die staatliche Einigung erkennen, gleichzeitig es aber auch nicht länger beim Dichten und Denken bewenden lassen, sondern zum politischen Handeln übergehen. Unterschiedliche Auffassungen gab es in der Frage, welche Rolle dem Schreiben in der Gegenwart bei der politischen Mobilisierung der Deutschen zukomme. Das ist – etwa im Verhältnis von Gervinus zu Heine und dem Jungen Deutschland – mehrfach erörtert worden. Aber nicht erst bei Gervinus, sondern schon bei Heine sehen wir die Wirkungspotenzen des Erbes eben dadurch aktualisiert, daß dessen Geschichtlichkeit herausgestellt wird. Heines Auseinandersetzung mit Goethe von seiner Rezension der Menzelschen *Deutschen Literatur* an ist dafür das beste Beispiel. Menzel suchte diese Dialektik nicht. Er legte die „entschlossene Einseitigkeit" an den Tag, die in der damaligen Situation der oppositionellen bürgerlichen Intelligenz, wo „zur Erörterung von Lebensfragen Gesinnung gegen Gesinnung auf die Spitze gestellt werden" mußte, durchaus geschätzt war und die ihm auch die Anerkennung der Jungdeutschen eintrug. So schreibt Mundt noch 1835 über ihn: „Er stand wie ein kritischer Volksredner auf, wie ein demagogischer Sprecher für die literarische Volkssache. Seine Kritiken wurden Meisterstücke parlamentarischer Beredsamkeit, sie hatten keine ästhetisch-wissenschaftliche Grundlage, aber eine geschichtliche Bedeutung und volksthümliche Begeisterung."[48] Dieselbe Einseitigkeit, das demagogische Sprechen, in dem die moralische Entrüstung den Versuch der geschichtlichen Erklärung gar nicht aufkommen läßt, und das offensichtliche Fehlen jedes wissenschaftlich begründeten Prinzips der Urteilsbildung überhaupt haben seine Schriften bald nach 1848 auch den Literaturhistorikern als wissenschaftlich wertlos erscheinen lassen, die in Menzels politisch-weltanschaulicher Tradition standen. In der Öffentlichkeit haftete ihm schon seit dem demonstrativen Frontenwechsel 1835 der Makel der Unglaubwürdigkeit an, den er bis an sein Ende nicht mehr los wurde. Der Ansatz für die Konzeption der Literaturgeschichte, der in seiner *Deutschen Literatur* enthalten war, fand unter diesen Umständen kaum Beachtung.

Das mag freilich auch daran gelegen haben, daß der Literaturbegriff, auf dem Menzels Ansatz basierte, veraltet war. Bei oberflächlicher Betrachtung kann man den Eindruck gewinnen, Menzels konzeptioneller Ansatz für die Literaturgeschichte korrespondiere mit der jungdeutschen Programmatik der Gegenwartsliteratur – mit dem gewollten Niederreißen der Grenzen zwischen Poesie und Prosa, der Aufsprengung der tradierten Erzählformen durch die Verflechtung fiktionaler und dokumentarischer Elemente im Sinne einer auf die gesellschaftspraktische Funktion der Literatur gerichteten Wirkungsstrategie. Dann übersieht man jedoch, daß die Auseinandersetzung Heines und der Schriftsteller des Jungen Deutschland mit der Literatur der „Kunstperiode" bereits semantisch anders strukturierten Literaturbegriff voraussetzt. In welchem Umfang diese Schriftsteller den Literaturbegriff auch wieder zu erweitern strebten, er blieb bei ihnen doch von der künstlerischen Literatur bestimmt. Daß in ihren eigenen ideengeschichtlich orientierten literaturhistorischen Arbeiten die Grenzen zur Philosophiegeschichte ebenfalls noch verschwimmen, ist nicht verwunderlich angesichts des tatsächlichen Ineinandergreifens der Literatur- und der Philosophieentwicklung von der Aufklärung bis zur Romantik. Dennoch lassen gerade diese Arbeiten den Unterschied von Menzels Literaturbegriff erkennen. Und zwar nicht nur im Hinblick auf die nichtkünstlerische Literatur. Sie zeigen auch bereits die Tendenz des neuen kunstzentrierten Literaturbegriffs, die Dimension eines Wertbegriffs anzunehmen. Mit der Ausgrenzung der nichtkünstlerischen Literatursorten ging nämlich im kunstliterarischen Bereich die Durchsetzung von selektiven Verfahren einher, die der Aufnahme in die Legende der Literaturgeschichtsschreibung ein Urteil über die ästhetische Relevanz bzw. historische Bedeutsamkeit der einzelnen Werke voraussetzten. Dieser Prozeß war identisch mit der Konstituierung einer Literaturgeschichtsschreibung im modernen Sinn überhaupt, mit dem Übergang von der chronikalischen Registratur der Werke zu der Produktion von Geschichtsbildern, in denen sich die zeitliche Aufeinanderfolge der literarischen Ereignisse als Entwicklung darstellt. Statt die Ereignisse in größtmöglicher Vollständigkeit zu verzeichnen, kam es nun darauf an, diejenigen unter ihnen zu bezeichnen, aus denen sich die darzustellende Entwicklung ergeben konnte. Da die Produktion von Geschichtsbildern aber nicht die einzige Funktion der Literaturgeschichtsschreibung war, sondern ihr zugleich aufgetragen war, literarisches Erbe den Zeitinteressen nutzbar zu machen, traten noch weitere Selektionsprinzipien hinzu, die von dem größten Teil der Literaturhistoriker zunächst als mit den ersten identisch aufgefaßt wurden. Was da vor sich ging, muß nun allerdings im Rahmen jenes schon von Menzel beschriebenen Prozesses der immer schnelleren Vermehrung der Literaturproduktion gesehen werden, der vollständig bald nur noch statistisch zu erfassen war und Selektion für jedwede Geschichtsdarstellung unabdingbar machte.

Der Vermehrung der Literaturproduktion entsprach die Zunahme des Lesebedürfnisses, für deren Erklärung der von Menzel angenommene kontemplative Charakter der Deutschen freilich weniger hergibt als die nüchterne Tatsache, daß in diesen Jahrzehnten das Publikum sich quantitativ erheblich vergrößerte. Und zwar in erster Linie infolge der Fortschritte in der Elementarschulbildung, die eine Verbreiterung der kleinbürgerlichen Leserschichten und also auch eine Veränderung der sozialen Zusammensetzung des Publikums mit sich brachten. Die Buchindustrie und – mehr noch – die Entwicklung der Zeitung zum Massenkommunikationsmittel ermöglichten diesen Schichten den Zugang zur Literatur durch billige Leseangebote. Es ist ausreichend belegt, daß unter diesen billigen Angeboten die breiteste Aufnahme – nicht nur bei den untersten Publikumsschichten – eine Art belletristischer Produktion fand, die von keinem der auf den neuen kunstzentrierten Literaturbegriff abgestimmten Selektionsverfahren erfaßt wurde. Diese triviale belletristische Produktion mit bloß unterhaltender Funktion hatte zwar auch früher schon die größten Publikumserfolge erzielt. Da aber die Zunahme der gesamten Belletristik-Produktion in erster Linie auf das Konto der Unterhaltungsliteratur ging, blieb für die Literaturgeschichtsschreibung, je näher sie an die Gegenwart heranrückte, desto weniger von der Gesamtproduktion. Der Wirkungsaspekt, unter dem Menzel die „Masse der Literatur“ wenigstens noch summarisch, in einen – wenn auch mißbilligenden – Betracht gezogen hatte, hatte für diese Selektionsverfahren offensichtlich keine Bedeutung mehr.

Von der Literaturkritik und -geschichtsschreibung der jungdeutschen Schriftsteller kann man das zwar so absolut noch nicht sagen. Denn erstens reflektierten ja gerade diese Schriftsteller unausgesetzt die Rolle der Literatur als eines Wirkungsfaktors im gesellschaftlichen Leben, zweitens läßt sich nicht leugnen, daß ihre Übersichten über die Produktion der letzten Jahrzehnte viele Namen und Titel enthalten, die wir heute dem Bereich der Unterhaltungsliteratur zurechnen. Es ist vielmehr die wirkungsstrategische Orientierung ihrer eigenen Produktion auf die schmale Eliteschicht des gebildeten Bürgertums, die die Qualität ihres Literaturbegriffs ausweist. Und dieser Orientierung entspricht, daß die Frage nach der Literatur, die von der Masse des Publikums gelesen wurde, auch für die jungdeutschen Schriftsteller zumindest keine konzeptionelle Frage der Literaturgeschichtsschreibung war. Robert Prutz, der diese Frage ein Jahrzehnt nach dem Erscheinen der zweiten Auflage von Menzels *Deutscher Literatur* neu gestellt hat, fand jedenfalls keine Veranlassung, sich auf die Schriftsteller des Jungen Deutschland zu berufen.

Prutz' Fragestellung unterscheidet sich von der Menzels schon im Ansatz dadurch, daß sie von einem kunstzentrierten Literaturbegriff ausgeht und diesen – ähnlich wie die jungdeutschen Schriftsteller – problematisiert. Sie ist auch anders motiviert: Nämlich durch die Rechtfertigung literarischer Verfahren und Ausdrucksformen, die geeignet sein sollten, die Masse des Publikums zu politischem Bewußtsein zu bringen – eine Wirkungsstrategie, in der Prutz als politischer Dichter mit anderen Vormärz-Autoren wie Herwegh oder Hoffmann von Fallersleben übereinstimmt und in der er sich gleich diesen von den Jungdeutschen absetzt. Prutz' Ansichten über die Geschichte der deutschen Literatur, seine Äußerungen zur Theorie der Literaturgeschichte sind seit den siebziger Jahren wiederholt referiert worden.[49] Man ist damals auf die erstaunlichen historiographischen Arbeiten dieses fast völlig vergessenen Schriftstellers zurückgekommen, als die Gesichtspunkte der sogenannten Rezeptionsästhetik in die theoretisch-methodologische Diskussion über die Literaturgeschichtsschreibung Eingang fanden. Inzwischen liegt auch eine Auswahl aus diesen Arbeiten in Neuausgaben wieder vor.[50] Wir können uns folglich hier auf einige Hinweise beschränken.

Prutz, der 1843 seine Abhandlung *Die politische Poesie der Deutschen* herausgebracht hatte, griff den Topos von der Tatfaulheit der

Nation, mit dem Menzel deren wachsendes Lesebedürfnis ironisiert hatte, auf, um die politische Dichtung zu verteidigen. Er polemisierte gegen die Ästhetiker, die Politik und Poesie als sich gegenseitig ausschließend betrachteten, indem er ihren Standpunkt historisierte. Wenn die Aufgabe der Kunst darin bestehe, den ganzen Lebensinhalt der künstlerisch gestalteten Individualität zur Darstellung zu bringen, dann hänge von der jeweiligen historischen Stufe der Entwicklung der Nation ab, was in ihrer Literatur darstellbar und also „kunstberechtigt" sei. Wo in einer Nation das politische Bewußtsein erwache, da werde dieses Bewußtsein auch seinen poetischen Ausdruck finden, werde es eine politische Dichtung geben. Bedeutenden Anteil daran, daß in Deutschland nun diese Stufe erreicht und eine politische Bewegung entstanden sei, gibt Prutz der Entwicklung des „Zeitungswesens". In seiner *Geschichte des deutschen Journalismus* – im selben Jahr wie die *Politische Poesie der Deutschen* erschienen – heißt es dazu: „Erst die Zeitungen haben das geschaffen, was wir heut zu Tage die Stimme des Publikums, die Macht der öffentlichen Meinung nennen; ja ein Publikum selber ist erst durch die Zeitungen gebildet worden."[51] Von der wissenschaftlichen Behandlung der deutschen Literaturgeschichte meint Prutz, daß sie genau denselben Gang genommen habe wie die Geschichtsschreibung überhaupt. Indem man die Geschichte eines Volkes zu schreiben unternahm, habe man „nicht eigentlich die Geschichte des Volkes selbst, als vielmehr die Geschichte seiner Könige, seiner Feldherren, seiner Großen und Vornehmen geschrieben. Die eigentlichen Zustände des Volkes dagegen, das, was eigentlich seine Geschichte bildete, die Entwicklung also seiner inneren Verhältnisse, die Ausbildung seiner Nationalität, seines Rechts, seiner Sitten und Gesetze" seien „davon völlig unberührt geblieben". „Es war, um es kurz zu bezeichnen, eine aristokratische, eine oligarchische Geschichtsschreibung; ja so weit wurde die Ausschließlichkeit getrieben, daß von der ganzen unermeßlichen Geschichte, von dem ganzen großen Völkerleben im Grunde nur vier Nationen, die sogenannten vier Weltmonarchieen, überhaupt in Betracht gezogen wurden – gleichsam die Crême der Weltgeschichte."[52] Ebenso sei in der Literaturgeschichte verfahren worden. Auch hier habe man anfangs nur „wenige einzelne Könige des Geistes" proklamiert, und nur diesen sei die „Ehre einer ausführlichen und detaillierten Besprechung" zuteil geworden. „Die Übrigen dagegen, die etwa, unbeschadet ihrer historischen Bedeutsamkeit, nur eine geringere ästhetische Ausbeute lieferten, wurden . . . mit Stillschweigen übergangen ... Mit Einem Wort: man verfuhr ebenso exclusiv in der Literaturgeschichte, wie ehemals in der politischen; man verwechselte das ästhetische mit dem historischen Interesse und schrieb Literaturgeschichte nicht vom Standpunkt des Geistes, sondern des Schöngeistes."[53] Diese „aristokratisch-ästhetische Phase" sei in der Literaturgeschichtsschreibung – ebenso wie in der Geschichtsschreibung – überwunden worden. Man wisse jetzt, „daß auch die Literaturgeschichte vor Allem und ernstlich Geschichte ist, ... daß auch hier der Weg der Erkenntniß nicht bloß, in raschen Sprüngen, von Gipfel zu Gipfel geht: sondern auch die unscheinbaren Thäler, die ermüdenden Einöden müssen durchwandert und überwunden werden, indem auch sie dem großen Gebiet des Geistes und der Geschichte angehören, und wir das Ziel der historischen Einsicht, des geistigen Verständnisses nicht anders erreichen können, als durch sie". Die Umwälzung, die die Anerkennung dieser Prinzipien für die Behandlung der Literaturgeschichte mit sich bringe, charakterisiert Prutz folgendermaßen: Die frühere Geschichtsschreibung habe „die einzelnen Productionen als fertige Thatsachen" fixiert. „Sie zerlegte die ästhetische Beschaffenheit der Bücher ..., sie suchte eine gewisse Masse klassischer Schriftsteller gleichsam auszuhülsen und, zu allgemeiner Bewunderung, auf der Zinne der Vergangenheit, im Tempel des Nationalruhms aufzustellen."[54] Die moderne Literaturgeschichtsschreibung dagegen habe die Kontinuität der Entwicklung zur Voraussetzung. Sie beurteile das Buch nicht als „Einzelnes", sondern begreife es als „Moment in der Bildung seines Autors"; dieser wiederum solle als „Moment in der Bildung seiner Zeit", im „Zusammenhang mit der Gesamtheit unsrer Entwicklung" begriffen werden. Für Prutz ist das jedoch immer noch nur die eine Hälfte der Sache. Ebenso wichtig sei die Geschichte der allmählichen Wirkung der Bücher, „der Stimmung, mit welcher man sie aufgenommen, der geistigen Umstände, die sie gefördert, der Mißverständnisse, die ihre Wirkung aufgehalten und gehindert haben. Und ohne Zweifel ist dies bei allen Dingen die andere Hälfte ihrer selbst und gleichsam das zweite Dasein, das sie führen." Erst damit verlasse die Literaturgeschichtsschreibung endgültig den Standpunkt, wo sie gleichsam nur eine „angewandte Ästhetik" gewesen sei, „während doch umgekehrt unsre Ästhetik, wenn sie endlich einmal aus dem abstrakten Schematismus einer-, wie aus dem inhaltlosen Nebeln und Schwebeln andrerseits herauskommen will, vielmehr eine angewandte Literaturgeschichte zu werden hat."[55]

In der Folgezeit stehen – neben der Gegenwartsliteratur überhaupt (*Vorlesungen über die deutsche Literatur der Gegenwart,* 1847) – die modernen Formen der „Reiseliteratur" (*Über Reisen und Reiseliteratur der Deutschen,* 1847), die Unterhaltungsliteratur (*Über die Unterhaltungsliteratur, insbesondere der Deutschen,* 1845) und die Übersetzungen aus der französischen und englischen Literatur (*Die deutsche Literatur der Gegenwart. 1848 bis 1858)* im Mittelpunkt von Prutz' Interesse. Vor allem beschäftigt ihn das Phänomen der Unterhaltungsliteratur, die er als ein „nothwendiges Product" der modernen Zeit betrachtet. Er führt ihr Entstehen letztlich auf die Entwicklung der bürgerlichen Gesellschaft zurück. In ihr könne es eine Literatur, die in ihrer Gemeinverständlichkeit, allgemeinen Verbreitung und naiven Universalität der „volle künstlerische Abdruck eines ganzen Volkes ist", nicht mehr geben. Nun bestehe aber einerseits das Bildungsprivileg der herrschenden Klassen: „Die eigentliche Bildung ist, ähnlich wie der eigentliche Besitz, das eigentliche Vermögen, auf unendlich Wenige beschränkt; in einer Welt, wo Alles privilegirt ist, ist auch der Geschmack und das Schönheitsgefühl ein Privilegium geworden."[56] Andererseits jedoch haben breite Volksschichten die minimale Bildung erworben, um an der literarischen Kommunikation teilnehmen zu können. Prutz definiert die Unterhaltungsliteratur folgerichtig als die „Literatur derjenigen, welche gebildet genug sind, um überhaupt an künstlerischer Production Antheil zu nehmen: und wieder nicht gebildet genug, um zu dem eigentlichen Kern der Kunst, dem innerlichen Verständniß des Schönen vorzudringen"[57]. Seine Feststellung, daß die Kluft zwischen der Unterhaltungsliteratur und der „Literatur der Gebildeten" in Deutschland tiefer ist als in Frankreich oder England, begründet Prutz mit den politischen Verhältnissen: Er sieht in der esoterischen Entwicklung der deutschen Literatur eine Folge der fehlenden Öffentlichkeit des Staatslebens, und er kommt zu dem Schluß, daß der „gepriesene Reichthum unserer Literatur wol beträchtlich zusammenschmelzen" würde, wenn man davon ausginge, wieviel Gebrauch davon gemacht wird: „Da es nun aber unzweifelhaft erst die Wirkung eines Buches auf das Publicum ist, was ihm seine Bedeutung für den Reichthum einer bestimmten Literatur oder Literaturepoche verleiht, so läßt sich auch daraus wieder schließen, wie es mit dem Reichthum unserer Literatur bestellt ist und was wir eigentlich an so manchem berühmten Namen besitzen – nämlich einen Namen und nichts weiter ..."[58] Prutz hält es für ein „interessantes Unternehmen, ... statt der herkömmlichen gelehrten oder ästhetischen Literaturgeschichte einmal eine Historie der Literatur zu schreiben vom bloßen Standpunkt des Lesers aus: das heißt also eine Literaturgeschichte, wo nach gut oder schlecht, gelungen oder mißlungen, gar keine Frage wäre, sondern wo es sich allein darum handelte, welche Schriftsteller, in welchen Kreisen, welcher Ausdehnung und mit welchem Beifall sie gelesen werden“[59].

Die Präsentation der Prutz-Texte erregte in der Literaturwissenschaft der siebziger Jahre einiges Aufsehen. Waren diese doch so gründlich vergessen worden, daß man damals die „Wiederentdeckung des Lesers“ als eine Errungenschaft der modernen Rezeptionsästhetik feierte und die Ausarbeitung einer Konzeption der Literaturgeschichte, die die Rezeption bzw. Wirkung der Literatur als ein Moment ihres geschichtlichen Prozesses erfaßte, weithin für eine ganz neue Idee hielt. Die Tatsache, daß eine solche Konzeption schon um die Mitte des 19. Jahrhunderts vorgestellt, aber völlig folgenlos geblieben war, ließ sich in der Kontroverse mit den traditionellen geistes- bzw. ideologiegeschichtlichen und werkästhetischen Literaturgeschichtskonzeptionen jedoch leicht als zusätzlicher Beweis für die angenommene Fehlentwicklung der Wissenschaft gebrauchen: Die Wissenschaftsgeschichte enthielt eine Alternative, die ausgeschlagen worden war.

Heute wird zumeist nicht mehr so absolut geurteilt. Man ist sich zwar weitgehend darin einig, daß die Literaturwissenschaft, indem sie Fragestellungen und Gesichtspunkte, wie sie von Prutz vorgebracht worden waren, ablehnte oder ignorierte, nicht nur weite Felder unbearbeitet ließ, die nach unserem heutigen Verständnis zu ihrem Gegenstandsbereich gehören. Daß also auf diese Weise nicht nur das Defizit an Erkenntnissen über die literarische Durchschnittsproduktion und über den gesellschaftlichen Umgang mit Literatur überhaupt entstand, das bis heute nicht behoben ist, sondern daß sie, in ihrem Gesichtskreis auf die Produktionssphäre beschränkt, auch kein theoretisch haltbares Modell für den wirklichen Gang der Literaturgeschichte zustande bringen konnte. Denn in dem Zwischenraum zwischen den Werken, aus denen die literarischen Reihen gebildet wurden, funktionieren die Vermittlungsinstanzen, reagieren die Leser. Die sind eingeschaltet in den Fortgang der Literaturproduktion von Werk zu Werk; die literarische Reihe, in der das Ereignis der Entstehung bzw. Veröffentlichung eines neuen Werks oder der strukturellen, stilistischen, motivischen oder ideellen Innovation nur zu vorangegangenen Literaturereignissen derselben Art in Beziehung gesetzt wird, ist eine Abstraktion. Seitdem man das aber nun weiß und entsprechende auf rezeptionsästhetischer, kommunikationstheoretischer und system- oder institutionstheoretischer Basis entworfene Denkmodelle für Literaturgeschichte vorhanden sind, hat das Interesse an den literaturtheoretischen Fragen merklich nachgelassen. Dafür stehen die Resultate zur Debatte, die die Literaturgeschichtsschreibung, soweit sie von solchen Denkmodellen ausgegangen ist, in den letzten anderthalb Jahrzehnten erbracht hat. Wie immer man sie beurteilen mag, feststeht, sie liegen vornehmlich auf literatursoziologischem Gebiet, betreffen die „Literaturverhältnisse", das literarische Leben, die Massenliteratur. Da die Forschungslücken auf diesem Gebiet noch bei weitem nicht geschlossen sind und die Sozialgeschichte der deutschen Literatur noch viele, auch die historischen Nachbardisziplinen interessierende Fragen zu beantworten hat, wird hier weiterzuarbeiten auch in Zukunft als vordringliche literaturwissenschaftliche Aufgabe zu begründen sein.

Hinzu kommt, daß die Entwicklung der elektronischen Medien auch neue theoretische Anstrengungen fordert. Der „funktional-kommunisative" Literaturbegriff, auf den man sich bei uns zumeist beruft, kann angesichts der Tatsache, daß literarische Texte zunehmend über deren bildliche Umsetzung durch die Video-Kommunikation rezipiert und bereits zu diesem Zweck produziert werden, immer weniger auf die Dimension des Problemkomplexes „Gesellschaft – Literatur – Lesen" beschränkt bleiben.

Gleichzeitig hat sich jedoch auch herausgestellt, daß im Rahmen kommunikations- oder institutionstheoretisch orientierter Geschichtserzählungen die innovatorischen Inventionen in der Sphäre der Literaturproduktion, sofern sie nicht unmittelbar auf die Masse der Literatur übergriffen, meist nicht den Stellenwert erhielten, den sie haben müßten, damit die Erzählung auch als Ereignisgeschichte der künstlerischen Entdeckungen und Erfindungen gelesen werden kann. Mit der Unvereinbarkeit der Aspekte läßt sich das kaum erklären. Denn die Literaturhistoriker sind selten vor methodischen Inkonsequenzen zurückgeschreckt: Sie haben die Aspekte gewechselt, wenn ihre Darstellungsabsicht es ihnen gebot. Man darf wohl annehmen, daß das Erkenntnisinteresse dort, wo ein kommunikations- oder institutionstheoretischer Rahmen gesetzt wurde, eben in erster Linie soziologisch bzw. kulturgeschichtlich und nicht ideengeschichtlich oder formalästhetisch bestimmt war. Und man muß dabei bedenken, daß diese

Interessenbestimmung in unserer Zeit generell von der Überzeugung ausging, daß Ideen- und Formengeschichte der Literatur sozial-geschichtlich begründbar seien.

Die Neukonstituierung des Literaturbegriffs als Wertkategorie und die Ausgrenzung der Trivialliteratur

Blickt man in die Vergangenheit zurück, so zeigt sich, daß der Widerspruch zwischen einer tendenziell kulturgeschichtlichen und einer tendenziell ideengeschichtlichen Interessenbestimmung in der Literaturgeschichtsschreibung seit Menzels Zeiten immer vorhanden war. Wohl steht Prutz mit seiner Formulierung einer – modern ausgedrückt – wirkungsästhetisch begründeten Konzeption in seiner Zeit einzig da. Aber in ihrer Tendenz zur Kulturgeschichte schließt sich diese Konzeption sowohl mit Menzels Herangehen an die deutsche Literatur als auch mit der nachfolgenden positivistischen Literaturgeschichtsschreibung zusammen. Rezeptions- oder wirkungsästhetische Aspekte kommen bei den dem Positivismus zugerechneten Autoren zwar kaum zum Tragen – auch in Scherers Literaturgeschichte nicht, obwohl dieser der Erörterung des Verhältnisses von Dichter und Publikum in seinem Entwurf zur Poetik breiten Raum gibt.[60] Diese Autoren bedienen jedoch, indem sie das literarische Leben und z. T. auch die Vermittlungsinstanzen ausführlicher beschreiben und in der Materialaufnahme weniger restriktiv verfahren, kulturgeschichtliche Interessen. Man ist in der Regel um eine möglichst breite Materialaufnahme bemüht, die weit in die Trivial- oder Massenliteratur hineingreift, und man wehrt mitunter eine ästhetische Beurteilung ausdrücklich ab.[61] Scherer hatte in seiner Anzeige von *H. Hettners Literaturgeschichte des achtzehnten Jahrhunderts* sogar noch die Einbeziehung der wissenschaftlichen Literatur in die Literaturgeschichtsschreibung gefordert.[62] Seine eigene Darstellung der deutschen Literaturgeschichte von 1883 entsprach dieser Forderung dann allerdings auch nicht mehr. Adolf Bartels – ein Extremfall nicht nur in seinem Antisemitismus – nimmt auch die wissenschaftliche Literatur in großem Umfang wieder in die Literaturgeschichte auf[63], wenngleich er nicht mehr wie weiland Menzel den Versuch macht, ihre Inhalte zu referieren. Man sieht jedenfalls, daß die Ablehnung des „aristokratischen", „oligarchischen" Prinzips in der Literaturgeschichtsschreibung, die Prutz wie auch Herwegh und andere seiner Zeitgenossen mit dem

Erstarken der vormärzlichen Oppositionsbewegung in Verbindung gebracht hatten, keineswegs die Affinität zu liberalen oder demokratischen politischen Standpunkten verbürgt – am allerwenigsten seit dem Aufkommen der biologistischen und rassistischen Filiationen des Positivismus um die Jahrhundertwende. Ebensowenig war das Bekenntnis zu einer Aristokratie des Geistes, wie Prutz glauben möchte und wie es die spätere deutsche Geistesgeschichte nahelegt, von Anfang an ein Bekenntnis zum politischen Konservatismus – es wurde schließlich schon von Heine abgegeben, und in den ersten Jahrzehnten des 20. Jahrhunderts haben es linke bürgerliche Intellektuelle erneuert.

Die Geschichte der Literaturgeschichtsschreibung ist nicht so einfach in politischen Kategorien zu denken. Daß die Prutzsche Konzeption keinen Erfolg hatte und daß das elitär-ideengeschichtliche Herangehen sich durchsetzte, läßt sich eher aus einer Reaktion auf den Andrang der kapitalistischen Massenliteratur erklären, und diese konnte politisch ganz unterschiedlich motiviert sein. Ein selektives Herangehen war aber auch theoretisch zu begründen, wenn das Erkenntnisinteresse eben nicht in erster Linie soziologisch bzw. kulturgeschichtlich bestimmt war, sondern sich auf die geistige Bewegung in der Sphäre der Literaturproduktion richtete. Dann war eine bestimmte Produktion von der Masse der Literatur abzuheben, die zu dieser in einem ähnlichen Verhältnis gesehen werden mochte wie heutzutage der Gegenstand der Geschichte der Philosophie zu dem einer allgemeinen Ideologiegeschichte bzw. einer Geschichte des Massenbewußtseins. Das konnte unter dem Gesichtspunkt künstlerischer Innovationen wie auch unter komplexen Wertungsaspekten geschehen, innerhalb deren das Moment des Innovatorischen durchaus nicht bestimmend zu sein brauchte. Theoretisch zu begründen war ein solches Herangehen allerdings nur als Abstraktion. Das soll heißen: Ihm hätte das Bewußtsein zugrunde liegen müssen, daß es von dem tatsächlichen Literaturaufkommen abstrahierte und daß die unter bestimmten Relevanzkriterien von der Masse der Literatur abgehobene Reihe von Werken nicht den realen Fortschreibungsprozeß der Literatur abbildete. Dieses Bewußtsein hat den Literaturhistorikern, die vor der Flut der kapitalistischen Massenliteratur sich in den engen Bezirk eines „höheren" Literaturbegriffs zu retten suchten, damals jedoch zumeist gefehlt. Setzt man voraus, daß sie die Sozialgeschichte der Literatur nicht einfach verfehlt, sondern etwas anderes, als sie zu erzählen, gewollt haben, dann kann man ihren Geschichtserzählungen folglich nicht schon als Mangel anlasten, daß sie von der

Masse der Literatur abstrahieren. Festzustellen bleibt lediglich, daß sie der Verwechslung ihrer Abstraktionen mit der Rekonstruktion eines wirklichen Geschichtsverlaufs Vorschub leisteten, daß die Narration in der Mehrzahl der Fälle wohl auch von der Vorstellung einer linearen Werk-auf-Werk-Wirkung ausgeht, jedenfalls aber den Eindruck erweckt, als ob es die Zwischenräume zwischen den von der Masse der Literatur abgehobenen Werken, in denen sich nicht nur eben diese Masse befindet, sondern auch die Wirkung der abgehobenen Werke realisiert, überhaupt nicht gäbe.

Jenseits solcher Mißverständnisse behauptet eine auf die Ereignisgeschichte künstlerischer Innovation oder Perfektion zugespitzte Beschreibungsart nach wie vor ihr Recht. Sie nimmt für sich in Anspruch, daß das aktuelle Interesse an alter Kunst immer selektiv, auf einzelne Werke gerichtet ist, daß dieses Interesse sich nicht auf die Wirkung konzentriert, die diese Werke in der Zeit ausgeübt haben, der sie entstammen, und daß auch der Literaturhistoriker erst, wenn er – unabhängig davon, was sich durchgesetzt hat – die Innovationen markiert und die Innovations- oder Perfektionsleistungen bewertet, einen Maßstab dafür erhält, was zu einer bestimmten Zeit künstlerisch möglich gewesen ist. Aus diesen Argumenten, die kaum von der Hand zu weisen sind, läßt sich nicht zwingend darauf schließen, daß derjenige, der sie vorbringt, auch für die theoretische Einschränkung des Literaturbegriffs plädiert, mit der diese Beschreibungsart über lange Zeit verbunden war. Und schließlich sind auch für die Einschränkung des Literaturbegriffs auf die Schicht der Werke, die unter bestimmten Wertungsaspekten von der Masse der Literatur abgehoben werden können – ein Vorgang, den es auf der Basis unterschiedlicher ästhetischer Konzeptionen auch jenseits der deutschen Geistesgeschichte noch gegeben hat –, soziologische und systemtheoretische Begründungen angeboten worden.

Gehen wir zunächst der Frage nach, welche geschichtlichen Tatbestände oder Erfahrungen solche Begründungsversuche ermöglichten. Der Begriff von „wertvoller" Literatur, auf den der Literaturbegriff eingeschränkt wurde, ist von den verschiedenen neueren ästhetischen Konzeptionen her unterschiedlich bestimmt worden: Durch die ideelle Originalität und/oder formale Innovation, die automatisierte Anschauungsweisen aufbricht, oder durch die angenommene Dysfunktionalität im kapitalistischen Vermarktungs- und Entfremdungszusammenhang oder durch die humanistisch-emanzipatorische Wirkungspotenz, die dieser Literatur zugesprochen wurde. Wie immer der Begriff bestimmt wurde und wie unterschiedlich die Wertungen einzelner literarischer Strömungen oder auch ganzer Literaturperioden auch ausfielen, es kam, jedenfalls in bezug auf die neuere Zeit, allemal ein Begriff von „wertvoller" Literatur zustande, der – abgesehen von der Folklore und von der Literatur der Arbeiterbewegung – sich prinzipiell auf dieselbe Schicht bürgerlicher Literaturproduktion erstreckte: auf eine Schicht von Werken, die Prutz so simpel wie zutreffend als die „Literatur der Gebildeten" bezeichnet hatte. Denn mag hier und da auch ein „Naturtalent" von der einfachen Nachahmung zu der Originalität durchgedrungen sein, die dieser Literaturbegriff erheischte, mögen pädagogisch oder politisch engagierte bürgerliche Schriftsteller auch die unteren Klassen angesprochen haben und mag darüber hinaus auch dieses oder jenes Goethesche oder Heinesche Gedicht, die eine oder andere Fabel oder Ballade wirklich „volkstümlich" geworden sein – generell handelte es sich um die Werke einer Elite bürgerlich gebildeter, in einer literarischen Tradition stehender Autoren, die über die Befriedigung des Unterhaltungsbedürfnisses hinausgehende Ansprüche stellten und die die Kernzone unmittelbarer Resonanz in der Regel in derselben bürgerlichen Bildungselite fanden, bei der die Literaturkommunikation mit entsprechenden Lesererwartungen verbunden war.

Die Versuche, diesen Literaturbegriff soziologisch oder systemtheoretisch zu begründen, d. h., ihm eine reale geschichtlich-gesellschaftliche Bezugsebene zu unterstellen, gehen zweifellos auf die Erfahrung dieser Aufspaltung der Literaturkommunikation in verschiedene auch sozial abgestimmte Kommunikationskreise zurück. Sie operieren mit dem Argument, daß die Autoren von Werken der besprochenen Literaturschicht vorzugsweise auf frühere Werke derselben Schicht reflektieren, sich an diesen orientieren oder von diesen abstoßen, also schon auf der Ebene der Literaturproduktion ein eigener Traditionszusammenhang sich zu bilden scheint, zu dem die Masse der Literatur – und das ist ja doch die kapitalistische Massenliteratur – gar keine Beziehung mehr hat. Tatsächlich handelt es sich z. B. bei den literarischen Strömungen seit dem Aufkommen des Naturalismus, bei den Stilwandlungen, nach denen etliche Literaturhistoriker die Literaturgeschichte etwa zwischen 1890 und 1925 gegliedert haben, um Phänomene, die ausschließlich die besprochene Schicht der Literaturproduktion betreffen, von denen also die Massenliteratur dieser Zeit so gut wie unberührt geblieben ist. Von Literaturhistorikern, die sich mit der Massenliteratur beschäftigt haben, wird sogar auf einen festen, unveränderten Bestand trivialer Ausdrucksformen seit dem 18. Jahrhundert aufmerksam gemacht[64] oder überhaupt nachzuweisen versucht, daß „die wesentlichen Charakteristika des Trivialromans relativ konstant bleiben und im allgemeinen nur strukturell unwesentliche Details dem jeweiligen Zeitgeist unterworfen sind“[65]. Einige Massenliteratur-Forscher haben von daher die Schlußfolgerung gezogen, ihren Gegenstand ihrerseits gegen die höher bewertete Literatur abgrenzen zu müssen, und also das dichotomische Schema von Literatur = „hohe“ Literatur = Dichtung und Massenliteratur = Nicht-Literatur angenommen.

Hier ist nicht der Ort, die Forschungen zu diesem speziellen Gegenstand zu referieren, der bekanntlich ja auch unterschiedlich bestimmt wurde, und für den, neben dem Begriff der Massenliteratur nach wie vor der alte Begriff der Unterhaltungsliteratur und der von der Wiener Germanistin Marianne Thalmann eingeführte Begriff der Trivialliteratur in Gebrauch sind als auch immer noch andere Begriffe vorgeschlagen werden.[66] Ich gehe daher auch nicht auf die Unterscheidungen ein, die – z. T. mit diesen Begriffen – innerhalb des Gegenstandsbereichs getroffen worden sind, sondern begnüge mich mit der Feststellung, daß ein historisches Phänomen beschrieben wird, das nach allgemeiner Übereinstimmung im 18. Jahrhundert auftritt und im 19. Jahrhundert die Formen und die Ausmaße annimmt, in denen es uns heute erscheint. In diesem Zusammenhang ist lediglich das dichotomische Schema zu erörtern, das die Massenliteratur einer Schicht höher bewerteter Literatur gegenüberstellt und das seinen bündigsten begrifflichen Ausdruck in der Übernahme der Opposition von „Kunst“ und „Kitsch“ in die Literaturwissenschaft gefunden hat. Dieses Schema ist – wie Menzel und Prutz bezeugen – viel älter als die deutsche Geistesgeschichte, und es ist von Prutz eben in seiner Kritik am Vorgang der zeitgenössischen Literaturgeschichtsschreibung letzten Endes genauso reproduziert worden wie von denjenigen, die schon zu seiner Zeit die „gemeine Unterhaltungsliteratur“ nicht mehr nur einfach übersahen, sondern bereits ausdrücklich die Meinung vertraten, daß diese trotz ihres breiten Umfangs keinen Platz in der Literaturgeschichte habe. Beachtenswert sei sie allenfalls für den „Sittenforscher“, insofern man ihre Einwirkungen auf den Mittelstand nicht bestreiten könne: Für eine Darstellung, die sich auf die Geschichte der Dichtung beschränkt, sei sie durchaus gleichgültig.[67] Die Versuche, das reproduzierte Schema aus der Analyse der Massenliteratur selbst theoretisch zu begründen, sind aber neueren

Datums, setzen die seit den zwanziger Jahren des 20. Jahrhunderts auf diesem Gebiet geleistete Arbeit voraus und liegen z. T. auf derselben Linie wie die vordem erwähnten Bemühungen um die realhistorische Fundierung eines engeren Literaturbegriffs.

Die in den letzten beiden Jahrzehnten geführten Debatten über Massenliteratur wurden jetzt in einer Dissertation von Altrud Dumont aufgearbeitet.[68] Dumont weist nach, daß die bereits 1964 von Martin Greiner[69] geäußerte Auffassung, Trivialliteratur sei ihrem Wesen nach nicht nur weniger als „normgebende und normschaffende Dichtung, sondern sie sei überhaupt etwas g a n z a n d e r e s", heute nur noch von wenigen geteilt wird. Die energischen Angriffe der kritischen Germanistik der BRD gegen einen ahistorischen Trivialitätsbegriff, ihre Anstrengungen, das dichotomische Schema aufzubrechen, sind nicht folgenlos geblieben. Dabei haben radikal antisubstantialistische Ausgangspositionen wie Helmut Kreuzers Feststellung, daß der Begriff der Trivialliteratur zunächst nur den „Literaturkomplex" bezeichne, „den die dominierenden Geschmacksträger einer Zeitgenossenschaft ästhetisch diskriminieren"[70], eine wichtige Rolle gespielt. Von solchen Positionen aus ist durchaus auch nach strukturellen und funktionalen Invarianzen des diskriminierten „Literaturkomplexes" gefragt worden. Generell ausgeschlossen wurde allerdings die Annahme eines textimmanent bestimmbaren, von der Rezeptionsgeschichte der Werke unabhängig gedachten, statischen Trivialitätsbegriffs und also die Unterstellung eines „kategorialen Anderssein[s] von trivialer Literatur mit der daraus folgenden kollektiven Charakterisierung, wo es doch bei kategorialer Gleichheit [mit der höher bewerteten Literatur – R. R.] um immanente Differenzierungen ginge"[71]. Damit wurde allen – sei es von der Massenliteraturforschung, sei es von der Beschäftigung mit höher bewerteter Literatur ausgehenden – Versuchen der Konstruktion zweier gegeneinander abgeschlossener oppositioneller Systeme eine Absage erteilt.

Die Einwände gegen diese Versuche, also auch gegen den Versuch der realhistorischen Fundierung eines engeren Literaturbgriffs, kamen nicht nur aus der kritischen Germanistik der BRD, sondern auch aus der Literaturwissenschaft der DDR, in der seit Anfang der siebziger Jahre ja ebenfalls rezeptions- und wirkungstheoretische Aspekte zur Geltung gebracht wurden. Eingewendet wurde u. a.: Eine Anzahl von Werken der höher bewerteten Literatur wird massenhaft rezipiert und dient in dieser massenhaften Rezeption auch primär der Befriedigung des Unterhaltungsbedürfnisses, ohne in ihrer Wirkungspotenz auf diese beschränkt zu sein. Einstmals neue literarische Modelle, künstlerische Mittel werden durch Nachahmung mit der Zeit trivialisiert und schließlich generell nur noch von der Unterhaltungsliteratur verwendet. Die Masse der Literatur, die primär zur Befriedigung des Unterhaltungsbedürfnisses erzeugt wird, bedient sich zwar trivialer Muster und wird daher von den „dominierenden Geschmacksträgern" abgelehnt. Es gibt aber auch eine Schicht von Unterhaltungsliteratur, die die trivialen Muster partiell durchbricht, selbst ironisiert oder artistisch derart perfektioniert, daß sie, ohne sich dem Massenkonsum zu entziehen, zugleich differenziertere ästhetische Ansprüche befriedigt und daher von den „dominierenden Geschmacksträgern" gleichfalls akzeptiert wird. Werke der höher bewerteten Literatur weisen mitunter einzelne Elemente auf, die charaktistisch für die Massenliteratur der Zeit sind, teilweise greifen die Autoren solcher Werke bewußt auf triviale Elemente zurück und setzen sie gezielt als Kunstmittel ein. Literarische Entdeckungen, vor allem Stofferoberungen, werden z. T. von Autoren gemacht, deren Werke im ganzen als trivial abgewertet oder primär als Unterhaltungsliteratur rezipiert werden. Massenliteratur wird nicht nur zur Befriedigung des Unterhaltungsbedürfnisses rezipiert, sondern tritt bei ihren Rezipienten auch in Funktionen ein, die zur Begriffsbestimmung der „hohen" Literatur gehören. (Eben auf dem Urteil, daß die Massenliteratur diese Funktionen mißbrauche, z. B. also nicht bewußtseinsbildend wirke, sondern falsches Bewußtsein erzeuge, beruht ja einer der wichtigsten Gründe für ihre Abwertung.) Werke, die trivialen ästhetischen Mustern folgen, bringen manchmal brisante soziale, politische oder moralische Zeitfragen zur Sprache und erhalten deswegen eine insgesamt höhere Bewertung.

Ein Teil dieser Einwände geht – wie man leicht erkennen kann – einfach auf die Inkongruenz der allgemeinen Bestimmungen des auszugrenzenden Literaturkomplexes zurück. Er besagt folglich nichts anderes, als daß die Literatur, die zum Zweck der Profitmaximierung in konfektionierten Verfahren als Massenware erzeugt wird, nicht identisch ist mit dem Komplex der Literatur, die eine primär unterhaltende Funktion hat, und daß diese beiden Komplexe wiederum nicht deckungsgleich sind mit der Gesamtheit der als trivial eingestuften, d. h. ästhetisch minderbewerteten Werke – ein Ergebnis, zu dem die Massenliteraturforschung selbst längst gekommen ist. Doch auch wenn man diesen Teil der Einwände mit einer detaillierteren und differenzierteren Beschreibung des Phänomens, das ja nicht wegzudiskutieren ist, entkräften kann – es bleibt nicht nur der Aufweis der fließenden Übergänge und des unentwegten Austauschs auf der Ebene der Literaturproduktion, der die realhistorische Fundierung der Konstruktion zweier Systeme erschwert. Hinzu kommt ja, daß die soziale Differenzierung des Publikums, der die zur Debatte stehenden Schichtung der Literatur ohnehin nie völlig entsprochen hat, mit der Organisation der Arbeiterbewegung und der allgemeinen Hebung des Bildungsniveaus spätestens seit dem letzten Drittel des 19. Jahrhunderts von einer Entwicklung überlagert wird, in deren Verlauf zumindest ein Teil der höher bewerteten Literatur für ein breiteres Publikum rezipierbar wird. Wenn auch eben seit dieser Zeit die esoterischen Tendenzen sich verstärken, also ein literarischer Kommunikationskreis vorhanden ist, der sich quasi immer enger in sich zusammenzieht, und wenn auch ein großer Teil der innovatorischen Leistungen von der in diesem Kreise kursierenden Literatur ausgeht, so waren es doch nur einige avantgardistische Theoretiker, die eine höhere Bewertung ausschließlich dieser Literatur vorbehalten wollten. Im allgemeinen wird sie einem Spektrum von Werken zuteil, das, vor allem was die erzählenden Prosagenres anbetrifft, auf der einen Seite heute bis in die Bezirke massenhafter Rezeption hineinreicht. Gleichzeitig haben die Spezialisierung der Ausbildung, die Entstehung einer naturwissenschaftlich-technisch bestimmte Kultur und der relative Rückgang der humanistischen Bildung dazu geführt, daß Erzeugnisse der Massenliteratur in breitem Umfang auch in den gesellschaftlichen Gruppen und Schichten als Lektüre angenommen wurden, bei denen die „hohe" Literatur traditionell ihre meisten Leser fand. Jedenfalls von einem Teil der „hohen" Literatur kann man also sagen, daß sich ihr Adressatenkreis mit dem der Massenliteratur überschneidet und daß sie auf dem literarischen Markt mit ihr konkurriert. Diese Konkurrenzsituation konstatiert Helmut Kreuzer übrigens bereits für den Anfang der Geschichte: als die Kluft „zwischen einer hochliterarischen Dichtung und einer kritisch-ästhetisch diskriminierten Trivialliteratur, die beide für dasselbe Publikum der gebildeten Stände bestimmt waren und so ökonomisch rivalisierten".[72] Ich resümiere wirkungsgeschichtliche Befunde der Massenliteraturforschung. Wenn ich deren Ergebnisse richtig wiedergebe, kann man nur schlußfolgern, daß die Literatursoziologie den Versuchen, die Konstruktion eines selbständigen Systems „hoher" Literatur realhistorisch zu fundieren, kaum Chancen bietet.

Literaturgeschichte oder Geschichte der Dichtung? Ideologische Implikationen der Opposition von Literatur und Dichtung im literaturtheoretischen Denken der ersten Hälfte des 20. Jahrhunderts

Die Diskussion solcher Fragestellungen reicht nur wenige Jahrzehnte in die Vergangenheit zurück. Die Literaturhistoriker, die ihren Begriff von „hoher“ Literatur von der deutschen Geistesgeschichte empfangen hatten, haben der Frage, wie sich die von ihnen gebildeten Reihen zum wirklichen Fortschreibungsprozeß der Literatur verhalten, wenig Aufmerksamkeit geschenkt. Sie behandelten die von ihnen unter Wertaspekten abgehobene Schicht von Werken, auf die sie ihren Literaturbegriff einschränken, praktisch jedenfalls so, als ob sie ein selbständiges System bilde und als ob die Werte, unter deren Aspekt abgehoben wurde, mit einem durch Auslegung objektivierbaren unveränderlichen „Sinn“ der Werke unmittelbar gegeben seien. Diese einheitliche Gegebenheit von Wert und „Sinn“ („Bedeutung“) unterstellten die Vertreter aller substantialistischen Literaturtheorien, sofern sie „ganzheitlich“ dachten und ihre Selektionsprinzipien nicht auf formalästhetische, historisch-analytisch verifizierbare Neuerungen ausrichteten – eine Wertungsart, die in der Geschichte der deutschen Literaturgeschichtsschreibung jedoch, wenn überhaupt, dann immer nur eine untergeordnete Rolle gespielt hat. Dabei war die Gleichsetzung von „wertvoller“ Literatur mit „Dichtung“ durchaus nicht allgemein anerkannt. Ein Teil der geistesgeschichtlich orientierten Autoren spaltete den Literaturbegriff, nachdem sie ihn schon auf eine bestimmte Wertebene gehoben, also das Gros der bloß unterhaltenden Lesestoffe, die Trivial- oder Massenliteratur ausgeschieden hatten, noch einmal auf: Indem sie unter dem Begriff der Dichtung die am höchsten bewertete Schicht von Werken auch noch von der Gesamtheit der Werke abhoben, die sie als Literatur werteten. Diesem Vorgang entsprach der Ausbau der Opposition zwischen dem Begriff des Dichters, der mit den mystifizierten Attributen der Genie-Ästhetik des 18. Jahrhunderts versehen wurde, und dem Begriff des Schriftstellers als dem „Literatur“-Produzenten. Die Literaturgeschichtsschreibung ging hierin konform mit konservativen Strömungen in der Literatur seit der Jahrhundertwende. Insbesondere im George-Kreis wollte man so unterschieden wissen. Nicht von ungefähr zog man hier die Grenze zwischen „Dichtung“ und „Literatur“ an der Stelle, wo einst die Trennlinie zwischen den poetischen und rhetorischen Genres gesehen worden war: vor den modernen Prosaformen, dem modernen Roman. Was man im Verhältnis zur „Dichtung" als „Literatur" abwertete, war also vorab schon die gesamte Gattung, in der die Kritik bestehender Gesellschaftszustände am ausgiebigsten artikuliert und am massenwirksamsten verbreitet wurde.

Die Literaturwissenschaft konnte freilich nicht einfach zu einer solchen Hierarchisierung der Gattungen zurückkehren, wenn sie nicht auch die Romanschreiber a priori abwerten wollte, die für die konservativen Literaturströmungen der ersten Hälfte des 20. Jahrhunderts repräsentativ waren. Zumal die meisten von diesen für ihre Produktion ausdrücklich den Begriff der Dichtung in Anspruch nahmen.[73] Die Frage nach den Kriterien eines solchen Dichtungsbegriffs wurde daher zu einem speziellen Thema der literaturwissenschaftlichen Germanistik. Wir halten uns an Julius Petersen, der in seinem Hauptwerk *Die Wissenschaft von der Dichtung* schließlich die Resultate der diesbezüglichen theoretischen Anstrengungen der Germanistik zusammengefaßt und in die rationalem Denken am ehesten zugängliche Form gebracht hat.[74]

Petersen konstatiert zunächst, daß die literaturwissenschaftliche Methodenlehre schon in dem Bemühen „ziemlich erfolglos" geblieben sei, „Dichtung und schöne Literatur" von den anderen Literatursorten genau abzugrenzen. Die anderen Sorten, die er unter dem Begriff der „Zweckliteratur" zusammenfaßt, würden „geistige Werte unter Aufwand von mehr oder weniger Sprachkunst" vermitteln, und von daher könne „manche Geschichts- oder Lebensdarstellung ... ihrer Form nach vollen Anspruch erheben, als Kunstwerk angesehen zu werden". Dennoch bleibt es für ihn fraglich, „wieweit solches Schrifttum in den Bereich der Literaturwissenschaft gezogen werden kann"[75]. Petersen erinnert daran, daß schon Richard Heinzel die Literaturgeschichte seines Freundes Scherer getadelt hat, „weil sie nicht reine Kunstgeschichte im Sinne Winckelmannscher Stilperiodisierung, sondern Geschichte des geistigen Lebens geboten habe"[76]. Und er verweist darauf, daß ein ähnlicher Standpunkt in seiner Gegenwart häufiger vertreten werde, indem man – wie z. B. Walzel – vorschlug, den Ausdruck „Literaturgeschichte" durch „Dichtungsgeschichte" zu ersetzen. Petersen wendet dagegen ein, daß diese Analogie zur „Kunstgeschichte und Musikgeschichte ... aber zu wenig beachtet, wieviel enger als jene Künste die Dichtung mit philosophischer und religiöser Literatur durch gleiche Themen und gleiche sprachliche Ausdrucksmittel verbunden ist"[77]. Und er beruft sich auf Unger und

Cysarz, die „auf geistesgeschichtlicher Seite" den „lebhaftesten Widerspruch" gegen Walzel angemeldet haben. Insbesondere Cysarz verurteilte die „törichten Trennungsversuche" und wollte an ihre Stelle die fortschreitende Erkundung der Wechselbeziehungen treten lassen als „Einsicht, daß jegliches Bild der Dichtung an letzten Erkenntniswerten, zumindest letzten Fragen der Erkenntnis teilhabe, daß andererseits jegliche Philosophie, jegliche Wissenschaft des Menschen und der Welt, auch die ästhetische Sphäre einschließe".[78] Damit war natürlich keine Rückkehr zum universellen humanistischen Literaturbegriff gemeint. Petersen, der in diesem Punkte unverkennbar den geistesgeschichtlichen Standpunkt vertritt, erläutert: „Für eine Behandlung als Selbstzweck innerhalb der Literaturgeschichte können Erscheinungen reiner Wissenschaft, wenn sie auch noch so epochemachend für ihr Zeitalter und noch so symptomatisch für den Zeitgeist waren, nicht in Betracht kommen. Wie weit die Erfindung der Infinitesimalrechnung Leibniz oder Newton zuzuschreiben ist, gehört weder in die deutsche noch in die englische Literaturgeschichte. Aber als Gesamterscheinung kann der Verfasser der 'Theodicee' und 'Monadologie' unmöglich ausgeschlossen werden, und die intensive Beobachtung der Spiegelung, die diese geistesgeschichtlichen Taten in der Dichtung gefunden haben, macht sie zum Gegenstand nicht eines philosophischen Exkurses, sondern zwingt dazu, sie in eine Schau literarhistorischer Tatsachen einzufügen."[79] Wie das geschehen soll, ist für Petersen jedoch mehr eine Frage der Deutung und Darstellung, also der historiographischen Praxis. Den Unterschied von „Dichtung" und „Literatur" in „allgemeingültiger Begriffsbestimmung" zu treffen ist sein eigentliches Problem. Dessen bislang eingehendste Erörterung findet er bei Benedetto Croce, in dem 1936 erschienenen Buch *La Poesia. Introduccione alla Critica e Storia della Poesia e della Letteratura.*[80] Croces Gegenüberstellung einer „espressione poetica" als „innerlicher Weltschöpfung, die alle Teile zu einem harmonischen Ganzen verknüpfend, aus der Enge des Endlichen ins Unendliche hinüberträgt und dem einzigen Kriterium der Schönheit unterworfen ist", und einer „espressione letteraria" als einer „auf gesellschaftlichen Grundlagen beruhende Geistesform anderer Art" betrachtet er zwar auch nicht als die „endgültige Lösung".[81] Aber einige der Antithesen, mit denen Josef Ponten in seinem *Offenen Brief an Thomas Mann*[82] den Unterschied zwischen dem „Schriftstellerischen" und dem „Dichterischen" klären wollte, erscheinen ihm doch als „sehr schlagend", obwohl Ponten – im Unterschied zu Croce –

auf deren argumentative Untermauerung schon völlig verzichten zu können glaubte. Petersens eigene Formulierungen unterscheiden sich denn auch kaum von dem Schwulst der Pontenschen Dithyramben, wenn er verkündet: „Der Dichter, dessen dämonische Phantasie in der Zauberkraft neuer Ausdrucksprägung ihre Befreiung findet, bleibt Schöpfer, auch wo er Literatur schreibt."[83]

Wie man sieht, hat Petersen seine Fragestellung inzwischen vom Werk auf dessen Urheber verschoben. Er hat das ganz bewußt getan, und er gibt auch über seine Beweggründe Auskunft: So schwer es nämlich auch sei, einen vom Literaturbegriff abgehobenen Begriff von Dichtung „allgemeingültig" zu formulieren, mit den Autoren, meint er, hat man es leichter. Die Trennung zwischen „Dichter" und „Literat" liege doch „in bezug auf Persönlichkeit, Berufung und Schaffensweise" klar auf der Hand.[84] Er kann da bis zur Genie-Ästhetik des 18. Jahrhunderts zurückgehen und von ihr aus den Bogen bis zu Ponten spannen. Also fragen wir nicht mehr, was „Dichtung" sei, sondern: „Wer ist ein Dichter?" Wobei wir immer dessen Counterpart mitzudenken haben, den „fingerfertigen Literaten", dem „nie eine wirkliche Dichtung glücken [kann], so geschäftig er sich um die Form bemühen mag".[85] Wir kennen die Sprache, die hier gesprochen wird und wissen, daß sie nicht in erster Linie irgendwelche epigonale Lyriker oder obskure Unterhaltungsroman-Produzenten distanzieren sollte, sondern Autoren einer bestimmten politischen Richtung von Heinrich Heine bis Heinrich Mann. Auf sie war die Bezeichnung „Zivilisationsliterat" ursprünglich gemünzt, und auch Petersen grenzt Autoren dieses Schlags aus dem Reich der „Dichtung" aus. Aber welche Kriterien, die z. B. Heine angeblich nicht erfüllt, hat er nun für die „Existenz des Dichters"? *Die Existenz des Dichters* lautet die Überschrift über den vierten Hauptteil seiner *Wissenschaft von der Dichtung,* der die Antwort geben soll und in die Abschnitte *Spectrum (Wort, Sinn, Kraft, Tat), Sprache, Gesetz, Glaube, Sendung, Widerhall* gegliedert ist. Was Petersen in den Abschnitten *Sprache, Gesetz, Glaube* und *Sendung* abhandelt, sind jedoch zunächst nur die Voraussetzungen, unter denen ein Schriftsteller in den Rang eines Dichters erhoben werden kann. Entscheidend für seine Erhebung ist allemal die positive Beurteilung im Hinblick auf die stereotyp gestellten Fragen nach „a) Echtheit – b) Größe – c) Sinnbildhaftigkeit".[86]

Was hat Petersen durch die Verschiebung der Fragestellung von der Dichtung auf den Dichter gewonnen, wenn er auf diesem Wege letzten Endes auch nur bei der ärgerlichen Tautologie ankommt, daß der „echte", „große" Autor, der das Prädikat „Dichter" verdient, sich durch „Echtheit", „Größe" und „Sinnbildhaftigkeit" auszeichnet? Für die Objektivierung des Urteils über das einzelne Werk absolut nichts. Im Gegenteil: Das Verfahren war geeignet, jedes Urteil über ein Einzelwerk in der Gesamteinschätzung der Autorenexistenz zu relativieren. Aber darauf kam es ja auch an. Der Literaturhistoriker konnte sich dem phänomenologischen und formalistischen Exaktheitsanspruch gegenüber seinen Urteilen, der ihn in seiner Wertbildungsarbeit behinderte, entziehen, indem er sich nicht auf das einzelne Werk festlegen lassen mußte. Die Polemik gegen Walzel und Ingarden, die Petersen in diesem Zusammenhang führt, ist auch von daher zu verstehen. Man brauchte sich nicht durch die ästhetischen Qualitäten der Werke irritieren zu lassen, die den erwünschten Identifikationsmustern widersprachen. Die Persönlichkeit des Autors bot in jedem Fall die Angriffsflächen, von denen aus die geplante Wertordnung in die Literaturgeschichte herzustellen war. Die simpelste Durchführung dieser Operation kann man immer wieder – nicht nur bei Petersen – an der Behandlung Heines studieren. Die „Echtheit" deutscher Lyrik wird von der jüdischen Abstammung des Autors her in Frage gestellt.

Petersens Auffassung, daß die Literaturgeschichtsschreibung personalgeschichtlich verfahren müsse, Literaturgeschichte letzten Endes nur als Dichtergeschichte zu schreiben sei, ist allerdings nicht nur zweckmäßig begründet. Petersen hält eine subjektzentrierte Darstellung auch nicht nur deswegen allein für adäquat, weil er in jeglichem Kunstprozeß der Individualität der Produzenten eine unvergleichlich größere Bedeutung zugemessen sieht als in den von anderen menschlichen Produktivitäten gebildeten geschichtlich-gesellschaftlichen Zusammenhängen. Ausschlaggebend für Petersen scheint vielmehr gewesen zu sein, daß die Literatur im Medium der Sprache Individuell-Biographisches, persönliche Lebenserfahrung, subjektiv geprägte Weltanschauung eindeutiger, d. h. dem Literaturhistoriker deutlicher, mitteilt als die anderen Künste. Nur so ist die These zu verstehen, auf die er seine Argumentation stützt: daß nämlich die „gehaltlichen, problemhaften und stilistischen" Beziehungen zum Leben des Künstlers in der Dichtung „enger und unlösbarer" seien „als bei jeder anderen Kunst".[87] Die Argumentation selbst verläuft jedoch eigentlich ganz anders: Petersen geht mit Croce insoweit konform, als er im Begriff der Dichtung eine Schicht von „überragenden eigenschöpferischen Werke[n]" von der Literatur abheben möchte, „die über alle nationale und zeitliche Gebundenheit erhaben sind". Geht man von den Werken aus, so bleibt aber nur „die ästhetische Methode anwendbar, die das Große vereinzeln muß oder allenfalls miteinander [sic!] vergleichen kann, aber es nicht nach seinen Ursprüngen zu begreifen sucht. Wenn dabei die historische Betrachtungsweise ausdrücklich ausgeschlossen wird, kann man dann eigentlich von Geschichte der Dichtung sprechen? Die von Croce anerkannte 'storia della poesia' ist angewandte Ästhetik, aber keine Geschichte". Nach der historischen Methode sollen nur die unterhalb der Dichtung liegenden zeitlich und räumlich gebundenen literarischen Werte behandelt werden: „dafür sind sie aber nicht der Dichtungsgeschichte, sondern der Geschichte der Kultur, der Neigungen und Zielsetzungen verschiedener Völker zuzusprechen".[88] Petersen bietet nun sein Konzept einer „Dichtergeschichte" als Ausweg aus dem Dilemma an, in dem Croce nach seiner Einschätzung stecken bleibt: „Auf dem Wege über die Dichter und nur über sie gelangen wir zu einer geschichtlichen Betrachtung der Dichtung, ohne sie der Kultugeschichte unterordnen zu müssen."[89]

So haben wir zwar keine befriedigende Antwort auf die Ausgangsfrage erhalten, wie „Dichtung" zu bestimmen sei – letzten Endes rät uns Petersen auch nur einfach eine „Auslese" anzuerkennen, „die bereits die Zeit vollzogen hat".[90] Dafür entschädigt er uns jedoch mit einer ausführlichen Beschreibung des Verfahrens, die Aufgaben der Herstellung von Geschichtsbildern und der Wert- oder Kanonbildung im Genre der „Literaturgeschichte" miteinander zu verbinden. Petersen beschreibt dieses Verfahren so: Man geht ganz pragmatisch von der durch die Zeit vollzogenen Auslese aus. „Der phänomenologischen Methode", die „erst nach Bereinigung der allgemeinen Begriffsbestimmung ... an die ästhetische Schätzung" heranzugehen empfiehlt, wird die „erkenntnistheoretische Berechtigung" zwar nicht abgesprochen. Doch „die Praxis der Literaturwissenschaft kommt bei diesem langsamen Tempo nicht vorwärts. Wir können nicht beliebige Beispiele herausgreifen, um an ihnen begrifflich zu experimentieren, sondern wir stehen zunächst der ungeheuren Masse einer kaum übersehbaren Überlieferung gegenüber, die es zu bewältigen gibt. Wir müssen von vornherein den Unterschied machen zwischen Literatur und Makulatur." Da diese Unterscheidung aber die „Zeit" schon für uns getroffen hat, kann „innerhalb der geschichtlichen Folge" sogleich „auf das bibliothekarische Ordnungsprinzip des Namenkatalogs“ zurückgegriffen und das zusammengefaßt werden, „was der Persönlichkeit eines Dichters zugehört und zu ihrem Ausdruck geworden ist. In diesem Zusammenhang gewinnen auch Literaturwerke Bedeutung, die man nicht zur Dichtung und vielleicht nur mit Einschränkung zur schönen Literatur rechnen kann wie Goethes 'Italienische Reise', seine Winckelmann-Biographie, seine Cellini-Übersetzung, seine Farbenlehre.“ Solche Werke verdienen um des Verfassers willen in der Literaturgeschichte qua „Dichtergeschichte“ ihren Platz.[91] Allerdings kann auch die „Dichtergeschichte“ nicht die gesamte übrige Literatur wie „abgerahmte Magermilch“ beiseite schieben. Denn: Auch die „großen Dichter“ stehen „mit ihren Füßen in der Kulturgeschichte, in der die Voraussetzungen ihres Werdens liegen; mit Leib, Herz und Sinnen gehören sie der Literatur- und Geistesgeschichte ihrer Völker an, die ohne sie nicht zu denken ist; nur die Häupter ragen in eine Sphäre, zu der die Literaturgeschichte wohl den Ausblick bietet, die aber in ihren überzeitlichen Werten den geschichtlichen Bedingungen entrückt ist“.[92] Deshalb empfiehlt Petersen folgenden Aufmarschplan: „Hauptsache bleiben die Werke der Dichter, sie müssen in jeder Untersuchung und Darstellung in den Vordergrund treten. Die Werke der Literaten schließen sich an als der Chor, der hinter den Protagonisten steht. Wenn sie auch keine eigenschöpferische Bedeutung haben, so legen sie in ihrer Gefolgschaft Zeugnis ab für die bahnbrechende Wirkung großer Dichtungen und für den stilbildenden Zug der Zeit. Als drittes kommen alle großen geistigen Ereignisse außerhalb der Dichtung und schönen Literatur (es kann sich um religiöse Gemeinschaftserlebnisse, um politische Bewegungen, um Kunstwerke, Erfindungen, Entdeckungen und Umgestaltungen des Weltbildes handeln) in Betracht; sie sind repräsentative Symbole des Zeitgeistes, die die Vorgänge der Dichtung beleuchten und in ihr sich auswirken. Als viertes ist alle weltanschauliche Literatur an die Dichtung heranzuziehen, soweit sie Quelle ihrer Gestaltung und Mittel für ihr Verstehen bedeutet. Die Reihenfolge und Bewertung dieser Schichten wird davon abhängen, ob eine mehr ästhetische, mehr kulturgeschichtliche, mehr ethnologische, mehr geistesgeschichtliche Einstellung vorwaltet. Immer aber muß es notwendiger Ordnungsgrundsatz sein, daß die Masse im Hintergrund bleibt und auch als Chor nur durch repräsentative Auswahl vertreten ist, während die stimmführenden Dichter im Vordergrund stehen.“[93]

Wer das liest, was hier unter der neuen Etiquette einer „Dichtergeschichte“ offeriert wird, muß vielleicht nicht wissen, daß es im

Grundsätzlichen auf das Forschungsprogramm zurückgeht, das Petersens Lehrer Erich Schmidt[94] in seiner Wiener Antrittsrede von 1880 entworfen hatte. Er wird sich aber wohl fragen, ob die Mehrzahl der Literaturgeschichten seit Gervinus nicht eigentlich so oder so ähnlich verfuhr – seit der Zeit nämlich, von der an der Literaturgeschichtsschreibung die Vereinbarung der beiden eingangs genannten Funktionen aufgegeben war. Petersens Beschreibung des Konzepts der „Dichtergeschichte" ist im Grunde nur der untaugliche Versuch der literaturtheoretischen Begründung einer Praxis, die aus ganz anderen als literaturtheoretischen Anforderungen eingeübt worden ist. Die Art und Weise, wie er in seinem Spätwerk – wenngleich mißmutig – den von ihm vorgeschlagenen Ausgleich von literaturwissenschaftlichem Positivismus und Geistesgeschichte auch noch der nationalsozialistischen Rassenideologie geöffnet hat, desavouiert diese Form der Theoriebildung endgültig.

Doch die Geschichte der Bemühungen, den Kanon der am höchsten bewerteten literarischen Werke ontologisch von der übrigen Literatur abzuheben, ist mit Petersen nicht zu Ende. Sie geht nach dem Krieg in der BRD weiter, wo sich in den fünfziger Jahren die Arbeiten über „Dichtung" und „Dichtertum" geradezu häufen.[95] Der von Horst Rüdiger 1973 herausgegebene Sammelband *Literatur und Dichtung. Versuch einer Begriffsbestimmung* faßt die in den fünfziger und sechziger Jahren in der BRD geführten Diskussionen zusammen und macht mit den Beiträgen von Pierre Bertaux, Karl Otto Conrady, Helmut Kreuzer u. a. Front „gegen die Mystifikation von Dichtung und Literatur" (so der Titel von Conradys Beitrag).[96] Bertaux: „In allen Sprachen der Welt wirft der Gebrauch des international verbreiteten Wortes L i t e r a t u r dasselbe Problem auf. Dagegen ist der Gebrauch des Wortes D i c h t u n g ein spezifisch deutsches Problem. Dieses Wort entzieht sich noch entschiedener dem wissenschaftlichen Zugriff, weil es mit starken affektiven Nebentönen beladen und belastet ist. Man denke an Thomas Manns Polemik gegen Heinrich Mann zur Zeit der 'Betrachtungen eines Unpolitischen': Sich selbst als einen Dichter betrachtend und bewertend, schalt er den Bruder einen 'Zivilisationsliteraten'. Der Unterschied besteht darin, daß das Wort L i t e r a t (vielleicht als Fremdwort) einen negativen, schlechten, das (urdeutsche) Wort D i c h t e r dagegen einen positiven, guten Eindruck vermittelt. So gesehen, soll das Wort D i c h t u n g für sehr viel Unfug verantwortlich gemacht werden. Unbrauchbar. Weg damit."[97]

Deutsche Klassik und Romantik. Kanonbildung

Die jungdeutsche Auseinandersetzung mit der „Kunstperiode". „Nur" Literaturkritik oder Ansatz für einen alternativen literaturgeschichtlichen Diskurs?

„Das Abzeichen der modernen Literatur ist es eben, daß sie ein Kind der Politik, deutlicher gesprochen, ein Kind der Julirevolution ist ... Noch einmal: Die neue Literatur ist ein Kind der Julirevolution. Sie datirt von der Reise Börne's nach Frankreich, von Heinrich Heine's Reisebildern. Sie datirt von der Opposition gegen Göthe."[98] Die jungen Schriftsteller, die der Bundestagsbeschluß gegen das Junge Deutschland nennt – der Name Heines wurde bekanntlich erst nachträglich hinzugefügt –, gehören zweifellos zu den ersten in Deutschland, die sich an Börne und Heine orientierten, ideologisch und ästhetisch, die Opposition gegen die Weimarer Klassiker eingeschlossen. Sie waren es, die den Anbruch eines neuen Zeitalters mit einer neuen Literatur am lautesten verkündeten und die die Modernität ihrer eigenen literarischen Produktionen einander öffentlich bestätigten. Aber die Bewegung, die Anfang der dreißiger Jahre des 19. Jahrhunderts in die deutsche Literatur kam, war breiter, und ein großer Teil der Neuansätze, die damals gemacht wurden, ist mit anderen als den im Verbotsbeschluß genannten Namen verbunden.

Daß der Zug zur Gruppen- und Parteienbildung in der Zeit lag, daß junge Schriftsteller in einer Zeit wie dieser leicht Gleichgesinnte in ihrer Generation fanden und Zusammenschlüsse anstrebten, ist schon von den Zeitgenossen bemerkt worden. „Auch in der jüngsten Entwicklung unserer Literatur ... geht die Wirkung schon weit weniger von einzelnen Schriftstellern aus, als von schriftstellerischen Gruppen, von literarischen Parteien und Richtungen im Ganzen ... Das Princip der freien Association, der freien, auf gleiche Ueberzeugung, gleiche Zwecke gegründeten Gemeinschaft, ... hat auch bereits auf dem Gebiet der Literatur seine gewaltige und glückliche Wirkung bewährt."[99] Man kann wohl annehmen, daß dem Plan von Gutzkows

Deutscher Revue die Idee einer solchen „freien Assoziation" zugrunde lag. Daß diese nie zustande gekommen ist, eine personelle Verbindung, wie sie der Bundestagsbeschluß herstellte, nie bestanden hat, obwohl die Zusammenstellung der darin genannten Namen sich tatsächlich schon vor dem Beschluß bei Heine wie bei Gutzkow findet, wissen wir. Wir wissen auch – Walter Dietze[100] hat das 1957 deutlich herausgearbeitet –, wie unterschiedlich die Standpunkte der vom Bundestagsbeschluß Betroffenen schon 1835 gewesen waren, daß also die wechselseitige Distanzierung voneinander, die beinahe einhellige Leugnung der Zugehörigkeit zu irgendeiner Gruppe nicht nur taktisch begründet waren, um die Wiederaufhebung des Publikationsverbots zu erreichen.

Der Bundestagsbeschluß hat aber nicht nur das Gruppenbild gestiftet, sondern auch bewirkt, daß ihnen allen außer Heine ausschließlich die Zeit um dieses Ereignis als ihr geschichtlicher Ort zugewiesen wurde und ihre späteren Arbeiten meist nur noch beiläufig erwähnt werden. Dabei liegt doch der weitaus größte Teil des Werks von Gutzkow, Laube und Mundt jenseits dieser Grenze, ja überhaupt nach 1848. Sicher, von den Romanen und Erzählungen ist so gut wie nichts lebendig geblieben. Und aus der umfangreichen dramatischen Produktion Gutzkows und Laubes hat sich – jedenfalls im deutschsprachigen Raum – ebenfalls kaum mehr als ein Stück dauerhaft reaktivieren lassen. Gelesen werden noch Gutzkows Memoiren. Und im Gebrauch sind nach wie vor Laubes dramaturgische Erinnerungen, sie gelten bis heute als Hauptwerke der deutschen Theatergeschichte. Sofern der Historiker nicht nur nach der Genese der ausgewählten Texte fragt, die zum heutigen Bestand der gelesenen Literatur gehören, sondern in die Geschichte der literarischen Kommunikation eindringen will, wird er auf die breite Wirkung einzugehen haben, die von Gutzkow und Laube auf das literarische Leben bis zur Reichsgründung ausgegangen ist. Dennoch: Die Jungdeutschen h a b e n ihren geschichtlichen Ort zweifellos in der Zeit des Bundestagsbeschlusses. Denn nur damals hatten sie Anteil an einem literarischen Innovationsprozeß. Damals gehörten sie zu den ersten, die versuchten, über die Literatur in Deutschland eine gesellschaftliche Öffentlichkeit zu organisieren. Auch für die Geschichte der Literaturkritik sind ihre Arbeiten aus den ersten dreißiger Jahren meines Erachtens wichtiger als die eigentlichen Literaturgeschichten, die Laube und Mundt später geschrieben haben.

Nun ist das Irreführende an dem Bundestagsbeschluß immer wieder gerade darin gesehen worden, daß er Heine in einem Atemzug mit den anderen nennt. Man hat zu Recht geltend gemacht, daß Heines Erfahrungshorizont viel weiter war, daß er sich in einer ganz anderen Situation befand. So erhält er dann – neben dem ja überdies erheblich älteren Börne – lediglich eine „Vorbild"-Funktion für die Anfang der dreißiger Jahre in Deutschland auftretenden Autoren. Man muß den Abstand nicht leugnen und die Unterschiede nicht verwischen wollen, wenn man von der unbestreitbaren Tatsache ausgeht, daß Börne und Heine die literarische Bewegung in Deutschland nicht nur mit inspiriert, sondern wesentlich mitgetragen haben. Börnes und Heines Schriften wirkten mit denen ihrer in Deutschland tätigen Anhänger zusammen, und die „Chorführer" des Jungen Deutschland, als die Heine in der *Romantischen Schule*[101] Laube, Gutzkow, Wienbarg und Gustav Schlesier nennt, waren eigentlich Heine und Börne selber. So empfanden es die Zeitgenossen, und so sah es auch Wolfgang Menzel, dem man die Urteilsfähigkeit in dieser Frage ja kaum absprechen kann. Die Zensur, die – im Unterschied zu den Literaturhistorikern – von jeher die präsumptive Wirkung der Literatur auf die Leser im Auge hatte und ihre Entscheidungen danach traf, ging also, indem sie, Menzels Urteil folgend, die Jungdeutschen mit Heine zusammenspannte, in bezug auf diesen Gesichtspunkt – ihren Hauptgesichtspunkt – gar nicht in die Irre. Und sofern wir Literaturhistoriker diesen Gesichtspunkt, nachdem wir ihn spät genug auch gewonnen haben, nicht völlig wiederaufgeben wollen, erscheint mir heute die Konstruktion eines Jungen Deutschland ohne Heine wenig sachgerecht.

Also doch wieder ein Gruppenbild? Ein Gruppenbild mit Heine? Ja – vorausgesetzt, wir sind uns darüber im klaren, daß wir damit weder den ganzen Heine noch den ganzen Gutzkow haben, auch nicht die gesamte literarische Bewegung, sondern nur eine Momentaufnahme einiger ihrer aktivsten publizistischen Wortführer. Der Moment – das sind eben die ersten dreißiger Jahre des 19. Jahrhunderts, in denen in Deutschland eine Reihe von jungen Schriftstellern zu publizieren begann, die sich in ihren Schreibweisen an Börnes Kritiken und an Heines Reisebildern geschult hatte und deren Beiträge nun zusammen mit Börnes und Heines Pariser Korrespondenzen in Deutschland zur Wirkung kamen. Im Zusammenhang ihrer Vorstellungen von einer Zeitenwende, dem Anbruch eines neuen

Zeitalters, hinter denen die subjektive Erfahrung der „modernen Lebenswirren", einer sich verändernden Lebenswirklichkeit stand, bildeten sie auch einen Begriff von moderner Prosa, die geeignet sein sollte, diese lebensweltlichen Veränderungen zur Sprache zu bringen. Als Signatur dieser Prosa wurde das radikale Bekenntnis zur Subjektivität der Auffassung genommen, die dem entsprechende Aufsprengung der „geschlossenen" Form der klassischen Prosagenres durch eine zwischen sachlichem Bericht, erzählerischer Fiktion und kritischer Reflexion frei bewegliche fragmentarische Schreibweise nach dem Muster der *Reisebilder*, in der Heine selber ebenso wie Laube und andere Jungdeutsche damals übrigens noch keineswegs die Signatur des Kunstwerks der Zukunft sehen wollten, sondern nur den authentischen Ausdruck ihrer eigenen literarischen Situation.

Man kann sich leicht davon überzeugen, daß die Strukturen der Texte, die diesem jungdeutschen Begriff der modernen Prosa zugrunde lagen, prinzipiell in der deutschen Frühromantik vorgebildet waren und über sie auf die sentimentale Literatur des 18. Jahrhunderts zurückgingen. Wie ja auch offensichtlich ist, daß die Haltung, aus der heraus diese Texte geschrieben wurden, der der deutschen Frühromantiker sehr ähnlich war. Die Romantiker hatten zuerst die Subjektivität der individuellen Auffassung zum Prinzip der Literatur erhoben, und bereits sie – Zeugen der Französischen Revolution von 1789 – waren von der Vorstellung einer Zeitenwende ausgegangen. Die neuere Romantik-Forschung hat gezeigt, daß das keine bloßen Analogien waren, sondern daß wir viel von den haltungsbestimmenden Erfahrungen der Generation des Jungen Deutschland bereits in den Ahnungen der deutschen Frühromantiker von der Beschaffenheit des heraufkommenden neuen Zeitalters ausgedrückt finden – was den innovatorischen Anspruch der Jungdeutschen natürlich relativiert. Stellt man dann noch den Vergleich mit der Sicht ausländischer Literaturwissenschaftler auf die deutsche Literatur an, die, vom Beispiel ihrer je eigenen Nationalliteratur ausgehend, bürgerliches politisches Engagement in der Literatur der ersten Hälfte des 19. Jahrhunderts ohne Schwierigkeiten mit dem Begriff der Romantik identifizieren (und die daher auch die Zäsur, die die deutsche Literaturgeschichtsschreibung traditionell mit den Jahreszahlen 1830 oder 1832 macht, nie ganz nachvollziehen konnten), so fällt es nicht schwer, Heine und das Junge Deutschland schließlich einfach als die dritte romantische Generation darzustellen, während der wirkliche Umbruch dann auf die Konsequenzen aus der 48er Revolution, auf die Durchsetzung des bürgerlichen Realismus und Pragmatismus verschoben wird.

Was berechtigt dann also, die Bewegung des Jungen Deutschland entschieden von der Literatur der „Kunstperiode“ abzuheben? Zunächst doch wohl, daß die Jungdeutschen – im Gegensatz zu den Romantikern – vor den neuen Lebenstatsachen nicht in ideale Fluchträume auswichen, sondern diese neuen Lebenstatsachen begierig aufgriffen, ihre „Nervosität“ – das Schlüsselwort für die Umschreibung ihrer subjektiven Befindlichkeit – nicht beklagten, sondern als handlungsstimulierend akzeptierten. Ihr programmatisches Streben, die Literatur mit dem „Leben“ zu verbinden, läßt sich, glaube ich, eben nicht einfach in die alte Sehnsucht zurückübersetzen, die Kluft zwischen „Kunst“ und „Natur“ zu überbrücken. Der jungdeutsche Lebensbegriff bezog sich eindeutig auf die Gegenwart, auf das gesellschaftliche Leben. Das Junge Deutschland h a t t e einen politischen Impetus. Politisch war sein Impetus in dem allgemeinen Sinn, daß es über die literarische Kommunikation eine gesellschaftliche Öffentlichkeit organisieren wollte – die Literatur somit in eine Funktion bringen wollte, in die sie überall im 19. Jahrhundert und auch später noch gedrängt wurde, wo diese Öffentlichkeit fehlte: in die Funktion eines Diskussionsforums aller aktuellen Zeitfragen. Dem entsprach ja auch der Eifer, Zeitungen und Zeitschriften zu gründen, insbesondere natürlich Gutzkows ehrgeiziger Plan zur Gründung einer *Deutschen Revue* nach dem Muster der *Revue des deux mondes*.

Die Orientierung der Schriftsteller auf die Zeitung, die eben damals zum ersten geistigen Massenkommunikationsmittel im modernen Sinne wurde, brachte einen neuen Zug in die deutsche Literatur: Insofern als sie auch die traditionellen epischen Genres betraf, veränderte sie selbst deren Strukturen. Entscheidend für die Genreentwicklung allgemein und für den literaturkritischen oder literaturgeschichtlichen Diskurs im besonderen waren jedoch die Entwicklung eines genuin journalistischen Genres – des Feuilletons – und die Ausbildung des ihm eigenen „feuilletonistischen“ Stils. Der „feuilletonistische“ Stil wirkte nicht nur auf die traditionellen epischen Genres zurück, sondern er führte auch zu einer Umwandlung des humanistischen Essays im Sinne von dessen Anpassung an die Erfordernisse der Zeitungspublikation und an die Erwartungen eines breiteren Publikums allgemeingebildeter Leser aus den gehobenen bürgerlichen Gesellschaftsschichten. Börne und Heine waren die Lehrmeister dieses Stils, dessen sich die Jüngeren befleißigten und in dem nun auch über Literatur und Philosophie geschrieben wurde. Mundt nennt ihn schlicht den „Heine'schen Stil" und er konzedierte auch noch in der Rückschau von 1853, als er von Heine und von seiner eigenen jungdeutschen Vergangenheit nichts mehr wissen wollte, daß „sich in der Eigenthümlichkeit dieses Heine'schen Stils viele Einflüsse der modernen Zeit – und Lebensanschauung" wieder-[spiegeln], „denen sich niemand entziehen kann, und welche die moderne Darstellungsweise wesentlich färben, worin dieser Stil gewissermaßen eine typische Bedeutung für diese neueste Literatur erlangte".[102]

Über die Eigentümlichkeit dieses Stils ist auch von anderen Zeitgenossen reflektiert worden. Friedrich Engels (1840) fand: „Der moderne Stil trägt das Gepräge der Vermittlung ... zwischen Produktion und Kritik, Poesie und Prosa ... Phantasie und Verstand fließen nicht bewußtlos ineinander, noch stehen sie sich schroff gegenüber; sie sind, wie im menschlichen Geiste, so im Stil vereinigt."[103] Und Alexander Jung umschrieb die Eigentümlichkeit dieses Stils einfach mit den Begriffen der „Popularität" und der „Eleganz", der „Eleganz eines Allen zugänglichen Resultates".[104] Heine selbst hat später in einer wieder ausgestrichenen Passage der *Götter im Exil* die Meinung kundgetan, das „berühmte Anathem" sei gar „nicht der gefährlichen Ideen wegen, welche das Junge Deutschland zu Markte brachte, sondern der popularen Form wegen, worin diese Ideen gekleidet waren", dekretiert worden. In ihm selbst, dem „Rädelsführer", dem „Meister der Sprache" habe „man nicht eigentlich den Denker, sondern nur den Stilisten" verfolgt: „Nein, ich gestehe bescheiden, mein Verbrechen war nicht der Gedanke, sondern die Schreibart, der Stil."[105]

Diese Auffassung vertraten allerdings auch Generationen von Kulturkritikern nach Heine, die zwar den Gedanken des Liberalismus und der Demokratie ebenfalls bekämpften, die Spitze ihrer Kritik jedoch gegen den „Feuilletonismus" richteten – gegen jenes „Zivilisationsliteratentum" liberaler Intellektueller, in dem sie den Hauptakteur bei der Auflösung des gesamten von der deutschen Romantik geprägten Wertbewußtseins sahen, weil er ihren romantischen Dichtungsbegriff auflöste. Was da unter dem Stichwort „Heine und die

Folgen" aufgelistet wird – die „Demokratisierung" der Literatur im Sinne der Einbeziehung breiterer Schichten in die literarische Kommunikation wie auch im Sinne literarischer Gruppen- und Parteienbildung und einer Nivellierung der individuellen Leistungen, ihre politische Instrumentalisierung und totale Kommerzialisierung – das ging nun allerdings nicht nur in den Köpfen konservativer Kulturkritiker zusammen, sondern war ja tatsächlich das komplexe Resultat eines Prozesses, an dessen Beginn in der deutschen Literatur Börne und Heine standen. Die Empörung darüber, daß nun auch der Diskurs über Literatur, Religion und Philosophie im feuilletonistischen Stil geführt wurde, setzte übrigens schon damals ein. „Aber nicht nur, daß die Literatur, besonders die Kritik und, indem die philosophische Spekulation belletrisirt wurde, auch die Spekulation eine sehr leichtfertige Gestalt annahm, daß alle Pietät erlosch, daß Witz der Baal wurde, dem man das Heiligste selbst schlachtete ...", klagt Hermann Marggraff schon 1839 in seinem Buch *Deutschland's jüngste Literatur- und Culturepoche.*[106] Wenn man den geschichtlichen Zusammenhang von „Demokratisierung" und Kommerzialisierung der Literatur nicht leugnet, kann man das zumindest als eine Ahnung dessen gelten lassen, wozu auch der populärwissenschaftliche Diskurs in einem großen Teil des Zeitungsfeuilletons verkam. Auch wenn Marggraff natürlich Heine meinte, dessen pietätloser, „belletrisierter" Abhandlung der Geschichte von Literatur, Religion und Philosophie in den großen Essays der dreißiger Jahre seine eigenen Schriften nichtsdestoweniger ihre wesentlichen Gedanken verdanken – eben diese „Belletrisierung" der Kritik, die Absage an den esoterischen deutschen Gelehrtenstil ermöglichte es damals überhaupt erst, daß der literaturgeschichtliche Diskurs selbst Bedeutung für die Organisation bürgerlicher Öffentlichkeit erlangen konnte. So sah es wohl auch Alexander Jung, als er dasselbe Phänomen, das Marggraff im Auge hatte, mit den Worten umschrieb, „daß die m o d e r n e Kritik (darin von jeder früheren sich unterscheidend) ein p r o d u c i r e n d e s , ein p o e t i s c h e s Moment hat, und d a m i t e b e n in's S o c i a l e übergeht, eine N a t i o n a l literatur vermittelt"[107].

Was hier zur Debatte steht, war jedenfalls der Stil einer Kritik, die – sagen wir es der Deutlichkeit halber mit den einfachen Worten Jungs – von poetisch produzierenden Schriftstellern geübt wurde. An und für sich auch kein neues Phänomen. Weiß man doch: Wer in der Geschichte der Kritik (diesen Ausdruck im Sinne des englischen literary criticism gefaßt, was die Reflexion über die Theorie und die Geschichte der Literatur einschließt) vom Jungen Deutschland zurückrechnet, findet, daß die Kritik bis dahin vor allem das Geschäft der poetisch produzierenden Schriftsteller selber gewesen ist. Das „Neue“ an der jungdeutschen Kritik, das Marggraff und Jung in gegensätzlicher Bewertung bezeichnet hatten, bestand also doch wohl vor allem darin, daß sie den wissenschaftlichen Diskurs in einem Maße mit künstlerischen Mitteln der romantischen Erzählprosa subjektivierte, daß er sich selbst von der Kritik der Romantiker, wie überhaupt natürlich von der bisherigen rezensierenden Schriftstellerkritik, deutlich abhob: Ein Autor, der einen wissenschaftlichen Diskurs führen will, versucht den theoretischen Gedanken unmittelbar am geschichtlichen Ereignis festzumachen. Bestimmte historische Fakten gehen nicht mehr nur in der Form der Tatsachenmitteilung in den Text ein, sondern werden als Ereignisse geschildert. Sie erhalten damit die Bedeutung selbständiger Kompositionselemente des Textes. Indem aber d e n n o c h ein w i s s e n s c h a f t l i c h e r Diskurs geführt wird, gewinnt dieser die Anschaulichkeit und Zugänglichkeit der Erzählung. Sofern man das als Beschreibung der „Wirkungsstrategie“ von Heines *Romantischer Schule* und *Zur Geschichte der Religion und Philosophie in Deutschland* akzeptiert, kann man in diesen Schriften, die schon von den Zeitgenossen als Muster der jungdeutschen Kritik angesehen wurden, eine neue Variante des modernen Essays erblicken – Beispiele einer Essayistik, die nicht mehr auf den Meinungsaustausch der eingeweihten Schriftsteller und Gelehrten ausgeht, sondern die Fragen der Literatur, Religion und Philosophie zum Gegenstand einer öffentlichen Diskussion machen will, also „in's Sociale“ übergeht.

Die positivistische Literaturgeschichtsschreibung hat solche Diskurse als unwissenschaftlich oder vorwissenschaftlich ausgeschieden. Weder wollte sie noch konnte sie sie als eine mögliche Alternative zu ihrem eigenen Wissenschaftsstil anerkennen. In ihrem historischen Selbstverständnis hatte der Schriftsteller-Essay, der das literarische Erbe ausdrücklich unter einem Interessenstandpunkt der Gegenwart behandelte, Literaturgeschichte quasi als Literaturkritik im Sinne der Kritik zeitgenössischer Erzeugnisse schrieb (was ja – denkt man an Heine – nicht heißen mußte, daß er die geschichtliche Differenz ignorierte), keinen Platz. Heute wissen wir, daß eine Wissenschaftsgeschichte, wenn sie nicht nur als Geschichte einer akademischen Institution, sondern als Geschichte des literaturtheoretischen Denkens geschrieben wird, seit dem Positivismus es zunehmend mit diesem alternativen Diskurs zu tun hat, der in unserem Jahrhundert auch nicht mehr nur von „poetisch produzierenden" Schriftstellern, sondern auch von Theoretikern wie Benjamin, Kracauer oder Bloch geführt wurde, die mit der zeitgenössischen Literaturbewegung verbunden waren. Auf die jungdeutsche Kritik weist dieser alternative Diskurs auch insofern zurück, als er der „nationalwissenschaftlichen" Funktion, unter der die institutionalisierte Literaturgeschichtsschreibung stand, ein sozial-emanzipatives Funktionsverständnis der Kritik entgegensetzte, wie es den Heineschen Essays zu eigen war.

Geht man also von dem Verfahren der Positivisten ab, die jungdeutsche Kritik nur dem „Vorfeld" wissenschaftlich ernstzunehmender kritischer Beschäftigung mit dem literarischen Erbe zuzuordnen, nimmt man sie vielmehr als eine Form der Literaturgeschichtsschreibung, der ein eigenes Kapitel in der Wissenschaftsgeschichte gebührt, dann steht man vor einem umfangreichen Material. Denn die Literaturgeschichte, insbesondere die deutsche, war eines der Hauptsujets der jungdeutschen Schriften überhaupt. Das ist nicht erstaunlich, wenn man bedenkt, daß die Literaturgeschichte in Deutschland traditionell einer der Gegenstände war, an denen die aktuellen gesellschaftlichen Fragen, vor allem die nationale Frage, diskutiert wurden, daß sie die Zeitenwende-Vorstellungen der jungdeutschen Schriftsteller mit der durch Goethes Tod markierten großen Generationsablösung augenfällig zu bestätigen schien und daß diese Schriftsteller schließlich, angetreten mit dem Anspruch, der neuen Zeit mit einer neuen Literatur den Weg zu bereiten, sich damit auch selbst dem Zwang unterworfen hatten, die Alterität der Literatur der „Kunstperiode" nachzuweisen.

Nimmt man dieses umfangreiche Material unter dem von mir angebotenen Gesichtspunkt in Augenschein, wird sich allerdings bald zeigen, daß die Heineschen Essays, an denen ich die These: hier sei eine Alternative zum Diskurs der akademischen Literaturgeschichtsschreibung entwickelt worden, festgemacht habe, für die meisten jungdeutschen Schriftsteller nur ein „wirkungsstrategisches" Vorbild waren. Und auch das nur bis zum Bundestagsbeschluß, nach dem die meisten ihre Loyalität anscheinend auch dadurch zum Ausdruck bringen wollten, daß sie nicht nur die „Frivolität" von Heines Umgang mit der Geschichte in der Sache kritisierten, sondern auch von dem Heineschen Diskursstil abrückten. Die Literaturgeschichten, die Mundt nach dem Bundestagsbeschluß geschrieben hat, lesen sich auch in stilistischer Hinsicht wie Selbstrehabilitierungsversuche. Sie führen einfach den Diskurs der „räsonierenden Literaturgeschichte" (wie Hohendahl das genannt hat)[108], den sowohl Menzel als auch Gervinus geführt haben und dem jedenfalls nicht schon an seinem Stil ein subversiver Charakter abgelesen werden konnte.

Dennoch verdienen m. E. auch die nachgelieferten Literaturgeschichten der jungdeutschen Schriftsteller eine historische Würdigung. Die Gutzkow, Mundt, Marggraff, Jung waren die ersten, die die Literaturgeschichte ihrer Zeit geschrieben haben, die die literarische Produktion ihrer Zeitgenossen im literaturgeschichtlichen Zusammenhang darzustellen versuchten. Mindestens für Mundts *Geschichte der Literatur der Gegenwart* von 1842, in die der Text seiner *Beiträge zur Geschichte der neuesten Literatur* von 1836 in seiner Substanz fast unverändert eingegangen ist, mit einigen Abstrichen aber auch für Marggraffs *Deutschland's jüngste Literatur- und Culturepoche* und für Jungs *Vorlesungen über die moderne Literatur der Deutschen* möchte ich in Anspruch nehmen, daß sie ein Bild der deutschen Literatur der zwanziger und dreißiger Jahre des 19. Jahrhunderts entwerfen, das den in jüngerer Zeit angebotenen Literaturgeschichtsbildern in seinen Grundzügen erstaunlich nahekommt. Freilich: Der größte Teil von Laubes vier Bänden ist eingestandenermaßen bloße Kompilation. Auch das, was Mundt über die neuere ausländische Literatur zu berichten weiß, ist aus zweiter oder dritter Hand – oft noch nicht einmal richtig abgeschrieben. Marggraffs antisemitische Exkurse kann ich nicht einfach überschlagen. Und bei allen stößt man auf viele Einzelurteile, die heute ziemlich übereinstimmend schlicht als inadäquat bezeichnet werden mögen. Dennoch war es wohl nicht nur die Suggestionskraft des zuerst gemachten Bildes, der spätere Autoren sich nicht mehr völlig entziehen konnten, die bewirkt hat, daß wir in deren Literaturgeschichten so viele Übereinstimmungen mit den Jungdeutschen finden. Schließlich ist ja nicht immer nur abgeschrieben, sondern auch eine immense Forschungsarbeit geleistet worden. Sollten die Jungdeutschen nicht vielmehr eben deswegen, weil sie selbst am literarischen Leben teilhatten, insgesamt ein sichereres Urteil über die Literatur ihrer Zeit gehabt haben als so viele spätere Literaturgeschichtsschreiber über die der ihrigen? Unter diesem Gesichtspunkt ist die jungdeutsche Kritik – soweit ich sehe –

allerdings bisher kaum bewertet worden. Man hat lediglich die allgemeine Distanzierung von Heine protokolliert, für die dessen Börne-Buch den letzten willkommenen Anlaß bot – den unverfänglichsten zudem, weil man sich moralisch entrüsten konnte. Davon abgesehen, interessiert an der jungdeutschen Kritik jedoch bis heute vor allem die Auseinandersetzung mit dem Erbe der „Kunstperiode". Diese Auseinandersetzung ist von den Quellen her relativ gut aufgearbeitet. Die einschlägigen Arbeiten von Dietze, Hermand, Koopmann, Sengle, Stein, Steinecke, Windfuhr, Wülfing u. a. bieten ausführliche, durch reichhaltiges Belegmaterial gestützte Standpunktbeschreibungen, die meist in der Sache nicht so weit voneinander differieren wie die unterschiedliche Bewertung vortäuscht.[109] Mit Belegen, die das von der Forschung vermittelte Bild grundsätzlich verändern, kann ich nicht aufwarten.

Die radikale Goethe-Ablehnung, in der sich Börne und Menzel einig waren, fand keine Zustimmung. Man übernahm zwar die gängigen Vorwürfe des Aristokratismus und Indifferentismus, die ja auch Heine gegen Goethe erhob, ging auch daran, den künstlerischen Rang von Goethes Werk historisch zu relativieren, indem man es an Shakespeare maß. Doch das war schon das Äußerste, denn daß es sich bei Goethe um einen Dichter handelte, für den der Vergleichsmaßstab von Shakespeare genommen werden mußte, wurde von den Jungdeutschen nicht in Frage gestellt. Eine Geschichte der deutschen Literatur ohne Goethe, wie sie Menzel sich wünschte, war ihnen allen unvorstellbar. Selbst die Zäsur, die Heine mit seiner These vom „Ende der Kunstperiode" mit Goethes Tod gesetzt hatte, wurde von ihnen – obwohl sie doch alle davon überzeugt waren, am Beginn einer neuen Zeit mit einer neuen Literatur zu stehen – in anderem Zusammenhang wieder relativiert. Das Datum der Französischen Revolution von 1789 rückte sie in ihrer Reflektion auf die Literaturgeschichte auch wieder mit der deutschen Romantik näher zusammen. „Auch den Begriff der Literatur", hat Mundt später geschrieben, „wie wir ihn in unsern Darstellungen vorzugsweise hervortreten lassen wollen, und wie er einzig die Mühe belohnt, die man sich mit Literaturgeschichte als einer besonderen Wissenschaft geben mag, haben wir aus jenen Umwälzungen des europäischen Geisteslebens überkommen, welche aus der französischen Revolution entstanden waren. Dies ist der Begriff der Literatur als einer zusammenhängenden, nationalen Wissenschaft, welche die literarische Cultur ... als einen concreten Bestandtheil der wahren Wirklichkeit des Volksgeistes zur Einheit des Ganzen rechnet." Kurz darauf heißt es: „In Deutschland hatten die Bestrebungen der sogenannten romantischen Schule zuerst ein Bewußtsein über diese volksthümliche Wendung der Literatur an den Tag gelegt ..."[110] Dieses Zitat, das für frühere Äußerungen anderer jungdeutscher Schriftsteller stehen soll, weil es sich direkt auf die Auffassung der Literaturgeschichte bezieht, enthält nicht nur ein Urteil über die deutsche Romantik, sondern verrät auch bereits in seiner Diktion, in welchem Maß jungdeutsche Kritik in Deutschland dem romantischen Denken verhaftet blieb. Das betrifft auch die Literaturtheorie – man denke nur an Mundts frühe Kritik von *Wilhelm Meisters Wanderjahren* aus den *Kritischen Wäldern*, die Goethe vorwirft, daß er den Roman mit seinen „ökonomischen, technischen und landwirthschaftlichen, haushälterischen und handwerkszünftigen Darstellungen ... zu tief und rettungslos in die Prosa hinabgestürzt"[111] habe, die also theoretisch für den Roman einen Poesiebegriff retten will, den aufzulösen die eigene feuilletonistische Praxis der Jungdeutschen eben unternahm. So stößt man zwar überall auf Ablehnung der retrograden und weltflüchtigen Tendenzen der deutschen Romantik, kann den Stellungnahmen aber vielfach auch ablesen, daß die Nähe zu ihr gespürt wurde. In Mundts undifferenzierter Wertschätzung der romantischen „Volkstümlichkeit" begannen sich die von Heine 1835 gezogenen Grenzen allerdings bereits zu verwischen.

Wie unterschiedlich die Urteile im einzelnen aber auch ausfielen, sie liefen alle auf die Beurteilung des Verhältnisses der Literatur zu den aktuellen Fragen ihrer Zeit hinaus, sie bezogen sich auf die Haltung, die die Schriftsteller in den Kämpfen ihrer Zeit eingenommen hatten. Die gesamte jungdeutsche Auseinandersetzung mit dem Erbe der „Kunstperiode" wurde von einem Funktionsverständnis der Literatur aus geführt, von dem aus die Weimarer Klassik ebenso wie die deutsche Romantik als eine Selbstbeschränkung der Literaturfunktion erschien, die das 18. Jahrhundert bereits mit der Aufklärung gesetzt hatte. Daher der generelle Traditionsbezug des Jungen Deutschland auf die Aufklärung, in der man die Prinzipien vorgebildet sah, die die moderne Literatur verwirklichen wollte. Wenn das der gemeinsame Nenner wäre, auf den sich die neueren Forschungen über das Traditionsverhältnis des Jungen Deutschland bringen lassen, beträfen Widersprüche allenfalls die Nuancen. Wäre die

Sache selber aber soweit abgeklärt, bliebe eigentlich nur noch die Frage, warum die jungdeutsche Klassik-Kritik so anhaltend die Gemüter der Literaturhistoriker erregt hat und warum sie vor allem in jüngerer Zeit dennoch so kontrovers diskutiert wurde. Die Antwort fällt nicht schwer: Die jungdeutsche Auseinandersetzung mit dem Erbe der „Kunstperiode" wurde als Eröffnungsveranstaltung einer Debatte über den Sinn und die Funktion von Literatur angesehen, die bis heute nicht abgeschlossen ist: Auf das Junge Deutschland kam man immer wieder zurück, wenn das Verhältnis von Literatur und Politik zur Diskussion stand.

Varianten der Goethe-Ablehnung – die burschenschaftliche romantisch-nationalistische Menzels und die nationalliberale der „Grenzboten" Julian Schmidt und Gustav Freytag – hielten sich bis in die ersten Jahre nach der Reichsgründung im Ideologien-Angebot des deutschen Bürgertums. (Eine dritte Variante – die konfessionell-antiaufklärerische – kann in diesem Zusammenhang unbeachtet bleiben.) Die „Grenzboten" hatten einen großen Teil ihrer Argumente vom Jungen Deutschland übernommen. Nach 1871 wurden beide Varianten bekanntlich verworfen. Statt dessen setzte sich – gerade vom liberalen Lager aus – ein Goethe-Bild durch, mit dem die deutsche Klassik in die zur Identitätsfindung benötigten Traditionen des neuen Reiches eingereiht und kultisch erhöht werden konnte. Der Klassik-Kult wurde neben dem Preußen-Kult quasi zu einer Form „sekundärer Religiosität", in der die nun nicht mehr angefochtene Autorität Schillers und Goethes auch für die Autorität des neuen Reiches stand. Dieses autoritäre Klassik-Bild, das damals durchgesetzt wurde, hat den Untergang des Kaiserreichs überlebt und sich auch zur ideologischen Stützung anderer Autoritäten als geeignet erwiesen. Daher ist es nicht verwunderlich, daß in der politisch-oppositionellen Literaturkritik seit den Tagen der alten Sozialdemokratie auch der Kampf gegen das herrschende Klassik-Bild immer wieder neu aufgeflammt ist und daß man sich in diesem Zusammenhang auch der Klassik-Kritik des Jungen Deutschland erinnerte.

Das Junge Deutschland kam aber natürlich bereits zum Vorschein, wo eine linke Kritik sich allgemein ihrer Traditionen versichern wollte. Seine politischen und ästhetischen Anschauungen wurden erwogen. Das Ergebnis wurde, was die vom Bundestagsbeschluß betroffenen Autoren mit Ausnahme Heines (oder auch ohne Ausnahme) anlangt, meist als enttäuschend befunden, als enttäuschend moderat. Man ging daher über den Liberalismus eines Gutzkow, Laube usw. in der Regel ebenso hinweg wie die politische Bewegung des Vormärz selbst über ihn hinweggegangen war zur radikalen Demokratie und zum Kommunismus. Daß die Zeit des Jungen Deutschland spätestens mit dem Erscheinen der *Hallischen Jahrbücher* und der *Deutschen Jahrbücher* – dem Auftritt der Junghegelianer – und der demokratischen Vormärzlyrik vorüber war, ist aber nicht nur von marxistischen Kritikern behauptet worden. Die politische Haltung der Jungdeutschen konnte von der deutschen Linken letzten Endes nur am Rande ihrer Vorgeschichte eingeordnet werden, und so blieb eben ihre Kritik an der „Kunstperiode", auf die bei der Demontage des autoritären Klassikbildes der bürgerlichen Literaturgeschichtsschreibung, schließlich jedweden stilisierten Klassikbildes, zurückgegriffen werden konnte. Die marxistische Literaturgeschichtsschreibung der fünfziger und sechziger Jahre hatte auch solche Rückgriffe nicht mehr machen wollen.

Die Diskussion über Literatur und Politik, in die sich das Junge Deutschland mit seiner Kritik an der „Kunstperiode" eingelassen hatte, war jedoch mit seinem politischen Ende keineswegs zugunsten der politischen Vormärzlyriker entschieden. Das Junge Deutschland hat die Literatur mit dem „Leben" verbinden wollen, hat die Vorstellung von einer Literatur gehabt, die die Zeitfragen aufgreift und auf die Gestaltung der Zeitverhältnisse einwirkt. Für die Jungdeutschen war keine Frage, daß die neue Literatur – wie immer sie aussehen würde – das als Kunst tun sollte. Nicht zuletzt daraus erklärt sich, warum ihre Kritik der „Kunstperiode" ebenfalls so moderat ausfiel, warum selbst Gutzkow und Wienbarg, die sich mehr an Börne als an Heine orientierten, Börnes und Menzels radikaler Goethe-Ablehnung nicht folgten.

Heine, der deren Mäßigung in der Goethe-Kritik eben auf die konzeptionelle Übereinstimmung mit seiner eigenen Literaturauffassung zurückgeführt hatte, trat gegen die Reduzierung der Möglichkeiten der Literatur auf die politische Agitation, wie er sie Anfang der vierziger Jahre in der „Tendenzpoesie" aufkommen sah, bekanntlich mit einem Plädoyer für die Autonomie der Kunst auf, in dem er sich sogar ausdrücklich wieder auf Goethe berief. Das „Zwecklos ist mein Lied. Ja, zwecklos ..."[112], mit dem er damals die deutschen Demokraten vor den Kopf stieß, wollte er als Plädoyer für die Anerkennung der Kunst als eines eigenständigen Lebenswerts verstanden wissen. Die Polemik wurde jetzt in entgegengesetzter Richtung geführt, und die Akzente hatten sich erheblich verschoben. Aber seine Literaturkonzeption hat Heine darum nicht auswechseln müssen. Schon die Konzeption, mit der er in der jungdeutschen Klassik-Kritik die meisten Stimmen auf seine Seite gebracht hatte, war die Konzeption einer Literatur, die sich als Kunst in das gesellschaftliche Leben einbrachte. Die Vertreter des Jungen Deutschland hatte er gefeiert, weil sie zugleich Künstler, Tribune und Apostel sein wollten.[113] Gegenüber den politischen Lyrikern der vierziger Jahre, die er nur noch als Tribune ansah – zudem mit einer sehr beschränkten Auffassung der großen Freiheitsinteressen, deren Vertretung er nach wie vor für sich in Anspruch nahm –,[114] berief er sich auf die emanzipative Wirkung, die er nun in der Freiheit der Kunst selbst erblickte. Die Antizipation der saint-simonistischen Sozialutopie (in der Heines Literaturkonzeption wurzelt) durch die Kunst sollte nicht in deren Instrumentalisierung für den politischen Tageskampf untergehen. Das Autonomiepostulat war Heines Konsequenz in der Gegenrichtung. Gutzkow, Laube und die anderen nahmen jetzt auch im Vergleich zu Heine eine gemäßigtere Haltung ein. Aber sie spielten in den Literaturdebatten der vierziger Jahre nur noch untergeordnete Rollen.

Kanonbildung im Diskurs der akademischen Literaturgeschichtsschreibung. Gervinus. Hettner. Scherer. R. M. Meyer

Wenn wir der Wertbildungsfunktion der Literaturgeschichtsschreibung so große Bedeutung zumessen, dann ist es angebracht, den Wertbildungsprozeß genauer zu untersuchen. Ein möglicher Ansatzpunkt könnte die Geschichte der Kanonbildung sein. Man hätte der Frage nachzugehen, wie das Corpus alter Literatur, über dessen Bedeutung für die jeweilige Gegenwart es einen Konsens gab, zu den verschiedenen Zeiten ausgesehen hat. Man käme der Sache sicher schon sehr nahe, wenn man die Literaturgeschichten danach befragte, welche Ordnung etwa im Sinne Petersens sie herstellen, d. h., welche Werke bzw. Autoren sie in den Vordergrund treten lassen. Wenn ein Literaturgeschichtsschreiber sich umständlich mit einem Werk bzw. einem Autor befaßt, um ihm seinen Wert abzusprechen, dann handelt es sich in der Regel um Fälle, wo der Schreiber gegen einen sich bildenden Konsens ankämpft. An solchen Fällen wird zumeist auch augenfällig, was man dabei allerdings immer berücksichtigen muß: Daß die Literaturgeschichtsschreibung zwar an der Kanonbildung wesentlichen Anteil hat, daß diese jedoch nicht allein ihr Werk ist. Es handelt sich um das Resultat eines kollektiven Wertungsprozesses, an dem die zeitgenössischen Schriftsteller mit ihrer Traditionswahl, die Verleger und Theaterregisseure mit ihren Erbeangeboten und eine bestimmte Leserschicht beteiligt sind, in den gesellschaftliche Gruppeninteressen hineinwirken und auf den zunächst die Kirche, seit dem 19. Jahrhundert zunehmend der Staat über die Lehrprogramme der Schule, über allgemeine Vorschriften und Machtmittel (wie Index und Zensur), in neuerer Zeit auch mit einer eigenen Kulturpolitik Einfluß zu nehmen versuchen. Die professionellen „Erbe"-Pfleger waren durchaus nicht immer diejenigen, die die Modernisierung, Anreicherung oder gar einen Umbau des Kanons initiierten, sie haben das Resultat dann aber jedenfalls durch ihre Literaturgeschichten sanktioniert.

Wenn man für das, was hier zur Debatte steht, den Begriff des Kanons verwendet, dann folgt man dem Sprachgebrauch der neueren Literaturwissenschaft. Die Bezeichnung ist aber nicht glücklich gewählt, weil von einem Kanon im Sinn der Kirchensprache oder der antiken Philologie allenfalls in bezug auf den Literaturunterricht in der Schule die Rede sein kann. Hier handelt es sich nicht um eine offiziell festgeschriebene Nomenklatur, sondern um den – bis zu einem bestimmten Grade – variablen Bestand an Literaturwerken, deren Kenntnis in einer bestimmten Gesellschaft als Kriterium literarischer „Bildung" angesehen wird. Das sind natürlich vor allem die Werke, die in den gebildeten Schichten der betreffenden Gesellschaft als die wichtigsten, wertvollsten Positionen der Erbschaft der Vergangenheit gelten. Allerdings ist der Bildungs-„Kanon" in der Regel umfänglicher als das, was man folgerichtig als „Erbe-Kanon" bezeichnen müßte. So setzte man im 19. Jahrhundert bei einem literarisch Gebildeten z. B. allgemein voraus, daß er Heines Preußen-Satiren kannte; keine allgemeine Voraussetzung war, daß er sie schätzte.

Will man Entstehung und geschichtliche Veränderungen dieses „Erbe-Kanons" beschreiben, so wäre zu berücksichtigen, daß die Wertungen, aus denen er resultiert, ihrerseits in der Regel infolge von Interpretationen zustande kommen. In der Literaturgeschichtsschreibung gibt es zwar viele Beispiele dafür, daß unterschiedliche, ja gegensätzliche Interpretationen letztlich zu einer annähernd gleich hohen Wertschätzung geführt haben. (In neuerer Zeit etwa eine existentialistische oder eine marxistische Büchner-Interpretation.) Dennoch entspricht dem Konsens in der Wertung, der die Kanonbildung ermöglicht, über weite Strecken auch ein gewisser Konsens in der Interpretation der kanonisierten Werke, werden mit den übernommenen Wertungen vielfach auch bestimmte Interpretationsmuster festgeschrieben. Umwertungen sind nicht notwendig an Neuinterpretationen gebunden, sie können auch auf Veränderungen in der Hierarchie der Lebenswerte zurückgehen, sind aber doch häufig mit ihnen verknüpft. Eine genauere Beschreibung der Geschichte der Kanonbildung hätte also auch die jeweils gültigen Interpretationsmuster einzubeziehen. Schließlich sollte man sich auch darüber im klaren sein, daß man sich bei diesem Unternehmen nur im Ungefähren bewegt. Denn der Ort der Literaturgeschichtsschreibung im ideologischen Spektrum der deutschen Bourgeoisie ist ja nicht punktuell zu bestimmen. Die Wertungen eines Gervinus, eines Menzel, Vilmar oder Mundt reflektieren allemal das Bewußtsein repräsentativer Gruppen des deutschen Bildungsbürgertums, aber nicht alle das derselben Gruppe. An den unterschiedlichen Wertungen der Zeitgenossen wird erkennbar, daß es einen vollständigen Konsens über einen solchen Kanon nie gab, sondern daß dieser stets gruppen- und schichtungsspezifisch aufgefächert war. Dabei handelt es sich hier nicht um die abweichenden Prädilektionen im tatsächlichem Leseverhalten – sagen wir – preußischer Junker und ihrer Dienstmädchen. Wir können schon davon ausgehen, daß der Kanon im wesentlichen ein Produkt der bürgerlichen Bildungsschichten ist und daß er in seinem Grundbestand auch von Gruppen und Schichten anerkannt wurde, die eine andere Lektüre vorzogen oder überhaupt nicht lasen. Die politisch-ideologische, allgemein weltanschauliche oder religiöse, ja auch die regionale Auffächerung der bürgerlichen Bildungsschichten schlägt sich jedoch in den divergierenden Interpretationen und differierenden Wertungen der Literaturhistoriker nieder.

Wie werten nun die Literaturhistoriker konkret, welche Veränderungen des Kanons lassen sich ihren Wertungen ablesen? Ich kann hier wiederum nur versuchen, einige Stationen zu beschreiben. Resultat der Kanonbildung aus der Literatur der griechisch-römischen Antike waren die „Klassiker". Und wenn man auch daran festhält, daß der neuzeitliche Wertbildungsprozeß einen anderen Charakter hat, so ist doch nicht zu übersehen, daß in diesem Prozeß die Auszeichnung bestimmter Autoren als Klassiker der modernen Nationalsprachen und die Konstituierung eines je eigenen „Goldenen Zeitalters" ihrer Literaturen ein regelmäßiger Vorgang waren: Das „Sieglo de Oro" der spanischen, der „Classicisme" der französischen, das „Augustan Age" der englischen Literatur. Die ausgezeichneten Autoren wurden später mitunter ausgewechselt, die ausgezeichneten Perioden mitunter anders lokalisiert – so z. B. in der englischen Literaturgeschichte (Wertverlagerung in Richtung auf Shakespeare und die Literatur der Elisabethanischen Ära). Auch in Deutschland gab es bereits im 18. Jahrhundert Versuche, eine deutsche Klassik auszumachen – anhand von Autoren, mit deren Namen wir diesen Begriff heute kaum noch verbinden. Hinrich C. Seeba[115] erinnert an Leonhard Meisters 1777 anonym erschienene *Beyträge zur Geschichte der deutschen Sprache und National-Litteratur,* worin es schon heißt: „Ein solches goldenes Zeitalter fing an gegen der zwoten Helfte des achtzehnten Jahrhunderts für uns zu tagen."[116]

Die Entstehungsgeschichte der Vorstellungen von einer deutschen Klassik wurde am gründlichsten bisher von Eva D. Becker aufgearbeitet.[117] Becker verweist u. a. auf Karl Heinrich Ludwig Poelitz' 1804 erschienenes *Practisches Handbuch zur statarischen und kursorischen Lectüre der teutschen Klassiker,* das den „Reichthum unseres Volkes an wahren Classikern" durch die Aufzählung von hundert deutschen Dichtern demonstrieren will, die fast alle dem 18. Jahrhundert angehören. In Sauers und Neuhofers Auswahl der Texte für ihre *Vorlesung über deutsche Klassiker für Gebildete und zum Gebrauche in höheren Lehranstalten* von 1810 sind Arbeiten von Klopstock, Goethe, Voß, Schiller, Thümmel, Salis, Matthisson und August Wilhelm Schlegel enthalten.[118] Obwohl diese Auswahl den Begriff deutscher Klassiker – ebenso wie Poelitz' Handbuch – noch ohne engere historische Eingrenzung einfach im Sinne des Mustergültigen verwendet, bildet sich doch gleichzeitig die Vorstellung, daß die deutsche Literatur in der jüngsten Zeit den Höhepunkt ihrer bisherigen Entwicklung erreicht habe.

Diesen Höhepunkt sahen manche noch am Ende des 18. Jahrhunderts in Lessing verkörpert. Erduin Julius Koch meinte noch 1795 sogar, daß die deutsche Literatur seit Lessings Tod wieder

„eine Neigung zum Sinken genommen" habe.[119] Von anderen Autoren – Becker verweist auf Johann Friedrich Ludwig Wachler, Franz Horn, Theodor Heinsius und Friedrich Bouterwek – wird bereits um 1800 Goethe enthusiastisch gepriesen. Becker nennt Heinsius als den ersten, der die zweite Hälfte des 18. Jahrhunderts in seinem Literatur-Lehrbuch *Teut* (1811) als das „Zeitalter klassischer Litteratur" bezeichnet.[120] Die Zeit von Lessing bis Goethe wird dann von Heinrich Laube unter den Begriff der „Klassik" gestellt. Laube überschreibt das 21. Kapitel seiner Literaturgeschichte *Übergang zur Klassik*. Das Werk ist insgesamt nach den Entwicklungsstufen der deutschen Sprache gegliedert. Die fünf Hauptabschnitte sind: *I. Das Gothische, II. Das Althochdeutsche, III. Das Mittelhochdeutsche, IV. Das Neuhochdeutsche, V. Das Klassisch-Deutsche.*[121] Joseph Hillebrand betitelt 1845 das vierte Buch seiner *Deutschen Nationalliteratur: Die nationalliterarische Klassik*[122]. Klaus L. Berghahn, der sich auf Becker bezieht, meint aber, daß es Gervinus gewesen sei, „der den Deutschen die Weimarer Klassik bescherte"[123]. Gervinus hebt im XIII. Kapitel seiner *Geschichte der poetischen National-Litteratur der Deutschen*, das die Überschrift *Schiller und Göthe* trägt, die Schaffenszeit dieser beiden Autoren zwischen 1788 bzw. 1792 und 1805 jedenfalls deutlich aus dem Fluß der Literaturgeschichte heraus, wenngleich in dem Kapitel auch noch Georg Forster und die Entwicklung des „Schauspiels" von Eckhoff bis Kotzebue behandelt werden.[124]

Becker hat zwar nachgewiesen, daß die Ausbildung der Konzeption einer deutschen Klassik ein Prozeß war, der schon vor Gervinus begonnen hatte und der über ihn hinausging. Sie zeigt, wie ein großer Teil von Poelitz' hundert „Klassikern" aus dem Jahr 1804 schon seit den zwanziger Jahren des 19. Jahrhunderts in den literaturhistorischen Darstellungen und Anthologien zurückgedrängt oder durch andere Namen ersetzt wurde und wie die Gestalten Klopstocks, Lessings, Wielands, Herders, Goethes und Schillers immer deutlicher in den Vordergrund traten. Dabei ist die Aufwertung Herders im Verhältnis zu Wieland und Schillers im Verhältnis zu Goethe besonders signifikant. Auf die überragende Rolle Goethes hatte sich die Mehrzahl der Literaturhistoriker schon in den dreißiger Jahren des 19. Jahrhunderts geeinigt. Daß Schiller ihm an die Seite gestellt und beide zusammen noch einmal von den übrigen „Klassikern" abgehoben wurden, war jedoch beim Erscheinen von

Gervinus' Literaturgeschichte noch keineswegs selbstverständlich. Becker vertritt die Auffassung, daß erst mit den Schiller-Feiern 1859 Schillers Platz neben Goethe – oder sogar vor Goethe – im deutschen Bürgertum durchgesetzt war. So läßt Berghahns These, daß Gervinus, indem er „das problematische 'und' zwischen Goethe und Schiller eingefügt ... die Klassik zu einer Weimarer Klassik verengt"[125] hat, sich wohl insofern aufrechterhalten, als der Erfolg von Gervinus' Literaturgeschichte sicher dazu beigetragen hat, daß eine Klassik-Konzeption mit Goethe und Schiller als Mittelpunktfiguren, denen – in unterschiedlicher Gruppierung – Klopstock, Lessing, Wieland und Herder zugeordnet wurden, zur Geltung kam. Für die Durchsetzung dieser Klassik-Konzeption mag auch der Traditionsbruch von Bedeutung gewesen sein, der mit der Generationsablösung um 1830 eintrat und der gemeinhin mit den Daten der französischen Julirevolution und von Goethes Tod bezeichnet wird.

Über die zeitliche Erstreckung der deutschen Klassik und damit auch über die Frage, welche Autoren Goethe und Schiller zuzuordnen seien, entbrannte der Streit im 20. Jahrhundert von neuem. In dem Maße, wie versucht wurde, im Begriff deutscher Klassik das Exemplarische geistesgeschichtlich oder stiltypologisch festzumachen, wurden die zugeordneten Autoren wieder abgesetzt, kamen andere Namen ins Spiel (Hölderlin, Kleist) oder engte sich der Begriff wieder ein, blieben – bei Cysarz schließlich – nur noch Goethe und Schiller übrig, denen allenfalls noch ein Wilhelm von Humboldt hinzugedacht werden konnte.[126]

Die Literaturwissenschaft der DDR kennt eine Klassik-Konzeption, die bis 1848 reicht, um auch noch Heine darin Platz finden zu lassen.[127] Hans-Dietrich Dahnke, dem wir den informativsten Beitrag zur Geschichte der Klassik-Forschung in der DDR verdanken,[128] nennt allerdings Walter Dietze als den Verfechter des „weitesten" Klassik-Begriffs. Dietze hatte vorgeschlagen, „daß dieser Begriff ein ziemlich großes Ensemble belletristischer, aber auch publizistischer, literaturkritischer, literaturtheoretischer und partiell natürlich ebenso philosophischer Leistungen" umschließen sollte, „die in ihrer Gesamtheit wesentlichen Elementen des bürgerlichen Humanismus in dieser Epoche – hauptsächlich in künstlerischer Gestalt – Ausdruck verleihen. Stichwortartig also: Teile der aufklärerischen Literatur (etwa von Lessing an), auch Teile der romantischen Literatur (zumal aus ihrer frühen Phase, aber zum geringeren Teil auch aus ihrer späteren Entwicklung), die sogenannte Weimarer Klassik mitsamt ihren klassizistischen Tendenzen, die bürgerlich-demokratische Literatur der Zeit vom Typ Seume und die jakobinische vom Typ Forster; schließlich eine Literatur mit zwar deutlich divergierenden, aber das klassische Konzept weder sprengenden noch negierenden Tendenzen (es genügt, in diesem Zusammenhang die Namen Herder oder Hölderlin, Jean Paul oder Fichte zu nennen)."[129] In dem Bemühen um geschichtliche Differenzierung, wie es ja auch bei Dietze sichtbar wird, sind andere Literaturhistoriker in der DDR jedoch ebenfalls wieder auf die beiden Mittelpunktfiguren zurückgegangen. Man arbeitet zwar mit einer Periodenbezeichnung „deutsche Klassik", setzt aber in der Beschreibung der Literatur dieser Periode die „Romantik", die „Spätaufklärung" sowie eine jakobinische Literaturströmung von der Partei Goethes und Schillers deutlich ab. Wenn man, dem Klassik-Begriff der deutschen Literaturgeschichtsschreibung nachgehend, also auch immer wieder versucht ist, zu sagen, daß der Kanon in seinem Kern flüssig geblieben sei, so trifft das doch auf die beiden Mittelpunktfiguren nicht zu: diese standen spätestens seit den sechziger Jahren des 19. Jahrhunderts fest.

Gab es dazu nicht dennoch eine geschichtliche Alternative? Die Frage ist öfter gestellt worden, seitdem man den Konstitutionsprozeß der Klassik-„Legende" genauer untersucht. Etwa eine deutsche Klassik mit Lessing im Zentrum? Warum blieben diejenigen, die wie Börne, Menzel, Julian Schmidt entweder eine andere Klassik haben wollten oder gar keine, in diesem Konstitutionsprozeß in der Minderheit? Wer hierfür eine Erklärung zu haben glaubt, der müßte auch erklären können, warum die Rezeptionsgeschichte insgesamt so und nicht anders verlaufen ist. Kaum etwas von dem, was die kritische Germanistik der BRD bei ihrer Demontage des autoritären Klassik-Bildes der alten Schule dazu vorgebracht hat, ist einfach von der Hand zu weisen: sei es die klassizistische „Verschwörung" Goethes und Schillers um 1800, die olympische Selbstinszenierung des alten Goethe, die Abwertung der Aufklärung im 19. Jahrhundert oder die Inanspruchnahme Schillers für die nationalen Ziele des deutschen Bürgertums. Aber alles zusammengenommen reicht nicht aus, die Frage nach der Wirkungspotenz der Rezeptionsvorgaben, die mit dem höchsten Wert besetzt wurden und die diese Wertschätzung behielten, gegenstandslos zu machen. Solange der Verdacht nicht ausgeräumt werden kann, daß ein in den Vorgaben angelegtes Sinnpotential den Wertbildungsprozeß beeinflußt, ist dieser nicht zu erklären, ohne daß dieses Sinnpotential herausgearbeitet wird. Und da das nur auf dem Wege der Interpretation geschehen kann, müßte der Literaturhistoriker, der die Rezeptionsgeschichte der Literatur erklären wollte, Werkinterpretationen zu Hilfe nehmen. Ich lasse mich auf die Spekulation über mögliche Alternativen zum stattgehabten Wertbildungsprozeß nicht näher ein, sondern halte es für reeller, die wirklichen Veränderungen des Klassik-Bildes zu untersuchen.

Zunächst ist aber nur festzuhalten, daß die Konzeption einer deutschen Klassik mit Goethe und Schiller als Mittelpunktfiguren sich durchsetzte, und zwar im Rahmen eines Geschichtsmodells, dessen grundlegende Ausarbeitung mit dem Namen Georg Gottfried Gervinus verbunden ist. Diesem Modell lag die Auffassung zugrunde, daß die Geschichte der deutschen Literatur in den Werken dieser beiden Dichter nicht nur auf ihren Höhepunkt, sondern zugleich zu einem gewissen Abschluß gekommen sei, insofern als die führende Rolle, die Literatur, Philosophie und Kunst im Leben der deutschen Nation bisher innegehabt haben, nun auf die Politik übergegangen sei. Ausgehend von dieser Vorstellung von einer Epochenschwelle, vom Übergang von einer „Kunstperiode", einem „ästhetischen Zeitalter" in das Zeitalter der Politik – einer Vorstellung, die Anfang der dreißiger Jahre weitverbreitet war –, ließ sich die gesamte Geschichte der neueren deutschen Literatur als Aufstiegsbewegung zu einem Gipfel darstellen, auf dem die nationale Repräsentanz als „Weltherrschaft im Reiche des Geistes" gefeiert werden konnte. Dieses Literaturgeschichtsmodell hatte eine eindeutig politische Funktion: Gervinus' Geschichtserzählung entläßt den Leser mit der Frage, ob denn die Nation, die „in Kunst, Religion und Wissenschaft das Größte vermocht" hat, „im Staate gar nichts vermöge".[130]

Die formale Qualität dieses Modells: daß es die Literaturgeschichte als Aufstiegsbewegung zu erzählen ermöglichte, war zweifellos der wichtigste Garant seines Erfolges. Auf ihm basieren die drei bedeutendsten deutschen Literaturgeschichten aus dem 19. Jahrhundert: Von Gervinus übernehmen es Hettner (1876), der damit die schroffe Kritik, die er in seinen frühen Schriften an Goethe und Schiller geübt hatte, korrigierte, und Scherer (1883). Die politische

Funktion von Scherers Literaturgeschichte ist zwar schon eine ganz andere, aber das Modell war brauchbar, solange der historische Optimismus der deutschen Bourgeoisie ungebrochen blieb. Die Epochenschwelle wurde nach 1848 in Deutschland zwar nicht mehr im Übergang von der Literatur zur Politik, sondern in der Eröffnung eines „realistischen" Zeitalters der Industrie, der Naturwissenschaften und der Technik gesehen, aber an der Brauchbarkeit des beschriebenen Literaturgeschichtsmodells als Beispiel für den Aufstieg zu nationaler Größe änderte das nichts. Daher enden selbst fünfzig Jahre nach Goethes Tod noch so viele Literaturgeschichten mit Goethes Tod – zum Leidwesen auch derjenigen bürgerlichen Ideologen, die wie Julian Schmidt z. B. den programmatischen Realismus eines Gustav Freytag als ein besser geeignetes Mittel ansahen, die Ziele ihrer Klasse zu befördern, als die sich etablierende Klassik-„Legende".

Zur formalen Qualität des besprochenen Modells gehörte jedoch auch, daß die Literatur der Goethe und Schiller nachfolgenden „romantischen Generationen" noch in die Darstellung einbezogen werden konnte, die Geschichtserzählung also immerhin bis unmittelbar an die Epochenschwelle heranzuführen war, ohne das Aufstiegsschema zu verlassen. Man blieb ja innerhalb der Chronologie, wenn man mit Goethes Alterswerk abschloß. Das erscheint nun aber bei Gervinus und auch noch bei Hettner insofern als ein besonderer Kunstgriff, als beide mit dem alten Goethe eigentlich gar nichts mehr anfangen konnten. Für Gervinus ist er ein selbstgefälliger, wunderlicher Greis, die Werke seines letzten Jahrzehnts haben für ihn „im Grunde nur psychologische Merkwürdigkeit als Werke eines Dichters, der sein Leben und seine Produktionskraft bis zu einem ungewöhnlichen Alter erhielt"[131]. Weder in *Wilhelm Meisters Wanderjahren* noch im zweiten Teil des *Faust* kann er mehr als nur blasse Reminiszenzen an das früher Geleistete erkennen, als eine Reduktion des „Dichtervermögens" auf Allegorie. So gibt er dem zweiten Teil des *Faust* auch keine Überlebenschancen: „Abgeschieden wie dieser zweite Theil des Faust von dem früheren ist, kann er nicht dessen Wirkungen theilen; er wird beseitigt bleiben wie Milton's wiedergewonnenes Paradies und Klopstock's erzwungene Dramen."[132] Das wichtigste Vermächtnis des alten Goethe sind für Gervinus noch die *Zahmen Xenien*. Sie erscheinen ihm allerdings „unschätzbar", weil er in der Ablehnung der „übelwuchernden" Literatur der jüngsten Zeit mit Goethe völlig übereinstimmt.[133] Hettner, der insgesamt eine ungleich differenziertere Darstellung von Goethes Alterswerk gibt, unterscheidet sich von Gervinus auch dadurch, daß er sowohl an den *Wanderjahren* als auch am zweiten Teil des *Faust* die „Erweiterung und Vertiefung" des „Ideengehalts" zu würdigen vermag: „Hier wie dort das Heraustreten aus der Innerlichkeit in das handelnde öffentliche Leben, hier wie dort das sehnende Ausschauen nach einer glückserfüllteren Wirklichkeit des staatlichen Daseins."[134] Aber Hettners nähere Ausführungen zum *Faust* lassen sogleich ähnliche ästhetische Bedenken erkennen wie die von Gervinus. Während Faust im ersten Teil der Tragödie „eine vollausgeprägte, glaubliche Persönlichkeit und doch zugleich der symbolische Träger des strebenden Menschengeistes und der allgemeinen Menschheitsidee" gewesen sei, werde im zweiten Teil „nunmehr die Menschheitsidee selbst der Held". An die Stelle der Geschichte Fausts trete „die Geschichte der Hauptrichtungen der menschheitlichen Entwicklung; an die Stelle einer Tragödie tritt eine dichterisch behandelte Philosophie der Geschichte"[135]. So erfüllt Hettner zwar das Gervinussche Schema, indem er sein Buch mit einer Goethe-Apotheose abschließt, in der es heißt, daß in diesem Dichter sich erfüllt und vollendet habe, „was der innerste Kern und die treibende Kraft der großen Aufklärungskämpfe des achtzehnten Jahrhunderts gewesen war", und daß es „noch gar vieler und noch gar gewaltiger geschichtlicher Wandlungen und Entwicklungen" bedürfen werde, „bevor wir in Bildung und Sitte, in Staat und Gesellschaft dieses hohe Menschheitsideal erreicht und verwirklicht haben".[136] Doch in der dieser Schluß-Apotheose vorausgehenden künstlerischen Beurteilung von *Faust II* assoziiert Hettner ebenso wie Gervinus Altersschwäche, wiederholt er, wenn er von dem „fast unerträglich Matte[n] und Gestaltlose[n]", in das die Dichtung sich verliere, oder von der Verflüchtigung zu „schwankenden, schattenhaften Allegorien"[137] spricht, fast wörtlich die Gervinusschen Formulierungen. Der vierte Akt – „eine matte Wiederholung des ersten". Und nun der fünfte: „Auch er ist dichterisch unbedeutend."[138]

Diese Abwertung von Goethes Spätwerk, jedenfalls des zweiten Teils der *Faust*-Tragödie unter dem Signum der Senilität war bis über die Mitte des 19. Jahrhunderts hinaus allgemein. Erst Scherer füllt das von Gervinus entworfene Schema voll aus, indem er den „Faust, der aus Helenas Armen zu gemeinnützigen Thaten eilt", als

„Goethes Vermächtnis an sein Volk" feiert. Wohl konzediert auch er den Vertretern der gängigen Auffassung noch, daß es im zweiten Teil des *Faust* „neben staunenswerth gelungenen doch auch schwächere Partien" gebe, „in denen die Hand des altgewordenen Meisters zu zittern scheint"[139], doch besteht er darauf, daß im großen und ganzen Goethes „unverwüstliche Darstellungskraft ... durch alles Symbolisiren und Hineingeheimnissen siegreich"[140] durchschlage. Scherer findet vieles „großartig" und „hinreißend", was seine Vorgänger als matte Allegorie beklagt hatten. Die Haltung gegenüber dem Werk hat sich geändert. Man könnte es sich leicht machen und sagen, daß das im Zuge der Kanonbildung lag, die die volle Ausfüllung des Aufstiegsschemas erheischte. Aber man täte Scherer damit wahrscheinlich unrecht. Denn erstens ließ er sich in seinem ästhetischen Urteil grundsätzlich mehr von der ideengeschichtlichen Dimension einer Dichtung leiten als Hettner. Zweitens war er der klassischen Ästhetik nicht mehr so fest verhaftet wie Gervinus, der mit der ästhetischen Beurteilung der Literatur zwar nichts zu schaffen haben wollte, aber dennoch von der prinzipiellen künstlerischen Minderwertigkeit der Allegorie überzeugt war. Scherer wertet das Allegorische, das er ebenfalls „üppigwuchernd" sieht, nicht um, aber er bezeichnet den zweiten Teil des *Faust* insgesamt als ein Werk des „typischen Realismus"[141], sagt vom Anfang des dritten Aktes, daß er auf der Höhe des „stilvollen Realismus"[142] stehe, der „typischen Methode von Goethes reifster Epoche"[143]. Von ihr werden die frühen Entwürfe aus der „naturalistischen Zeit" abgesetzt, auf die sich Scherers jüngste Zeitgenossen – die Naturalisten – beriefen. Zugleich hat Scherer, indem er Goethes Werk als die wahre Verwirklichung des bürgerlichen Realismus-Programms deklarierte, einem Begriff deutscher Klassik vorgearbeitet, der nicht mehr klassizistisch bestimmt ist. Die Verlagerung des Schwergewichts der Klassik überhaupt auf Goethes Alterswerk blieb allerdings der deutschen Geistesgeschichte vorbehalten, war ein Akt des 20. Jahrhunderts.

Die Schlußkapitel der Literaturgeschichten von Gervinus und Scherer, die ich hier betrachtet habe, tragen die Überschriften *Romantische Dichtung* bzw. *Romantik*. Lediglich in Hettners kleinteiliger Gliederung ist *Die letzte Lebensepoche Goethes* von den *Anfängen der Romantiker* auch äußerlich sichtbar abgehoben. Gervinus erklärt sein Verfahren damit, daß nicht nur Goethes Leben sich „noch durch den ganzen Zeitraum der romantischen Periode unserer Dichtung" schlinge – „bis ungefähr gerade zu dem Zeitpunkte hin, wo, durch die französischen Bewegungen angeregt, neue Elemente in die schriftstellerische Welt kamen"; auch, „was Göthe in dieser Zeit noch dichtete", sei „durchaus unter den Einflüssen der romantischen Neigungen, wenn auch oft im Gegensatze zu denselben, geschrieben; ja auch wie sich die kritischen und ästhetischen Ansichten und Sympathien des großen Dichters gestalteten, ist nur durch die umgebenden Verhältnisse zu erklären".[144] Hettner und Scherer haben das so nicht gesagt, aber doch wohl ähnlich empfunden. Die Veränderungen in der Wertung von Goethes jüngeren Zeitgenossen lassen jedenfalls eine gewisse Parallelität zu dem oben skizzierten Vorgang erkennen.

Vor Gervinus' Augen hatte von dem, was die um 1770 und später Geborenen an künstlerischer Literatur hervorbrachten, kaum etwas Bestand gehabt. Ihm galten so gut wie alle als Romantiker, und der Romantik billigte er nur zu, daß sie anregend und vermittelnd gewirkt habe. Gervinus rechnet es der „neuen Schule" als außerordentliches Verdienst an, daß sie die Ideen Goethes und Schillers „in Vertrieb brachte, ja sie zu verwirklichen suchte. Wenn man in ästhetischen Dingen die von Schiller und Göthe begründeten Ansichten so geläufig im Volke, ihre allgemeinen Sätze auf besondere Fälle so oft treffend angewandt findet, so ist dies zunächst das Werk und Verdienst der Romantiker."[145] Auch ist für Gervinus unstrittig, daß die Romantiker wesentlich dazu beigetragen haben, „das Bestreben der göthischen Zeit weiter zu führen, in unser schleppendes deutsches Privatleben einigen Fluß zu bringen, die Philistereien daraus zu tilgen, durch die enge Stubenluft einigen frischen Zug zu treiben, die Gelehrten unter den freien Himmel zu rufen, die Eintönigkeit der Gesellschaft zu brechen, eine heitere Eleganz an die Stelle der Ehrensteifigkeit und des Pedantismus zu setzen"[146]. Am höchsten bewertet Gervinus aber „das, was von den Vorkämpfern der neuen Schule für Theorie und Historie der Kunst und des Geschmacks geleistet ward", und „dann, daß die Aneignung der fremden Literaturen in größerem Maßstabe, als vorher geschehen, das Werk war, womit die Romantiker am bedeutendsten auf die Nation gewirkt haben".[147] Was die „kunstwissenschaftlichen Werke" angeht, unter denen Gervinus August Wilhelm Schlegels *Vorlesungen über dramatische Kunst und Literatur* und Friedrich Schlegels *Geschichte der alten und neuen Literatur* hervorhebt, so ist er sogar bereit, das „summarische Verfahren" zu entschuldigen. Eine „eindringende erschöpfende historische Erzählung" sei damals, „bei dem Mangel des Materials, noch gar nicht zu verlangen" gewesen. Denn: „Die historische Schilderung des Kunstverlaufs war damals etwas ganz Neues."[148] Gervinus kritisiert „noch zu viel theoretisches Raisonnement, um das historische Element deutlich darin zuzulassen". Aber wesentlich für ihn ist, daß „die beiden genannten Werke ... der Entwickelung der Literatur in geschichtlichen Skizzen" folgten, „und hierauf fußten alsdann die größeren und weitläufigeren Werke von Franz Horn und Bouterwek, die die Geschichte der Poesie nach und nach zu einer Wissenschaft gestalteten, die sich neben anderen längst gepflegten Zweigen der Kulturgeschichte als ebenbürtig stellen durfte"[149].

Das Urteil, das Gervinus über die eigene poetische Produktion der „romantischen Schule" fällte, ist demgegenüber uneingeschränkt negativ. Gervinus kann in ihr kein „selbständiges Vermögen" entdekken, alles sei „Nachahmung", „formal" und „äußerlich", „erkünstelt" und von „Extremsucht" gekennzeichnet, eine „völlige Entfernung von dem Wirklichen und dem Leben"[150] – um nur die gewichtigsten ästhetischen Einwände zu nennen. Diese spielen jedoch in der Auseinandersetzung, die Gervinus mit den Romantikern führt, nur eine sekundäre Rolle. Der Hauptgrund für seine Ablehnung ist unverkennbar die romantische „Apostasie", der Abfall von Reformation und Aufklärung, die er ebenso wie Hegel und Heine auf eine Linie stellt. Wo diese „Apostasie" – wie im Falle Friedrich Schlegels oder Zacharias Werners – auch noch durch die förmliche Konversion zum Katholizismus besiegelt wurde, findet Gervinus den für ihn geeigneten Anlaß, sie als einen Prozeß des geistigen Niedergangs sarkastisch auszumalen. Umgekehrt ist Gervinus durchaus bereit, zumindest partielle Anerkennung Schriftstellern wie Zschokke, Seume oder Heinrich von Kleist zu zollen, bei denen er die „gewaltigen Auswüchse", das „Ungeheuere, das Phantastische, das Ausschweifende"[151] ihrer Phantasie ebensowenig übersieht wie bei Novalis oder E. T. A. Hoffmann, wo er aber entweder aufklärerische Traditionen fortgeführt findet oder zumindest auf eine seinem pauschalen Passivitäts- und Quietismus-Vorwurf gegen die „romantische Schule" widersprechende Haltung stößt. Bemerkenswert ist in diesem Zusammenhang vor allem sein erstaunliches Urteil über Kleist, der „unter allen den dramatischen Talenten, die in diesem Jahrhundert bei uns auftauchten, ... bei weitem die größte Berechtigung [hat], den Dichternamen in Anspruch zu nehmen", und der „ganz im Gegensatz zu jenen

Passiven, die an jedem Gegenstande nach einem anderen Modelle das Kostum wechseln, allen Objekten wie Shakespeare ihr Recht thut und sie doch unter das Gepräge seiner eigenthümlichen Natur zwingt; daß, wenn man auch hier und da Lessing oder Aristophanes heraushört, dies nicht einen Augenblick Abhängigkeit verräth, und daß er an Shakespeare erinnern darf, ohne uns ein Lächeln des Mitleids abzulocken".[152]

In Gervinus' Sicht waren Goethes und Schillers Lebensleistung wesentlich dadurch bestimmt gewesen, daß diese sich aus den „Wirren" des „Sturm und Drang" zur Klarheit des Gedankens und zur „klassischen" Form durchgearbeitet hatten. Schon ihm war die romantische Bewegung in gewisser Weise auch als ein Rückfall in einen Zustand erschienen, den die deutsche Literatur eben dank Goethes und Schillers Wirken überwunden hatte. Hettner stellt den Abschnitt *Anfänge der Romantiker* nun zusammen mit Abschnitten über die letzten Romane Klingers, über Jean Paul und Hölderlin direkt unter die Kapitelüberschrift *Nachklänge der Sturm-und-Drang-Periode.* Wie Gervinus hält Hettner den Romantikern zugute, daß sie erfüllt waren von „Begeisterung für echte Poesie und Schönheit, wie sie soeben durch das große Schaffen Goethes und Schillers ... geweckt worden, von ... Haß gegen die anspruchsvolle Plattheit und Philisterei der herrschenden Tagesgötzen"[153]. Er billigt ihnen zu, daß sie „kühne und stolze Zukunftshoffnungen" hegten, die auf nichts weniger hinausliefen als auf „eine Umgestaltung der Literatur von Grund aus".[154] Gleichwohl beurteilt er die Umgestaltung, die von ihnen tatsächlich ins Werk gesetzt wurde, als einen „Rückschritt": „Freilich im Kampf gegen die Enge der herrschenden Aufklärungsbildung und gegen die Plattheit der bloß naturalistischen Dichtung standen diese poesieberauschten Jünglinge mit Goethe und Schiller auf gemeinsamem Boden und konnten daher von diesen eine Zeitlang als erwünschte Bundesgenossen betrachtet werden. Sobald sie aber aus der Verneinung zur Bejahung fortschreiten wollten, zeigte sich, daß sie in ihrem innersten Wesen doch nur innerlich unfertige Nachzügler der Sturm-und-Drang-Periode waren, die es so wenig als ihre Aufgabe erkannten, sich aus diesen Wirren zu klarer und in sich versöhnter Bildungsharmonie herauszugestalten, daß sie vielmehr ihr ganzes Sein und Denken lediglich darauf stellten, diesen von Goethe und Schiller längst überwundenen Standpunkt wieder zu Norm und Ziel des gesamten Lebens und Dichtens zu machen, wenn auch in neuer und eigentümlicher Weise." Hettner behandelt die „romantische Schule" sodann unter philosophischem, ethischem und kunsttheoretischem Gesichtspunkt. Er kritisiert – ähnlich wie Gervinus – die „einseitige Überhebung des Phantasielebens, Sophistik der Phantasie, Phantastik"[155] ebenso wie die „Sophistik der Sittenlehre", gibt seiner moralischen Empörung über das „Eheleben der Schlegel" und über die „schamlose Emanzipiertheit der damaligen Berliner Gesellschaftskreise, namentlich der geistvollen jungen Jüdinnen"[156] Ausdruck. Und er lehnt die Art und Weise, in der diese „Schule" die „Willkür" und Gesetzlosigkeit ihrer Produktionen, die „vielberufene romantische Ironie" kunsttheoretisch zu rechtfertigen versuchte, kompromißlos ab. Dementsprechend beurteilt er auch die Folgen: Für die deutsche Dichtung sei es „ein schweres Unglück" gewesen, „daß die Formlosigkeit Jean Pauls und die Formlosigkeit der Romantiker so lange Zeit beirrend zusammenwirkten. Das dichterische Formgefühl wurde bis in seine innersten Wurzeln gefährdet. Trotz Goethe und Schiller erlosch der Sinn für geschlossene Kunstform allmählich fast ganz."[157]

Ebenso wie Gervinus würdigt Hettner die Anregungen, die die Romantiker für die Beschäftigung mit der altdeutschen Literatur, der Volksdichtung sowie der Mythologie und Literatur der romanischen Völker und des Orients gegeben, und die Leistungen, die sie auf diesen Gebieten selbst erbracht haben. Aber auch diese „unermeßlichen Verdienste" haben für ihn eine „verletzende Kehrseite".[158] Denn er sieht sie untrennbar verbunden mit der um 1799 in der romantischen Bewegung eingetretenen Wende. Daß das Interesse an diesen Gegenständen durch die Idee geweckt worden sei, der modernen Literatur wieder eine methodologische Grundlage zu geben, scheint Hettner evident. Und auch wenn er weiß, daß die Romantiker diese Mythologie zunächst ganz woanders gesucht haben als im christlichen Mittelalter, so liegt für ihn „hier vornehmlich der erste Anstoß zu jenen scharf ausgesprochenen mittelalterlichen und katholisierenden Neigungen, welche die spätere Entwicklung der romantischen Schule in so argen Verruf gebracht haben"[159]. Die Tatsache, daß die romantische Schule „mehr und mehr ... die willfährige Dienerin der religiösen und politischen Reaktion"[160] wurde, daß diese „ungebärdigen Phantasten als Verteidiger und Sendboten der festen absolutistischen Ordnung"[161] endeten, hat in Hettners Schilderung ebenfalls eine Folgerichtigkeit, die mit sichtlicher Genugtuung hergestellt ist.

Deutlicher als an der Behandlung Goethes und Schillers allein ist an dem Urteil über die romantische Schule abzulesen, wie energisch Gervinus und Hettner bis in die zweite Hälfte des 19. Jahrhunderts hinein daran arbeiten, den Wertbildungsprozeß auf die Traditionen der Aufklärung zu konzentrieren. Man gewinnt sogar den Eindruck, daß sie das um so energischer taten, je weiter dieser Prozeß fortschritt. Die Veränderungen in der Einstellung zu Goethe und Schiller, die Hettners Literaturgeschichte gegenüber seinen Frühschriften aufweist, liegen durchaus auf dieser Linie. Hettner hatte den Weimarer Klassizismus ursprünglich ebenso abgelehnt wie die Romantik. In beiden Richtungen hatte er nur verschiedene Spielarten eines wirklichkeitsfernen, volksfremden Idealismus gesehen – der einzige Unterschied: daß Goethe und Schiller aus *ihrer* Wirklichkeit, die Romantiker aus der Wirklichkeit überhaupt geflüchtet wären.[162] Demgegenüber bietet die Literaturgeschichte nun Goethes und Schillers klassische Werke als ein Erbe an, in dem die „großen Aufklärungskämpfe" sich „erfüllen" und „vollenden". Die klassische Form in ihrer „Objektivität", ihrem „Maß", ihrer „Geschlossenheit" erscheint als die dem Standpunkt der Vernunft, der künstlerischen Gestaltung des Humanitätsideals eigentlich angemessene, als die Form, in der die Traditionen der Aufklärung aufgehoben sind. Umgekehrt wird die „Formlosigkeit" der romantischen Schule zum Indiz für deren Irrationalismus.

Diese Verbindung war für Hettner nicht problemlos, weil sie auch demokratische Traditionen der deutschen Literaturgeschichte tangierte, die im gesellschaftlichen Bewußtsein lebendig zu halten ihm ebenso wie Gervinus bis zuletzt eines der wichtigsten Anliegen war. Man braucht nur die umfassenden Würdigungen Georg Forsters zu lesen, die beide Literaturgeschichten enthalten, um das zu sehen. Für den jungen Hettner war er überhaupt der einzige gewesen, der als „Mann der Tat" über den „beiden Einseitigkeiten" der deutschen Literatur seiner Zeit, dem „Naturalismus" der dem bestehenden Herrschaftssystem angepaßten Trivialschriftsteller und dem Idealismus der Weimarer, gestanden hatte.[163] Gervinus verteidigte Forsters Engagement für die Französische Revolution entschieden, und er hat an diesen Partien seiner Literaturgeschichte auch bis zuletzt nichts geändert. Bei Hettner wird daraus zwar später eine tragische Verstrickung, eine „Schuld"[164], die er aber immer noch nicht ohne eigene „Erschütterung" schildern kann. Er widmet auch in der Literaturgeschichte der Persönlichkeit und dem Werk Georg Forsters noch ein umfangreiches eigenes Kapitel, das sich jedoch dem gewandelten Goethe-und-Schiller-Bild ohne große Mühe zuordnen läßt: Man vermerkt – wie schon Gervinus – die abschätzigen Äußerungen der Weimarer über Forster mit Bedauern. Im Falle Jean Pauls sieht sich Hettner allerdings schon in die Lage versetzt, das „Schwärmerische" und die „Formlosigkeit" seiner Produktionen tadeln zu müssen, während er doch seinen Demokratismus groß herausstellen möchte. Ihm kommt der Umstand zu Hilfe, daß Jean Pauls Ruhm Mitte des 19. Jahrhunderts ohnehin schon weit abgesunken war. So kann er zwar einerseits versichern, „wie verderblich Jean Paul durch diese Auflösung aller Kunstform gewirkt hat" und daß man „noch in Heine und in den Schriftstellern des Jungen Deutschland" diesen „üblen Einfluß" finde,[165] andererseits aber die breite Zitation seiner politischen Schriften ganz im Sinne von Gervinus damit rechtfertigen, der völligen Geringschätzung dieses Autors entgegentreten zu wollen. An Hölderlin freilich vermag weder Gervinus noch Hettner etwas von diesem Demokratismus zu erkennen. Gervinus sieht nur den „idealischen Hang dieser Seele", zählt ihn unter „die ganz passiven Naturen" und läßt es mit Schillers ablehnendem Urteil bewenden.[166] Hettner notiert zwar: „Glühendes Freiheitsgefühl, klarer und kühner Pantheismus, die höchsten Menschheitsideale"[167] und billigt Hölderlin, während Gervinus auch das nicht wahrhaben wollte, wenigstens als Lyriker bedeutende künstlerische Qualitäten zu. Dennoch charakterisiert auch er ihn als eine „überreizte, phantastische . . . Natur", der jede Tatkraft fehle und die sich nur in „elegische[r] Trauer über den unwiederbringlichen Verlust der schönen Griechenwelt" ergehe, „die einst das schöne geschichtliche Dasein dieser vollendeten freien und reinen Menschlichkeit gewesen" sei.[168]

Wenn man gesehen hat, mit welcher Bestimmtheit Gervinus und Hettner noch das Erbe der romantischen Schule und alles dessen, was sie ihr zu- oder gleichordneten, ausschlugen, dann muß der Abstand Scherers von seinen Vorgängern als beträchtlich erscheinen. Denn er hat auch die Romantiker bereits voll in seine Erfolgsbilanz der deutschen Literaturgeschichte integriert. Nicht nur daß er den allgemeinen Aufschwung des geistigen Lebens in Deutschland seit den neunziger Jahren des 18. Jahrhunderts wesentlich von der romantischen Bewegung getragen sieht, er rühmt auch die künstlerischen Leistungen der einzelnen Schriftsteller, weiß über jeden von ihnen etwas Positives und über viele fast nur Positives zu sagen. Ihre Leistungen werden unmittelbar an die Goethes angeschlossen, so etwa wenn Scherer auf dem Gebiet der Lyrik einen „Reichthum der Individualitäten und der Stile, der Stoffe und der Formen, eine Tiefe und Macht der Wirkungen" usw. anpreist, „hinter welcher die Leistungen des Minnesanges weit zurückstehen und womit sich keine Epoche in der Geschichte der Poesie irgend eines anderen Volkes entfernt vergleichen läßt: die Lyrik Goethes und seiner Nachfolger ist die höchste Stufe, welche die Lyrik überhaupt bis jetzt erstiegen hat.[169] Dabei werden die Leistungen der Brüder Schlegel und Ludwig Tiecks auf diesem Gebiet auch von Scherer nicht sehr hoch eingeschätzt; er würdigt diese Autoren vor allem als große Anreger und Übersetzer, und er hebt insbesondere August Wilhelm Schlegels Shakespeare-Übersetzung als eine literaturgeschichtliche Tat ersten Ranges hervor. Hölderlin sieht auch Scherer nur als frommen Pantheisten und „Schwärmer für die alte griechische Welt"[170] – die ihm gewidmeten Passagen sind der Sache nach eigentlich substanzlos, aber sie enthalten die Versicherung, daß Hölderlin sich als ein „eigener hoher Genius" entfaltet habe. Ähnlich verhält es sich im Falle von Novalis: Scherers Aussagen über diesen Dichter sind verschwommen, nur fehlt jede kritische Note und seine *Hymnen an die Nacht* erhalten das Attribut „wunderbar"[171]. Anerkennende Worte findet Scherer für Uhland, Kerner, Platen, Eichendorff, Chamisso, Wilhelm Müller und manchen anderen, aber auch für Heine. Scherer verzichtet in diesem Fall zwar nicht auf die übliche Entrüstung über die „schmutzigen" Polemiken der *Reisebilder*, er kann auch in Heines Zeitkritik nichts anderes als „politisches Geschwätz leerster Art" erkennen, und er vermerkt den „Contrast gegen den ruhigen reinen Blick, mit dem Goethe durch Italien zog".[172] Die darauffolgenden Sätze lauten aber: „Und doch wird man die Namen Goethe und Heine immer neben einander aussprechen müssen, wenn es sich um deutsche Lyrik handelt. Heine gehört zu unseren stärksten Liederdichtern; und unter denen, die nach dem Meister kommen, nimmt er als eigenthümliche Kraft, als der Poet mit der lachenden Thräne im Wappen, als ein Dichter, in welchem sich die Elegie mit der scherzhaften Satire vermählt und dessen Wirkung auf ganz Europa noch jetzt nicht abgeschlossen ist, vielleicht den ersten Rang ein."[173]

In der epischen und der dramatischen Dichtung von Goethes späten Zeitgenossen findet Scherer zwar keine so glänzende Entfaltung wie in der Lyrik. In beiden Gattungen seien „verhältnismäßig wenige große Kunstwerke entstanden". Aber es seien doch „charakteristische und bedeutende Erscheinungen vorhanden" gewesen: „auf dem Gebiete des Romans Jean Paul, auf dem Gebiete des Dramas Heinrich von Kleist und Grillparzer".[174] Scherers Urteil über Kleist ist von größter Hochachtung bestimmt. Selbst wo er gegen Kleists Verfahren offensichtliche Bedenken hat, begnügt er sich mit der kommentarlosen Wiedergabe des Sachverhalts. Vorab preist er den *Prinzen von Homburg*: „Seit den Grenadierliedern und seit der ‚Minna von Barnhelm' hatte das Preußenthum in der deutschen Poesie keine solche Verherrlichung erfahren."[175] Aber: „Der Dichter leistete auf allen Gebieten Ausgezeichnetes. In seiner Sprache wohnt ein eigenthümlicher Zauber ... Er war eine männliche Natur wie Lessing und Schiller, aber viel schroffer ... Er biegt die Charaktere nicht um, sondern führt sie zu ihren äußersten Consequenzen und hält dann auch das Schreckliche, ja das Entsetzliche für erlaubt ... Wie Schiller in der 'Jungfrau von Orleans' ... stellt er eine weibliche Kriegsheldin in der Penthesilea und den Somnambulismus des Heldenthums im 'Prinzen von Homburg' dar. Dennoch steht er auf einem andern Boden als Schiller: er ist ein Realist und Vertreter der charakteristischen Kunst auf der Höhe unserer classischen Dichtung, mit allen Erfahrungen derselben ausgerüstet und doch in bewußtem Gegensatze zu ihr ... Er reicht näher an Shakespeare als irgend ein anderer moderner Dramatiker."[176] Mit Jean Paul verfährt Scherer weniger respektvoll. Er konstatiert zwar, daß dieser Autor „der Geschichte unserer Prosa und unseres Stiles im allgemeinen seinen Namen mit tiefen Zügen eingegraben"[177] habe, und er behandelt ihn dementsprechend auch relativ ausführlich. Er klagt ihn auch nicht an, aber er hat doch in jedem zweiten Satz irgend etwas zu bedauern. Daß Jean Paul zu den „konsequenten Anhängern der französischen Revolution" gehörte, vermerkt Scherer – im Unterschied zu Hettner – auch nur noch ohne Kommentar.

Insgesamt ergibt Scherers Literaturgeschichte ein von Gervinus' und Hettners Kompendien signifikant verschiedenes Bild: Das Erbe der deutschen Romantik ist angenommen worden. Jüngere Zeitgenossen der Weimarer Klassiker – von Jean Paul über Hölderlin und Kleist bis hin zu Heine – sind akzeptiert. Breiten Raum erhalten die literarischen Agitatoren des antinapoleonischen Kampfes – die Arndt, Jahn, Körner usw. –, die von Gervinus und Hettner nur beiläufig erwähnt wurden. Bei Scherer erscheint die „patriotische Dichtung“ der Jahre 1806 bis 1815 als eine besondere, gewichtige Position des zu verwaltenden Literaturerbes. Dagegen ist die Existenz einer jakobinischen deutschen Literatur seiner Legende nicht mehr zu entnehmen. Georg Forster, dem Hettner noch ein ganzes Kapitel seiner Literaturgeschichte gewidmet hatte, kommt nur noch in der Übersicht über den wissenschaftlichen Ertrag der Zeit in Betracht: Auf weniger als einer Seite wird seine vielfältige literarische Tätigkeit durchaus anerkennungsvoll zusammengefaßt. Über Forsters politische Haltung erfahren wir nur in einem Nebensatz, daß er „sich der französischen Revolution anschloß und in Paris elend zu Grunde ging“[178]. Insgesamt ist der Umfang dessen, was Scherer in den Kanon der deutschen Literatur hineingebracht hat, aber doch beträchtlich, selbst wenn der Name Börne nur zweimal im Zusammenhang mit der Entwicklung der „Journalistik“ genannt wird und der „thörichte Grabbe“[179] ebenfalls nur zweimal bei der Behandlung des Geschichtsdramas vorkommt. Man kann sagen, daß sich mit Scherer die Wertung des nicht-klassischen Erbes erheblich verändert hat, eine grundsätzlich neue Sicht auf die Romantik jedoch noch nicht gewonnen wurde. Das blieb der deutschen Geistesgeschichte vorbehalten.

Seine nächste große Erweiterung erfuhr der Kanon der Literaturwissenschaft durch die Aufnahme von Schriftstellern des späteren 19. Jahrhunderts, woran insbesondere die Scherer-Schüler großen Anteil haben. Versuche, die Literaturgeschichte über Goethes Tod hinaus – und bis nahe an die Gegenwart – heranzuführen, sind bereits von den jungdeutschen Schriftstellern gemacht worden. Der Zeitraum bis 1848 wurde schon in den fünfziger Jahren von Literaturhistorikern wie Theodor Mundt, Julian Schmidt oder Rudolf von Gottschall aufgearbeitet, und bald nach der Reichsgründung erschienen auch die ersten Arbeiten, die die deutsche Literatur der beiden folgenden Jahrzehnte mitzuerfassen versuchten. Während noch für Scherer das Datum von Goethes Tod den magischen Punkt setzte, an dem eine Literaturgeschichte zu enden hatte, gab es also seit den dreißiger Jahren doch auch schon den Typ der Literaturgeschichte „von den Anfängen bis auf die Gegenwart“ und seit den fünfziger Jahren auch selbständige Darstellungen der deutschen Literatur des 19. Jahrhunderts. Aus der Sicht der Jahrhundertwende war dann aber die gesamte von 1848 bis zum Aufkommen des Naturalismus reichende Literaturgeschichtsperiode zu bilanzieren. In den meisten Arbeiten der Zeit um 1900 fällt diese Bilanz so positiv aus, daß sich das Schwergewicht der Literatur nach Goethe überhaupt auf diese Periode verlagert, sie jetzt als ein zweiter Höhepunkt der neueren deutschen Literaturgeschichte erscheint.

Das Bild, das um 1900 von der deutschen Literatur des 19. Jahrhunderts entstand, kann man der Literaturgeschichte des Scherer-Schülers Richard Moritz Meyer ablesen. Sie erschien in erster Auflage Ende 1899 als Band III eines von Paul Schlenther, einem anderen Scherer-Schüler, initiierten Großunternehmens *Das neunzehnte Jahrhundert in Deutschlands Entwicklung*. Schlenther hatte für die Mitarbeit an dieser Epochenbilanz einen Kreis namhafter Wissenschaftler gewonnen, so u. a. den Mathematiker und Geographen Sigmund Günther, den Kunsthistoriker Cornelius Gurlitt (*Die deutsche Kunst des neunzehnten Jahrhunderts*, 1900), den Historiker Georg Kaufmann (*Politische Geschichte Deutschlands im neunzehnten Jahrhundert*, 1900), den Ingenieur Franz Reuleaux, den Nationalökonomen Werner Sombart (*Die deutsche Volkswirtschaft im neunzehnten Jahrhundert*, 1903) und den Philosophen Theobald Ziegler (*Die geistigen und sozialen Strömungen des neunzehnten Jahrhunderts*, 1899). Meyer bietet mit seinem mehr als 900 Seiten umfassenden Werk pünktlich zur Jahrhundertwende die erste bis unmittelbar an dieses Datum heranreichende Gesamtdarstellung der deutschen Literatur des 19. Jahrhunderts. Er erfüllt die dem Werk gesetzte Bilanzierungsaufgabe, obwohl sein Hauptinteresse – wie schon die Proportionen der Darstellung erkennen lassen – bei den literarischen Gegenwartsprozessen liegt, in die er sich kritisch einmischt. Seine Bilanz ist die eines Nationalliberalen, der die wachsende ökonomische und politische Macht des Wilhelminischen Reiches mit patriotischem Stolz begrüßt und dieses imperialistische Deutschland zugleich als „Vormacht" der Kultur und des humanistischen Geistes sehen möchte. Mit solchen Illusionen stand Meyer damals nicht allein. Dennoch verblüfft, wie er die Reichseinigung geradezu als ein Werk des deutschen Idealismus deklariert, um die Bewahrung von dessen Werten anzumahnen. Während viele Zeitgenossen vom geistigen Klima der Gründerzeit abgestoßen waren, erscheint ihm das Jahrzehnt von 1870 bis 1880 als „das glorreichste, das am meisten schöpferische, das inhaltsvollste, das Deutschland in diesem Jahrhundert erlebt . . . Kein Staat hat sich so ruhmvoll in die Weltgeschichte eingeführt wie der unserige". Aus der Rede Wilhelm I. anläßlich seiner Proklamation zum deutschen Kaiser hört Meyer ein Echo aus jenen Tagen heraus, „in denen Humanität und Völkerfrieden noch als ein Ideal galten, das man nicht einfach als 'sentimentale Phase' verspotten durfte"[180]. Heute zucke man „im Vollgefühl der Realpolitik" die Achseln, obwohl doch „ohne die Idealisten, ohne die begeisterten Führer vor allem der damaligen nationalliberalen Partei" das „Schwert nie geschmiedet worden [wäre], das jetzt jeder Verächter des Feuers glaubt schwingen zu können".[181] Das Bekenntnis zu „Humanität und Völkerfrieden" ist überdies noch gepaart mit einer schier unglaublichen Nachsicht selbst gegenüber den grobschlächtigsten nationalistischen und antisemitischen Attacken. Während Scherer die Angriffe auf den Liberalismus noch scharf gekontert hatte, spielt Meyer, der selbst jüdischer Abstammung war, den Antisemitismus z. B. eines Heinrich von Treitschke gewissermaßen herunter. Es ist nicht zu übersehen: Meyer will sein liberales Erbeangebot dem bürgerlichen Publikum seiner Zeit dadurch annehmbar machen, daß er den schon gebildeten Wertungen Rechnung trägt und eben auch einem Treitschke das Prestige einräumt, das dieser in weiten Kreisen damals besaß.

Wie sah nun Meyers Angebot aus? Wie hierarchisierte er die Geschichte der deutschen Literatur nach Goethes Tod? Die Antwort auf die zweite Frage kann man fast schon den seinem Buch beigegebenen Illustrationen ablesen: Vorab ein Porträt Gottfried Kellers. Sodann an entsprechender Stelle Abbildungen Annette von Droste-Hülshoffs, Heinrich Heines, Fritz Reuters, Friedrich Hebbels, Theodor Fontanes, Paul Heyses und Gerhart Hauptmanns. In die zweite Auflage ist dann auch noch ein Porträt Gustav Freytags eingeschoben. Der Text setzt freilich noch andere Schwerpunkte: Grillparzer, Storm, Nietzsche. Als Mittelpunktfigur der deutschen Literatur des 19. Jahrhunderts erscheint bei Meyer jedenfalls eindeutig Keller – „seit Goethe . . . in unserer Literatur der größte Schöpfergeist"[182], „als Epiker" von „klassische[r] Bedeutung"[183]. Meyer war nicht der erste, der Keller diesen Rang zusprach; er hat jedoch die erste Literaturgeschichte des 19. Jahrhunderts geschrieben, in der Keller die zentrale Stellung einnimmt. Aufschlußreich ist in diesem Zusammenhang der Vergleich mit den Literaturgeschichten Rudolf von Gottschalls und Julian Schmidts. Beide Autoren – zur selben Generation gehörend wie Keller oder Storm – hatten in den fünfziger Jahren mit der Aufarbeitung der deutschen Literaturgeschichte des 19. Jahrhunderts begonnen, und sie haben diese Arbeit bis an ihr Lebensende (Julian

Schmidt starb 1886, Gottschall 1909) fortgesetzt. Schließlich führte Schmidt[184] seine Darstellung bis zum Jahr 1866, während Gottschall[185] in der 7. Auflage seiner *Deutschen Nationallitteratur des 19. Jahrhunderts* – sie war 1902 abgeschlossen – sogar noch 1899er Titel erwähnt. Beide Autoren hielten unerschütterlich an ihren in den fünfziger Jahren gebildeten unterschiedlichen Konzeptionen fest: Gottschall mit Gutzkow, Schmidt mit Freytag als Zentralgestalt der deutschen Literatur nach 1830. Schmidt überschreibt die letzten beiden Abschnitte seiner Darstellung mit *Die Ritter vom Geist (1848 bis 1856)* und *Soll und Haben (1856–1866).*[186] Sie enthalten ein Loblied auf Freytag und Spielhagen und eine vernichtende Gutzkow-Kritik. Schmidt geht auch auf Stifter, Keller, Auerbach, Herman Grimm, Otto Ludwig und Fritz Reuter ausführlicher ein. Doch sie erscheinen als Nebenfiguren, und überdies sind die über Stifters und Kellers Schaffen gefällten Urteile nicht sehr günstig. Gottschall sieht auch in der siebenten Auflage seines Werks die Literaturgeschichte der zweiten Jahrhunderthälfte noch von dem Gegensatz zwischen Gutzkow und Freytag bestimmt, wobei er Gutzkow als den bedeutendsten deutschen Romancier dieses Zeitraums darstellt und sich mit dessen Widerpart Freytag auseinandersetzt, um nachzuweisen, daß diesem die ihm von Schmidt zugeschriebene Bedeutung nicht zukomme. Demgegenüber finden wir bei Gottschall über Keller noch in der fünften Auflage von 1881 nur ein paar Zeilen in dem Abschnitt *Der Volksroman*, wo im Anschluß an Auerbach und Gotthelf auch noch einige andere Autoren erwähnt werden. Keller ist dort zwischen Adolf Zeisig und Pfarrer Örtel einsortiert.[187] Die „Siebente, verbesserte und bis zum Jahre 1900 fortgeführte Auflage" von 1902 räumt Keller dann zwar ungefähr drei Seiten ein und konzediert, daß „unter den Dichtern der deutschen Schweiz ... der mannhafte, eigenartige Keller jedenfalls den ersten Rang" einnehme. Ebenso stehe „er unter den deutschen Novellisten mit an erster Stelle; doch ihn zu den großen Dichtern und ersten Größen der Nation rechnen zu wollen, ist eine Überschätzung, eine Marotte der neuesten Litteraturgeschichte; die Monographien mit ihren aufdringlichen Kanonisierungen ... haben den Litteraturgeschichten Scherer'scher Provenienz hierin vorgearbeitet".[188]

Meyers Entscheidung für Keller lag in der Konsequenz seiner Konzeption des allgemeinen Verlaufs der deutschen Literaturgeschichte. Es ist die Konzeption der Ablösung des „müden Pessimismus" und „platten Naturalismus" des Nachmärz durch den „neu erwachenden Idealismus", als dessen Resultat Meyer das Bismarck-Reich hinstellt. Meyer erklärt „die Elemente des neuen Idealismus" an der Denkart seines Lehrers Scherer – in ihr findet er sie „am deutlichsten bei einander: die endlich wiedererwachte Freude am Vaterlande, das stolze Gefühl einer neuen einheitlichen Weltanschauung, die Lust an erfolgreicher Arbeit und vor allem an gedeihlichem Einwirken auf jugendliche Gemüter, und endlich die Verehrung für die großen, dauernden Leuchten der Menschheit".[189] An Keller rühmt er nun eben auch eine bestimmte Art von „Positivität", die in der Rückbindung an das klassische Humanitätsideal gegründet ist und die sich in der Überzeugung ausdrückt, daß die bürgerliche Gesellschaft nach diesem Ideal gestaltet werden könne. Daraus erklärt Meyer Kellers – schweizerischen – Patriotismus, seinen literarischen Zugriff auf das Gesellschaftsleben in Gegenwart und Geschichte und seine – wie er meint – letztlich „pädagogische Auffassung der Poesie"[190]. Kellers Bekenntnis zum klassischen Erbe ist für Meyer unverkennbar auch ein Grund dafür, daß er ihm den Vorrang vor Gustav Freytag gibt. Und doch stellt er ihn mit Freytag, Fontane, Louise von François und Wilhelm Jordan zu der Gruppe der „politisch-historischen" Dichter zusammen,[191] der an anderer Stelle auch noch Conrad Ferdinand Meyer[192] zugerechnet wird. Meyer charakterisiert diese Gruppe folgendermaßen: „Lehrhaft, bewußt lehrhaft sind sie alle; entschiedene Anhänger der modernen Weltanschauung und ihrer liberalen Ausprägung sind sie alle – auch Fontane, trotz seinen konservativen Anfängen; ... 'Politische Historiker' sind sie alle miteinander, leidenschaftlich vertieft in das große Buch der Weltgeschichte und in ihm Prophezeiungen auf die Gegenwart und nächste Zukunft suchend, wie die Frommen in der Bibel. So bilden sie eine ganz bestimmte Gruppe für sich. Und an all diesen bedeutsamen Erscheinungen hat die wiedererweckte, tagfreudig gewordene Geschichtsforschung deshalb ihr Verdienst."[193]

Sein optimistisches Keller-Bild läßt Meyer sich auch durch den *Martin Salander* nicht verdunkeln. Was in diesem letzten Hauptwerk Kellers dagegen spricht, erklärt er schlechtweg für künstlerisch mißlungen. Die Schuld gibt er dem Realismus dieses Romans, der Keller „sonst ... durchaus fernlag". Überhaupt legt Meyer Wert darauf, Keller nicht zum Realisten in dem Sinne zu stempeln, wie „Balzac und Flaubert, Turgenjew und Tolstoi, wie Fontane und Gerhart

Hauptmann es sind"[194]. Denn „für das Verständnis der litterarhistorischen Entwickelung im ganzen und für das Verständnis einer einzelnen bedeutenden Erscheinung ist es nicht gleichgültig, wohin die Haupttendenz weist". Meyer wehrt sich gegen eine „rückschauende Proselytenmacherei", die „heute jeden bedeutenden Autor für den Realismus einzufangen" drohe und „damit die Gegensätze und Fortschritte der Entwickelung" verwische. Er hält es für sinnvoller, den Realismus-Begriff, der ja für ihn noch keine ästhetische Wertkategorie darstellte, der Literatur vorzubehalten, die die marxistische Ästhetik später als „kritisch-realistisch" qualifiziert hat. Denn er meint: „Wenn Goethe und Keller und gar Grillparzer Realisten heißen sollen, so muß die neueste Entwickelung der Litteratur als völlig überflüssig, müssen Fontane und Hauptmann als ziemlich verdienstlos angesehen werden."[195] Das soll nach Meyers Vorstellung aber nicht sein. Sein Geschichtsbild ist zukunftsorientiert. Es akzeptiert auch jenseits der wertvollsten geschichtlichen Gestalt immer noch ein historisch berechtigtes Neues. Daher vollendet sich in dem „großen Vollender" Keller für Meyer eben nicht zugleich die deutsche Literaturgeschichte des 19. Jahrhunderts, sondern er richtet neben ihm die Gestalt des „große[n] Bahnbrecher[s]" Fontane auf, des ersten „konsequente[n] Realist[en] der deutschen Litteratur".[196] Meyers Literaturgeschichte ist auch die erste, die Fontane im Gesamtzusammenhang der deutschen Literatur des 19. Jahrhunderts etwa den Platz einräumt, den er noch heute besetzt. Meyer begreift, daß die deutsche Literatur erst mit Fontane dem Realismus der zeitgenössischen französischen, englischen und russischen Literatur vergleichbare Leistungen aufbringt; und „daß die Werke Fontanes die erste volle Blüte der im 'Reich' noch so jungen Großstadtkultur sind"[197]. Bedenkt man die zeitliche Nähe – Fontanes große Romane erschienen seit Anfang der achtziger Jahre, die postume Veröffentlichung des *Stechlin* erfolgte ungefähr gleichzeitig mit Meyers Literaturgeschichte, Gerhart Hauptmann eröffnete die Reihe seiner Dramen mit *Vor Sonnenaufgang* 1889 –, dann kann man demnächst anstehenden Epochenbilanzen nur wünschen, daß sie in bezug auf die jüngsten Ereignisse eine ähnliche Treffsicherheit erweisen mögen wie Meyers Werk.

Schon vom Umfang der ihnen gewidmeten Abschnitte her sind Hebbel, Keller, Fontane, Nietzsche und Gerhart Hauptmann aus der deutschen Literatur der zweiten Hälfte des 19. Jahrhunderts deutlich herausgehoben. (Meyers Verfahren entsprechend, die Literaturgeschichte nach Dezennien zu gliedern und das Gesamtwerk eines Schriftstellers jeweils in dem Jahrzehnt seines ersten Auftretens abzuhandeln, erhalten sowohl Keller und Storm als auch Fontane bei ihm ihren Platz allerdings bereits im Kapitel *1840–1850*). Im Fall Hauptmanns sprach Meyer die für die Bilanz der deutschen Literatur des 19. Jahrhunderts erstrangige Bedeutung einem Autor zu, der zur Jahrhundertwende noch nicht vierzig war und über dessen bisherige Arbeiten die Meinungen noch weit auseinandergingen. Dabei ist Meyer weit entfernt von kritikloser Begeisterung. Hauptmann sei „eine wunderbare Treue der Wiedergabe, eine seltene Kunst des seelischen Durchdringens" zu eigen. Doch Meyer vermerkt auch, daß „unsere Zeit" an seinem Werk das vermisse, „was wir Geist zu nennen pflegen". „Ihm fehlt der Blitz, der das Dunkel der Dinge durchhellt. Er stellt sie wieder her, wie sie waren; aber er läßt sie unverändert. Das liegt an ihm, nicht an den Prinzipien des Realismus." Im übrigen ist Meyer der Überzeugung, daß „wer die 'Weber' schuf mit ihrer großartigen Wahrhaftigkeit und die Figur Hanneles mit ihrer tiefen Poesie", sich noch nicht ausgegeben haben könne.[198]

Umfangreicher als selbst die Darstellung Kellers gerät Meyer allerdings der Abschnitt über Hebbel. Das aber vor allem deswegen, weil er sich zu einer prinzipiellen Auseinandersetzung mit dem „mythischen Drama" ausweitet, die nicht nur Hebbel, sondern auch dessen Antipoden Richard Wagner betrifft. Meyer läßt keine Zweifel daran, daß Hebbel ein bedeutender Dramatiker ist; er zählt *Maria Magdalene* und *Gyges und sein Ring* zu den wertvollsten Positionen des dramatischen Erbes der deutschen Literatur. Aber obwohl er auch anderen Hebbel-Stücken noch bestimmte Qualitäten zuerkennt, versucht er doch ständig nachzuweisen, in welchem Maße Hebbels deduktiv-philosophisches Herangehen an seine Stoffe, die starre Voraussetzung der Theorie der „tragischen Notwendigkeit", der sich seine Stücke fügen mußten, seiner Kunst geschadet habe. Die „Theorie vom mythischen Drama", die die neuromantischen und neoklassizistischen Schriftsteller der Jahrhundertwende „fast zum Dogma" gemacht hatten, sieht Meyer „durch Richard Wagner und durch Friedrich Hebbel gleichmäßig widerlegt". Er hält dagegen: „Die Lehre, daß der nationale Mythus für ein nationales Drama der vornehmste Stoff sei, geht aus von einer höchst voreiligen Gleichsetzung altgriechischer und moderner Verhältnisse. Man vergißt, daß zu den

Zeiten des Aischylos und Sophokles die alten Mythen und Sagen von einem großen Teil des Volkes noch als historische Wahrheit aufgefaßt wurden ... Wo ist dagegen unter den Zuhörern des 'Nibelungenrings' einer, der jemals an Wotan geglaubt hätte? Das mythische Zeitalter für das Drama unserer Tage reicht von Luthers Auftreten bis 1813, allenfalls jetzt schon bis 1848. Reformation und Bauernkrieg sind für uns, was die Stadtgründung des Theseus oder der Krieg der Sieben um Theben für die Tragiker Athens waren; Friedrich der Große ist unser Herakles, Danton und Robespierre sind unsere Atriden, Napoleon ist der Ödipus unserer Tragödie."[199] „Wählt man statt dessen für ein großes Drama unsere eigene alte Heldensage, so begiebt man sich aller Vorteile. Diese Gestalten sind uns als historisch bedingte verständlich; ihr mythischer Hintergrund bleibt dem Publikum ein Gegenstand kühler Verwunderung ... Und versucht nun gar der Dichter, wie Wagner und Hebbel und Jordan es wollten, diese mythische, aber doch ganz eng nationale und historisch umgrenzte Welt mit der modernen in innere Einheit zu bringen, so zeigt sich wieder diese Welt dafür zu bestimmt gezeichnet. Prometheus und Libussa mögen prophezeien; wenn aber Purnemanz [sic!] Schopenhauer citiert oder Kriemhild von 'Unnatur' spricht, so ist die Grenze überschritten, die den läßlichen Anachronismus von verletzender Stillosigkeit trennt."[200] Daß Meyer in seiner Literaturgeschichte Richard Wagner nicht besonders günstig plaziert, ist danach nicht verwunderlich. Er findet zwar den Schluß des *Tristan* auch sprachlich „hinreißend" und stellt die *Meistersinger* „als Ganzes in die kleine, sehr kleine Reihe echter deutscher Lustspiele von dauernder Bedeutung"[201]. Auch verkennt er nicht die Problematik, einen Künstler wie Wagner „nur nach seinen Versen zu beurteilen". Aber für die Literaturgeschichte kommen eben sie doch zuerst in Betracht, und so kann Meyer nicht umhin, festzustellen, daß Wagner „in seinen Dichtungen die Höhe der eigenen Forderungen so wenig erreicht hat, wie etwa der in mancher Hinsicht ihm vergleichbare Klopstock. Die Sprache hat er schließlich von seinem Standpunkt aus kaum weniger gewaltthätig angefaßt als die Verfasser schlechter alter Libretti."[202] Bedenkt man, daß z. B. Max Koch schon in seinem 1893 erschienenen kleinen Abriß Wagner und Bismarck zu den bedeutendsten Erscheinungen auch der deutschen Literaturgeschichte des 19. Jahrhunderts gerechnet hatte,[203] dann wird deutlich, wie weit die Bewertungen der Literaturhistoriker noch voneinander abwichen.

Das gilt auch im Hinblick auf Nietzsche, den die meisten vorher erschienenen Darstellungen der deutschen Literatur des 19. Jahrhunderts noch ganz übergehen oder – als Philosophen – nur am Rande behandeln, während umgekehrt Meyer sein philosophisches Werk bereits als eine Dichtung erstens Ranges anpreist und dementsprechend auch in annähernd derselben Ausführlichkeit erörtert wie das Œuvre Fontanes oder Hauptmanns. Auch in diesem Fall ist Meyer unter seinen Zunftgenossen einer der ersten, der Nietzsches seit Anfang der neunziger Jahre steil aufsteigender Wirkungskurve Rechnung getragen hat. Wollte man ihm das als bloßen Opportunismus auslegen, ließe sich jedoch kaum erklären, warum er gleichzeitig die noch größere Partei der Wagner-Enthuisasten brüskierte; selbst wenn er nicht vorausgesehen haben sollte, wie bald Wagner- und Nietzsche-Verehrung zusammengehen würden. Nein, Meyer interpretiert Nietzsche – über den er später ein eigenes Buch schrieb[204] – ganz aus der *Fröhlichen Wissenschaft*, und er will auch in der Lehre vom Übermenschen nichts anderes sehen als eine neue Ausformung des aufklärerischen „Ideal[s] einer Höherbildung der gesamten Menschheit“[205]. Alles an Nietzsche, was dazu nicht paßt – die Lehre von der „ewigen Wiederkunft“ natürlich, die Nietzsche eben in der *Fröhlichen Wissenschaft* zuerst verkündet und die Meyer daran hindern müßte, ihn in die Phalanx der Fortschritts-Denker einzureihen, wird als „nur Mythologie“ beiseite geschoben. Der „mystische Reiz eines großartigen, aber rein mythologischen Gedankens [verdunkelte] dem Enthusiasten der Realität die Freuden der großartigen Vorurteilslosigkeit seines bisherigen Geisteslebens“. Von dem Augenblick an, da dieser Gedanke von Nietzsche Besitz ergriff, wurde „der große Künstler und Dichter und Erzieher sich selbst zur mythologischen Person“[206]. Was Meyer über Nietzsche schreibt, liest sich wie die Selbstbeschwichtigung eines liberalen Bürgers über die Massivität des Angriffes auf die Grundlagen seiner Weltanschauung, wie ein Versuch, Nietzsches Wirkung durch den Vorschlag einer Lesart zu kanalisieren, in der sein Werk wohl ziemlich wirkungslos geblieben wäre. Dabei knüpfte Meyer an die Tatsache an, daß die junge vom Naturalismus geprägte Schriftstellergeneration, die Nietzsche in den neunziger Jahren „entdeckt“ hatte, aus dessen Werk durchaus eine „positive“ Botschaft herauslas (eine Tatsache, mit der sich ja auch Mehring auseinanderzusetzen hatte)[207]. Nur war das eben eine Botschaft, die die diffusen sozialaristokratischen und anarchistischen Zukunftshoffnungen der „Jungen" nährte, die den Liberalismus endgültig abgeschrieben hatten.

Betrachtet man Meyers Darstellung der zweiten Hälfte des 19. Jahrhunderts im Ganzen, so kann man sagen, daß eine entschiedene Höherwertung danach eigentlich nur noch in zwei Fällen stattgefunden hat: bei Raabe und bei Stifter, die Meyer noch sehr abschätzig behandelt[208] und die die Literaturgeschichtsschreibung erst im 20. Jahrhundert in ihren Kanon aufgenommen hat. Dagegen ist Heyse bekanntlich wieder ausgesondert worden, hielt man andere Autoren wie Jordan, Scheffel oder Geibel später selbst einer so eingehenden kritischen Auseinandersetzung, wie sie Meyer mit ihnen geführt hat, nicht mehr für wert. Das gilt letztlich auch für Gutzkow, gegen den Meyer noch mit dem größten Engagement auftritt. Wie schon für Julian Schmidt ist Gutzkow auch für ihn noch der negative Held, der Prototyp jener jungdeutschen Tradition, in der er auch noch einen Spielhagen stehen sieht und der er die aus dem Vormärz ins ruhmvolle Deutsche Reich hineingetragene „Zerrissenheit" und Tendenziosität, den künstlerischer Objektivität gegenübergestellten agitatorischen Gestus, die Bevorzugung des Abenteuerlichen und Absonderlichen vor dem Typischen, Unwahrscheinlichkeit der Handlungsführung, Formlosigkeit und Sprachverderb anlastet.[209]

Spätestens angesichts dieser konfrontativen Darstellung der „politisch-historischen" und realistischen Literatur der zweiten Hälfte des 19. Jahrhunderts und der Tradition des Jungen Deutschland, die den Realismus-Streit der sechziger Jahre zwischen Gutzkow und Schmidt/Freytag und die Kritik der Naturalisten an Spielhagen zur Erinnerung bringt, stellt sich natürlich auch die Frage nach Meyers Urteilen über die Vormärzliteratur, insbesondere über Heine. Hier sehen wir nun, daß Meyer, was Heine betrifft, über Scherer weit hinausgeht. Er verlangt nicht nur Respekt für den „größten Lyriker nach Goethe"[210], wobei sich seine Wertschätzung deutlich auf den *Romanzero* und die *Letzten Gedichte* verlagert, er verwirft auch den *Atta Troll* und das *Wintermärchen* nicht mehr pauschal, wenngleich das, was er positiv an Heines politischen Gedichten hervorhebt, sich wiederum überwiegend auf die ihnen zuerkannten künstlerischen Qualitäten bezieht. Vor allem aber lenkt er die Aufmerksamkeit nun auch auf den „Prosakünstler"[211]. In dieser Revision des Urteils über Heines Werke aus dem Exil war Meyer freilich Gottschalls *Deutsche Nationalliteratur des neunzehnten Jahrhunderts*[212] lange vorausgegangen.

So auch mit Grabbe und Büchner. Gottschall, der 1870 die erste Gesamtausgabe von Grabbes Werken veranstaltete,[213] schilderte diesen als einen Hebbel ebenbürtigen Dramatiker und stellte beide zusammen in den Mittelpunkt der Bestrebungen um eine Erneuerung des Dramas, wobei er allerdings noch dem *Herzog Theodor von Gothland* und den Hohenstaufen-Dramen vor Grabbes späteren Stücken den Vorzug gab. Am höchsten wertete er *Don Juan und Faust,* von dem er übrigens auch meinte, daß er „sich mit Leichtigkeit für die Bühne erobern" ließe, „was jedenfalls ersprießlicher wäre, als die nutzlosen Quälereien, den verfehlten zweiten Teil des 'Faust' (von Goethe – R. R.) theatralisch zurechtmachen".[214] Meyer sieht Grabbe viel kleiner, läßt auch nur die „realistischen Schlachtendramen" seiner letzten Periode gelten. Aber er ist für ihn eben nicht mehr nur wie für Scherer „der thörichte Grabbe". Vielmehr ist er davon überzeugt, daß Grabbe mit den „genialen Skizzen" des *Napoleon, Hannibal* und der *Hermannsschlacht* dauernde Bedeutung erlangt habe: „Von hier führt ein Weg über 'Dantons Ton' von Georg Büchner zu Gerhart Hauptmanns 'Florian Geyer' und weiterhin in die Zukunft zu dem realistischen Historiendrama einer neuen Zeit."[215] Von „genialen Revolutionsskizzen" hatte bereits Gottschall auch im Zusammenhang mit Büchners *Danton* gesprochen.[216] In der fünften Auflage von 1881 versah er den Abschnitt über dieses Stück mit folgender Fußnote: „Karl Emil Franzos hat neuerdings Georg Büchners 'sämtliche Werke und handschriftlichen Nachlaß' (1880) herausgegeben. Sie enthalten außer 'Dantons Tod' noch ein Lustspiel: 'Leonie und Leon' [sic!], ein Stück ohne inneren Zusammenhang und mit manieriertem Witz ausgestattet, und das dramatische Fragment: *'Woyzeck',* dessen Held ein Soldat, dessen Inhalt Untreue und Mord ist, das aber einzelne Szenen von ergreifender Wahrheit enthält."[217] Meyers Urteil über *Leonce und Lena* lautet auch zwanzig Jahre später noch nicht viel anders: „Wortwitz" und „gesuchte Versteckspiele".[218] Aber mit *Danton, Woyzeck* und *Lenz* ist Büchner in Meyers Augen „unser erster konsequenter Realist geworden"[219]. (Also schon Büchner, nicht erst Fontane!) Meyer zitiert die bekannte Stelle mit Lenz' ästhetischem Bekenntnis in voller Länge, „weil sie" – wie er meint – „nicht bloß das Wollen jener Zeit mit seltener Klarheit begründet, sondern auch für den Realismus unserer Tage unschätzbar ist"[220]. So ist Meyer zwar Gottschalls Versuch, Grabbe eine zentrale Stellung in der deutschen Dramatik des 19. Jahrhunderts zuzuweisen, nicht gefolgt, hat aber doch die innovatorische Bedeutung von Grabbes und Büchners Erbe festgeschrieben. Völlige Ablehnung erfährt nur noch Nestroy, an dem er nichts weiter als einen „Cynismus" bemerkt, der „einfach angeborener Gemeinheit" entsprungen sei.[221]

Meyers Literaturgeschichte, die – fortgesetzt von Hugo Bieber – 1923 in siebenter Auflage erschien, hatte – wie man an den späteren Darstellungen ersehen kann – prägenden Einfluß auf das Bild der deutschen Literatur des 19. Jahrhunderts. Dennoch läuft unser exemplarisches Verfahren Gefahr, das Mißverständnis zu erzeugen, daß Gervinus', Hettners, Scherers, Meyers Wertungen von der Masse der Literaturhistoriker jeweils sogleich akzeptiert wurden. Davon kann aber keine Rede sein. Um nur ein Beispiel zu geben: Unter den populären Literaturgeschichten, die zu Meyers Zeit auf den Markt kamen, gehörte die zweibändige *Geschichte der deutschen Literatur* von Eduard Engel zu den am weitesten verbreiteten. Sie erlangte zwischen 1906 und 1918 neunundzwanzig Auflagen. Engel geht nicht nur in der Bewertung der Romantik hinter Scherer zurück, er lehnt auch Gerhart Hauptmann ab. Und über Büchner ist bei ihm zu lesen: „Sein Hauptwerk ist das Revolutionsstück 'Dantons Tod' (1835) ... Mehr Stoff als Kunst ... Mehr noch als 'Dantons Tod' erinnert das Bruchstück eines Trauerspiels von Büchner: 'Wozzek', an Lenz ('Soldaten'). Wozzek ist der Diener eines Hauptmanns und ermordet den Tambourmajor [!], der ihm die Liebste verführt hat ... Ganz verfehlt ist ein Lustspiel: 'Leonce und Lena' ... Wahrscheinlich aber lag Georg Büchners wahre Begabung auf einem ganz andern Felde: auf dem der politischen Schriftstellerei. Sein Flugblatt 'Der hessische Landbote' (1834) darf als ältestes deutsches Erzeugnis sozialistischer Literatur gelten. Mit der dem Französischen entlehnten Überschrift 'Friede den Hütten, Krieg den Palästen!' führt es eine durch aufreizende Tatsachen in ihrer Wirkung noch gesteigerte Aufruhrsprache ... Hätte Büchner länger gelebt, er wäre zu einem der Volksführer von 1848 geworden und hätte vielleicht geendet wie Robert Blum: vor den Gewehrläufen der Soldaten eines Kriegsgerichts."[222]

Besieht man sich nun im Ganzen den Kanon, den die Literaturgeschichtsschreibung bis zur Jahrhundertwende aus der neueren deutschen Literatur gebildet hat und überblickt man die einzelnen Stufen seines Bildungsprozesses, so sind die Stellen zu bezeichnen, an denen nach dieser Zeit noch größere Wertverschiebungen stattgefunden haben. Und man kommt unweigerlich auf die Frage nach den Wertungskriterien zurück, die der Kanonisierung zugrunde lagen. Doch bevor auf diese Fragen näher eingegangen wird, sei nochmals daran erinnert: Wenn ich vom Kanon der Literaturwissenschaft spreche, so meine ich den Teil des literarischen Erbes, dem von der Mehrzahl der Literaturhistoriker Werte zugesprochen werden, die ihm Bedeutung für die Gegenwart verleihen. Es handelt sich eigentlich um das Erbeangebot der Literaturgeschichtsschreibung, und dieses war selbstverständlich nicht nur zu allen Zeiten viel umfangreicher als das Pensum an deutscher Literatur, das z. B. die allgemeinbildenden Schulen als unverzichtbares Bildungsgut verordneten, – es stimmte auch in seiner Hierarchisierung mit dem Schulkanon nie völlig überein. Genauer gesagt, handelt es sich um die Angebote der einzelnen Literaturhistoriker, die nie völlig identisch waren, aber spätestens seit den siebziger Jahren des 19. Jahrhunderts doch einen breiten Konsens zumindest über die „Kernzonen" eines Kanons und über das generell Auszuschließende erkennen lassen.

Was bleibt auch nach den positivistischen und geistesgeschichtlichen Integrationsschüben aus dem Erbeangebot ausgespart oder an dessen äußersten Rand verwiesen? Selbstverständlich die Masse der Literatur, der eine bloß unterhaltende Funktion zugeschrieben wird. Und die gesamte Literatur der deutschen Arbeiterbewegung des 19. Jahrhunderts, die die bürgerliche Literaturgeschichtsschreibung überhaupt nicht zur Kenntnis nimmt. Davon abgesehen, ist es jedoch im Vergleich zu dem, was sie zu integrieren verstanden hat, quantitativ gar nicht so viel. Und es läßt sich auf den ersten Blick auch nicht auf eine Formel bringen. Hier eine Aufzählung, was in der Mehrzahl der Literaturgeschichten negativ bewertet wird: Die „Shakespearesche Linie" in der deutschen Dramatik von Lenz bis zu Grabbe und Büchner (bei gleichzeitiger Festigung der durch die Schlegel-Tieckschen Übersetzungen vermittelten deutschen Shakespeare-Tradition). Aber man erinnert sich auch daran, daß einzelne Literaturhistoriker – wie Gottschall – auch Büchners und Grabbes Leistungen bereits vor der Jahrhundertwende gewürdigt haben. Und die meisten anderen störte diese Dramatik später auch nur noch in ihren plebejischen, sozialkritischen Aspekten, derentwegen ja auch der Naturalismus der Kritik verfallen war, während Grabbes einsame Helden und die chauvinistischer Interpretation offene Anlage seiner *Hermannsschlacht* bereits in den zwanziger Jahren für die Ideologie des deutschen Faschismus reklamiert wurden. Weiterhin mit negativen oder überwiegend negativen Wertungen besetzt bleiben: Die jungdeutsche und ein Teil der romantischen Prosa. Sie werden unter dem Vorwurf des Immoralismus und der Formlosigkeit ausgegrenzt. Während die Geistesgeschichte dieses Urteil, soweit es die Romantik betraf, nur in bezug auf Friedrich Schlegels *Lucinde* und einige andere Romane nicht revidiert hat, bleibt es in bezug auf die jungdeutsche Prosa bestehen. Ausgegrenzt wird ein großer Teil von Heines Lyrik und Prosa nach den *Reisebildern*. Ebenso die politische und soziale „Tendenzdichtung" der 1840er Jahre (Herwegh, Freiligrath), soweit sie nicht den Gedanken der nationalen Einheit zum Ausdruck bringt. Doch auch diese Feststellung trifft nicht uneingeschränkt zu. Gottschall, der selbst zu dieser „Tendenzdichtung" beigetragen hatte, beurteilt bereits in den ersten Auflagen seiner *Deutschen Nationallitteratur* nicht nur sie, sondern auch die jungdeutsche Prosa, einschließlich der Heineschen, sowie Heines lyrische Werke der vierziger und fünfziger Jahre, grundsätzlich positiv, und er hat sein Urteil bis an sein Lebensende nicht geändert.

Ein solcher Katalog der Ausgrenzungen läßt sich überhaupt nur zusammenstellen, wenn man die professionelle Literaturgeschichtsschreibung in Augenschein nimmt. Deren Horizont wurde – nicht nur von einzelnen Literaturhistorikern – immer auch überschritten. In diesem Zusammenhang sei nur an Nietzsches Bekenntnisse zu Heine erinnert[223] oder an die Büchner-Rezeption im deutschen Naturalismus. Was die Masse der professionellen Literaturgeschichtsschreiber anbetrifft, muß man aber doch sagen, daß sie die epochale Bedeutung eben dieser beiden Schriftsteller des 19. Jahrhunderts erst nach 1945 erkannt bzw. uneingeschränkt anerkannt hat.

Und nun zu den Wertungskriterien für die Kanonbildung, die, wie sich leicht feststellen läßt, unterschiedlicher Art sind. Zum einen waren die ästhetischen Wertvorstellungen der Literaturhistoriker lange Zeit offensichtlich noch von der alten Regelpoetik beeinflußt und mit Vorstellungen von gesetztem Maß, Gattungsreinheit und formaler Vollendung verbunden. Davon zeugen sowohl die Schwierigkeiten, die ihnen das Groteske, Ironische, die Vermischung der Genres, das Fragmentarische bei der Integration der Romantik bereiteten, als auch die voreilige Kanonisierung einer ganzen Reihe klassizistischer Dramatiker und Lyriker des 19. Jahrhunderts, die später als epigonal wieder ausgegrenzt wurden. Hinzu kommt – noch im Positivismus – eine letztlich nationalpädagogisch bestimmte Literaturauffassung, die von der Aufklärungs- und Bildungsfunktion der Literatur ausgeht und ästhetische Werte wiederum nur in der Verbindung mit ethischen und/oder religiösen Werten akzeptiert. Aus einer solchen nationalpädagogischen Auffassung erklären sich nicht nur die prinzipielle Ablehnung alles des Immoralismus oder Atheismus Verdächtigen und die zahlreichen, heute oft komisch wirkenden moralischen Bedenken selbst gegen bestimmte dem Kanon bereits einverleibte Werke, sondern auch die Vorbehalte gegen die – das Publikum spaltende – Politisierung der Kunst und deren bevorzugtes Medium – die Satire. (Die Ausgrenzung der politisch engagierten Literatur seit dem Jungen Deutschland wurde um so entschiedener betrieben, als das politisches Engagement dieser Literatur ja tatsächlich mit Angriffen auf die konventionellen Moralvorstellungen und mit atheistischen Tendenzen einherging.) Zum anderen war die Geschichte der deutschen Literatur ja ursprünglich zur Legitimation der nationalstaatlichen Einigung konstruiert worden, und sie hatte, nachdem diese erlangt war, auch noch die Funktion, dem neuen Staat eine Tradition zu verschaffen, die die Identifizierung mit ihm förderte. Diese Feststellung ist unbestritten. Die Auffassung, daß man das Grundmuster der deutschen Literaturgeschichte deshalb als eine souveräne Konstruktion des Gervinus und seiner Nachfolger anzusehen hätte, hält jedoch einer ernsthaften geschichtlichen Überprüfung nicht stand. Zweifellos haben die Literaturhistoriker das Bild der deutschen Literaturgeschichte wesentlich mitgeprägt. Aber sie waren in ihren Konstruktionen immer auch abhängig von den Urteilen, die das Publikum sich bereits gebildet hatte, mußten sich mit schon vorhandenen Wertschätzungen auseinandersetzen. Auch ihre nationalpolitische Funktion konnte die Literaturgeschichtsschreibung nur erfüllen, indem sie von den vorhandenen Wertschätzungen ausging. Dabei spielte nicht nur eine Rolle, welchen Ruf ein Schriftsteller bei den deutschen Lesern genoß – von besonderer Bedeutung war die internationale Wirkung. Sie wurde von den Literaturhistorikern oft erst mit großer Verspätung und in manchem Fall auch nur widerwillig registriert, schlägt sich aber dann doch in deren Wertungen deutlich nieder. Schließlich nahm man ja die internationale Ausstrahlung der deutschen Literatur insgesamt auch als eine Bestätigung für die Größe des von ihr verkörperten Nationalwerts. Die Thematisierung des nationalen Gedankens selbst ist zwar Schriftstellern wie

Klopstock oder Schiller immer zugute gehalten worden, sie spielte jedoch anfangs keine maßgebliche Rolle bei der Kanonbildung. Nach 1871 konnte man allerdings – zumindest in einem Teil der Literaturgeschichtsschreibung – mit patriotischen Gesängen und Hohenzollern-Dramen schon bei Lebzeiten zum Klassiker avancieren (wie Geibel oder Wildenbruch). Bezeichnend ist, daß die Aufwertung der Arndt, Theodor Körner, Max von Schenkendorf nach 1871 unter den Begriffen „Freiheitssänger" und „vaterländische" oder „patriotische Dichtung", keineswegs unter dem Begriff der politischen Lyrik erfolgte.[224] Am Beispiel Scherers konnte gezeigt werden, wie bald nach der Reichsgründung die Tendenz aufkam, traditionelle ästhetische Wertvorstellungen zu suspendieren und alles als nationalen „Kulturbesitz" zu reklamieren, was der herrschenden politischen Ordnung nicht direkt widersprach. Jedoch erst die Geistesgeschichte setzt das Romantische in der Weise als nationalen Identitätswert ein, daß die mystischen, irrationalistischen und quietistischen Züge der deutschen Literatur ebenso wie bestimmte Erscheinungen formaler Entgrenzung, die man früher überwiegend kritisch beurteilte, ins Positive gewendet werden: Als „Dunkelheit" und „Tiefe", „Innerlichkeit" und „Unendlichkeit" umschrieben, assoziieren sie in der bürgerlichen Literaturgeschichtsschreibung seit der Jahrhundertwende deutsche Eigenart.

Die Geschichte der letzten fünfzig Jahre hat die Bewertung dieser Charakterzüge wiederum erheblich relativiert. Der Katalog damaliger Ausgrenzungen wird heute allgemein als skandalös betrachtet. Neben den unterschiedlichen Umwertungen, die nach 1945 stattgefunden haben, hat es jedoch auch Tendenzen gegeben, die Kanonbildung überhaupt abzulehnen. Diese Tendenzen waren unterschiedlich motiviert. Teilweise resultierten sie wohl einfach aus der Zerrüttung des Wertesystems, das dem Kanon zugrunde gelegen hatte, durch die Katastrophe des deutschen Faschismus. Sie hatte auch zur Folge, daß neopositivistische und relativistische Haltungen wieder eingenommen wurden. Später, insbesondere in der kritischen Germanistik der BRD, kam aber auch die Problematisierung der ideologischen Funktion jeglicher Kanonbildung hinzu. Von einigen Literaturwissenschaftlern wurde Kanonbildung überhaupt als Ausdruck autoritärer Gesinnung angesehen, da sie ja immer auf das Vorschreiben von Wertungen hinauslaufe und das Hierarchisieren und Ausschließen zu ihrem Prinzip gehören. In diesem Zusammenhang kam man auf die vormärzlichen Forderungen nach einer „Demokratisierung" der Literatur und der Literaturgeschichte zurück. Die rezeptionsästhetischen und wirkungsgeschichtlichen Neuansätze als auch die strukturalistischen, texttheoretischen Verfahren wurden im Sinne einer solchen Demokratisierung genutzt.

Nun kann man zwar gegen die Festschreibung einer Auswahl und Bewertung von Literatur auftreten, die dann – z. B. in einem Schulkanon – womöglich noch staatlich sanktioniert wird, und statt dessen für größtmögliche Offenheit, Breite des Angebots und Wertordnungspluralismus plädieren. Aber selbst wenn das Eingehen auf Wertfragen prinzipiell abgelehnt wird, etwa auch weil man glaubt, schon indem man sie stellt, einen konservativen Standpunkt zu beziehen, wird man das Problem nicht los. Werkinterpretation wie Literaturgeschichtsschreibung sind unlösbar mit Wertungen verbunden, stellen damit immer auch eine Ordnung her bzw. setzen sie voraus. Sofern diese beiden Tätigkeiten nicht zugunsten literatursoziologischer oder rein formalästhetischer bzw. strukturanalytischer Studien aufgegeben werden sollen, kann die Frage also nur lauten, welche Ordnung hergestellt bzw. vorausgesetzt wird und welche Wertungskriterien ihr zugrunde liegen. Von den Wertungskriterien wird dann auch abhängen, wie starr diese Ordnung ist und wieviel sie ausgrenzt.

Die Klassik-Konzeption der deutschen Geistesgeschichte. Dilthey

Das Erlebnis und die Dichtung war das Buch, das dem Philosophen Wilhelm Dilthey im bürgerlichen deutschen Geistesleben der Zeit nach der Jahrhundertwende den größten Erfolg brachte. In die 1914 von Dilthey-Schülern begonnene Ausgabe seiner *Gesammelten Schriften*, die bis heute auf neunzehn Bände gediehen ist (und dabei ist der im Archiv der Akademie der Wissenschaften der DDR aufbewahrte Nachlaß noch längst nicht aufgearbeitet), wurde *Das Erlebnis und die Dichtung* jedoch nicht aufgenommen.

Diese Entscheidung der Herausgeber läßt sich nur damit rechtfertigen, daß das Buch bei Diltheys Tod bereits in dritter Auflage erschienen war. Nebensächlich sind die darin vereinigten Aufsätze zur deutschen Literatur keineswegs, handelt es sich dabei doch nicht etwa um geistige Ausflüge Diltheys in ein Gebiet, das von seinem philosophischen Denkens nur am Rande berührt wurde. Im Gegenteil: Die Kunstinterpretation wird bei Dilthey zum Paradigma des Geschichtsverständnisses. Daher reflektiert er die Probleme des geschichtlich-gesellschaftlichen Lebens mit Vorliebe an dem Phänomen der künstlerischen Literatur, und überblickt man sein Gesamtwerk, so wird man René Welleks Feststellung bestätigen, daß sich daraus „neben einer Ästhetik und einer Poetik eine nahezu ununterbrochene Geschichte der deutschen Literatur von ihren Anfängen bis zu Goethes Tod zusammenstellen"[225] ließe.

Worin bestand nun aber das Anliegen, in dessen Verfolg die künstlerischen Lebensäußerungen der Menschen diese eminente Bedeutung für Diltheys philosophisches Denken erlangten? Zunächst kann man wohl sagen, daß es ihm um eine Erkenntnismöglichkeit geschichtlicher Zusammenhänge jenseits des mechanischen Kausalitätsdenkens der Positivisten ging, die nicht auf die idealistische deutsche Geschichtsphilosophie zurückgriff. Dilthey selbst brachte dieses Anliegen auf den Begriff einer Kritik der historischen Vernunft. Damit wäre schon gesagt, daß er aus der Einsicht in die Unangemessenheit des Paradigmas der positivistischen Naturforschung nicht eine prinzipiell agnostizistische Konsequenz zog. Und zweifellos nimmt Diltheys Bemühen um eine der Spezifik geschichts- und gesellschaftswissenschaftlicher Arbeit entsprechende Methode in seinem philosophischen Denken den breitesten Raum ein. Nicht übersehen werden darf, worauf von neueren Dilthey-Forschern nachdrücklich hingewiesen wird,[226] daß dieser Versuch einer nicht positivistischen Grundlegung der „Geisteswissenschaften" intentional durchaus auf gesellschaftliche Praxis gerichtet war, wie Dilthey ja auch in seinen Bemühungen, die Hermeneutik als generelle Methode der Geisteswissenschaften darzustellen, die lebenspraktische Bedeutung des Verstehens stets betonte.

Nimmt man die praktische Intention des Verstehens ernst, eine empirisch begründete wissenschaftliche Auffassung der geschichtlichen Entwicklung des gesellschaftlichen Lebens zu gewinnen, dann begreift man leicht, warum Dilthey-Kritiker heutzutage seine Fragestellung immer häufiger mit der von Marx und Engels parallelisieren und seine Antworten mit denen des historischen und dialektischen Materialismus konfrontieren.[227] Die Ergebnisse bestätigen – ungeachtet wichtiger Korrekturen und Differenzierungen – im Grundsätzlichen die Feststellungen, die Georg Lukács in der *Zerstörung der Vernunft* über Dilthey und den Einsatz der Lebensphilosophie getroffen hat: Angesichts der von ihm gesetzten erkenntnistheoretischen Prämissen kann Dilthey Geschichte letzten Endes nur noch als Bewußtseinstatsache erfassen.[228] Das heißt aber auch: Er versucht auf dem neukantianischen erkenntnistheoretischen Standpunkt, von dem aus der Empiriokritizismus entwickelt wurde, aus dem jeder Begriff von Geschichte herausfiel, am geschichtlichen Denken festzuhalten, indem er auf der auch vom subjektiven Idealismus nicht wegzuleugnenden Tatsache besteht, daß in den Köpfen der Menschen sich ein historisches Bewußtsein bildet.

Zu fragen war dann allerdings, wie sich diese Tatsache erklären ließe, d. h., es bedurfte einer Erklärung, w i e sich in einem Kopfe ein Bewußtsein größerer Lebenszusammenhänge bilden konnte, das die Grenzen des individuell Erfahrbaren überschritt. Dilthey hat zur Beantwortung der Frage den „objektiven Geist" wieder eingeführt oder genauer gesagt: Er ist schließlich auf den Hegelschen Begriff zurückgekommen. Dieser Begriff taucht in Diltheys Schriften erst sehr spät zum ersten Mal auf. Schon in den frühen Entwürfen zur *Einleitung in die Geisteswissenschaften* wird jedoch die historisch bestimmte geistige Verfassung der Gesellschaft, d. h. ein je bestimmter Komplex von tradierten Bewußtseinsinhalten und -formen, als ein von jedem Individuum als „mit dem Leben gegeben" Erfahrenes beschrieben.[229] Anders ausgedrückt: Wenn Dilthey auf den Hegelschen Begriff zurückkommt, meint er nichts anderes als den objektiv gegebenen Bedingungskomplex subjektiven Handelns, auf den die junghegelianische Kritik den „objektiven Geist" zurückgeführt hat. Während Marx und Engels in der Entsubstantialisierung des objektiven Geistes jedoch bei den materiellen – ökonomisch-gesellschaftlichen – Lebensbedingungen ankamen, blieb Dilthey von seinen erkenntnistheoretischen Prämissen her auf die Bewußtseinsebene fixiert. Geschichte konnte von ihm folglich auch nur als Geistesgeschichte konzipiert werden (als „Inbegriff der geistigen Tathsachen, welche in ihrer Aufeinanderfolge und Coexistenz die Cultur bilden"[230]). Dem entspricht, daß in der systematischen Gliederung der Geisteswissenschaften, die Dilthey vornimmt, der materielle ökonomische Reproduktionsprozeß und die politische Geschichte der Gesellschaft gewissermaßen ihren periphersten Gegenstandsbereich bilden – den Bereich der Wissenschaften von der „äußeren Organisation der Gesellschaft". Im Zentrum seines Wissenschaftsmodells stehen die „Systeme der Kultur", als welche er Religion, Kunst, Wissenschaft, Recht (d. h. Rechtsbewußtsein), Wirtschaft (d. h. ökonomisches Bewußtsein), Sittlichkeit und Sitte, Sprache und Erziehung erfaßt.[231]

Den Wissenschaften von diesen verschiedenen „Kultursystemen" vorgelagert ist für Dilthey allerdings das Studium der natürlichen Gliederung der Menschheit sowie der einzelnen Völker,[232] also der biologischen (rassischen, ethnischen) Komponenten für die unterschiedliche Ausprägung der einzelnen Bewußtseinsformen, die er durchaus im positivistischen Sinn auffaßt und bewertet. Die unter dem Paradigma der Naturwissenschaften von den Positivisten der Geschichte zugrunde gelegte „natürliche Gliederung" der Menschheit entsprechend ihren ethnischen Unterscheidungsmerkmalen, die in der Entwicklung der „Völkerpsychologie" ihren Niederschlag fand, wurde von Dilthey übernommen, indem er eine vom Entwicklungsstand der bürgerlichen Nationen des 19. Jahrhunderts abgeleitete Vorstellung der Völker als „lebendige[r] und relativ selbständige[r] Zentren der Kultur"[233] als Rahmen setzte, innerhalb dessen dann erst auch nach sozialen Schichtungen, nach der Klassenstruktur der Gesellschaft gefragt wurde. Insofern als Dilthey die geschichtliche Bewegung primär jedoch aus dem Zusammentreffen der unzähligen „Einzelwillen" ableitet, in deren Trägern – den „psychophysischen Lebenseinheiten" – man unschwer den isolierten Einzelnen der bürgerlichen Gesellschaft erkennt, ist es nur folgerichtig, daß er die Psychologie als die „erste und elementarste unter den Einzelwissenschaften des Geistes"[234] betrachtet und daß sie in seinem System der Geisteswissenschaften als Grundlagenwissenschaft die Stelle einnimmt, die im marxistischen System der Gesellschaftswissenschaften die politische Ökonomie innehat.

Die entscheidende Denkvoraussetzung für die Konstruktion eines psychologisch und anthropologisch fundierten Systems der Geisteswissenschaften als eines selbständigen Ganzen neben den Naturwissenschaften[235] war für Dilthey, daß in ihnen „der Mensch in seiner gesellschaftlich-geschichtlichen Verflechtung sich selbst Objekt als Teil der Geschichte und Gesellschaft gestaltenden Kräfte ist"[236]: „Das Individuum ist einerseits ein Element in den Wechselwirkungen der Gesellschaft, ein Kreuzungspunkt der verschiedenen Systeme dieser Wechselwirkungen, in bewußter Willensrichtung und Handlung auf die Einwirkungen derselben reagierend, und es ist zugleich die dieses alles anschauende und erforschende Intelligenz. Das Spiel der für uns seelenlosen wirkenden Ursachen wird hier abgelöst von dem der Vorstellungen, Gefühle und Beweggründe."[237] An die Stelle der blind wirkenden Ursachen tritt zweckbestimmtes, zielgerichtetes Handeln, das die Geisteswissenschaften auf seine Beweggründe zurückzuführen haben. Wenngleich diese Unterscheidung von Natur- und Geisteswissenschaften auf der Basis eines im wesentlichen positivistisch gebliebenen Verständnisses der Naturwissenschaften vorgenommen wurde, das für deren Bereich noch die Allgemeingültigkeit mechanischer Kausalität annahm und die Rolle des erkennenden Subjekts auch im naturwissenschaftlichen Erkenntnisvorgang noch nicht problematisiert hatte, behält sie doch für den größten Teil der bürgerlichen deutschen Geisteswissenschaftler auch nach der Revolution des physikalischen Weltbilds ihre wissenschaftstheoretische und methodologische Relevanz. Und das vor allem aufgrund weiterer Differenzierungen, zu denen Dilthey in der Entwicklung seines Ansatzes gelangt war.

Erstens: „Die Auffassung des Singularen, Individualen" bildet in den Geisteswissenschaften „so gut einen letzten Zweck als die Entwicklung abstrakter Gleichförmigkeiten".[238] Dilthey-Interpreten betonen zwar, daß Sätze wie dieser nicht als Postulat eines prinzipiellen Ausschlusses generalisierender Aussagensysteme aus den historischen Wissenschaften und einer unbedingten Entgegensetzung von „nomothetischem" und „ideographischem" Denken im Sinne Windelbands und Rickerts zu lesen seien.[239] Spricht Dilthey doch im selben Zusammenhang auch von der „Beziehung zwischen der historischen Richtung in der Auffassung, der abstrakt-theoretischen und der praktischen" als einem durch die Geisteswissenschaften hindurchgehenden „gemeinsame[n] Grundverhältnis".[240] Nicht zu übersehen ist aber, daß er den Schwerpunkt der Gesellschaftswissenschaften in die „historische Richtung", und das heißt bei ihm: zur „Auffassung des Singularen, Individualen" hin verlagert, wohingegen er den ursächlich erklärbaren „Regelmäßigkeiten" im geschichtlich-gesellschaftlichen Leben nur eine untergeordnete Bedeutung für dessen Verständnis zuerkennt.

Zweitens: „Die Tatbestände in der Gesellschaft sind uns von innen verständlich, wir können sie in uns, auf Grund der Wahrnehmung unserer eigenen Zustände, bis auf einen gewissen Punkt nachbilden, und mit Liebe und Haß, mit leidenschaftlicher Freude, mit dem ganzen

Spiel unserer Affekte begleiten wir anschauend die Vorstellung der geschichtlichen Welt. Die Natur ist uns stumm. Nur die Macht unserer Imagination ergießt einen Schimmer von Leben und Innerlichkeit über sie ... Die Natur ist uns fremd. Denn sie ist uns nur ein Außen, kein Inneres. Die Gesellschaft ist unsere Welt. Das Spiel der Wechselwirkungen in ihr erleben wir mit, in aller Kraft unseres ganzen Wesens, da wir in uns selber von innen, in lebendigster Unruhe, die Zustände und Kräfte gewahren, aus denen ihr System sich aufbaut."[241] Die Möglichkeit des Verstehens fremder Handlungen – so resümiert Helmut Johach – sieht Dilthey einmal „in einer wenigstens partiellen Identität oder 'Gleichartigkeit' der Menschennatur" begründet. „Die Wahrnehmung der eigenen Zustände erlaubt es dem Betrachter, gesellschaftliche Tatbestände bis auf einen gewissen Punkt nachzubilden, weil die Beweggründe seines eigenen Innern mit individuellen Abstufungen zugleich die sind, die fremdes Handeln motivieren. Die zweite Begründung geht dagegen von der Gesellschaft aus: Insofern das Individuum in doppelter Weise, aktiv und passiv, agierend und reagierend, Element der Interaktionszusammenhänge der Gesellschaft ist, trägt es in sich die notwendige Voraussetzung zum Verstehen eben dieser Zusammenhänge ... Verstehen ist möglich durch Zugehörigkeit zu einer bestimmten Gesellschaft, die kulturelle Traditionen bewahrt und in lebendigen Kommunikations- und Interaktionsprozessen immer wieder neu vermittelt. Weil gemeinschaftliches Handeln gemeinsame Leistungen hervorgebracht hat, die die einer Kultur zugehörigen Individuen untereinander verbinden, sind sowohl diese 'Niederschläge der Kulturarbeit' selbst in Sprache, Sitte, Recht usw., als auch die von ihnen geprägten individuellen Handlungen verständlich."[242]

Drittens: Mit dem Verstehen der Erscheinungen des geschichtlich-gesellschaftlichen Lebens ist deren Wertung untrennbar verbunden. „Es gibt kein Verstehen ohne Wertgefühl."[243] Obwohl Dilthey zumindest in seiner frühen Periode die logische Trennung der Aussagen über die Wirklichkeit von den Werturteilen und Imperativen aufrechterhalten will, wird mit der psychologischen Grundlegung der Geisteswissenschaften zugleich deren wertendes Verfahren begründet, das Dilthey mit der Entwicklung der Verstehenslehre zu objektivieren versucht. Die Erkenntnis der Standortgebundenheit und Interessenbedingtheit der Auffassung gesellschaftlicher Tatbestände, die die ideologiekritischen Ansatzpunkte der frühen Arbeiten von

Marx und Engels bestimmt, führt in der bürgerlichen Absetzbewegung vom Positivismus zur sogenannten Wertphilosophie oder zum Pragmatismus.

Viertens: Dilthey begreift das Verstehen als die „grundlegende" Erkenntnisform, in der uns die Erscheinungen des geschichtlich-gesellschaftlichen Lebens zugänglich sind, und er versucht, die Hermeneutik zur generellen Methode der Geisteswissenschaften zu entwickeln. Das soll geschehen, indem die Hermeneutik aus einem Verfahren der Textauslegung – ursprünglich der Auslegung des Bibeltextes und der Interpretation von Rechtsvorschriften – in eine Methode des Verstehens fremder menschlicher Lebensäußerungen überhaupt, in eine „philosophische Hermeneutik", übergeführt wird. Obwohl Dilthey in seiner Analyse des Verstehens folglich bis zu den elementaren Verstehensformen zurückgeht, in denen wir mimische und gestische Ausdrücke oder einfache Zweckhandlungen auffassen, haben die Geisteswissenschaften in seiner Sicht hauptsächlich sprachliche Manifestationen menschlichen Bewußtseins, und das bedeutet für die historischen Wissenschaften: Texte zu verstehen. Die überlieferten Texte sind die wichtigsten Zeugen der geistigen Verfassung der Menschen vergangener Zeiten, ihrer Handlungsmotive und Handlungsziele, wie sie sich in ihren Ideen, Gefühlen und Bestrebungen kundtun – kurz: der ganzen „inneren" und in Diltheys Sinn eigentlichen Geschichte der Menschheit.

Setzt man den individualisierenden, die Auffassung der einzelnen historischen Erscheinung in ihrer Einmaligkeit und Unwiederholbarkeit postulierenden Begriff von Geschichte voraus, mit dem Dilthey arbeitet, und bedenkt man gleichzeitig Diltheys prinzipiellen Einwand gegen jede Philosophie, die den Menschen nur als denkendes Wesen und nicht den „ganzen Menschen ... in der Mannigfaltigkeit seiner Kräfte"[244] zum Subjekt der Geschichte macht, dann wird deutlich, daß künstlerische Texte bei ihm eine besondere Bedeutung auch für das Geschichtsverständnis gewannen: Die Kunstgeschichte, die die Menschen vergangener Zeiten uns als „wollend fühlend vorstellende Wesen" näherbringt, rückt überhaupt ins Zentrum der Geschichtsforschung. So ist auch zu erklären, daß Dilthey schließlich die Geschichte überhaupt „mehr oder weniger bewußt nach dem Vorbild der Kunst verstanden"[245] wissen will und daß er dem Geschichtsstudium schließlich eine ähnliche Wirkung zuschreibt wie dem Kunstgenuß: „Vor dem durch die Umstände Beschränkten tun sich fremde

Schönheiten der Welt auf und Gegenden des Lebens, die er nie erreichen kann. Ganz allgemein ausgesprochen: der durch die Realität des Lebens gebundene und bestimmte Mensch wird nicht nur durch die Kunst – was öfter entwickelt ist –, sondern auch durch das Verstehen des Geschichtlichen in Freiheit versetzt."[246]

Wenngleich Dilthey damit selber die für die lebensphilosophisch orientierte Geschichtsbetrachtung charakteristische Ästhetisierung der Geschichte ankündigt, ist er doch in seinen eigenen historischen Arbeiten dieser seinem Denkansatz innewohnenden Tendenz nicht gefolgt. Unbestreitbar ist auch, daß Dilthey das Selbstverständnis der Geisteswissenschaften prinzipiell – wie schon gesagt – von ihrer Wirkung auf die praktische Lebensgestaltung, die vernünftige Organisation des gesellschaftlichen Zusammenlebens der Menschen bestimmt sehen wollte, und daß die praktische Absicht der geschichtlichen Selbstbesinnung, durch die die historischen Wissenschaften diese Wirkung erzielen sollten, nur allmählich zurücktrat, der kontemplative Zug seiner Verstehenslehre sich erst in späteren Jahren verstärkte. Aber gerade auch in der von Dilthey bis zuletzt beibehaltenen, wenngleich immer schwächer werdenden lebenspraktischen Intention seines Denkens, die seine Konfrontation mit Marx und Engels provoziert, kristallisiert sich der fundamentale Gegensatz zum historischen und dialektischen Materialismus: Gegenüber einer auf politische Ökonomie gegründeten Theorie der Revolution für die Arbeiterklasse entwirft Dilthey eine psychologisch begründete Theorie der geschichtlichen Selbstbesinnung zum Gebrauch der bürgerlichen Führungsschichten (der „Politiker und Juristen", „Theologen und Pädagogen")[247]. Der Hermeneutik als Methode wird darin der Platz eingeräumt, den in der marxistischen Auffassung von Natur- wie Gesellschaftswissenschaften die materialistische Dialektik und Erkenntnistheorie besetzt.[248]

Diese lebenspraktische Intention entsprang bei Dilthey einer politischen Einstellung, die deutliche Züge des Nachmärzliberalismus aufweist. „Reform, nicht radikale revolutionäre Veränderung"[249], lautet sein Prinzip in der *Pädagogik*. Dafür, daß Dilthey nach diesem Prinzip auch die „soziale Gliederung" der Gesellschaft umgestaltet sehen wollte, finden sich in seinem Werk zahlreiche Belege. Die Entwicklung des Kapitalismus erschien ihm als eine „furchtbare Konsequenz" der Geschichte und das in ihm „unbegrenzt in seiner Macht" waltende „bewegliche Kapital" verglich er mit „einer Bestie mit tausend Augen und Fangarmen und ohne Gewissen, welche sich wenden kann, wohin sie will".[250] Daß er diese Entwicklung als unaufhaltsam ansah, legt schon seine Rezension des ersten Bandes von Karl Marx' *Kapital* nahe, in der er sich zwar prinzipiell von jedem Denken in den Kategorien der „Hegelschen Begriffsphilosophie" distanziert, dessenungeachtet aber zu dem Urteil kommt, „der Gedanke, daß die Natur der Sache selbst unter den gegenwärtigen Bedingungen der Kapitalsbildung dahin führe, die Konzentration des Besitzes der Industrie und des Handels in wenige Hände schrittweise zu verwirklichen, und daß somit diese Natur der Sache den Übergang des so konzentrierten Kapitals, der so konzentrierten Arbeitsleistung" – wie Dilthey schreibt: an den „Staat" vorbereite, dieser Gedanke sei „von Marx in einer außerordentlich glänzenden Weise durchgeführt worden".[251] Gegen den „Wirtschaftsliberalismus" von „Bastiat, Bentham und den Mills" trat er auch zehn Jahre nach seiner *Kapital*-Rezension noch entschieden auf. In einem Brief an seinen Freund, den Grafen Paul Yorck von Wartenburg, bemerkt er sarkastisch: „Sie haben Recht, dies als eine satte Rentiersphilosophie zu bezeichnen. Man sollte einen Auszug davon unter die Arbeiter verteilen, ob sie an solcher Sattheit der oberen Classen sich mitsättigen und wärmen."[252] Eine „sozial gedachte gesellschaftliche Ordnung" aufzubauen, hielt er für eine Forderung der Zeit. Aber er reflektierte dabei – wie schon gesagt – unverändert auf die bürgerlichen Führungsschichten, und zwar in einer – wie jüngere Dilthey-Kritiker meinen[253] – zunehmend konservativ-liberalen Weise. Gegen den Wilhelminischen Imperialismus ebenso wie gegen den Aufstieg der deutschen Sozialdemokratie wollte er – doch wohl in der Annahme, daß humane Gesinnung die Widersprüche der kapitalistischen Gesellschaft lösen könne – die Selbstbesinnung des deutschen Bürgertums auf sein humanistisches Erbe, insbesondere auf das Erbe der klassischen deutschen Philosophie und Literatur (so wie er es auffaßte) fördern, und darin sah er letzten Endes den lebenspraktischen Zweck seiner philosophischen Anstrengung: „Da nun das Alte nicht einfach erneuert werden kann, Loyalität, Gottesgnadentum, feudales Herrenrecht ohne Amt, christliche Particularität des religiösen Lebens, Conventionsmoral, idealistische Poesie gänzlich vorüber sind: so steht die Aufgabe eines neuen Aufbaues einer gesellschaftlichen Epoche, welcher das Giltige des Individualismus in eine social gedachte gesellschaftliche Ordnung herübernimmt. Eine solche Aufgabe bedarf der Mitwirkung einer Philosophie, welche zur Lösung solcher Aufgaben die Befähigung steigert."[254]

Daß die deutsche Bourgeoisie zur Lösung dieser Aufgabe weder fähig noch willens war, mußte er im Alter immer deutlicher erkennen. Schon Lukács hat allerdings auch festgestellt, daß Dilthey weder in praktisch-philosophischer noch in weltanschaulicher Hinsicht eigentlich die Funktion erfüllte, derentwegen die Bourgeoisie am Ende des 19. Jahrhunderts *tatsächlich* eine neue Philosophie oder vielmehr überhaupt wieder eine Philosophie benötigte, die über den unreflektierten Glauben an die stetige Vervollkommnung der bürgerlichen Gesellschaftsordnung dank des unaufhaltsamen naturwissenschaftlichen und technischen Fortschritts hinausging.[255] Dem mit der Erschütterung dieses Glaubens aufkommenden Bedürfnis nach weltanschaulicher Orientierungshilfe, das die zeitgenössische Literatur allenthalben bezeugt, entsprach Diltheys Philosophie mit ihrer Relativierung aller Weltanschauungssysteme gerade nicht. Daher wurden andere Varianten des lebensphilosophischen Irrationalismus massenwirksam, blieb Diltheys Wirkung weitgehend auf den akademischen Bereich – auf die Schulphilosophie, die Geschichtswissenschaft, die Psychologie und die Kunst- und Literaturwissenschaft – beschränkt. In diesem Bereich, der sich dem Einfluß Nietzsches erst nach dem ersten Weltkrieg öffnete, verzögerte Dilthey durch das Beispiel seiner eigenen Arbeit in den historischen Wissenschaften wahrscheinlich den Übergang in den radikalen Subjektivismus eher, als daß er ihn förderte, hemmte er die Remythisierung der Geschichte, die in der bürgerlichen Ideologiebildung, vor allem auf der Ebene der Literatur, unter Berufung auf Nietzsche vor sich ging.

Und doch wirkte Diltheys Philosophie in diesem Bereich prinzipiell in derselben Richtung. Auf Dilthey beriefen sich auch jene Vertreter der deutschen Geistesgeschichte, bei denen das Feld der Geschichte auf eine Galerie großer Männer zusammenschrumpfte und die historischen Wissenschaften, insbesondere die Literaturgeschichtsschreibung, in einen ahistorischen Heroenkult übergingen. Und auf Diltheys Verstehenslehre stützte sich auch jene geistesgeschichtliche Kunstinterpretation oder vielmehr: „Interpretationskunst", die die Frage nach der wissenschaftlichen Überprüfbarkeit ihrer Ergebnisse gar nicht mehr aufkommen ließ, indem sie mit dem Anspruch auf Geistesverwandtschaft, Kongenialität des Interpreten auftrat und indem sie diese zugleich als einzig gültige Legitimation seiner Tätigkeit bestimmte.

In dem Band *Das Erlebnis und die Dichtung* vereinigte Dilthey 1905 vier Aufsätze zur deutschen Literatur *(Gotthold Ephraim Lessing, Goethe und die dichterische Phantasie, Novalis, Friedrich Hölderlin)*, von denen die ersten drei zwischen 1864 und 1877 entstanden und in verschiedenen Zeitschriften veröffentlicht worden waren, der Hölderlin-Aufsatz 1905 neu geschrieben wurde. Den Lessing- und den Goethe-Aufsatz hatte Dilthey für die Buchausgabe umgearbeitet. Deren zweite Auflage (1907) enthielt wiederum wichtige Zusätze zu diesen beiden Aufsätzen (über *Nathan der Weise* und über Goethes Bedeutung für die Weltliteratur), der Goethe-Aufsatz war abermals umgearbeitet worden. Der dritten Auflage (1910) wurde schließlich die Einleitung *Gang der neueren europäischen Literatur* vorangestellt. In dieser Fassung erlebte das Buch dann, nachdem Dilthey 1911 gestorben war, bis 1945 noch acht Auflagen (zwölfte bis fünfzehnte Auflage 1950–1970 in der BRD).

Der Anfangserfolg von Diltheys Buch ist sicher mit Recht auf die orientierende Wirkung zurückgeführt worden, die es angesichts des Niedergangs des literaturwissenschaftlichen Positivismus, seines Versinkens in mikroskopische Detailanalysen und seiner Unfähigkeit, die eruierten Einzeltatsachen noch in einen sinnvollen Zusammenhang zu bringen, auf die Literaturforschung ausgeübt hat. Dilthey setzte der Atomisierung des literaturhistorischen Wissens seine Auffassung von der Einheit der Persönlichkeit entgegen, die sich im Kunstwerk ausdrückt und auf die das gesamte Œuvre eines Dichters in allen wesentlichen Zügen zurückweist. Er gab mit dem Band *Das Erlebnis und die Dichtung* das Beispiel für eine Darstellung der Dichterpersönlichkeit als der festen Größe, von der die Literaturgeschichtsschreibung nach seiner Ansicht auszugehen hatte. Zugleich war dem Band eine Literaturgeschichtskonzeption abzulesen, die eine neue Sicht auf die gesamte deutsche Literatur von der Aufklärung bis zum Vormärz eröffnete. Das war eine Konzeption der deutschen Literaturgeschichte dieses Zeitraums – „von Lessings Geburt bis zu dem Tode Hegels und Schleiermachers“[256] – als eines in sich zusammenhängenden Entwicklungsprozesses, in dem die deutsche Romantik das folgerichtig letzte Stadium bildet.

Vom Erscheinen des Bandes *Das Erlebnis und die Dichtung* datiert der Beginn der Durchsetzung dieser Konzeption in der bürgerlichen deutschen Literaturgeschichtsschreibung. Dabei sind nicht nur drei der vier in dem Band zusammengefaßten Aufsätze schon sehr viel früher veröffentlicht worden. Dilthey hatte auch die Grundlinien der Literaturgeschichtskonzeption, in die er sie einfügt, bereits 1867 in seiner Baseler Antrittsvorlesung vorgetragen. In dieser Vorlesung *Die dichterische und philosophische Bewegung in Deutschland 1770–1800* hatte es bereits geheißen: „Aus einer Reihe konstanter geschichtlicher Bedingungen entsprang in Deutschland im letzten Drittel des vorigen Jahrhunderts eine geistige Bewegung, in einem geschlossenen und kontinuierlichen Gange ablaufend, von Lessing bis zu dem Tode Schleiermachers und Hegels ein Ganzes."[257]

Den Charakter dieser Bewegung, die zur Ausbildung einer neuen „Lebens- und Weltansicht" geführt habe, sieht Dilthey durch den Verlauf der deutschen Geschichte bestimmt. Zum Vergleich erinnert er daran, daß England und Spanien ihre großen dichterischen Epochen zu einer Zeit hatten, da die Herrschaft dort bereits zentralisiert war und sie zugleich das Bild einer höchst bewegten Gesellschaft boten, „getragen von großer nationaler Machtfülle, in eine Welt von Kämpfen, abenteuerlichen Schicksalen, großen Zielen des Ehrgeizes verstrickt". In der Imagination der Shakespeare und Calderon spiegele sich das ganze Ausmaß der aktiven Leidenschaften, und zwar „aufgefaßt unter dem Gesichtspunkt eines fertigen Nationalgeistes: dieser sprach aus ihren Werken in seiner Größe wie mit seinen Vorurteilen". Demgegenüber Deutschland: „ein zersplittertes Land. Kriegerische Größe nur in Preußen unter Friedrich, welcher einen mächtigen Aufschwung des nationalen Selbstgefühls hervorrief, dann aber die Richtung desselben auf Gesellschaft und Staat rücksichtslos unterdrückte. Eine Breite und Kultur der Mittelklassen, welche diesen ein geistiges Übergewicht gab, während sie sich von der eigentlichen Staatsleitung ausgeschlossen sahen. Innerhalb dieser Mittelklassen gelangen die Menschen früh in eine fertige Lebensstellung. Es gibt für sie keine großen Ziele, aber auch keinen schweren Kampf um das Dasein. So wird ihr ganzer Lebensdrang, ihre ganze Energie in den besten Jahren ihrer Kraft n a c h i n n e n g e w a n d t": Die „innere Welt" des Menschen wird die Welt der deutschen Dichter – „und zwar nicht etwa aufgefaßt unter dem Gesichtspunkt einer geschlossenen, die Nation begeisternden Welt- und Lebensansicht; es ⟨war⟩ die Literatur, welche gegenüber einem überkommenen, unbefriedigenden Vorstellungskreis diese Lebens- und Weltansicht selber hervorbrachte".[258]

Was Dilthey im selben Zusammenhang als die Ausbildung eines

auf die „Frage nach der Bestimmung des Menschen – nach dem Gehalt eines wahrhaft wertvollen Lebens, nach echter Bildung" antwortenden neuen Lebensideals charakterisiert, war in seiner Sicht das Werk von drei Generationen, von denen jede eine bestimmte Stufe verkörperte. Repräsentant der ersten ist für Dilthey Lessing. Er gilt ihm als der erste, der das, was in Deutschland „in unzähligen individuellen Strebungen sich regte, zum Charakter, zum bewußten Lebensideal in freier Weltansicht" gestaltete. An Lessing hebt Dilthey aber nun nicht den „wissenschaftlichen Gedanken", seine philosophische und ästhetische Reflexion hervor. Er geht vielmehr davon aus, daß das neue Lebensideal „seine volle und naturgemäße Verkörperung" in der „intuitiven Anschauung des Dichters" erhalten habe. Zwar mußte Lessing erst „einen langen Weg wissenschaftlicher Selbstbesinnung durchlaufen, damit er alsdann den vollendeten dichterischen Ausdruck seines Lebensideals fand". Doch seine „eindringlichste Macht" erlangte dieses Ideal eben im dichterischen Ausdruck des *Nathan*: „Wer ihn las, der empfand nicht nur, wie in Minna von Barnhelm, um sich, unsichtbar, den Atem einer neuen Zeit: er lernte sie begreifen, lernte ihr Mitbürger sein. Der Gedanke der Aufklärung ist in dem Helden dieses Schauspiels zu vollendeter sittlicher Schönheit verklärt."[259]

Lessing habe das neue Lebensideal „in einer von Spinoza und Leibniz durchdrungenen Weltanschauung" begründet. „Diese Weltanschauung ist die folgerichtige Durchführung des Gedankens der Entwicklung gegenüber dem Dualismus von Gott und Welt, von Gut und Böse, von Himmel und Hölle. In dem allumfassenden göttlichen Bewußtsein ist von der niedrigsten Form des Organischen ab die Reihen aufwärts alles stetige Entwicklung bis zum Stufengang in der religiösen Erziehung des Menschen selber. In Lessing wird aus Leibniz das historische Bewußtsein entbunden. Auf dem teleologischen oder ideellen Grunde von Leibniz erscheinen die geschichtlichen Erscheinungen als notwendige Stufen einer Entwicklung, deren Ziel Aufklärung und Vollkommenheit ist. 'Erziehung des Menschengeschlechts'." Daß der Dichter „sein Lebensideal zum wissenschaftlichen Begreifen seines Gehaltes und seiner Voraussetzungen erheben" mußte, erklärt Dilthey aus der damaligen geistigen Verfassung, „in welcher philosophische und theologische Theorien in jede Pore der Nation gedrungen waren". Diese Verfassung zwang zu der Auseinandersetzung mit den herrschenden theologischen Begriffen, in deren Verlauf Lessing „seine Analyse des mündigen vollendeten Menschen“ unternahm. Diese Analyse ist allerdings noch sehr unvollkommen. Lessing scheine zu stammeln, wo er die Sprache der Begriffe redet: „Ihm fehlte die Sprache der sittlichen Begriffe.“ Darauf führt Dilthey die Tatsache zurück, daß das – wie er meint – „weit einseitigere Lebensideal Kants das Übergewicht“ über das Lessings erhalten konnte.[260]

Nichtsdestoweniger bezieht Dilthey Goethes und auch Schillers Entwicklung unmittelbar auf Lessing. Von der Bestimmung, „dies Lebensideal und diese Weltansicht Lessings fortzugestalten“, ist die Rede, wenn Goethe und Schiller als diejenigen genannt werden, in denen „das Lebensgefühl einer zweiten Generation seinen Ausdruck“ fand. Diese Generation, die sich „unter den neuen von Klopstock und Lessing geschaffenen Bedingungen gebildet“ habe, hatte dann „den ungeheuern Eindruck von Jean-Jacques Rousseau empfangen: die Macht des aufsteigenden Naturstudiums empfunden. Durch das Zusammenwirken dieser geschichtlichen Bedingungen erhielt sie einen Anstoß über Lessing hinaus, welcher in einer vorherrschend moralischen und theologischen Epoche heraufgekommen war. Dem Geiste seiner Epoche gemäß hatte Lessing in der Aufklärung unserer Vorstellungen die hervorragendste Bedingung unserer allgemeinen Entwicklung gesehen. Nun ging man von der Bildung der Begriffe auf die elementarsten Operationen der menschlichen Seele zurück: als das wahre Subjekt der Entwicklung erschien der anschauende, seines Körpers und seiner Sinnesenergien ganz mächtige, in seinen Empfindungen sich frei bewegende Mensch.“ Das folgenreichste aber sei gewesen, daß man „in der Form und Stärke dieser elementarsten Operationen die wahre Grundlage der höchsten geistigen Leistungen“ erblickt habe – das „Genie“, das als „der allgemeine Grund aller schöpferischen Vermögen überhaupt“ gelten sollte. Die „geniale Kraft des Sentierens und Anschauens soll durch ihre Offenbarungen auch die Wissenschaft reformieren“. Winckelmann wird als derjenige bezeichnet, der zuerst „mit einer großen Leistung dieser genialen Anschauung innerhalb der Wissenschaft“ hervorgetreten sei. „Herders unendlich fruchtbare Tätigkeit ist auf dieses Verfahren gegründet ... So war also das fortgestaltete Lebensideal dieser neuen Generation das dichterisch, wissenschaftlich, sittlich produktive Genie.“[261]

Aber auch an Goethe und Schiller hebt Dilthey hervor, daß sie

„von Anfang an nicht als Dichter allein, sondern als Forscher“ erscheinen. „Sie ringen nach einer Verständigung des Menschen über sich selbst auf der Grundlage einer Anschauung des Weltganzen.“ Schiller habe dabei, „obwohl mit der Selbständigkeit einer großen Natur, doch die geschichtliche Bahn von Leibniz zu Kant“ beschrieben. Mit Kants kritischem Standpunkt habe er „die Weltanschauung gefunden, die seinen leidenschaftlichen Geist versöhnte, und stand damit am Abschluß seiner philosophischen Entwicklung“. Ganz anders „die Bahn der Forschung, welche Goethe durchlief . . . Von geologischen Studien anhebend, dann mit den organischen Formen beschäftigt, durchmaß er ein langes Leben, um endlich bei den sozialen und religiösen Erscheinungen anzulangen.“ Dilthey will darauf hinaus, daß Goethe – „voranschreitend von den festen Grundlagen der organischen Welt zu den Pflanzen, den Tieren aufwärts, dem Menschen entgegen“ – die Verfassung besaß, „in welcher die schöpferische Konzeption des neueren Pantheismus sich in ihm bildete“. Und in ihr lag für Dilthey „der Grundgedanke, welcher in den Systemen von Schelling und Hegel als die nunmehr aufgeschlossene Weltvernunft die Gemüter ergriff“: „Diese Gestalt des Pantheismus unterscheidet sich von jeder früheren desselben, indem hier der Zusammenhang dieses Weltganzen als ein Prozeß, als eine Geschichte, in welcher die Natur sich ihrer selbst bewußt wird, angeschaut ist . . . In der Konzeption Goethes lag die Anlage zu einem ganz neuen Bilde des Universums: ein Stufenreich der Entwicklung, in welchem, was in dumpfem unbewußtem Weben die Natur durchwaltet, zur Empfindung seiner selber, zum Bewußtsein seiner selbst gelangt.“[262]

An diese Konzeption schloß sich nach Dilthey der zweite für die philosophische Entwicklung folgenreiche Gedanke an – der Gedanke der „intuitiven“ oder „genialen“ Anschauung, die im Dichter wirksam ist und die die Generation Goethes auch in die Forschung einzuführen begonnen hatte. Mit dieser intellektuellen Anschauung wollte sie das „Wesen“ der Natur von ihren untersten Entwicklungsstufen bis hinauf zum Menschen in einem Denken erfassen, das „vom Synthetisch-Allgemeinen, dem Gedanken eines Ganzen, zum Besonderen fortschreitet d. i. von dem Ganzen zu den Teilen“.[263]

In dem Ideal des „mündigen, vollendeten Menschen“, der pantheistischen Weltansicht und der ihr zugeordneten intellektuellen Anschauung sieht Dilthey die Grundlagen, „welche in zwei Generationen einer dichterisch-wissenschaftlichen Bewegung für das Werk der spekulativen Denker gelegt waren, welches nun begann". Schleiermacher, Schelling und Hegel bilden für ihn die Hauptvertreter der dritten Generation in dieser Bewegung: Dilthey unterscheidet diese Generation nach zwei Gruppen. Die Entwicklung der einen Gruppe – der Berliner Romantiker – sieht er im Zusammenhang mit der durch die Aufklärung geprägten spezifischen Atmosphäre Berlins. Auf dem Boden dieser großstädtischen Gesellschaft erlangte Goethes Lebensanschauung ihre größte Wirkung. Hier trat die „Lehre vom schrankenlosen Recht der Leidenschaft ... einem nicht minder entsittlichenden praktischen Moderantismus gegenüber". Schleiermacher wird von Dilthey als derjenige genannt, der „dem, was in diesen Freiheitstendenzen von bleibendem Gehalt war", in seiner Lehre von der freien Individualität einen unvergänglichen Ausdruck gab. „Er schloß die Gestaltung der sittlichen Weltanschauung und des Lebens durch diese große Epoche ab."[264]

Lief die gesamte von Dilthey konstituierte geistige Bewegung einerseits also mit Schleiermachers Werk auf eine praktische Philosophie und Ethik hinaus, so fand sie andererseits im Wirken Schellings und Hegels – den Hauptvertretern der zweiten Gruppe – ihren Abschluß in der klassischen Gestaltung der Identitätsphilosophie. „Aus der Weltansicht Goethes, aus seiner Lehre von einer Anschauung, in welcher die Teile aus dem Ganzen verstanden werden, entwickelte sich das System Schellings ... Und zwar unternehmen nun die Systeme von Schelling und Hegel das Problem, welches Kant gestellt hatte, durch die Weltansicht zu lösen, welche Goethe geschaffen hatte. Was mir in der Erfahrung gegeben, ist nur die Welt der Erscheinungen. Diese Erscheinungen entstehen, indem die Außenwelt mir gegeben ist durch die Formen meiner Anschauung und die Funktionen meines auffassenden Verstandes. Wie sie wäre, nicht in Raum und Zeit angeschaut, nicht durch die Funktionen meines Verstandes gedacht, wie sie an sich selber wäre, ist aller Erkenntnis entzogen. Diese Lehre – sagen Schelling und Hegel – beruht auf einer Voraussetzung: der Annahme von der Heterogeneität meines erkennenden Vermögens und seines Gegenstandes. Ist aber der Geist nur die zum Bewußtsein ihrer selber gekommene Natur, ist er also identisch mit der Natur: alsdann werde ich in den Kategorien meines denkenden Vermögens zugleich die realen Kategorien der Weltentwicklung haben. Und hier erhebt sich das großartige logische Weltsystem Hegels."[265]

An dieser Konzeption hat Dilthey im Grundsätzlichen festgehalten. Sie ist in der ersten Fassung des Lessing-Aufsatzes vorgebildet und in dem Aufsatz über Goethe weiter ausgearbeitet worden. Auf ihr basieren auch noch seine Äußerungen zur deutschen Literaturgeschichte dieses Zeitraums in seinem Spätwerk, obwohl dort, wie auch in den überarbeiteten Fassungen, in denen die Aufsätze dann in dem Band *Das Erlebnis und die Dichtung* erschienen, bestimmte Akzente anders gesetzt werden.

Daß diese Konzeption erst mit *Das Erlebnis und die Dichtung* zur Wirkung kam, kann man natürlich nicht nur auf den Umstand zurückführen, daß die Baseler Antrittsvorlesung ungedruckt geblieben war, lediglich einzelne Teile daraus in die Einleitung der Schleiermacher-Monographie Aufnahme fanden. (Der vollständige Text der Vorlesung wurde erst 1924 im fünften Band der *Gesammelten Schriften* publiziert.) Ausschlaggebend dafür waren wohl die allgemeinen Bedingungen für das Wirksamwerden geistesgeschichtlicher Totalisationen. Insofern als Dilthey seine Vorstellungen vom Zusammenhang der deutschen Geistesgeschichte von Lessing bis Hegel an keiner anderen Stelle so deutlich und so detailliert dargelegt hat, bietet es sich an, auf die Baseler Antrittsvorlesung zurückzugreifen, wenn es sich darum handelt, seine Konzeption zusammenhängend darzustellen. Die Veränderungen in Diltheys philosophischem Denken, die Akzentverschiebungen in seiner Geschichtskonstruktion, die *Das Erlebnis und die Dichtung* gegenüber diesem frühen Text aufweist, dürfen dabei allerdings nicht außer acht gelassen werden.

Was war neu an dieser Konzeption? Wodurch unterschied sie sich von den Geschichtsbildern, die die Literaturhistoriker des 19. Jahrhunderts entworfen hatten? Zunächst ist es eine Konzeption, die auf den weltanschaulich-philosophischen Gehalt der Literatur orientiert und in dieser Orientierung Literaturgeschichte und Philosophiegeschichte zusammenschließt. Erstmals wird der Anteil der künstlerischen Literatur an der Entwicklung der klassischen deutschen Philosophie beschrieben, und zwar ausgehend von der These, daß bestimmte – in Diltheys Sicht – wesentliche Inhalte der klassischen Philosophie zuerst in der Literatur, die ja auch „inhaltlich wie eine neue Philosophie“ gewirkt habe, erschienen und aus ihr ins theoretisch-philosophische Denken übergingen. In der Antrittsvorlesung bezeichnet Dilthey die Systeme von Schelling, Hegel und Schleiermacher geradezu als „logisch und metaphysisch begründete Durchführungen" der „von Lessing, Schiller und Goethe ausgebildeten Lebens- und Weltansicht"[266].

Damit betraf Diltheys Konzeption natürlich vor allem die Auffassung der Philosophiegeschichte selber. Tatsächlich hatte die Philosophiegeschichtsschreibung bis dahin kaum danach gefragt, inwieweit der Entwicklungsgedanke und die durch ihn modifizierte Auffassung des Identitätsprinzips in den dialektischen Formen, in denen sie in den philosophischen Systemen Schellings und Hegels enthalten sind, inwieweit die Entwicklung des dialektischen Denkens überhaupt, durch die deutsche Literatur, insbesondere durch Goethe, vermittelt worden war. Diltheys Zeitgenossen von 1867 hatte diese Frage freilich auch wenig interessiert, da sie ohnehin die „Systeme dieser Denker als eine Kette von Verirrungen" behandelten – als „einen wüsten Traum gleichsam, den man, erwacht, am besten tue, gänzlich zu vergessen".[267] Hegel eben als „toter Hund". Die Literaturgeschichtsschreibung war durch Diltheys Konzeption allerdings nicht weniger herausgefordert. Sie sollte begreifen, daß sie eine adäquate Vorstellung der deutschen Literatur dieses Zeitraums nur erlangen konnte, wenn sie sie in ihrer Verflechtung mit der Entwicklung des philosophischen Denkens erfaßte – als Bestandteil einer Kunst, Philosophie und die Wissenschaften bis hin zur Pädagogik umfassenden geistigen Bewegung, in der der Literatur eine führende Rolle zukam.

Während die Geschichte der deutschen Literatur von Lessing bis zu den Weimarer Klassikern auch vorher schon als eine Aufstiegsbewegung konzipiert, der Abfall der Romantiker vom Kunstideal Schillers und Goethes dagegen in der Literaturgeschichtsschreibung der zweiten Hälfte des 19. Jahrhunderts als Abbruch einer Entwicklung dargestellt wurde, bietet Dilthey nun eine Konzeption an, die die Romantik in diese Bewegung integriert. Und er findet den Weg dazu eben über die Philosophie und den weltanschaulich-philosophischen Gehalt der künstlerischen Literatur. In der Antrittsvorlesung von 1867 steht das Werk der „spekulativen Denker" überhaupt im Mittelpunkt dessen, was Dilthey als das Vermächtnis der dritten – der romantischen – Generation würdigt, werden die Namen romantischer Dichter fast nur beiläufig genannt. Auch hier handelt es sich also in erster Linie um eine philosophiegeschichtliche Konzeption, in der das Erbe der klassischen deutschen Literatur und Philosophie in einem aus intellektueller Anschauung hervorgehenden organizistischen Evolutionsdenken kulminiert. Deshalb ist Schelling in dieser Konzeption die eigentliche Mittelpunktfigur der dritten Generation, kommt Hegels Philosophie nur unter dem allgemeinen Gesichtspunkt der Einheit von Geist und Natur und des Entwicklungsgedankens in Betracht. Mit dem Novalis-Aufsatz hatte Dilthey seine Konzeption der dichterisch-philosophischen Bewegung aber auch im Hinblick auf die Literaturgeschichte schon weiter ausgeführt.

In dieser Hinsicht stimmen Diltheys Intentionen weitgehend mit denen Rudolf Hayms überein, der 1870 seine große Arbeit *Die Romantische Schule* herausbrachte. Auch Haym betont den Zusammenhang der Romantik mit der Aufklärung und der Weimarer Klassik. Er kann sich dabei sogar auf einen der Wortführer der vormärzlichen Romantik-Kritik – auf Gervinus berufen, der bereits gezeigt habe, „wie sich hier überall nur schon vorhandene Keime voller entwickeln . . . wie Winckelmann und Lessing, Klopstock und Wieland da vorangingen, wo die Romantiker folgten, wie diese von der neuen Philologie getragen waren, wie über ihrem ganzen Getriebe der Geist von Schiller's Kritik, von Goethe's Dichtung, von Herder's Rezeptionsgabe, von Vossen's Übersetzungskunst schwebte"[268]. Und ähnlich wie Dilthey spricht Haym davon, daß die Romantiker „die Phantasie- und Gedankenbewegung der Goethe-Schiller'schen Poesie und der Kant-Fichte'schen Philosophie ergriffen, um sie in radikaler Entwicklung zu vollenden und fortzuleiten"[269]. In seinem Bemühen um eine Revision des Urteils über die Romantik stand Dilthey mithin auch damals schon nicht allein. Von Haym hat man jedoch den Eindruck, daß er in positivistischer Gesinnung auf dem Zusammenhang insistierte, weil er nachweisbar war, und daß er – ebenso wie später Scherer – die pauschale Ablehnung des Erbes der deutschen Romantik nicht litt, weil die Deutschen damit ihren nationalen geistigen Besitzstand selbst verkleinerten. Ein Versuch, die Romantik zu aktualisieren, war Hayms Buch keineswegs. Im Gegenteil: Weil er fest davon überzeugt war, daß die „Stimmung" seiner deutschen Zeitgenossen keinen Anlaß zu der Befürchtung gab, sie könnten sich durch die Infektion mit dem Geist der Romantik von der Erfüllung ihrer ökonomischen und politischen Aufgaben abbringen lassen, hielt er die Zeit für gekommen, „dem romantischen Wesen in rein historischer Haltung nachzugehn, das Entstehen der romantischen Schule zu erklären, den Gehalt und Werth, das Bleibende und und das Vergängliche derselben unbefangen zu würdigen"[270].

Bei Dilthey ist das anders. Auch er versichert in seiner Antrittsvorlesung zwar noch, daß er auf dem Standpunkt steht, die Philosophie solle „über Hegel, Schelling und Fichte weg auf Kant zurückgreifen“[271]. Aber die Entschiedenheit, mit der er auf die Ausbildung des organizistischen Denkens und die intellektuelle Anschauung als Hauptergebnisse der gesamten „Bewegung“ orientiert, läßt doch auf ein mehr als nur historisches Interesse schließen, wenn man die Richtung bedenkt, in der Diltheys eigenes philosophisches Denken sich entwickeln sollte. Bekanntlich handelte es sich hierbei eben um die Punkte, in denen er später in seiner Lebensphilosophie und Hermeneutik auf die geistige Bewegung um 1800 reflektierte. Was den schon vor der Antrittsvorlesung geschriebenen Novalis-Aufsatz anbetrifft, so hat Dilthey schließlich in den Anmerkungen zur Buchausgabe die aktuelle Bedeutung, die der Gegenstand damals für ihn besaß, selbst bestätigt. „Wie ich nun damals mit der ersten Idee einer Psychologie beschäftigt war, welche fähig wäre, die Geisteswissenschaften zu begründen, erschienen mir die Gedanken Hardenbergs über eine solche bedeutsam“, heißt es hier. „Und auch heute noch liegt für mich der Hauptwert seiner Fragmente für die Gegenwart in den Ideen über den großen Zusammenhang, der zu den Geisteswissenschaften führt.“ Von daher ist auch der durchgreifende Unterschied in Diltheys und Hayms Bewertung der romantischen Produktionen zu erklären. Während Dilthey „die übliche Ansicht von der Verworrenheit, Verschwommenheit, dem Dunkel und den Widersprüchen in den romantischen Schriften als unhaltbar nachweisen und zeigen wollte, daß auch das, was uns in den Fragmenten und Nachlaßstücken vorliegt, einen festen Zusammenhang habe, steht Haym jener älteren Ansicht viel näher“[272]. Dilthey nimmt demgegenüber schon im Novalis-Aufsatz eine entschiedene Umwertung auch der künstlerischen Leistungen der Romantiker vor. Wenn er sagt, daß die Generation, in der Novalis lebte – eben die dritte Generation der dichterischen und philosophischen Bewegung, die von Lessing bis zu Hegel und Schelling verlaufen soll, „drei hervorragende Dichter“ – hervorgebracht habe: Novalis, Tieck und Hölderlin,[273] dann reklamiert er für diese Dichter eine Stellung in der Literaturgeschichte, die ihnen die zeitgenössische Literaturgeschichtsschreibung noch längst nicht durchweg zuerkennen wollte.

Diltheys Hinweise – er hatte 1867 in *Westermanns Monatsheften* auch bereits einen Aufsatz veröffentlicht, „welcher die dichterische

Bedeutung Hölderlins den Lesern jener Tage nahe bringen wollte"[274] – blieben damals weitgehend unbeachtet. Nachweisbare Wirkungen auch im Hinblick auf die Revision des Romantik-Bildes erzielte Dilthey erst mit der Buchausgabe *Das Erlebnis und die Dichtung.* Er entschloß sich – laut Vorwort auf Wunsch und mit Unterstützung seiner Schüler – zu dieser Sammlung seiner Aufsätze, nachdem Ricarda Huch ihre aufsehenerregenden Abhandlungen *Blütezeit der Romantik* und *Ausbreitung und Verfall der Romantik* veröffentlicht hatte. (Sie waren 1899 und 1902 erschienen.) Lukács' Behauptung, daß Diltheys Aufsätze und Ricarda Huchs Bücher „den wichtigsten Anstoß zur Wiedergeburt der Romantik gaben"[275], kann man jedoch nur insoweit gelten lassen, als die Bücher dieser beiden Autoren für die neue Auffassung der deutschen Romantik, die sich zu Anfang dieses Jahrhunderts durchsetzte, von entscheidender Bedeutung waren. Das Interesse an diesem geschichtlichen Phänomen war jedoch bereits durch die zeitgenössische Literatur geweckt worden, der sogenannten geistesgeschichtlichen Wende in der Literaturwissenschaft war Mitte der neunziger Jahre des 19. Jahrhunderts der neuromantische Umsturz des Naturalismus vorausgegangen, wie man ihn an dem Übergang etwa Gerhart Hauptmanns von den *Webern* und dem *Biberpelz* zu *Hanneles Himmelfahrt* und der *Versunkenen Glocke* ablesen kann. Dilthey entsprach mit der Sammlung seiner Aufsätze diesem Interesse, für dessen Aufkommen ebenso wie für den nun einsetzenden Erfolg seiner Lebensphilosophie Lukács selbst an anderer Stelle tiefere Ursachen namhaft gemacht hat: die durch die gesellschaftliche Entwicklung bedingte Abkehr vom liberalen Fortschrittsoptimismus und wachsende Hinneigung zu irrationalistischen Strömungen in breiten Schichten der bürgerlichen Intelligenz.[276]

Daß auf diese Weise nicht nur zu Novalis, sondern vor allem auch zu Hölderlin ein neuer Zugang gefunden und ihr Werk in die literarische Kommunikation wieder eingeführt wurde, ist zweifellos ein wichtiger literaturgeschichtlicher Fakt. Insbesondere im Falle Hölderlins hat *Das Erlebnis und die Dichtung* offensichtlich bahnbrechend gewirkt. Dabei ist Dilthey von der schwärmerischen Romantik-Begeisterung Ricarda Huchs weit entfernt. Er reißt den Leser nicht mit, aber er lehrt ihn, Dichter wie Hölderlin oder Novalis aus ihren von der Zeiterfahrung der Weimarer Klassiker verschiedenen eigenen Lebenserfahrungen zu verstehen, und er weist ihre Werke als einen adäquaten dichterischen Ausdruck des Lebensgefühls der nachfolgenden Generation aus. Am Anfang seines Novalis-Aufsatzes hat Dilthey sein Verfahren erläutert. Er fragt nach den „Bedingungen, welche auf die intellektuelle Kultur einer Generation einwirken“ und unterscheidet zwei Faktoren: „Zunächst tritt gewissermaßen der Besitzstand der intellektuellen Kultur hervor, wie er sich zu der Zeit vorfindet, in welcher diese Generation sich ernsthaft zu bilden beginnt. Indem sich das heranwachsende Geschlecht des angesammelten geistigen Gehalts bemächtigt und von ihm aus fortzuschreiten sucht, befindet es sich dabei unter den Einflüssen des zweiten der Faktoren, in welche wir die Bedingungen zerlegen: des umgebenden Lebens, tatsächlicher Verhältnisse, gesellschaftlicher, politischer, unendlich vielartiger Zustände. Damit werden nun den Möglichkeiten weiterer Fortschritte, die von jeder früheren Generation aus sich darbieten, bestimmte Grenzen gezogen.“ Die Bedingungen enthalten jedoch „nicht den vollen Erklärungsgrund intellektueller Phänomene. Vielmehr ist das Verhältnis dieses, daß sich nur unter ihnen, das heißt unter ihrer Voraussetzung, die Bildung einer Reihe von Individuen vollzieht, welche der geistigen Kultur einer Zeit ihren Charakter geben.“ Dilthey fragt dann weiter, ob wir uns „hiermit ... nun ganz der Willkür der schaffenden Natur [übergeben], aus deren rätselhaftem Schoße die Individuen in einer bestimmten Auswahl und Reihenfolge sich erheben“ oder ob in den Bedingungen doch eine Bestimmung liege, und er beantwortet diese Frage für sich und seinen Gegenstand: „Mit bescheidenster Vorsicht können wir diese Bestimmung wenigstens in negativer Form hinstellen, als Grenze. Die Bedingungen schließen die Variabilität dessen, was sich bildet, in bestimmte Grenzen ein.“[277]

Die konzeptionelle Begründung, die Dilthey für seine Neubewertung der Romantik gab, veränderte allerdings die Sicht auf die ganze Entwicklung der neueren deutschen Literatur. Die gesamte geistige Bewegung, die in Diltheys Konzeption in der Romantik sich vollendet, wird – wie wir gesehen haben – in gewisser Weise auf die Romantik hin konstruiert. Zwar geht Dilthey von Lessing aus und nicht, wie die folgenden Vertreter der deutschen Geistesgeschichte, von Hamann und Herder, und es ist gewiß kein romantisiertes Lessing-Bild, das er bietet. Auch mit der Legende von der „Ungeschichtlichkeit“ der Aufklärung und der Entbindung des historischen Bewußtseins durch die Romantik konnte man sich nicht auf ihn berufen, der eben Lessing dieses Verdienst zuschrieb. Wenngleich damit das geschichtliche Denken immerhin eine Errungenschaft der deutschen Aufklärung bleibt – eine Auffassung, die die deutsche Germanistik gegenüber der internationalen Aufklärungsforschung, die die Entwicklung der Geschichtskonzeptionen etwa von Montesquieu bis Condillac untersucht, ebenfalls hat nicht aufrechterhalten können und die Dilthey in seiner Abhandlung *Das achtzehnte Jahrhundert und die geschichtliche Welt* später noch selbst korrigiert hat.[278] Aber Dilthey hebt schon bei Lessing und ausgerechnet bei ihm, dem traditionell die Anstrengung nachgesagt wurde, die ihn seine poetische Produktion eingestandenermaßen kostete, die „intuitive Anschauung des Dichters" hervor, in der das neue Lebensideal seine „eindringlichste Macht" erhalten habe. Über die zentrale Rolle, die in Diltheys Konzeption die vom Gedanken der organischen Entwicklung getragene pantheistische Weltsicht Goethes und Schellings intellektuelle Anschauung als Resultate der gesamten Bewegung erhielten, ist ausführlich gesprochen worden. Daß Dilthey so entschieden Lessing und nicht Herder an den Anfang stellte, korrespondiert im übrigen mit der pantheistischen Interpretation seiner Weltanschauung. Wird der Hauptinhalt der Bewegung so bestimmt, dann muß einen die Zurücksetzung Wielands und der gesamten sogenannten Spätaufklärung nicht mehr verwundern, erklärt sich auch, warum die Ausführungen über Kant, Schiller und Fichte in Diltheys Vorlesung so knapp ausfallen.

Nun wird die Rolle, die die Anwendung des Begriffs des tätigen Subjekts auf die Naturauffassung in der klassischen deutschen Philosophie beim Übergang vom subjektiven zum objektiven Idealismus gespielt hat, auch in der marxistischen Philosophiegeschichtsschreibung betont. Daß der Pantheismus, wie er durch die Spinoza-Rezeption Lessings, Goethes und Schellings vermittelt wurde, für die Auffassung der Natur als „ursprünglicher Produktivität", für die Konzeption der Einheit von Natur und Mensch und damit für die Herausbildung einer dialektischen Entwicklungskonzeption von großer Bedeutung war,[279] ist ebenfalls nicht strittig. Und auf die intellektuelle Anschauung reflektiert nicht nur die philosophische Hermeneutik. Ungeachtet des irrationalistischen und aristokratischen Charakters, der Schellings Erkenntnislehre angelastet wird,[280] schreibt man dem Prinzip der intellektuellen Anschauung auch eine wichtige Funktion in der Entwicklung des dialektischen Denkens zu.

Bei Dilthey erscheinen die von ihm hervorgehobenen Resultate der

Bewegung jedoch eben nur unter dem Aspekt ihrer Einmündung in die Romantik, für die dann in *Das Erlebnis und die Dichtung* überdies nicht mehr der junge Schelling, sondern Novalis repräsentativ eintritt. Dem entspricht, daß Dilthey in seiner Antrittsvorlesung verbal Hegel unter die Romantiker subsumiert, faktisch aber vor ihm stehenbleibt. Mit Hegel statt Schelling als Zentralgestalt der „dritten Generation" hätte sich der historische Stellenwert dieser Resultate so nicht bestimmen lassen. Und an der Stellung Hegels wird, wenn man Diltheys Konzeption etwa mit dem philosophiegeschichtlichen Abriß vergleicht, den Friedrich Engels in *Ludwig Feuerbach und der Ausgang der klassischen deutschen Philosophie* [281] gegeben hat, auch exemplarisch der Gegensatz deutlich, in dem diese Konzeption zu der Art und Weise steht, in der der wissenschaftliche Kommunismus sich zum Erbe der Aufklärung und der klassischen deutschen Philosophie in Beziehung setzt.

Dilthey hat mit seiner Konzeption dieses entwicklungsgeschichtlichen Zusammenhangs die traditionelle Bewertung nicht nur der literarischen Romantik, sondern des gesamten Gangs der neueren deutschen Literatur außer Kurs gesetzt. Seit dem Vormärz war nicht erst den Romantikern, sondern schon Goethe und Schiller vorgeworfen worden, daß sie sich von den wirklichen Zuständen in Deutschland abgewandt hätten. Von liberalen Ideologen wie Julian Schmidt und Gustav Freytag wurde nach 1848 bei Goethe und Schiller zwar nicht mehr das politische Engagement vermißt, nach wie vor aber die Flucht in eine „fremde Kunstwelt" und ein „übersteigerter Idealismus" bemängelt, durch den die Deutschen von der Erfüllung der anstehenden praktischen Aufgaben abgelenkt worden seien.[282] Julian Schmidt bekämpfte aus dieser Einstellung heraus auch noch die fortschreitende Kanonisierung deutscher Literatur um 1800 zu einer deutschen Klassik, weil er die Orientierung des kulturellen Bewußtseins auf ein so geartetes Erbe für nationalpädagogisch schädlich hielt. Er konnte sich zwar, selbst im liberalen Lager, nicht gegen diejenigen durchsetzen, die das literarische Erbe von Lessing bis zu Schiller und Goethe eben im Sinn der nationalen Identitätsfindung des deutschen Volkes propagierten. Aber auch sie beklagten die Einseitigkeit, mit der die Deutschen ihre geistigen Energien auf Philosophie und Literatur lenkten. Das ganze Jahrhundert hindurch, seit dem Vormärz, war diese Haltung als korrekturbedürftig erschienen. Diltheys Konzeption der dichterisch-philosophischen Bewegung geht ebenfalls davon aus, daß die Energie der deutschen Intelligenz „nach innen gewandt“ war. Dilthey erklärt das nüchtern sozialhistorisch aus der Lage der bürgerlichen Mittelschichten unter den damals in Deutschland herrschenden politischen Zuständen. Er stellt ebenso sachlich fest, daß in dieser sozialhistorisch bedingten Introversion der deutschen Intelligenz, in deren Orientierung auf die „Umgestaltung der inneren Welt“ des Menschen der hervorstechendste Unterschied in der Entwicklung des geistigen Lebens um 1800 zwischen Deutschland und den westeuropäischen Nachbarländern lag. Und er konstatiert – dies nun allerdings mit Emphase – als Resultat dieses Weges „nach innen“ Leistungen auf dem Gebiet der Dichtung und der Philosophie, mit denen Deutschland die führende Rolle im europäischen Geistesleben erlangte und die auf ganz Europa ausstrahlte.

Betrachtet man Diltheys Konzeption im ganzen, dann sieht man auf einen Blick, daß sie das Denkmuster schon fast vollständig ausgebildet enthielt, nach dem dann, im Anschluß an *Das Erlebnis und die Dichtung* bürgerliche deutsche Literaturhistoriker die deutsche Literaturgeschichte konstruierten. Während *Das Erlebnis und die Dichtung* so einerseits wichtige Impulse für anspruchsvolle und ergebnisreiche literaturwissenschaftliche Untersuchungen gab, wie sie in der Folgezeit etwa von Rudolf Unger, Oskar Walzel oder Hermann August Korff geleistet wurden, bot es andererseits auch die Ansatzpunkte für die bekannten geistesgeschichtlichen Mystifikationen, von denen auch die Arbeiten der zuletzt genannten Autoren nicht frei blieben. Was Dilthey – jedenfalls der junge Dilthey – noch sozialgeschichtlich zu erklären versucht hatte, wurde im Sinne einer reaktionären – Rationalität und Politik abwertend ausgrenzenden – Neubestimmung der nationalen Identität typologisch fixiert: die „deutsche Innerlichkeit“ als ein Wesensmerkmal des Nationalcharakters und als eine Tugend. Romantischer Irrationalismus und Intuitionismus als ihr entsprechender eigenartiger Ausdruck des „deutschen Geistes“. Die ganze von Dilthey konzipierte dichterisch-philosophische Bewegung als die „Deutsche Bewegung“, in der der „Geist der Romantik“, der „deutsche Geist“, zum Durchbruch kommt und sich Weltgeltung verschafft – so etwa dann bei Fritz Strich und, natürlich vor allem bei denjenigen Vertretern der Geistesgeschichte, die sich dem deutschen Faschismus annäherten und die geistesgeschichtliche Typologie rassenbiologisch „untermauerten“.

Daß Diltheys Buch Ansatzpunkte für eine solche Geschichtslegende gab, läßt sich nicht einfach als ein Mißverständnis abtun. Um eine tendenziöse typologische Auslegung seines Denkmusters handelte es sich gewiß, aber auch, wenn man das einwendet, hat man zu beachten, daß Dilthey in seinem historischen Relativismus das typologische Denken selbst auf den Weg gebracht hat. Die problematischen Wirkungen dieses Buches sollte man nicht vergessen, wenn man heute feststellt, daß die darin vereinigten Aufsätze nichtsdestoweniger immer noch zu den eindringlichsten und ansprechendsten literarischen Porträts gezählt werden können, die wir von Lessing, Goethe, Novalis und Hölderlin besitzen. Das trifft auch für die Einleitung *Gang der neueren europäischen Literatur* zu, von der Werner Krauss schreibt, daß die „wenigen Seiten", auf denen Dilthey hier „die Konturen der abendländischen Literaturgeschichte" zieht, zum „Stärksten" gehören, „was er in solcher Gedrängtheit eines langen Prozesses je darzustellen vermochte".[283] Überdies enthalten die Abschnitte über die dichterische Phantasie im Goethe-Aufsatz eine Reihe von Hypothesen, mit denen die Psychologie bis heute arbeitet und die auch von der Ästhetik – auch der marxistischen –, sofern sie die psychischen Voraussetzungen und Bedingungen der Kunstproduktion und -rezeption in ihren Aufgabenbereich einbezieht, übernommen worden sind. Man könnte diesen Feststellungen Lukács' Urteil hinzufügen, daß Dilthey, je näher er an den konkreten historischen Gegenstand herankommt, desto mehr seine philosophischen Grundüberzeugungen vergessen läßt.[284] Doch der kritischen Aneignung dieses Erbes dienen solche Berufungen nicht, die geeignet sind, Unterschiede einzuebnen und Gegensätze zu verwischen.

Schließlich darf, wenn von der Wirkung dieses Buches die Rede ist, die formale Qualität der Aufsätze nicht vergessen werden. Dilthey führt hier den literaturwissenschaftlichen Diskurs in den Formen des Essays. In essayistischer Form war über Literatur bisher hauptsächlich von Schriftstellern und Kritikern geschrieben worden. Die vom Positivismus geprägte akademische Literaturgeschichtsschreibung hatte demgegenüber traditionell Wert darauf gelegt, ihren Diskurs von dem der Literaten abzuheben, indem sie die Subjektivität des Schreibers hinter die Tatsachenfeststellung zurücknahm und die mitgeteilten Sachverhalte eigentlich auch nicht interpretieren wollte. Natürlich haben auch die positivistischen Historiker ständig interpretiert; und die Literaturhistoriker konnten die angestrebte Objektivität schon deswegen nicht erlangen, weil keine Literaturgeschichte jedes überlieferte Druckerzeugnis aufnehmen kann, sondern schon in der Materialaufnahme selektiv verfährt, die Relevenzkriterien, nach den die Selektion bei den Positivisten erfolgte, jedoch – wie sich leicht nachweisen läßt – differierten. Sie wurden von individuell unterschiedlichen ästhetischen und politischen Wertvorstellungen unterschiedlich bestimmt. Aber man führte den literaturwissenschaftlichen Diskurs, als ob man die angestrebte Objektivität erlangt hätte, was sich in der betont sachlichen, absichtlich kunstlosen Form der Darstellung und in dem autoritativ explizierenden Gestus der Sprache vieler positivistischer Literaturhistoriker niederschlug. Die in dem Band *Das Erlebnis und die Dichtung* zusammengefaßten Aufsätze können es dagegen im Hinblick auf ihre ästhetische Qualität mit den zeitgenössischen „Dichter-Essays" aufnehmen. Daß der Ausbildung dieses essayistischen Diskursstils bei Dilthey dessen erkenntnistheoretischer Standpunkt und das davon abgeleitete hermeneutische Herangehen an den Gegenstand entgegenkam, ist evident. Auch die Einführung dieses Diskursstils in die Literaturwissenschaft war in ihren Folgen zwiespältig. Der literaturwissenschaftliche Diskurs ging bei einigen Vertretern der Geistesgeschichte – man denke etwa an den jungen Herbert Cysarz – in einen Vortrag über, in dem nicht mehr argumentiert und erörtert, sondern eine Auffassung des Gegenstandes in aneinandergereihten Metaphern verbildlicht wurde. Der Sprachgestus solcher Texte war in seinem an Nietzsche oder George erinnernden Verkündigungspathos zumeist nicht weniger autoritär als der der positivistischen Belehrungen. Aber auch wenn die philosophischen Voraussetzungen, die Dilthey der deutschen Geistesgeschichte gab, diese Deszendenz ihres Diskurses als durchaus folgerichtig erscheinen lassen, bleibt im Hinblick auf die Arbeiten einiger geistesgeschichtlich orientierter Literaturwissenschaftler festzustellen, daß sie nicht zwangsläufig war. Und an dem, was Dilthey selbst über Kunst und Literatur und Geschichte geschrieben hat, beeindruckt jedenfalls noch immer auch die Art, in der hier eine strenge Sachlichkeit des Gedankens und die differenzierteste Auffassung des Gegenstandes mit der größten Plastizität und Anschaulichkeit der Darstellung zusammengehen und in der ein Autor mit profunden und umfassenden Kenntnissen in bestimmten und begründeten Aussagen zugleich die Vorläufigkeit seiner Erkenntnisse und die Fehlbarkeit seiner Schlußfolgerungen zu erkennen gibt.

Epochengliederung. Stil

Das Periodisierungsproblem in der Geschichte der Literaturgeschichtsschreibung

Jahrhundertelang wurden die Daten der Literatur- und Kunstgeschichte gesammelt, ohne daß es den Chronisten in den Sinn kam, die kontinuierlich verlängerte Reihe der Namen und Ereignisse nach anderen als den vorgegebenen chronologischen Maßstäben abzuteilen und etwa im modernen Sinne zu periodisieren. Dazu bestand auch gar keine Veranlassung, solange man jede neue Produktion an den Normen maß, die dem Erbe der griechisch-römischen Antike abgezogen waren. Mit der Besinnung auf dieses Erbe hatte die Renaissance – jedenfalls für den Bereich der humanistischen Bildung, der Literatur und der Künste – zwar schon die zwei Zäsuren gesetzt und also die drei Epochen erhalten, die das Minimum für jede Prozeßdarstellung der Geschichte sind.[285] Wallace K. Ferguson schreibt: Mit der Metapher der Rinàscita hatten die italienischen Humanisten „in diesem beschränkten Bereich die Grundlagen für die dreifache Periode" gelegt, „die die Geschichte Europas einteilte und [die] der konventionelle Rahmen bleiben sollte, auf den man sich im Laufe der folgenden Jahrhunderte bezog".[286] Ursula Link-Heer weist in einer 1985 erschienenen Studie[287] darauf hin, daß mit Vasaris Biographiensammlung auch in der Renaissance selbst bereits der Ansatz gemacht wurde, Geschichte – hier die Geschichte der Zeichenkünste (arte del disegno) – als einen Entwicklungsprozeß zu beschreiben, der einen Ausgangspunkt hat – die Wiedereinsetzung des antiken Vorbilds durch Cimabue und Giotto – und über verschiedene Stufen zu einem Höhepunkt – der Kunst des Michelangelo – führt. Link-Heer wertet den Entwurf dieses Vasaris Buch zugrunde liegenden „Epochenkonzepts" als eine „Totalisierungsleistung", die im Wortsinne ein „epochemachendes Ereignis" war".[288] Dennoch kann auch die Kunstgeschichtsschreibung kaum für sich in Anspruch nehmen, daß sie seit Vasari generell in Entwicklungszusammenhängen gedacht hätte. Der Literaturgeschichte jedenfalls fehlten solche „Epochenkonzepte“ bis ins 18. Jahrhundert. Geläufig war statt dessen die Reprojektion der antiken Zeitalter-Vorstellungen auf die vorbildliche römische Literatur, die Auffassung ihrer Geschichte als einer Verfallsgeschichte, ausgedrückt in der Metapher des Abstiegs von der „goldenen“ und „silbernen“ Latinität. Auf diese Metapher wurde noch Ende des 19. Jahrhunderts von manchen Literaturhistorikern auch zur Einteilung der neueren deutschen Literatur zurückgegriffen. Natürlich war das nur mehr eine façon de parler, die die Kanonisierung eines bestimmten Corpus deutscher Literatur um 1800 zu einer deutschen Klassik voraussetzte und die insbesondere von Autoren gebraucht wurde, denen an der literaturgeschichtlichen Würdigung bestimmter Schriftsteller der zweiten Hälfte des 19. Jahrhunderts gelegen war: an der Anerkennung des geschichtlichen Zeitraums zwischen 1848 und 1871 als eines – immerhin – „silbernen“ Zeitalters der neueren deutschen Literatur. Soweit aber hinter dieser Redeweise keine tiefergehenden Überlegungen zur Epochengliederung erkennbar sind, kann man sie doch wohl als Ausdruck dafür ansehen, wie wenig problematisch die Periodisierung ihres Gegenstandes auch diesen Literaturhistorikern noch gewesen ist. Nichtsdestoweniger datiert die Problematik – nach weithin übereinstimmender Auffassung – von der Einführung des Entwicklungsgedankens in den literaturgeschichtlichen Diskurs, wofür in der Regel die Querelle des Anciens et des Modernes unter den französischen Schriftstellern des ausgehenden 17. Jahrhunderts als Beginn angenommen wird.

Literaturgeschichte in Entwicklung zu sehen bedeutete im 18. Jahrhundert zunächst noch ebensowenig wie bei Vasari die Verabschiedung der antiken Muster. Zwar zeichnet sich eben die berühmte Querelle in der französischen Literatur dadurch aus, daß in ihr bereits die Berechtigung zur Normüberschreibung postuliert wird. In Deutschland orientierte man sich aber bis über die Jahrhundertmitte hinaus noch am französischen Klassizismus. Die Zukunftsorientierung, die der deutschen Literatur – etwa bei Gottsched – gegeben war, ist zunächst nichts anderes als die Orientierung auf ein Vorbild gewesen, das als die vollkommenste Annäherung an die antiken Muster galt. Erst mit Lessing und Herder begann sich in Deutschland die Überzeugung durchzusetzen, daß der zeitgenössische Schriftsteller diese Orientierung nicht beibehalten konnte, daß er die alten Normen überschreiten mußte. Es entstanden die großen Entwürfe einer Theorie der modernen Literatur bei Schiller, Friedrich Schlegel und Hegel. So weit sie auch voneinander differierten, sie stimmen darin überein, daß sie das notwendige Anderssein der modernen Literatur geschichtsphilosophisch zu begründen versuchen. Von den entwicklungsgeschichtlichen Konzeptionen, wie wir ihnen seit Herder in Deutschland begegnen, läßt sich also sagen, daß sie für die künstlerische Innovation offen waren und daß die Literatur von ihnen aus nicht mehr nach dem Maß ihrer Entfernung von der ursprünglichen Vollendung zu bewerten, sondern in einem Prozeß zu beschreiben war, für dessen Konturierung die geschichtlichen Daten erst gefunden werden mußten. Dabei wurde die Individualität und Originalität des Neuen, seine Differenz vom Vorhergehenden zunehmend als Selbstwert gesetzt. Und man kann sagen, daß die entwicklungsgeschichtliche Literaturgeschichtsschreibung, wie sie sich in der ersten Hälfte des 19. Jahrhunderts in Deutschland herausbildete, auf Geschichtsphilosophie bezogen war.

Hinzukommt aber noch ein Drittes: Zum Erbe des klassisch-romantischen literaturtheoretischen Denkens gehörte auch das Konzept der Autonomie der Kunst. Es hat in der Auseinandersetzung mit diesem Erbe bis 1848 wie auch in unserem Jahrhundert eine zentrale Rolle gespielt. Die Auseinandersetzung stand von Anfang an unter der Frage des Verhältnisses von Literatur und Politik. Hauptsächlich unter politisch-moralischem Gesichtspunkt wurde das Autonomiekonzept daher auch in der Literaturgeschichtsschreibung seit dem Vormärz thematisiert. Daß das Konzept, aus welchen individuellen Haltungen zu den aktuellen Zeitfragen es auch entstanden sein mochte und wie problematisch seine Wirkung in der Zeit auch war, einen objektiven Sachverhalt zum Ausdruck brachte, den man heute mit Formeln wie der von der Ausdifferenzierung der „schönen Literatur" als eines eigenen kulturellen Systems umschreibt, kam kaum zur Sprache. Aber obwohl dieses Bewußtsein anscheinend meistens fehlte, konnte doch gezeigt werden, daß die Literaturgeschichtsschreibung im Begriff war, jedenfalls für die neuere Zeit, bestimmte Textsorten aus ihrem Objektbereich auszuscheiden, wenn auch in einer ganzen Reihe von Literaturgeschichten Philosophen und Historiker noch lange mitgeführt werden. Die Ausdifferenzierung der Kunstliteratur als eines eigenen Systems der gesellschaftlichen Kultur war offensichtlich eine erfahrbare Tatsache, andererseits gingen

– im Kapitel über den Literaturbegriff wurde bereits darauf hingewiesen – im selben Zeitraum tiefgreifende Veränderungen innerhalb der poetischen Gattungen vor sich, fand eben damals jene epochale Umschichtung im Gattungsgefüge statt, die vor allem durch das Vordringen des Prosaromans gekennzeichnet ist. Das heißt: Was sich als Kunstliteratur gegenüber anderen Textsorten verselbständigte, war mit den traditionellen Poesie-Auffassungen nicht mehr abzudecken. Der Literaturbegriff war schwankend geworden. Das Problem der prozessualen – entwicklungsgeschichtlichen – Literaturgeschichtsschreibung, um die es hier geht, bestand somit darin, daß sie die Klasse historischer Daten, denen die Kriterien der Periodisierung entnommen werden sollten, erst festlegen und dann diese Daten gegeneinander abwägen mußte, dabei jedoch über ihren Objektbereich sich nicht klar war. Das Problembewußtsein war zwar größtenteils nur schwach entwickelt, eine gewisse Unsicherheit ist jedoch nicht zu übersehen.

Soll nun auf die Frage näher eingegangen werden, wie die Literaturgeschichtsschreibung in Deutschland seit der ersten Hälfte des 19. Jahrhunderts mit dem Problem umgegangen ist, erscheint es mir geraten, sich zunächst noch einmal zu vergegenwärtigen, was deren geschichtsphilosophische Fundierung – oder sagt man besser: Abkunft? – mit sich brachte. Der Geschichtsphilosophie verdankt diese Disziplin zweifellos, daß sie ihren Gegenstand von Anfang an in einem – im einfachen Wortsinn – geistesgeschichtlichen Zusammenhang gesehen, nein: daß sie diesen Zusammenhang der Literatur mit dem philosophischen, religiösen und politischen Denken so beständig im Auge behalten hat. Die Literaturgeschichtsschreibung war vom Vormärz bis ins 20. Jahrhundert hinein vorwiegend Ideengeschichte oder auf Ideengeschichte ausgerichtet. Diese Ausrichtung entsprach natürlich auch der gesellschaftlichen Funktion, die die Literaturgeschichtsschreibung in Deutschland zu erfüllen hatte: Sie entsprach deren Rolle bei der nationalen Identitätsfindung und Traditionsbestimmung. Aber sie erschöpfte sich nicht darin. Sie hat der Literaturgeschichtsschreibung über lange Zeit auch einen Horizont offen gehalten, den die streng positivistischen und neopositivistischen Fachvertreter gar nicht mehr anzuvisieren imstande waren. Die heute so beliebte Markierung des geschichtsphilosophischen Erbteils der deutschen Literaturgeschichtsschreibung als ihres Geburtsfehlers ist tendenziös, auch wenn es stimmt, daß die Literaturgeschichtsschreibung aufgrund dieses Erbteils eben mit ihrer Periodisierung die geschichtsphilosophischen Konstruktionen so lange weiter getragen hat und daß ihre Schwierigkeiten, den eigenen Objektbereich abzugrenzen, dadurch noch vergrößert wurden.

Besieht man sich also die Literaturgeschichten seit Gervinus' *Geschichte der poetischen National-Litteratur der Deutschen*[289] auf die von ihnen gebildeten Epochensequenzen hin, dann springt für die erste Zeit die Unterschiedlichkeit der Periodisierungsvorschläge und das noch weitgehende Fehlen der uns heute geläufigen literaturgeschichtlichen Epochenbegriffe ins Auge. Deutlich wird eine gewisse Anlehnung an die Daten der politischen Geschichte, was der Durchsetzung der politisch-geschichtlichen Paradigmen im Zeitalter des bürgerlichen Nationalismus in allen historischen Gesellschaftswissenschaften entspricht. So periodisiert Hettner z. B. das erste und zweite Buch seiner *Geschichte der deutschen Literatur im achtzehnten Jahrhundert*[290]: *Vom westfälischen Frieden bis zur Thronbesteigung Friedrichs des Großen (1648–1740)* und *Das Zeitalter Friedrichs des Großen.* Aber selbst er, bei dem diese politisch-geschichtliche Periodisierung als Prinzip eingeführt zu sein scheint, führt sie nicht konsequent durch, sondern leitet sie unversehens in eine autonom literaturgeschichtliche über. Die Sequenz lautet bei ihm: *Von der Thronbesteigung Friedrich des Großen bis zum Beginn des Siebenjährigen Krieges (1740–1756)* und *Vom Beginn des Siebenjährigen Krieges bis zur Sturm-und-Drang-Periode*, während das dritte Buch dann ganz unter der Überschrift *Das klassische Zeitalter der deutschen Literatur* steht und in *Die Sturm-und-Drang-Periode* und *Das Ideal der Humanität* unterteilt ist. Demgegenüber versucht schon Gervinus, obwohl für ihn die Abhängigkeit der Literaturgeschichte von der politischen Geschichte feststeht, eine durchgehend literaturgeschichtliche Periodisierung, die auch „Epocheninhalte“ bestimmt: *Die Dichtung in den Händen der Geistlichkeit; Übergang zu der ritterlichen Poesie der staufischen Zeit; Blüte der ritterlichen Lyrik und Epopöe; Verfall der ritterlichen Dichtung und Übergang zur Volkspoesie; Aufnahme der volksthümlichen Dichtung; Rücktritt der Dichtung aus dem Volk unter die Gelehrten; Eintritt des Kunstcharakters der neueren Zeit; Wiedergeburt der Dichtung unter den Einflüssen der religiösen und weltlichen Moral, und der Kritik; Umsturz der konventionellen Dichtung durch Verjüngung der Naturpoesie; Übersicht der schönen Prosa (Romanliteratur); Schiller und Goethe; Roman-*

tische Dichtung. Lediglich für die Literatur der alten Zeit *(Dichtung in den Händen der Geistlichkeit)* bedient sich Gervinus des dynastiengeschichtlichen Rasters zur Untergliederung *(Karolingische Zeit; Ottonische Zeit; Die Zeiten der salischen Kaiser).* Vorwiegend literaturgeschichtlich gedacht ist auch die ziemlich schematisch erscheinende Epochensequenz Vilmars: *Älteste Zeit (bis 1150); Alte Zeit (1150–1624); Neue Zeit (1624–1832)* – die „alte" und die „neue" Zeit zu je drei Perioden: 1150–1300; 1300–1517; 1517–1624 und 1624–1720; 1720–1760; 1760–1832[291]. (1624 erschienen Martin Opitz' *Teutsche Poemata* und sein *Buch von der Deutschen Poeterey.*) Ähnliches gilt für Menzel. Er periodisiert (in der „Neuen Ausgabe" seiner *Geschichte der deutschen Dichtung*[292]) die neuere Literaturgeschichte folgendermaßen: *Verwilderung im Reformationszeitalter; Die Renaissance; Die Natürlichkeitsperiode; Die Sturm-und-Drang-Periode; Romantik; Die jüngste Dichtung.* Im Abschnitt *Die Sturm-und-Drang-Periode* wird die gesamte deutsche Literatur von Lessing bis zu Hölderlin und Jean Paul abgehandelt, Goethe in den Unterabschnitten *Die Kraftgenies* und *Die Poesie des Egoismus.* Demgegenüber hat Vilmar einen Unterabschnitt *Goethes und Schillers Nachfolger,* der von Klinger bis zur Schwäbischen Schule reicht. Der Begriff der „Romantischen Schule" erscheint darin nur als einzelnes Stichwort. Ebenso findet sich der Begriff des „Sturm und Drang" bei ihm nur in dem Stichwort „Die Sturm-und-Drang-Dramatiker", das an anderer Stelle steht. Scherer[293] schließlich kombiniert wieder politisch-geschichtliche und literaturgeschichtliche Perioden. Die neuere Literaturgeschichte gliedert er in *Reformation und Renaissance (1517 bis 1648), Die Anfänge der modernen Litteratur (1648–1740), Das Zeitalter Friedrichs des Großen, Weimar (Goethe und Schiller)* und *Romantik.* Die „Sturm-und-Drang-Dramatiker" stehen bei Scherer im letzten Abschnitt des Kapitels *Das Zeitalter Friedrichs des Großen* unter der Überschrift *Die litterarische Revolution und die Aufklärung.*

Das sind nur einige Beispiele, die aber schon deutlich erkennen lassen: Es herrscht weitgehende Übereinstimmung über eine Reihe von „Einschnitten". Daß z. B. mit der Reformation auch eine neue Epoche der deutschen Literaturgeschichte begann, wird von fast allen Autoren angenommen. Die Begriffe von Aufklärung, Sturm und Drang und Romantik werden verwendet, jedoch noch keineswegs übereinstimmend als Epochenbegriffe. Wer sich wundert, daß Aufklärung und Sturm und Drang bei mehreren Autoren, nicht nur bei Hettner und Scherer, unter dem Epochenbegriff „Zeitalter Friedrichs des Großen" stehen, muß daran erinnert werden, welche große Bedeutung schon Goethe ausgerechnet diesem König für die Entwicklung der deutschen Literatur zugeschrieben hatte (im Literaturgeschichtskapitel von *Dichtung und Wahrheit*[294]). Die Auffassung, daß die Zeit um 1800 das klassische Zeitalter der deutschen Literatur gewesen sei, verbreitet sich seit den dreißiger Jahren des 19. Jahrhunderts, seit damals werden Goethe und Schiller immer häufiger als Klassiker apostrophiert. In diesem Begriff überwiegt aber noch lange die Bedeutung des Vorbildlichen, Mustergültigen, und eben deswegen stößt die Auffassung von einer deutschen Klassik auch noch lange auf den erbitterten Widerstand insbesondere von religiös-patriotischen oder konfessionellen Literaturgeschichtsschreibern wie Menzel oder Vilmar, aber auch von Nachmärz-Liberalen wie Gustav Freytag und Julian Schmidt.[295] Schließlich gewinnt man den Eindruck, daß die ganze Periodisierung für viele Autoren bis auf Scherer eher eine pragmatische Frage war, wie man Komplexe bilden und also die Stoffmassen ordnen könne. Dafür spricht die Weiträumigkeit der von vielen Autoren gebildeten Epochensequenzen, innerhalb derer dann systematisch (nach literarischen Zentren, Landschaften und Gattungen) gegliedert wurde. Erst mit Scherers „Wellentheorie"[296] wird eine quasi naturgesetzliche Epochensequenz hypostasiert.

Angesichts der fortdauernden Unterschiedlichkeit der Periodisierung und der Uneinheitlichkeit der verwendeten Epochenbegriffe wurden auch Versuche unternommen, zu einer politisch-geschichtlichen Gliederung zurückzukehren oder das Problem durch ein rein annalistisches Verfahren zu umgehen. Richard Moritz Meyer[297] gliedert die Literaturgeschichte einfach nach den Dezennien. Von größerer Bedeutung war Friedrich Kummers Versuch einer *Deutschen Literaturgeschichte des 19. Jahrhunderts, dargestellt nach Generationen* (1909).[298] Unter einer „Generation" verstand Kummer „alle etwa gleichzeitig lebenden Menschen, die aus den gleichen wirtschaftlichen, politischen und gesellschaftlichen Zuständen hervorgegangen sind und daher" – wie er meinte – „mit verwandter Weltanschauung, Bildung, Moral und Kunstempfindung ausgestattet" sein sollten.[299]

Auf die Generation als Gliederungsprinzip kam die geistesgeschichtlich orientierte Literaturwissenschaft in den zwanziger Jahren zurück, und zwar – wie Jost Hermand vermerkt[300] – im Verein mit den anderen gesellschaftswissenschaftlichen Disziplinen: *Das Problem der Generation* – so lautet der Titel eines Aufsatzes Karl Mannheims von 1928[301] – beschäftigte damals gleichermaßen Kunst-, Musik- und Literaturhistoriker. Die Literaturwissenschaft (Cysarz, Petersen) berief sich dabei allerdings nicht auf Kummer (obwohl Petersen[302] ihn erwähnt), sondern vor allem auf den Kunsthistoriker Wilhelm Pinder *(Das Problem der Generation in der Kunstgeschichte Europas*[303]*)*, und sie wollte mit der Einführung der Generationen oder „Altersformen" als Gliederungsprinzip auch nicht mehr die vorhandenen Epochenbegriffe beiseite schieben, sondern – im Gegenteil – sie weiter ausbauen. Sie wurden quasi im natürlichen Leben der Menschheit verankert (Pinder sprach vom Versuch einer „geisteswissenschaftlichen Biologie") und zugleich differenziert oder – mit Cysarz zu reden – „dynamisiert"[304]. Nach Pinders Vorgang, die Früh-, Hoch- und Spätphasen der im wesentlichen stilgeschichtlich definierten Perioden der Kunstgeschichte weitgehend mit den verschiedenen Generationen zu identifizieren, sollte die Generation gewissermaßen eine „Feingliederung" der Epochen begründen. (Cysarz machte darauf aufmerksam, daß die Begriffe „Sturm und Drang", „Junges Deutschland" oder „Naturalismus" ja ursprünglich Generationsbegriffe waren.[305]) Julius Petersen schlug zum selben Zweck den Begriff des „Generationsstils" als Voraussetzung für eine Erfassung von „Zeitstilen" vor. Er berief sich dabei auf Dilthey, der die deutsche Literatur von Lessing bis zu Hölderlin und Novalis als das Werk dreier Generationen beschrieben hatte. „Generation" war für ihn „ein differenzierter Ersatz für den summarischen und kaum faßbaren Begriff des 'Zeitgeistes'."[306] Die Unbestimmtheit des Generationsbegriffs an sich, der Umstand, daß ein Konsens darüber, wie eine Generation in der Literaturgeschichte zu definieren sei, wiederum nicht hergestellt werden konnte, hat die Euphorie der Literaturhistoriker der zwanziger Jahre, die glaubten, einen neuen Schlüssel für das Periodisierungsproblem gefunden zu haben,[307] allerdings bald wieder gedämpft. Für die nicht mit der deutschen Geistesgeschichte abgetane Frage, „aus welchen Wurzeln die übereinstimmende Richtung gleichzeitiger Anschauungen und Schöpfungen auf allen Gebieten menschlicher Geisteshaltung in Religion, Politik, Rechtsauffassung und Kunst sich herschreibt"[308], ist das „Problem der Generation" allerdings bis heute im Bewußtsein der Literaturwissenschaft geblieben. Auch die marxistische Literaturgeschichtsschreibung kam darauf zurück, als sie etwa die unterschiedliche Reaktion Goethes und Schillers und der um 1770 Geborenen (der „ersten romantischen Generation") auf die Französische Revolution reflektierte.

So kontrovers das Periodisierungsproblem aber auch bis in die dreißiger Jahre hinein noch diskutiert wurde, es läßt sich doch feststellen, daß die Geistesgeschichte die weitgehende Vereinheitlichung der Epochenvorstellungen in dem uns heute geläufigen Periodisierungsschema zustande gebracht hat. Daß die Literaturhistoriker hierfür Anleihen bei der Kunstgeschichtsschreibung machten, die bereits über eine die gesamte christlich-abendländische Kunst umfassende relativ konsensfähige Epochensequenz verfügte, ist dabei nicht auf etwaige „Begriffsnot" zurückzuführen. Vielmehr weiteten sich ihre Epochenvorstellungen zu Epochen des „Geistes", in denen die Literatur mit dem philosophischen, religiösen und politischen Denken und mit allen anderen Künsten vereinigt war. Es wurde ein „Zeitgeist" konstituiert, der das gesamte Denken, Fühlen, Handeln der Menschen durchdrang und der sich in allen Künsten in einem entsprechenden „Zeitstil" manifestierte. Dieser Zeitstil war von der Kunstgeschichtsschreibung zumeist schon benannt. Die Perioden der Literaturgeschichte wurden von einer Reihe von Literaturhistorikern daher jetzt als Stilperioden beschrieben, die Zäsuren aber auf Veränderungen des Zeitgeistes zurückprojiziert (z. B. Walzel)[309]. Generell kann man sagen, daß erst in der geistesgeschichtlich orientierten Literaturwissenschaft die Epochen selbst zu Phänomenen („Wesenheiten") wurden, die die Geschichte konstituieren. In ihrer Beschreibung spiegelte sich das organizistische Denken, das die Geistesgeschichte auch in ihrer Werkästhetik voll ausgebildet hat. Die Epochen wurden in der Art lebendiger Organismen modelliert. Sie haben eine Frühzeit (Wachstum), eine Blütezeit und eine Zeit des Verfalls. Man lese etwa Herbert Cysarz: „Ich habe es demgemäß jüngst unternommen ..., das individuelle Kollektivum Romantik nicht nur durch die Vorgeschichte, sondern auch durch die Nachgeschichte zu erhellen, ja, das gesamte XIX. Jahrhundert nicht nur als Entwicklungsstrom und Aktfolge, sondern zugleich als regressiven Sinnzusammenhang und Wachstumsvorgang zu verstehen ... Allein durch solche Bearbeitung vermag die Periode, nicht mehr substanzloser Längsschnitt noch genrehafter Querschnitt, zum Glied eines unsterblichen Kontinuums und dadurch zur schöpferischen notwendigen Wesenheit im geistesgeschichtlichen Kosmos zu werden. Perioden und periodologische Typen sind eben nicht Einteilungen eines bereits Bestehenden, sondern Verwirklichungs- und Entwicklungsformen eines außerhalb ihrer überhaupt nicht Existierenden."[310]

Diese geistesgeschichtliche „Periodologie" stieß freilich auch auf Widerspruch. Literaturhistoriker wie Günter Müller oder Franz Schultz, die durchaus in der Tradition der deutschen Geistesgeschichte standen, lehnten die morphologische Substantialisierung der Epochenbegriffe ab und verwendeten sie nur als „arbeitshypothetische und vorläufige Hilfskonstruktionen".[311] Ähnlich wollte Benno von Wiese Begriffe wie „Gotik" oder „Barock" nur als „regulative Ideen" auf dem „unendlich fortschreitenden Weg des geschichtlichen Verständnisses" gelten lassen. In seinem Aufsatz *Zur Kritik des geistesgeschichtlichen Epochenbegriffs* wandte er sich gegen alle Versuche einer „summarischen" Wesensbestimmung von Epochen sowie gegen die „metaphysisch-ontologische" Ausweitung rein „historischer Kategorien", die sich ständig auf den absoluten Geist berufen.[312] Als „regulative Ideen", Rahmenvorstellungen, die dem „Verstehen und Gliedern des geschichtlichen Stromes dienen sollen",[313] blieben die Begriffe allerdings auch bei den Kritikern des geistesgeschichtlichen Synthetisierens und Substantialisierens in Gebrauch.

Die Literaturgeschichtsschreibung in der DDR hat offensichtlich ebenfalls keine Veranlassung gesehen, die Begriffe von Aufklärung, Sturm und Drang, deutscher Klassik und Romantik aus ihrem Sprachgebrauch zu tilgen. Selbst das aus diesen Begriffen gebildete traditionelle Periodisierungsschema wurde, obzwar als wissenschaftlich überholt erkannt, nicht völlig aufgegeben – man behielt es gewissermaßen im Hinterkopf, als Hilfsmittel schneller Verständigung. Im einzelnen wurde die Fragwürdigkeit der verschiedenen geistesgeschichtlichen Epochenbegriffe hauptsächlich unter dem Aspekt gesehen, daß sie die Komplexität der geschichtlichen Bewegung nicht erfaßten und/oder sich auf historische Erscheinungen bezogen, denen aus marxistischer Sicht keine für den betreffenden Zeitabschnitt wesentliche Bedeutung zukam. Hauptangriffspunkte waren die Begriffe der Moderne, der Biedermeierzeit und der Goethezeit, aber auch am Klassik-Begriff wollte man demonstrieren, daß mit seinem Einsatz zur Periodenbezeichnung die Simultaneität der Herausbildung der klassizistischen und der frühromantischen Positionen und die Existenz spätaufklärerischer und jakobinischer Positionen in der deutschen Literatur um 1800 verdeckt würden. Andererseits hat man mit der Begründung, daß die Ökonomie des literaturwissenschaftlichen Diskurses Abbreviaturen fordere, alternativ zu den herkömmlichen neue Periodenbezeichnungen eingeführt oder vorgeschlagen, so „Vormärz" (statt „Biedermeierzeit" bzw. „Restaurationsperiode") und „Kunstperiode" (für den Literaturzeitraum der „Goethezeit" bzw. „Klassik"). Das geschah durchaus in der Überzeugung, daß kein Begriff gefunden werden könne, der die ganze Komplexität und Widersprüchlichkeit eines bestimmten literaturgeschichtlichen Zeitraums „von sich aus" assoziiert, daß vielmehr bei jeder Periodenbezeichnung der Bedeutungsumfang des eingesetzten Begriffs erst zu definieren wäre und dann ein Konsens über die vorgeschlagene Definition angestrebt werden müßte.

Obwohl die Begriffe der Aufklärung, des Sturm und Drang, der Klassik, der Romantik und des Vormärz – auch als abbreviatorische Periodenbezeichnungen – Eingang in die unter Leitung von Hans Günther Thalheim in den siebziger Jahren in der DDR ausgearbeitete *Geschichte der deutschen Literatur. Von den Anfängen bis zur Gegenwart*[314] gefunden haben, dokumentiert dieses kollektive Unternehmen die prinzipielle Ablehnung einer autonomen Periodisierung von seiten der marxistischen Literaturhistoriker zum Zeitpunkt seiner Entstehung. Man entschied sich für den von den marxistischen Historikern angebotenen Grundriß einer gesellschaftsgeschichtlichen Periodisierung und ordnete die Literatur in die in dem Grundriß gebildeten gesellschaftsgeschichtlichen Perioden ein. Diese Periodensequenz wurde allerdings für die Zeit vor 1789 (wo sie sich für die Literaturgeschichtsschreibung mitunter als zu weiträumig erwies) durch die Markierung spezifisch literaturgeschichtlicher Daten ergänzt. Die Literaturhistoriker unterstellten mit der Entscheidung für die von den Historikern zumeist mit Revolutionsdaten gesetzten Zäsuren durchaus nicht die Konformität des Literaturgeschichtsverlaufs mit dem Gang der politischen Klassengeschichte. Sie wußten, daß politische Revolutionen nicht automatisch „Literaturrevolutionen" auslösen, ja daß sie überhaupt nicht auf die Literatur „durchschlagen" müssen. Es ging ihnen vielmehr um die prinzipielle Einbindung der Literaturgeschichte in den gesellschaftlichen Gesamtprozeß, um die Darstellung der Literatur als „funktioneller Bestandteil einer Gesellschaftsformation oder einer bestimmten Epoche"[315] der Geschichte.

Natürlich kann man einwenden, daß dieses Verfahren vulgärmaterialistische Kurzschlüsse begünstigt und größere Anstrengungen, die spezifischen literaturgeschichtlichen Einschnitte auszumachen, nicht gefördert hat. Man kann sagen, daß der dialektisch-materialistischen Geschichtsauffassung die Ausarbeitung einer spezifisch literaturgeschichtlichen Epochensequenz nicht widerspricht bzw. daß sie den Literaturhistoriker gerade nicht der Aufgabe enthebt, eine solche auszuarbeiten. Diese Einwände sind auch damals schon gemacht worden. So schrieb z. B. Claus Träger: „Die in dieser Epoche [gemeint ist der Zeitraum von Aufklärung, Klassik und Romantik – R. R.] der historischen Wahrheit durchaus näherkommende Periodisierung nach den Zäsuren der politischen Klassengeschichte ist – von ihrem akuten Mangel an markanten Daten in Deutschland selbst (1789, 1794, 1830; 1805/06, 1815) abgesehen – nicht deshalb noch unbefriedigend, weil derlei Bezifferung gar nichts mit der deutschen Literaturgeschichte zu schaffen hätte, sondern deshalb, weil sie eine besondere Erscheinungsform der Geschichte das Ganze vertreten läßt. Auch die Kontamination oder Ergänzung dieser Ablaufstruktur mit Erscheinungen der Literaturgeschichte selber (1720, 1750, 1770) macht es nicht klarer. Solche Daten können kaum sowohl die Zäsuren der Geschichte wie die der Literaturentwicklung festhalten: weil sie, der relativen Eigenständigkeit der letzteren zufolge, in der Wirklichkeit keine Deckungsgleichheit besitzen. Zudem wird dann wesentlich, daß die unterschiedenen Strömungen – auch wenn man die Aufklärung als 'epochale Grundschicht' anerkennt – nicht in einem Nebeneinander, sondern ähnlich den Klassen ... nur in ihrer Bezogenheit aufeinander überhaupt existent und faßbar sind. Und schließlich: Eine solche Periodisierung wäre letzthin bestenfalls immer nur in der Lage, die Genesis der Literaturproduktion und unter Umständen die aktuale Funktion und Wirkung nachzuzeichnen."[316]

Daß man dennoch bei der allgemeinen gesellschaftsgeschichtlichen Periodisierung blieb, hatte seine Gründe in der Reflexion der theoretischen und methodologischen Fragen, die damals aufkamen. So begann man eben damals – angesichts des internationalen Aufschwungs der vergleichenden Literaturwissenschaft –, sich intensiver mit dem Verhältnis der verschiedenen Literaturen zueinander zu beschäftigen und „Aufklärung" oder „Romantik" in ihrer die nationalen Grenzen überschreitenden, europäischen Dimension zu untersuchen. Die Fragwürdigkeit einer aus dem europäischen Literaturzusammenhang herausgeschnittenen nationalen Literaturgeschichte überhaupt und damit natürlich auch die Fragwürdigkeit einer nationalliterarischen Periodisierung von „Aufklärung“ oder „Romantik“ trat deutlicher ins Bewußtsein. Zum anderen kam zu dieser Zeit auch die Diskussion um eine Neubestimmung des Gegenstands der Literaturwissenschaft in Gang, die den Objektbereich der Literaturgeschichtsschreibung in neuer Weise problematisierte.

Unter dem Einfluß der Rezeptionsästhetik und mit deren Weiterführung zu der sogenannten funktional-kommunikativen Literaturauffassung, wie sie in der DDR vor allem von dem von Manfred Naumann geleiteten Autorenkollektiv von *Gesellschaft – Literatur – Lesen*[317] entwickelt wurde, postulierten auch marxistische Literaturtheoretiker, die Literaturproduktion im Gesamtzusammenhang der literarischen Kommunikation der Gesellschaft zu betrachten, d. h., in die Gegenstandsbestimmung der Literaturwissenschaft prinzipiell nicht nur die Gesamtheit der ästhetisch rezipierten Literaturerzeugnisse, sondern auch die Literaturdistribution und -konsumtion hineinzunehmen. (Man kann hierbei davon absehen, daß die Texttheorie auch die Einschränkung auf selbstreferentielle – auf ästhetische Rezeption angelegte – bzw. ästhetisch rezipierte andere Texte selbst für die moderne Literatur nicht gelten ließ, sondern prinzipiell alle Textsorten umfaßte.) Aus einer solchen Gegenstandsbestimmung der Literaturwissenschaft ging zwingend hervor, daß der Objektbereich der Literaturgeschichtsschreibung nicht mehr nur als geschichtliche Reihe literarischer „Ereignisse“ im Sinne aufeinanderfolgender Literaturproduktionen zu fassen war, wie weit man deren Genese auch in „außer“literarische Bereiche zurückverfolgen mochte, sondern als ein soziokulturelles System bzw. eine gesellschaftliche Institution „Literatur“, worin die Produktion, wenn auch das übergreifende, so doch nicht das einzig enthaltene Moment war. Die Frage einer spezifischen Periodisierung der Literaturgeschichte verschob sich mit dieser theoretischen Wendung auf eine andere Ebene. Zumindest schien nun zweifelhaft, ob eine noch so konsensfähige Periodisierung nach innovatorisch wirksamen Ereignissen in der Sphäre der Literaturproduktion überhaupt noch anzustreben war. Denn man mußte sich fragen, ob solche Innovationen generell als Indikator für eine neue Stufe der Ausdifferenzierung des Systems und dessen strukturelle Veränderungen bzw. für eine neue Entwicklungsstufe der Institution genommen werden konnten. Oder ob, wenn nun ein System bzw. eine Institution „Literatur“ periodisiert werden sollte, die entscheidenden, langfristig auch in der Sphäre der Produktion wirksamen Zäsuren nicht vielmehr nach technologischen Ereignissen wie der Erfindung des Buchdrucks und der Schnellpresse, nach den Fortschritten der Alphabetisierung und der Entwicklung des Literaturmarktes oder nach den Veränderungen der Literaturfunktion, der Herausbildung sozial differenzierter und thematisch spezialisierter Kommunikationskreise, den Verschiebungen im durchschnittlichen Anteil der einzelnen Genres an der Literaturkommunikation usw., also doch nach literatursoziologischen, d. h. speziellen gesellschaftsgeschichtlichen Kriterien zu setzen wären. Abgesehen davon, daß solche Kriterien zumeist nur eine sehr ungefähre und sehr weiträumige Periodisierung erlauben, konnten die Autoren der *Geschichte der deutschen Literatur. Von den Anfängen bis zur Gegenwart* eine systematische Beschreibung, die solche Zäsuren setzte, aufs Ganze gesehen, mangels ausreichender Vorarbeiten jedoch gar nicht anstreben. Sie mußten sich damit bescheiden, das verfügbare literatursoziologische Wissen in einzelnen Abschnitten über die „Literaturverhältnisse" (die Kapitel *Literatur und Gesellschaft*) mitzuteilen.

Inzwischen hat sich ein „funktional-kommunikativer" Literaturbegriff als theoretische Gegenstandsbestimmung der Literaturwissenschaft weitgehend durchgesetzt. Gleichzeitig ist aber die Zahl derer gewachsen, die nun erst recht auf detaillierte form- bzw. strukturgeschichtliche Untersuchungen der Literaturproduktion insistieren. Die „funktional-kommunikative" Gegenstandsbestimmung wird als Gesamtrahmen unterschiedlicher literaturwissenschaftlicher Forschungsrichtungen und als deren gemeinsamer wissenschaftlicher Horizont anerkannt, das Projekt einer umfassenden komplexen Literaturgeschichtsdarstellung nach diesem Begriff, die die Vorgänge auf allen Ebenen miteinander vermittelt, jedoch als praktisch unausführbar angesehen. Die Skeptiker plädieren statt dessen für eine Reihe von „Spezialgeschichten", unter denen der Sozialgeschichte der Literatur insofern eine fundamentale Bedeutung zukäme, als sie den Gesamtrahmen skizzieren würde, in dem die anderen Spezialgeschichten sich zu situieren hätten, ohne ihn allerdings selbst vollständig ausfüllen zu müssen (und praktisch ausfüllen zu können), und insofern als die Literaturgeschichtsschreibung über sie einen gemeinsamen Bezugspunkt mit der Historiographie anderer kultureller Systeme erhielte und den Anschluß an die ökonomisch-politische Geschichtsschreibung herstellte. Das scheint jedenfalls die Konzeption zu sein, die den als „Sozialgeschichte der deutschen Literatur“ deklarierten Unternehmen zugrunde liegt, die in den siebziger Jahren in der BRD begonnen wurden.[318] Sie steht in keinem grundsätzlichen Widerspruch zur Forderung nach Arbeiten, die auch die Eigendynamik der form- bzw. strukturgeschichtlichen Prozesse erfassen, wie sie vor allem das ausgesprochene Desiderat literarischer Gattungsgeschichten enthält. Für das hier erörterte Problem ist allerdings von besonderem Interesse, daß die zitierten „Sozialgeschichten“ durchweg ihre Periodisierungskriterien auch nicht aus einschneidenden literatursoziologischen Daten gebildet, sondern das traditionelle, gesellschaftsgeschichtliche, ideologiegeschichtliche und stilgeschichtliche Kriterien kombinierende Periodisierungsschema beibehalten haben oder zu einem rein gesellschaftsgeschichtlichen Periodisierungsschema übergegangen sind. Die „Sozialgeschichten“ liefern den jüngsten Beweis für die praktische Durchsetzungskraft des traditionellen Schemas, das hier – ebenso wie in der Literaturgeschichte der DDR – selbst dann noch mitgedacht wird, wenn es suspendiert und durch eine gesellschaftsgeschichtliche Epochensequenz ersetzt worden ist.

Man würde es sich wohl zu einfach machen, wenn man darin nur die Wirkung eines Trägheitsmoments sähe. Denn diese Vorstellungen von den Epochen der Kunst und der Literatur und ihrer Abfolge haben sich schließlich in einem langen gesellschaftlichen Selbstverständigungsprozeß gebildet, in dem sie ja auch immer wieder umgearbeitet wurden; in ihnen überlagern sich bzw. verschmelzen die rezeptiven Erfahrungen mehrerer Generationen. Zwar ist das Periodisierungsschema, mit dem wir uns heute auseinanderzusetzen haben, wie schon gesagt, erst relativ spät „fertig“ geworden, aber Vorstellungen z. B. von einer Periode der Romantik oder einer Periode des Realismus waren doch schon lange vorhanden und in das – sagen wir einmal: literaturhistorische Durchschnittsbewußtsein eingegangen. Sie gehören schon lange zu den gewissermaßen normalen Voraussetzungen, unter denen ein diesen Perioden zuzuordnendes Literaturwerk/Kunstwerk von einem durchschnittlich gebildeten Leser/Betrachter rezipiert, jedenfalls vom Literatur-/Kunsthistoriker analysiert und interpretiert wird, sind Bildungselemente und Bestandteile eines metahistorischen rezeptionsgeschichtlichen Zusammenhangs. Es gibt den „naiven“ Leser/Kunstbetrachter, der außerhalb dieses Zusammenhangs steht (etwa ein Kind vor der *Sixtinischen Madonna*), der Literatur-/Kunsthistoriker jedenfalls steht aber immer darin.

Sein Diskurs schließt immer an einen bestimmten Stand vorgeprägter Vorstellungen und Anschauungsweisen (es muß nicht in jedem Fall der neueste sein) an, an denen er festhalten, die er freilich auch modifizieren oder völlig ablehnen kann, die er aber eben kennt. Er kann also zu der Auffassung kommen, daß ein bestimmtes, traditionell der deutschen Klassik zugeordnetes Werk gar nicht klassisch, sondern romantisch sei, oder auch, daß es gar keine deutsche Klassik gegeben habe, er wird zu dieser Auffassung eventuell jedoch nur deshalb kommen, weil er weiß, daß das betreffende Werk bisher einer deutschen Klassik zugeordnet worden ist.

Daran, daß der rezeptionsgeschichtliche Zusammenhang, in den die Epochenvorstellungen hineingehören, so geworden ist, wie er ist, haben zweifellos viele, ganz unterschiedliche Faktoren Anteil. Der bestimmte Komplex relativ beständiger Vorstellungen und Anschauungsweisen, die er transportiert, wäre aber nicht vorhanden, wenn in ihm nicht die Ergebnisse der Arbeit an Literatur und Kunst von Generationen ihren Niederschlag gefunden hätten. Die Unterscheidung z. B. von Renaissance und Barock oder Romantik und Realismus als je zweier zeitlich aufeinanderfolgender künstlerischer Formierungsweisen widersprach offenbar nicht prinzipiell den Erfahrungen, die spätere Generationen im Umgang mit bestimmten überlieferten Literatur- und Kunstwerken machten. Das muß doch wohl zumindest einer der Gründe sein, warum solche einmal getroffenen Unterscheidungen im Laufe der Rezeptionsgeschichte nicht wieder verschwanden und durch andere ersetzt, sondern weiter ausgearbeitet wurden. Die Geschichte etwa des Renaissance- oder des Romantik-Begriffs läßt sich als die Geschichte eines ununterbrochenen Diskurses beschreiben, in dem der Begriff, in unterschiedliche Oppositionen gesetzt, zahllosen Versuchen einer Erweiterung oder Einengung, Präzisierung und Differenzierung unterzogen wurde. Kurz: Die alten Kunstwerke werden von uns in einem rezeptionsgeschichtlichen Zusammenhang gesehen. Sie aus ihm herauszubrechen, um sie „rein" anzuschauen (wie ein Kind die *Sixtinische Madonna*), bedürfte der Anstrengung des totalen Vergessens der bisherigen Erfahrungen, die im Umgang mit ihnen gemacht wurden, der Erkenntnisarbeit, die an ihnen von früheren Rezipienten geleistet worden ist. Das Wachsen dieses rezeptionsgeschichtlichen Zusammenhangs ist zwar nicht einfach als ein Prozeß des Erkenntnisfortschritts zu denken: er ist nicht identisch mit dem theoretischen und faktologischen Erkenntnisfortschritt der Literaturwissenschaft, deren Ergebnisse in ihn eingehen. Sondern er wächst mit immer neuen Interpretationen und Wertungen, die von den Zeiterfahrungen, Bewußtseinslagen und Bestrebungen der Rezipienten inspiriert sind, und weist dementsprechend immer auch Verdrängungen und Verwerfungen, Traditionsbrüche und radikale Umwertungen auf. Gesellschaftliche Umwälzungen können tief in ihn eingreifen, aber sie bringen ihn nicht zum Verschwinden, solange nicht die Tradition literarischer Bildung und literaturgeschichtlichen Wissens überhaupt unterbrochen wird.

Was hier ausgeführt wurde, ist eigentlich nur die Illustration der Feststellung von Werner Krauss: „Umwälzung der Begriffe führt noch lange nicht zu einer Umwälzung der Sachen. Es ist unzweckmäßig, den Umsturz eines schon eingespielten Repertoires von Nomenklaturen zu erstreben. Auch wenn es möglich wäre, ein kohärenteres System der literarhistorischen Epochenbegriffe in einer einheitlichen Deutungsreihe aufzustellen, würde der Vorteil den Verlust der durch die alten Begriffe schon bereitgestellten und vergegenwärtigten Literaturwelt nicht aufwiegen. Was die Epochenbegriffe nicht i n sich haben, das bringen sie dann h i n t e r sich."[319] Krauss erhebt auch keine Einwände gegen die Rechnung nach Jahrhunderten: „In jeder mit historischer Anschauung erfüllten Generation verknüpft sich mit der Einteilung in Jahrhunderte die Vorstellung bestimmter Stile. Gerade eine so inhaltslose Einteilung erweist sich als besonders günstig für die Substituierung des Gesamtsinns der Epochen."[320] Das gelte nicht nur für die deutsche und französische Geschichte und Literaturgeschichte, sondern in besonderem Maße für diejenige Italiens. Begriffe wie „il Quattrocento", „il Cinquecento", „il Seicento" seien hier zutiefst von dem „Epochengeist" durchdrungen.

Diese Ausführungen sind nicht im Sinne einer Naturrechtslehre herkömmlicher Vorstellungen und Anschauungsweisen gedacht. (Die wollte auch Krauss nicht.) Man kann zwar davon ausgehen, daß Unterscheidungen wie z. B. die zwischen Renaissance- und Barock-Kunst oder zwischen romantischer und realistischer Literatur (wie unterschiedlich die Werte von Zeit zu Zeit auch gesetzt wurden) auf analytisch nachweisbaren Unterschieden in der künstlerischen Formierungsweise („Technik", „Methode", „Stil") basieren, also einen unleugbaren Erkenntnisinhalt haben und eben deswegen für den Umgang mit dem künstlerischen Erbe bis heute relevant geblieben sind.

Man kann annehmen, daß die Summe der Werke, die auf Grund ähnlicher Formierungsweise als „barock" oder als „romantisch" interpretiert worden ist, im großen und ganzen sich nach ihrer Entstehung zeitlich abgrenzen läßt, eine Barock-Architektur oder eine romantische Literatur als geschichtliche Phänomene objektivierbar sind. Das funktioniert, obwohl die Unterscheidung zwischen Renaissance- und Barock-Kunstwerken, zwischen romantischen und realistischen Texten/Literaturwerken nie die Festigkeit von Artunterschieden gewinnen kann (bei denen die Zwischenstufen fehlen) und obwohl allenfalls ein ungefährer Konsens darüber herstellbar ist, welche objektiven Merkmale für die Bestimmung etwa des „Romantischen" bzw. des „Realistischen" gelten sollen, also zumindest breite Randzonen bestehen, in denen die Zuordnung von interpretatorischen Entscheidungen abhängig bleibt. Aber selbst wenn wir zumindest „Kernzonen" von romantischer und realistischer Literatur für zeitlich objektivierbar hält, kann mit dem Verfahren, nach dem das traditionelle Periodisierungsschema gebildet wurde, auch für die Geschichte der Literaturproduktion (selbst wenn sie als spezielle „Methoden"- bzw. „Stil"-Geschichte konzipiert würde) immer nur eine grobe Orientierungshilfe gewonnen werden. Denn erstens ist es ja ein Verfahren, Innovationen zu markieren u n d Dominanzen zu bestimmen, das folglich die Gleichzeitigkeit des „Ungleichzeitigen" nicht abbilden kann. Die Kontemporaneität von deutscher „Klassik" und „Romantik" muß in eine zeitliche Abfolge übersetzt werden. Zweitens bezieht es sich überhaupt nicht auf die gesamte Literaturproduktion, sondern nur auf einen schmalen Ausschnitt aus ihr. In einem bestimmten Zeitraum waren Literaturmuster, die wir als romantisch interpretieren, zweifellos auch in der Masse der Literaturproduktion dominant. Diese Zeit begann aber sicher nicht 1794 und auch nicht 1805 oder 1806, sondern später, und sie reichte auf jeden Fall weit in die „Periode" des Realismus hinein. Der Zeitpunkt, zu dem sich in der Masse der Literaturproduktion die Dominanz von den Literaturmustern der Spätaufklärung auf die der Romantik verschob, muß also irgendwann zwischen den Zäsuren liegen, die das traditionelle Periodisierungsschema setzt.

Während die Kritik an diesem Schema bisher in der Regel aus dem Bestreben heraus geführt wurde, zu einer theoretisch haltbaren Periodisierung der Literaturgeschichte zu finden, verwerfen die meisten Anhänger der neuen poststrukturalistischen Verfahren nun die

Problemstellung überhaupt. Die gesamte prozessuale, periodisierende Literaturgeschichtsschreibung, einschließlich der marxistischen, wird von ihnen als Ausfluß geschichtsphilosophischer Spekulation abgetan. Soweit sie jegliches Entwicklungs- und Fortschrittsdenken als spekulativ ausgeben, ist die marxistische Literaturgeschichtsschreibung sogar ein bevorzugter Gegenstand ihrer Polemik.

Insbesondere in der BRD beruft man sich dabei häufiger auf die systemtheoretischen Überlegungen des Soziologen Niklas Luhmann. Der poststrukturalistischen „Dekonstruktion" bieten diese m. E. jedoch nur insofern einen Anhaltspunkt, als Luhmann ebenfalls alle Entwicklungstheorien ablehnt, die in der Epochensequenz selbst ein historisches Gesetz sehen. Zwar gibt es für ihn einige Gründe, „Geschichtsverlaufsdarstellungen und Epocheneinteilungen als eine Art Volksglauben der Intellektuellen ab[zu]tun, der sich bei näherem Zusehen in Nebel auflöst". Er gibt aber dennoch zu bedenken, daß damit „das Faktum des weitreichenden morphogenetischen Strukturwandels übersehen" wäre, „der Geschichtserfahrung als Differenzerfahrung aufzwingt".[321] Deshalb versucht er, sich dem „Problem der Epochenbildung, der Epochenabgrenzung und des Epochenwandels" von seinem systemtheoretischen Standpunkt aus zu nähern, indem er die Systemtheorie mit der Evolutionstheorie kombiniert. Luhmann umreißt, wie die Problemlage unter evolutionstheoretischen Aspekten sich darstellt: Zunächst liege auf der Hand, „daß es sich für die Evolutionstheorie um ein Spezialproblem handelt; also nicht, wie in den älteren Entwicklungstheorien, um die Form, in der die Einheit des historischen Prozesses sich herstellt bzw. erkannt werden kann. Epochen sind nicht evolutionsnotwendig. Sie sind, anders als Strukturen selbst, keine Bedingung der Möglichkeit von Strukturänderungen. Sie sind weder für Variation noch für Selektion, noch für Restabilisierung, noch für die Trennung oder für die zufallsabhängige Rekombination dieser evolutionären Mechanismen unerläßlich. Andererseits führt die soziokulturelle Evolution offensichtlich nicht zu einer langsamen, gleichmäßigen, kontinuierlichen Formenentwicklung. Man kann in ihren Resultaten Klumpenbildungen beobachten. Es kann Zeiten relativ häufiger und tiefgreifender Strukturänderung geben und dann wieder Zeiten relativer Stagnation. Ein Beobachter kann daraufhin Epochen sehen." Luhmann arbeitet mit den Begriffen der „evolutionären Errungenschaft" und der „zentralisierten Interdependenz". Der erste soll erklären, „daß bestimmte Strukturänderungen größere Breitenwirkungen haben als andere". Der zweite besagt, „daß von einer Strukturänderung viele andere abhängen, nämlich durch sie möglich, durch sie nötig, durch sie blockiert werden".[322] Solche Strukturänderungen können eine weitgehende Veränderung der Gesamtstruktur eines selbstreferentiellen Systems zur Folge haben. Das heißt: „Wenn es hochzentralisierte evolutionäre Errungenschaften gibt, von denen nahezu alles andere abhängt, führt deren Evolution zu 'Sattelzeiten' und damit zu Epochentrennungen; oder sie ermöglicht es zumindest, die Gesellschaft in ihrer zeitlichen Erstreckung als Sequenz von Epochen zu beschreiben."[323]

Wir halten fest: Luhmann plädiert letzten Endes dafür, die Epochensequenz auch in strukturgeschichtlich konzipierte Geschichtsverlaufsdarstellungen einzuführen, und er bietet ein Denkmodell dafür an, in dem sie nicht mehr als historisches Gesetz erscheint. Hier ist nicht die Frage zu erörtern, ob Strukturgeschichte auf die evolutionstheoretischen Konzepte rekurrieren muß, auf die Luhmann sich beruft, und ob eine strukturgeschichtliche Epochengliederung nicht durchaus auch auf anderer geschichtstheoretischer Grundlage vorgenommen werden kann. (Schließlich braucht man ihm ja nicht in der Auffassung zu folgen, daß jede Geschichtstheorie, die einen Begriff von Entwicklung und Fortschritt hat und historische Gesetzmäßigkeiten annimmt, teleologisch sein müsse.) Vielmehr stehen die Chancen einer strukturgeschichtlichen Periodisierung der Literaturgeschichte überhaupt zur Diskussion. Daß jede Systemauffassung der Literatur dem Literaturhistoriker strukturgeschichtliche Gesichtspunkte nahelegt, ist evident. Wo Literatur als ein soziokulturelles System bzw. eine gesellschaftliche Institution beschrieben werden soll, ob damit nun der Anspruch auf eine komplexe, „synthetische" Darstellung erhoben wird oder ob ein solches Unternehmen sich als spezielle Sozialgeschichte der Literatur versteht, sind Strukturen und Strukturänderungen zu beschreiben, die sich in der von Luhmann vorgeschlagenen Art und Weise periodisieren lassen. Daß eine autonome Periodisierung einer speziellen Strukturen-/Formengeschichte literarischer Texte/Werke nur so zu erreichen wäre, versteht sich von selbst.

Die Vermutung, daß der Weg zu einer theoretisch haltbaren autonomen Periodisierung der Literaturgeschichte – wenn man sie denn suchen wollte – in diese Richtung führe, ist freilich schon lange vor Luhmann geäußert worden.[324] Fragt man sich, warum dessenungeachtet bisher verhältnismäßig wenige Literaturhistoriker konsequent diese Richtung beibehalten haben, dann findet man unschwer einen gewichtigen Grund. In der Literatur- und Kunstgeschichtsschreibung treten nämlich auch die Probleme, Grenzen und Schwächen der strukturgeschichtlichen Beschreibungsart besonders deutlich zutage. Jürgen Kocka hat sie in seiner Einführung in die Sozialgeschichte[325] zu charakterisieren versucht: Er geht davon aus, daß „eine scharfe Trennung von Strukturen und Nicht-Strukturen (Ereignisse, Entscheidungen und Handlungen) in der Geschichte ... sowohl theoretisch-begrifflich wie auch in der Praxis historischer Arbeit äußerst schwierig und problematisch" sei, verweist aber dann auf die von Reinhart Koselleck angebotene Unterscheidungsmöglichkeit zwischen Ereignissen und Strukturen. Danach „kann man unter einem Ereignis den Zusammenhang von Begebenheiten verstehen, der von den Zeitgenossen als Sinneinheit innerhalb eines Rahmens chronologischer Abfolge von Vorher und Nachher erfahren und insofern auch vom Historiker in Kategorien chronologischer Abfolge 'erzählt' werden kann; Ereignisse sind dadurch gekennzeichnet, daß sie den 'chronologisch registrierbaren Erfahrungsraum der an einem Ereignis Beteiligten' nicht überschreiten, von bestimmbaren Subjekten (Personen) ausgelöst oder erlitten werden und von Strukturen bedingt sind, ohne doch aus diesen voll ableitbar zu sein." Daraus läßt sich folgern, daß „eine von strukturellen Aspekten völlig absehende Ereignisgeschichte eine schlechte Abstraktion darstellen würde, wenn auch eine Analyse der Strukturen die Erzählung oder Beschreibung der Ereignisse nicht völlig obsolet macht, weil letztlich auch die vollkommenste Analyse von Strukturen nur zur Erkenntnis von möglichen Ereignissen und Handlungen führt."

Weiter Kocka: „Problematisch erscheint jedoch eine Beschränkung auf die historische Analyse von Strukturen im Lichte eines anderen Arguments. Wenn man davon ausgeht, daß die Menschen ebensosehr die Umstände wie die Umstände die Menschen machen und daß die geschichtlich-gesellschaftlichen Prozesse durch sinnorientierte Handlungen von Menschen vermittelt sind, wenn diese auch keineswegs immer ein volles Bewußtsein von jenen besitzen und deshalb der zu begreifende historische Zusammenhang nicht in dem aufgeht, 'was die Menschen wechselseitig intendieren', dann erkennt man, daß die Beschränkung auf die Untersuchung von Strukturen ... in die Gefahr geriete, wichtige Aspekte der geschichtlichen Wirklichkeit zu übersehen ... Daß durch das Abblenden der Handlungen leicht auch der Veränderbarkeitsaspekt historischer Wirklichkeit aus dem Blick geraten und die Vorstellung von einem quasi sachgesetzlichen, von Menschen bewußt nicht zu beeinflussenden Geschichtsprozeß entstehen könnte, mag hier nur als politisch wenig wünschenswerte Folge einer rein-strukturgeschichtlichen Betrachtungsweise angedeutet werden. Schließlich dürfte es zu den Arbeitserfahrungen jedes empirisch arbeitenden Historikers gehören, daß er häufig ganz ohne Berücksichtigung von Ereignissen, Einzelhandlungen und Personen nicht auskommt und daß diese zwar meist weitgehend aus vorgegebenen, sich verändernden Strukturen erklärt, aber nicht aus diesen voll abgeleitet werden können, während sie umgekehrt zur Veränderung der Strukturen beitragen. Auch in betont strukturgeschichtlichen Analysen des Kaiserreiches werden, wenn sie nicht unzulässig verkürzen, der Person Bismarcks ein gewisses Gewicht und eine relative Eigenständigkeit nicht abgesprochen."[326]

Kocka bemerkt dann noch: „Aus der Ubiquität der 'Strukturen' folgt aber auch der höchst unspezifische und sehr formale Charakter von 'Strukturgeschichte', die Unbestimmtheit dieses Begriffs." So ist es eben auch nicht möglich, vom strukturgeschichtlichen Ansatz aus, „die gesamte historische Wirklichkeit einer Epoche unter bestimmten, eben strukturgeschichtlichen Aspekten in ihrem Zusammenhang und in ihrer langfristigen Veränderungstendenz zu erfassen." Eben dazu sei „der strukturgeschichtliche Ansatz *als solcher* nicht ausreichend gerüstet, weil er keine inhaltliche Theorie zur Verfügung hat, die die Auswahl der relevanten Faktoren ermöglichen, Hypothesen zur Interdependenz zwischen Wirtschaft, Politik und anderen Wirklichkeitsbereichen bereitstellen sowie die kausalen und funktionalen Beziehungen zwischen den einzelnen Momenten der zu untersuchenden historischen Wirklichkeit und die wichtigsten Veränderungskräfte hypothetisch und überprüfbar identifizieren würde. Die strukturgeschichtliche Betrachtungsweise läßt sich zwar mit solchen, eine geschichtswissenschaftliche Synthese allererst ermöglichenden Theorien (verschiedener inhaltlicher Ausfüllung) vereinbaren, selbst stellt sie jedoch keine solche Theorie dar und kann deshalb auch selbst keine solche Synthese bewerkstelligen."[327] Luhmann, der auf eine derartige Synthese nicht mehr reflektiert und auch die Hoffnung auf eine „neuartige", d. h. jenseits des entwicklungsgeschichtlichen Denkens angesiedelte „Universaltheorie 'des historischen

Prozesses'", vorläufig jedenfalls, aufgegeben hat, bestätigt indirekt den letzten Einwand Kockas gegen die Strukturgeschichte insofern, als auch er meint, daß die „begrifflichen Ressourcen" für die Suche nach den „evolutionären Errungenschaften" wohl der Gesellschaftstheorie entnommen werden müßten.[328]

Was hier gegen die strukturgeschichtliche Beschreibungsart allgemein vorgebracht wird, gewinnt für unseren Gegenstand deshalb besondere Bedeutung, weil wir es zwar auch mit Handlungen zu tun haben, die durch bestimmte Strukturen bedingt sind und irgendwie zu deren Änderung beitragen, also einen kollektiven geschichtlichen Zusammenhang bilden, *in dem sie aufgehen* (wie etwa das politische Handeln), aber eben auch mit Hervorbringungen, die den von ihnen gebildeten geschichtlichen Zusammenhang insofern transzendieren, als sie in ihrer Individualität phänomenal präsent bleiben. *In Gestalt der künstlerischen Hervorbringungen – Texte/Werke – ist eine wesentliche Kategorie von Ereignissen der Literatur-/Kunstgeschichte dauernd einsehbar und in ihrer Individualität zu erkennen.* Selbst wenn man davon absähe, daß eben die Gegenwärtigkeit der „Werkindividualitäten" – deren ästhetische Rezeption – von jeher das Interesse an Literatur-/Kunstgeschichte maßgeblich motiviert hat, wäre leicht zu verstehen, warum Literatur-/Kunstgeschichte die längste Zeit als Personal- oder – im Koselleckschen Sinn – als Ereignisgeschichte geschrieben worden ist und warum die „Kunstgeschichte ohne Namen", auch wo sie noch gar nicht im eigentlichen Sinn strukturgeschichtlich gedacht war, bis heute so wenig Nachahmer gefunden hat.

Solche Erwägungen bleiben natürlich gegenstandslos für alle, die unter dem Blickwinkel der Massenliteratur und der Literaturverwertung in den Medien die Individualität und den Ereignischarakter literarischer Hervorbringungen als theoretische Prämissen der Literaturgeschichtsschreibung negieren und auf den generativen Charakter des Produktionsakts fixiert sind, erst recht für die Vertreter poststrukturalistischer Verfahren, die darauf ausgehen, das Autor-Subjekt als Fiktion zu entlarven. Sich über diese Standpunkte einfach hinwegzusetzen stünde allerdings einer Literaturgeschichtsschreibung, die sich auf ein „funktional-kommunikatives" Literaturverständnis beruft, schlecht an. Denn daß die durchschnittlichen Produkte der Massenliteratur nicht als künstlerische Ereignisse zu beschreiben sind, ist klar. Und wenn die Literaturwissenschaft heute z. B. die mediale Verwertung der Literatur nicht mehr ignoriert, sondern die schriftliche Fixierung von Vorschlägen oder Anweisungen für die Produktion von Bildgeschichten in ihren Literaturbegriff hineinnimmt, dann kann sie den Texten, mit denen sie umgeht, auch nicht mehr generell einen Werkcharakter zugrunde legen und eine „Werkindividualität" zugestehen. Das ändert aber nichts an der Tatsache, daß es bislang zu jeder Zeit eine Anzahl kunstliterarischer Texte gab, die an und für sich interessierten, ein selbständiges Interesse beanspruchten und deren ästhetische Rezeption eben deswegen zugleich das historische Interesse an ihrer Herkunft, an der Person ihres Verfassers und an den Anlässen und Umständen ihrer Entstehung aufkommen ließ.

Man kann wohl annehmen, daß, solange diese Interessenlage besteht, individualisierende Verfahren in der Literatur-/Kunstgeschichtsschreibung – auch der marxistischen – ihren Platz besser behaupten werden als in der allgemeinen Kulturgeschichtsschreibung oder etwa in einer Geschichte der Produktivkräfte. Das anzunehmen heißt nicht, den Sinn spezieller strukturgeschichtlicher Untersuchungen zu bezweifeln; schon gar nicht, daß etwa eine personalgeschichtliche Periodisierung noch ernsthaft erwogen werden könnte. Bezweifelt wird mit dieser Annahme allerdings, daß die Literaturgeschichtsschreibung im Wege fortgesetzter Verwissenschaftlichung sich auf Strukturgeschichte reduzieren müßte.

In bezug auf das Periodisierungsproblem kann man zweifellos sagen, daß die Ausarbeitung einer strukturgeschichtlich begründeten Epochensequenz für die Literatur- und Kunstgeschichtsschreibung ein theoretischer Gewinn wäre. Nur daß dadurch das traditionelle Periodisierungsschema endgültig aus den Köpfen ausgetrieben und die Literatur-/Kunstgeschichtsschreibung von der allgemein gesellschaftsgeschichtlichen Periodisierung völlig abgebracht werden könnte, erscheint aus den genannten Gründen wenig wahrscheinlich. Schließlich käme man ja auch, je nachdem, ob man ein soziokulturelles System oder ein künstlerisches Formensystem periodisiert, zu unterschiedlichen Epochensequenzen, und die literatursoziologische Sequenz wäre für eine spezielle Formengeschichte, selbst wenn diese die Strukturveränderungen auf ihrer Ebene aus sozialgeschichtlichen Veränderungen ableitete, ebenso „unspezifisch" wie die allgemein gesellschaftsgeschichtliche Epochensequenz für eine Sozialgeschichte der

Literatur. Die Beibehaltung der allgemeingeschichtlichen Epochensequenz bietet jedoch den methodischen Vorteil, daß die Literaturgeschichtsschreibung einerseits die verschiedenen Sequenzen ihrer einzelnen Spezialgeschichten weiter ausarbeiten (und auch hierarchisieren) kann, daß andererseits das Periodisierungsproblem in gewisser Weise „entschärft" wird: Die Entscheidung kann offenbleiben, es kann eine Literaturgeschichte geschrieben werden, die das Problem selbst zur Diskussion stellt. Das muß dann allerdings auch geschehen, indem die Differenz der spezifisch literaturgeschichtlichen Sequenzen zur allgemeingeschichtlichen Epochensequenz deutlich herausgearbeitet wird.

Dimensionen des Stilbegriffs. Stilperioden?

Auf den Stilbegriff trifft zu, daß ein breiterer Konsens darüber, welche Merkmale, Besonderheiten oder Abweichungen für die Begriffsbildung ausschlaggebend sein sollen, in der Literaturwissenschaft nie zustande gekommen ist. Ein definitorischer Konsens muß zwar auch bei anderen Begriffen von Fall zu Fall erst hergestellt werden, wenn man sich über literaturwissenschaftliche Gegenstände verständigen will. Die besondere Schwierigkeit der Verständigung über den Stilbegriff besteht aber darin, daß er seine entscheidende Prägung durch das typologische Denken der deutschen Geistesgeschichte erhielt und daß er in dem formalistische, phänomenologische oder strukturalistische und semiotische Ansätze entwickelnden literaturtheoretischen Denkens ebensowenig einen Platz hatte wie in der marxistischen Literaturtheorie. Man beschrieb Verfahren, Grammatiken, Strukturen, Systeme oder Methoden, hielt sich frei von den ideologischen Implikationen des Stilbegriffs und beanspruchte, die Beschreibung des Phänomens, für das der Stilbegriff verwendet worden war, überhaupt erst auf das Niveau objektivierbarer wissenschaftlicher Aussagen gebracht zu haben. Diese Verfahrensbeschreibungen, Grammatiken, Strukturanalysen usw. blieben allerdings in der Regel unterhalb der Abstraktionsebene des geistesgeschichtlichen Stilbegriffs, d. h., das Phänomen, von dem die Geistesgeschichte gesprochen hatte, transzendierte die beschriebenen Sachverhalte. Man hat daher ein solches Phänomen als wissenschaftlich nicht objektivierbar in den Bereich der subjektiven Anschauung verwiesen oder auch seine Existenz negiert.

In den letzten Jahren sind nun von verschiedenen Seiten Überlegungen zur Wiedereinführung des Stilbegriffs gemacht worden, und die Attraktion solcher Überlegungen nimmt offenbar immer noch zu.[329] Soweit ich erkennen kann, spielt dabei das Wieder-Attraktiv-Werden bestimmter Positionen der Geistesgeschichte nicht die entscheidende Rolle. Es scheint vielmehr, daß sich ein Begriff auf der Abstraktionshöhe von „Stil" von ganz unterschiedlichen Ausgangspositionen her in ganz verschiedener Verstehensabsicht als für den wissenschaftlichen Diskurs über Literatur und Literaturgeschichte nützlich erweist.

Bereits Ende der sechziger Jahre hatte Moissej S. Kagan in seinen *Vorlesungen zur marxistisch-leninistischen Ästhetik* verlauten lassen: „Schon längst ist die Zeit vergangen, da man in der sowjetischen Wissenschaft dem Begriff 'Stil' mit dem Vorurteil begegnete, er sei Träger der formalistischen Konzeptionen, nach denen die Kunstgeschichte ein Wechsel von Stilen sei. Die Erfahrung hat gezeigt, daß die von der marxistischen Ästhetik eingeführte Kategorie 'künstlerische Methode' dem Studium der Kunstgeschichte tatsächlich neue Perspektiven eröffnet hat. Aber sie hat sich als außerstande gezeigt, die Kategorie 'Stil' zu ersetzen, wie einige unserer Theoretiker zuerst gedacht hatten."[330] Kagan kommt auf Seite 608 seines 659 Seiten langen Textes auf das Problem zu sprechen und widmet ihm 6½ Seiten. Nichtsdestoweniger eine in der Geschichte der marxistischen Ästhetik bedeutsame Tatsache. Denn dem Stilbegriff mochte zu dieser Zeit zwar schon der Makel genommen sein, als unaufgelöster Rest formalistischer Kunstauffassungen in der marxistischen Ästhetik herumzugeistern – ein ernsthafter Versuch, ihm darin einen Platz einzuräumen, stand aus. Die Systematisierungsversuche, die Kagans Vorlesungen vorausgingen: der erste Band von Lukács' *Eigenart des Ästhetischen* (1962 abgeschlossen) und die – konzeptionell wesentlich von G. A. Nedoshiwin bestimmten – *Grundlagen der marxistisch-leninistischen Ästhetik* (1961, deutsch 1962) stimmen darin überein, daß sie dem Stilbegriff keine kategoriale Bedeutung zumessen.

Die Schwierigkeiten, die die gnoseologische Ästhetik – und nicht erst die marxistische – der Kunstwissenschaft generell bereitete, brauchen hier nicht erläutert zu werden. Schließlich hat sich die Kunstwissenschaft aus dem Ungenügen an einer gnoseologisch ausgerichteten philosophischen Ästhetik überhaupt erst als empirische Wissenschaft konstituiert. Der Verzicht auf die kategoriale Entwicklung des Stilbegriffs in der marxistischen Ästhetik der dreißiger bis fünfziger Jahre stellte die dieser Ästhetik verpflichteten Kunstwissenschaftler zweifellos vor besonders komplizierte Probleme. Demgegenüber kam die Literaturwissenschaft mit der gnoseologischen Ästhetik noch am ehesten zurecht. Das ist nicht verwunderlich angesichts der Tatsache, daß sie von der Literatur aus entwickelt wurde und in allen ihren Spielarten literaturzentristisch blieb. Zwar wurden die Aporien, die sie in ihrer marxistischen Fassung – der Realismus-Theorie – gerade auch für die Theorie der Literatur enthielt, im Zusammenhang des literaturtheoretischen Denkens selbst frühzeitig benannt – zuerst von den Literaturproduzenten, deren Wirkungsstrategien unmittelbar betroffen waren. Sie diskutierten die Fragen des Realismus folgerichtig unter funktionalen Gesichtspunkten, während die philosophische Ästhetik die gesellschaftliche Funktionsbestimmtheit ihrer damaligen Realismus-Auffassung – Dieter Schlenstedt hat das in dem Buch *Literarische Widerspiegelung* dargelegt[331] – gar nicht reflektierte. Diese auf die Erkenntnisfunktion der Kunst konzentrierte philosophische Ästhetik kam der Literatur aber nicht nur trotz allem am weitesten entgegen, sie benötigte die Literatur auch am dringendsten für ihre Beweisführung. Der 'Paradigmawechsel' zu einer kommunikativ orientierten Ästhetik – wie ihn Schlenstedt beschreibt – wurde daher durch die literaturtheoretischen Diskussionen der sechziger Jahre eingeleitet und erst durch die Wandlungen im marxistischen literaturtheoretischen Denken der siebziger Jahre besiegelt.

Man kann sagen, daß dieser Prozeß einen erheblichen Erkenntnisfortschritt erbrachte, tut jedoch sicher gut daran, ihn ebenfalls unter dem Aspekt der Veränderungen zu sehen, die im Funktionsverständnis und vielleicht auch in der Funktion von Kunst und Literatur während dieser Jahre in der DDR eingetreten sind. Jedenfalls hatten diese Veränderungen bekanntlich die Rehabilitierung künstlerischer Techniken und Mittel zur Folge, die dem damaligen Stand der Realismus-Theorie widersprachen, und sie waren auch verbunden mit dem Streben nach einer breiteren Aneignung des bürgerlichen Kunsterbes.

Kagan seinerseits hatte die Ästhetik den praktischen gesellschaftlichen Erfordernissen anzupassen versucht, indem er – wie das auch andere taten – die Realismus-Theorie „erweiterte". Diese „Erweiterungs"versuche folgten in der Regel einer Argumentation, die den Stilbegriff quasi ex negativo wieder ins Spiel brachte: Den herrschenden Realismus-Auffassungen der dreißiger bis fünfziger Jahre wurde unterstellt, daß sie die realistische „Methode“ auf einen bestimmten „Stil“ reduziert hätten. Die realistische „Methode“ sei aber weiter als dieser historische Stil (der Stil der realistischen Kunst des 19. Jahrhunderts) oder: Sie sei überhaupt nicht an einen bestimmten historischen Stil gebunden. Die Wiedereinführung des Stilbegriffs, seine Ausfällung aus dem Begriff der Methode, erfolgten also im Zuge der „Erweiterung“ des Realismus. Kagan freilich wollte gar nicht wahrhaben, daß der in der sowjetischen Ästhetik seit den dreißiger Jahren befestigte Methodenbegriff ursprünglich auf eine Kunst reflektiert, der im allgemeinen bestimmte gemeinsame Stilmerkmale zugesprochen werden. Er spricht schon der realistischen russischen Literatur des 19. Jahrhunderts jegliche stilistische Einheit ab, nimmt vielmehr für die „kritisch-realistische Methode“ eine „stilistische Unbestimmtheit“ an und hält eben diese für ein wesentliches Unterscheidungsmerkmal des Realismus im Vergleich mit den künstlerischen „Methoden“ der vorkapitalistischen Gesellschaftsformationen.[332] Die durch die Entwicklung der bürgerlichen Gesellschaft eingeleiteten grundlegenden kunstgeschichtlichen Prozesse der Neuzeit – die Säkularisierung und Autonomisierung der Kunst – werden vorausgesetzt, um die Verpflichtung der modernen Kunst auf einen einheitlichen Stil, ihre Unterwerfung unter eine normative ästhetische Theorie abzuweisen. Hier handelt es sich jedoch nicht um die Vereinfachungen und Verkürzungen in Kagans Argumentation, in der die Auflösung der epochalen Stileinheit als unmittelbare Folge der Herausbildung der selbstbewußten bürgerlichen Persönlichkeit (des Bewußtseins von der „Freiheit des künstlerischen Schaffens“ in dem aus persönlichen Abhängigkeitsverhältnissen heraustretenden bürgerlichen Individuum) erscheint, sondern um die einfache Tatsache, daß in dem erwähnten Begründungszusammenhang der Stilbegriff in die marxistische Ästhetik wieder eingeführt wurde, und zwar als Begriff für die „Gesetzmäßigkeiten in der Struktur der Kunstwerke“. Kagan erklärt: „Die künstlerische Methode ist das S y s t e m d e r P r i n z i p i e n , welche die künstlerische Aneigung der Wirklichkeit regeln, und der Stil ist das bestimmte S y s t e m d e r F o r m e n , in dem sich die Resultate des Schaffens fixieren“[333]. Die strittige Frage, welchen methodologischen Wert, aus dem Begründungszusammenhang der Realismus-Diskussion herausgenommen, ein solcher Methodenbegriff noch hat, der das „System der Formen“, die

Strukturen, in denen die „künstlerische Aneignung der Wirklichkeit“ sich fixiert, von dem Aneignungsprozeß abtrennt, wie auch die Frage, was für ein Modell des künstlerischen Formierungsprozesses solch einem Methodenbegriff zugrunde liegt, kann man hier gleichfalls ausklammern. Es ist lediglich festzustellen, daß mit der Wiedereinführung des Stilbegriffs in die Ästhetik auch die marxistische Literaturtheorie und – in Abhängigkeit von ihr – die Literaturgeschichtsschreibung aufgefordert waren, sich Problemen zu stellen, die sie vorher weitgehend unbeachtet gelassen oder überhaupt abgewiesen hatte, und das hieß auch: auf die Antworten einzugehen, die von der Geistesgeschichte und insbesondere natürlich von deren stiltypologischer Abart gegeben worden waren.

Wenn eine marxistische Stiltheorie bis heute nicht ausgearbeitet wurde (auch die Autoren von *Ästhetik heute*[334] andere Aufgaben vorziehen, obwohl sie auf sogenannte gestaltästhetische Ansätze, die im Zusammenhang mit der Stiltypologie entwickelt wurden, reflektieren), so läßt sich das eben aus der Tatsache erklären, daß nahezu das gesamte stiltheoretische Denken bisher in Bahnen verlief, denen die marxistische Ästhetik von ihrem Ansatz her nicht folgen konnte. Die Schwierigkeiten liegen sicher nicht so sehr in der Mehrschichtigkeit des Stilbegriffs selbst (seiner Reichweite vom Werk- und Individual-/Personalstil über den Stil einer Schule/Gruppe/Strömung und den vorherrschenden „Zeitstil“ in einer Kunstart bis zur Konstruktion der „Stilformation“ als alle Kunstarten umfassendem „Epochenstil“), die ja auch Kagan problemlos übernimmt, als vielmehr in der Art und Weise, wie man die einzelnen Schichten voneinander abhob, genauer gesagt: wie die Vorstellung historischer Stile als Werke bzw. künstlerische Individualitäten übergreifender geschichtlicher Strukturen gebildet wurde. Dafür ist der aus Diltheys *Einleitung in die Geisteswissenschaften* sich herleitende individualistische Ansatz für die Konzeption der Geschichte bestimmend gewesen.[335] Dem Regreß auf das Individuell-Einmalige, Unwiederholbare und Unberechenbare in den geistigen Hervorbringungen der Menschen, von dem Diltheys Begriff der Geschichte geprägt ist, entsprach der Versuch der Stiltypologie, von einer Auffassung von Werk- bzw. Individualstilen zur Konstruktion von Stilen als Werke bzw. künstlerische Individualitäten übergreifenden geschichtlichen Strukturen fortzuschreiten.

Dilthey hatte der nomothetischen Kunstauffassung der Positivisten einen Begriff der Werkindividualität entgegengesetzt, der sich jeder mechanisch-materialistischen Auflösung verschloß. Dabei griff er – wie später auch Rudolf Unger, Oskar Walzel und andere seinen Anschauungen verpflichtete Literaturhistoriker – auf das in Deutschland insbesondere von Goethe und den Frühromantikern verwendete Organismus-Modell zurück. Dieses Modell stellte jedes Kunstwerk analog dem Organismus der Natur als einen Organismus von innerer Gesetzlichkeit dar. Seiner Herkunft aus dieser „organischen" oder „Gestalt"-Ästhetik verdankt der Stilbegriff die Eigenschaft, sich an formalen Kriterien – Strukturmerkmalen – des Textes/Werkes festzumachen, von ihnen jedoch auf einen Inhalt überzuleiten, der in seiner formalen Gestaltung als intellektueller, emotionaler und voluntativer Ausdruck einer Künstlerpersönlichkeit zu verstehen ist, der seinerseits die geistige Verfassung einer relevanten Gruppe seiner Zeitgenossen repräsentiert. Erst in dieser Repräsentationsfunktion erhielt „Stil" seine kategoriale Bedeutung im literatur- und kunstgeschichtlichen Diskurs.

Von dem Organismus-Modell führte zwar kein direkter Weg zu den modernen phänomenologischen und formalistischen bzw. strukturalistischen Verfahren der Textanalyse, wie die Entwicklung der geistesgeschichtlichen Literaturforschung in Deutschland zeigt. Dennoch enthielt dieses Modell, wenn auch in mystifizierter Form, eine System- und Strukturauffassung des literarischen Kunstwerks, die Dilthey und, im Anschluß an ihn, vor allem Walzel zu entwickeln versuchten. Wie unbefriedigend die Ergebnisse, von heute aus gesehen, auch ausfielen, so bleibt doch die Tatsache bestehen, daß sie den Denkansatz für eine Theorie-Entwicklung darstellten, die auch die historische Reihenbildung auf eine neue Stufe hob: Die Literaturwissenschaft lernte, die Übernahme eines literarischen Sujets, Bildes, Motivs usw. als einen Akt der Transposition zu begreifen, bei dem nicht nur – wie die Positivisten es getan hatten – nach dem Woher zu fragen, sondern auch die veränderte Stellung zu bestimmen und die neue Funktion zu untersuchen war, die das betreffende literarische „Element" in dem Werk innehatte, in das es übernommen wurde.

Generell kann man sagen, daß Stilfragen in der Literaturwissenschaft erst mit deren Übergang zur typologischen Verallgemeinerung eine größere Rolle zu spielen begannen. Erst mit dem Übergang zur typologischen Verallgemeinerung setzten die mannigfaltigen Versuche ein, Individualstile zu erfassen, stilgeschichtliche Werk- oder Autorenreihen zu bilden bzw. literarische Strömungen als Stilrichtungen zu beschreiben. Formierung, volle Entfaltung und Auflösung der verschiedenen werk- bzw. autorenübergreifenden Dichtungsstile wurden jetzt zu einem bevorzugten Gegenstand der Literaturforschung. Der in der kanonisierten Literatur jeweils vorherrschende Stil wurde als „Zeitstil" begriffen, die Literaturgeschichte als eine Geschichte einander ablösender Dichtungsstile konzipiert.

Stellte sich mit dem typologischen Denken somit einerseits überhaupt erst die Verallgemeinerungsebene ein, auf der literarische Stile als werkübergreifende Strukturen in das Blickfeld der Literaturforschung kamen, so verhinderte andererseits die Befangenheit in diesem Denken jeden Versuch einer sozialgeschichtlichen Ableitung. Die „organische Ästhetik" vermochte den „Zeitstil" allenfalls auf ein die „innere Form" der Werke prägendes vorherrschendes Lebensgefühl, auf eine zeittypische Weltanschauung und geistige Haltung – den „Zeitgeist" – zurückzuführen, der seinerseits typologisch gefaßt wurde. Damit tendierte diese Art stilgeschichtlicher Forschung von ihren theoretischen Voraussetzungen her immer wieder dazu, zur Typologie zurückzukehren und die Vielfalt der historisch-konkreten Erscheinungen auf übergeschichtliche Grundtypen künstlerischen Formierens festzulegen. Angesichts der Tatsache, daß die verfügbaren kunsttypologischen Denkmuster entweder bipolar waren (Naiv – Sentimentalisch, Klassisch – Romantisch, Apollinisch – Dionysisch, Klassisch – Gotisch, Realistisch – Romantisch) oder zumeist auf bipolare Oppositionen sich vereinfachen ließen, reduzierte sich der Gang der Literaturgeschichte – z. B. bei Walzel – dann letzten Endes auf ein ewiges Hin-und-her-Pendeln zwischen zwei Polen. Die gesamte Weltgeschichte der Kunst stellte sich als ein ewiger Kampf zwischen zwei einander entgegengesetzten Stilprinzipien, künstlerischen Formierungsweisen bzw. Methoden dar (Klassisch – Romantisch, Gotisch, Barock usw. bzw. Realistisch – Romantisch, Modernistisch, Avantgardistisch usw.).

Ungeachtet der damit angezeigten Einschränkungen bleibt aber festzuhalten, daß die Literaturgeschichtsschreibung erst auf der typologischen Verallgemeinerungsebene auch zu versuchen begann, von ähnlichen oder identischen künstlerischen Formierungsprinzipien her übernationale bzw. gesamteuropäische Literaturströmungen zu verifizieren. Der vergleichenden Literaturwissenschaft stellte sich diese

Aufgabe, weil ideologische bzw. ideengeschichtliche Bestimmungen nicht ausreichten, um etwa einen Begriff von europäischer Romantik zu bilden, der die einzelnen nationalen „Romantismen", d. h. die Gesamtheit der Werke, die in den einzelnen Nationalliteraturen traditionell als „romantisch" klassifiziert wurden (mithin auch die unterschiedlichen Romantik-Auffassungen), synthetisierte. Derartige Synthese-Versuche, die die Literaturwissenschaft bis heute beschäftigen, haben sich inzwischen zwar weitgehend wieder von typologischen Ordnungsprinzipien gelöst. Aber die Typologie brachte die Komparatistik auf den Weg, auf dem sie zu vergleichenden Stilanalysen und zu stilgeschichtlich fundierten Begriffen übernationaler literarischer Strömungen fortschritt.

Das geistesgeschichtliche Synthetisierungsstreben und die von der Geistesgeschichte sich absetzende stilgeschichtliche Forschung eröffneten dem komparatistischen Denken schließlich noch eine andere Dimension: den Vergleich der Literaturentwicklung mit der Entwicklung in den anderen Künsten. Die Begriffe von Stilrichtungen und „Zeitstilen", die die Literaturgeschichtsschreibung bildete, transzendierten nicht nur die einzelnen Nationalliteraturen, sondern auch die einzelnen Künste. Walzel und andere gingen in ihrer Begriffsbildung wie auch in ihren stilanalytischen Verfahrensvorschlägen gar nicht von der Literaturwissenschaft, sondern von der Kunstwissenschaft aus, deren Stil- bzw. Epochenbegriffe und deren entwickelteres methodologisches Instrumentarium sie in die Literaturwissenschaft hineintrugen. Wissenschaftliche Unternehmungen, die Literatur und Kunst einer bestimmten Epoche im nationalen oder gesamteuropäischen Rahmen zusammenfassend darzustellen beabsichtigten, sind seitdem immer wieder aufgetaucht, und die höchsten Ansprüche der nationalen und internationalen Kooperation der Literatur- und Kunstwissenschaftler richten sich auch heute auf derartige Projekte. Dabei ist vielfach auch noch die Vorstellung im Spiel, daß die geschichtlichen Veränderungen der Formierungsweise in den verschiedenen Künsten einander wechselseitig „erhellen" könnten.

Walzels Hypothese von der „wechselseitigen Erhellung der Künste"[336] basierte auf der Überzeugung, daß die Produktionen der verschiedenen Künste, soweit sie, von demselben „Zeitgeist" inspiriert, einer ähnlichen Geisteshaltung ihrer Urheber entsprungen waren, sich auch auf ein einheitliches Formprinzip zurückführen lassen müßten. Walzel berief sich dabei auf immer wieder zu beobachtende strukturelle Analogien in den verschiedenen Künsten – eine Beobachtung, auf die schon die romantische Kunsttheorie reflektiert hatte. Sein Verfahren, die von Heinrich Wölfflin für die bildende Kunst des 16. und 17. Jahrhunderts erarbeiteten „kunstgeschichtlichen Grundbegriffe“[337] auf die Literatur anzuwenden, brachte allerdings wenig überzeugende Resultate, und auch die Arbeiten seiner Nachfolger gelangten im Prinzip nicht über die Feststellung der Tatsache hinaus. Dennoch figuriert die „wechselseitige Erhellung“ auch in neueren Publikationen noch unter den Aufgaben und Methoden der vergleichenden Literaturwissenschaft, wird an dem Ziel, das Walzels Verfahren verfolgte: Epochen der Kunst durch den Nachweis analoger Grundstrukturen in einem großen Teil der gesamten künstlerischen Produktion zu begründen, von zahlreichen Forschern festgehalten. Aber auch wo die Möglichkeit dieser Begründung angezweifelt oder die Konstruktion alle Künste umfassender Epochenbegriffe überhaupt negiert wird, ist die Aufmerksamkeit für das Verhältnis der Literatur zu den anderen Künsten, für deren Wechselbeziehungen in der Regel erhalten geblieben. Unter „wechselseitiger Erhellung“ firmieren in der vergleichenden Literaturwissenschaft heute auch thematologische Untersuchungen, die Übertragung von formalen und thematischen Elementen einer Kunstart auf eine andere, das Phänomen der Doppelbegabungen und ähnliches.[338]

Wenngleich Stilfragen bis 1945 hauptsächlich von geistesgeschichtlich orientierten Literaturwissenschaftlern diskutiert wurden und praktische Bemühungen um eine Stilgeschichte der deutschen Literatur in dieser Zeit fast ausschließlich von geistesgeschichtlichen Prämissen ausgingen, so blieb doch der individualistische Ansatz der Geistesgeschichte auch innerhalb der akademischen Literaturgeschichtsschreibung nicht unwidersprochen. Ernst zu nehmender Widerspruch wurde z. B. von Josef Nadler angemeldet, dem Emil Ermatinger in dem repräsentativen Sammelband *Philosophie der Literaturwissenschaft* (1930) den Platz für einen Artikel *Das Problem der Stilgeschichte* einräumte.[339]

Nadler war 1912 mit dem ersten Band einer Geschichte der deutschen Literatur[340] aufgetreten, in der er das zuerst von August Sauer in dessen Prager Rektoratsrede *Litteraturgeschichte und Volkskunde*[341] vorgetragene „stammheitliche“ Gliederungsprinzip durchführte. Dieses Gliederungsprinzip hat Nadler nie revidiert, sondern in der praktischen Arbeit an seiner Literaturgeschichte allenfalls relativiert. Die Unhaltbarkeit, ja Absurdität der Konstruktionen, die sich insbesondere für die Geschichte der neuzeitlichen Literatur aus einer Gliederung nach Stämmen und Landschaften ergaben, sind bereits von Nadlers Zeitgenossen, so z. B. von Rudolf Unger, nachgewiesen worden.[342] Die Vereinbarkeit der ihr zugrunde liegenden naturalistischen Geschichts- und Gesellschaftsauffassung mit der politischen Ideologie des deutschen Faschismus hat Nadler in der berüchtigten vierten Auflage seiner Literaturgeschichte (*Literaturgeschichte des deutschen Volkes,* 1941) selbst bewiesen. Aber obwohl Nadler demzufolge in der Geschichte der Literaturwissenschaft eine insgesamt sehr problematische Rolle spielte, enthält sein Aufsatz von 1930 doch eine Reihe von Gesichtspunkten, von denen aus es möglich gewesen wäre, das Phänomen des Stils als werkübergreifender Struktur vom individualistischen Ansatz der Geistesgeschichte abzulösen und als soziales Phänomen zu diskutieren.

Nadler setzt „Stil" als das besondere künstlerische Organisationsprinzip eines Werks, einer Persönlichkeit, einer Generation usw. in Wechselbeziehung zur gesellschaftlich gebildeten künstlerischen Norm: Diese verändert sich zwar im Ergebnis der Rezeption neu entstandener Kunstwerke, ist als solche jedoch immer vor dem Kunstwerk da, und zwar nicht nur als konventioneller Maßstab der Kritik, auf der Seite des Publikums, sondern auch als die vom Künstler interiorisierte traditionelle „Schaffensnorm" – die Poetik, von der er ausgeht. Vergleiche Josef Nadler: „Der schöpferische Vorgang ist keineswegs autonom und nur aus den verantwortlichen Einzelwesen zu erfassen. Denn jeder Schöpfer steht ... unter dem Gesetz der Norm. Norm aber heißt ein Doppeltes: Poetik und Publikum. Poetik und Publikum wiederum bedeuten soziologische Mächte, die also von außen her oder schon durch Abkunft und Bildung ins Individuum einbezogen, den schöpferischen Vorgang von der Wurzel aus beeinflussen. Poetik und Publikum sind stilbildende Kräfte, die gewiß dem individuellen schöpferischen Geiste nicht gleichzusetzen sind, die ihn aber ... bestimmen oder bedingen."[343] Nadler wendet sich daher entschieden gegen die geistesgeschichtliche Auffassung, daß eben der Stil das Phänomen sei, an dem jede Kunstsoziologie scheitern müsse: „Jedes Paradigma beschränkt das autonome Schaffen, gleichviel ob dieses Paradigma anerkannt oder bestritten wird. Denn nicht Kampf allein, auch der siegreiche Kampf setzt Grenze und Schranke. Und da jede Poetik – und jeder Dichter steht unter irgendeiner, sei es auch eine ungeschriebene – aus der Gemeinschaft kommt und da jede Poetik in die Gemeinschaft wirkt, so ist das schon die eine Zone, wo die Stilgeschichte sich mit dem Problem der Soziologie abzufinden hat. So sehr der Stil des Einzelnen sich an der Poetik oder gegen sie hin versondert, er versondert doch nur ein soziologisch Gewordenes, Gemeintes, Gültiges."[344]

Von dieser Position aus kehrt Nadler schließlich die Frage um: Sie lautet bei ihm nun nicht mehr, wie Stil sozialgeschichtlich zu begründen sei, sondern wie die „soziologischen Bestände stilgeschichtlich erfaßbar und darstellbar" werden. Nadlers Antwort: „Aus der gesamten Breite der Erscheinungen, aus allen Zeugnissen des Lebens." Damit werde auch „zum wievielten Male die Frage nach der Stilvergleichbarkeit der Künste" aufgeworfen. Nadler meint, daß man hier zwei Dinge unterscheiden müsse, die miteinander nichts zu tun haben: „Denn ein anderes ist es, Stilkategorien von der einen Kunst auf die andere zu übertragen, und ein anderes, die verschiedenen Künste stilgeschichtlich miteinander zu vergleichen. Gewiß kann man nur vergleichen, wenn man ein tertium comparationis hat. Aber dieses tertium muß nicht das Kategoriensystem der einen Kunst sein. Im Gegenteil, dieses tertium comparationis muß jenseits der einzelnen Künste liegen, über ihnen." Schließt man aber auf „soziologische Mächte als ... Urheberinnen induktiv festgestellter Stilmerkmale", so können sie „wissenschaftlich nur erfaßt werden aus der Bewährung in allen Lebensformen": „Die Vergleichbarkeit der Künste ist in solchem Maße unumgängliche Voraussetzung dafür, soziologische Wirkungen in den Stilindizien anschaulich zu machen, daß man den Kreis des Vergleichbaren noch viel weiter stecken muß. Nicht bloß Vergleichbarkeit aller Künste, sondern stilkritische Vergleichbarkeit aller Lebensäußerungen, neben den Künsten also auch des Staates, der Wissenschaft, der Religion, der Lebenshaltung."[345]

Walzel und Nadler repräsentieren die beiden Hauptpositionen im stiltheoretischen Denken der deutschen Literaturgeschichtsschreibung, wobei Nadler expressis verbis das Erbe des Schererschen Positivismus, dessen am Modell der Naturwissenschaften gebildete Wissenschaftsauffassung gegen die individualistische Geschichtskonzeption der Lebensphilosophie verteidigte, auf die Walzel reflektierte. Daß gerade die biologistischen Konsequenzen, die Nadler aus dem Schererschen Positivismus zog, die auch diesem eignende irrationalistische Tendenz enthüllten, ist oft genug bemerkt worden. Einen gravierenden Unterschied macht allerdings, daß auf geistesgeschichtlicher Basis – wie schon gesagt – eine konkrete stilkritische Arbeit geleistet wurde, während Nadlers Vorschlag für die Literaturgeschichtsschreibung praktisch folgenlos blieb, Nadler noch nicht einmal selbst auf stilgeschichtliche Untersuchungen der Art ausgegangen ist, wie er sie in dem erwähnten Aufsatz empfohlen hatte.

Dieser Unterschied ist sicher nicht zufällig. Die Geschichte des Problems zeigt, daß über „Stil" vor allem immer dann reflektiert wurde, wenn das Individuell-Einmalige, Unwiederholbare und historisch nicht zu Überholende an den Kunsterscheinungen in das Blickfeld der Wissenschaft kam. Stilfragen waren daher von Anfang an meist verknüpft mit psychologischen Fragen, leiteten zur Kunstpsychologie über, oder sie leiteten sich von ihr ab. Genauer gesagt: Wenn die Reflexion über die formale Struktur von Kunstwerken unter den Begriff des Stils gestellt wurde, dann verlagerte sich der Schwerpunkt des Interesses meist auf die Struktur der Persönlichkeit des Künstlers, auf die spezifische psychische Verfassung des Künstlerindividuums oder des Soziums, worin es sich bewegt. Nadler reagierte auf eine derartige Interessenlage, und zwar mit fundierten Einwänden gegen die geistesgeschichtliche Autonomsetzung des vereinzelten Individuums der bürgerlichen Gesellschaft, ohne allerdings dieses Interesse zu teilen. Die Entwicklung in der marxistischen Ästhetik und Literaturwissenschaft, von der wir ausgegangen sind, hat jedoch gezeigt, daß die Wiederaufnahme des Stilbegriffs keineswegs mit dem Regreß auf eine lebensphilosophische Individuumsauffassung verbunden sein muß. Vorausgegangen ist die Entwicklung nicht nur der Sozialpsychologie, sondern auch einer materialistischen Individualpsychologie, die wiederum schon in ihrem Ansatz mit dem Nadlerschen Biologismus nichts gemein hat.

Daß das Interesse am „Stil" in der Vergangenheit gewöhnlich Indikator für ein psychologisches Interesse an den Kunsterscheinungen gewesen ist, besagt natürlich noch lange nicht, daß der Stilbegriff nur in der Überleitung von der formalästhetischen Untersuchung, heute also zum Beispiel von der Strukturanalyse zur Kunstpsychologie, sinnvoll zu verwenden sei. Mit anderen Worten: Der Stilbegriff läßt sich zweifellos auch in einer von der geistesgeschichtlichen vollständig abgelösten Verstehensabsicht entwickeln.

Andererseits ist nicht zu bestreiten, daß er eben in dieser Verwendung eine Relation erfaßt, in der jede menschliche Tätigkeit objektiv steht, die aber für die Betätigung der Phantasie, also auch für die Kunstproduktion, besonders signifikant ist. Die Leistungsfähigkeit des Stilbegriffs an der von der Geistesgeschichte bezeichneten Stelle – in der Überleitung von der Formanalyse zur Kunstpsychologie, genauer: im Schnittpunkt beider Forschungsperspektiven – ist auch nicht allein mit Blick auf Walzel zu beurteilen. Jedenfalls nicht, wenn die psychologische Perspektive auf das Sozium gerichtet wurde, in dem die Kunstkommunikation stattfindet. Das war der Fall bei Aby Warburg und seinen Schülern, die eben aus dieser Perspektive um dieselbe Zeit wie Walzel einen Umgang mit dem Stilbegriff vorführten, der von zahlreichen Kunstwissenschaftlern bis heute gepflogen wird.[346] Von Warburg konnte man lernen, daß die Konstruktion von Stilen, die eine Kunstart, also z. B. die Malerei, einer ganzen geschichtlichen Periode charakterisieren sollen, selbst für das vorindustrielle Zeitalter nur als eine sehr oberflächliche Orientierung dienen kann, die nicht sehr nahe an die Kunst heranführt. Dominanzen, das zeitweilige Vorherrschen bestimmter künstlerischer Normen und Modelle, werden nicht geleugnet. Aber gerade aus der Perspektive der Sozialpsychologie kann man mit solchen homogenisierenden Konstruktionen wenig anfangen. Der geistesgeschichtliche Schematismus, dem sie entstammen, erscheint nur mehr als Pendant zu einer schematischen Kunstsoziologie, seitdem Warburg an der Florentiner Malerei des Quattrocento gezeigt hat, wie sich dieselbe soziale Gruppe/Schicht zur selben Zeit offensichtlich mit den Werken zweier Maler identifizierte, deren künstlerische Formierungsweisen so weit differieren, daß man sie traditionell verschiedenen „Stilepochen“ zuordnet.[347]

Die Chancen für den Einsatz des Stilbegriffs werden von Kunsthistorikern, die sich auf Warburg berufen, darin gesehen, daß man den Begriff – im Unterschied zu den Ambitionen der Geistesgeschichte – auf einer mittleren Abstraktionshöhe konstruiert, von der aus die Vielfalt der wirklichen Erscheinungen sich nicht dem Blick entzieht, so daß nur noch etwas „Vorherrschendes“ sichtbar bleibt, auf jener mittleren Abstraktionshöhe also, die es aber doch ermöglicht, innerhalb der Vielfalt der Erscheinungen Gruppierungen, Tendenzen, Strömungen auszumachen. Für das Periodisierungsproblem der Kunstgeschichte stellt ein solcher Stilbegriff natürlich keine Lösung dar.[348] Aber Warburg hat ja auch nachzuweisen versucht, daß eine stilgeschichtliche Periodisierung jedenfalls der modernen Kunst nicht zu rechtfertigen ist. Stattdessen sollte ein so konstruierter Begriff, indem er die „Gleichzeitigkeit des Ungleichzeitigen", das jeweilige Nebeneinander und Gegeneinander unterschiedlicher Normen und Modelle vorstellte, der Kunstgeschichtsschreibung zu einer differenzierteren Darstellung der Brüche, Verwerfungen, Transformationen und Übergänge verhelfen, die eine geschichtliche Reihe aufeinanderfolgender Werke in den ihnen zugrunde liegenden Normen, in den in ihnen verkörperten künstlerischen Formierungsprinzipien erfährt.

Wie immer wir das Phänomen des Stils auch begreifen wollen, der gegenwärtige Zustand läßt sich kaum anders als so beschreiben: „Stil" als werkübergreifende Struktur wird kaum noch von jemandem als für die Literaturgeschichtsschreibung irrelevant abgetan. Die Beispiele, die die deutsche Geistesgeschichte zur Erklärung des Phänomens gegeben hat, werden, wenn schon nicht mehr generell als untauglich, so doch zumindest als ungenügend empfunden. Eine überzeugende sozialgeschichtliche Ableitung literarischer Stile, wie sie einer auf einer materialistischen Geschichtsauffassung basierenden Literaturwissenschaft angemessen wäre, wurde jedoch zumindest für die neuzeitliche Literatur bisher nicht geleistet.

Mit dieser Feststellung wird nicht denjenigen das Wort geredet, die den rezeptionsgeschichtlichen und kommunikationstheoretischen Gesichtspunkten, die Ende der sechziger Jahre die damalige mehr oder weniger ideologiegeschichtlich bestimmte Praxis zu zersetzen begannen, die Schuld geben, daß die Literatur*geschichtsschreibung* bis heute noch nicht bei der Geschichte der *literarischen* Strukturen angekommen ist. Zweifellos hat die Konzentration auf das Studium der Literaturverhältnisse zunächst von den Fragen des Stils noch weiter weggeführt. Aber ist nicht vielleicht die Auffassung der Literaturgeschichte als Geschichte der (kunst-)literarischen Kommunikation der Gesellschaft die unabdingbare Voraussetzung dafür, um auch in Stilfragen über die Ergebnisse der deutschen Geistesgeschichte hinauszukommen? Selbstverständlich benötigt man dazu exakte Strukturanalysen einzelner literarischer Werke. Dafür steht der Literaturwissenschaft heute aber auch ein spezifisches technisches Instrumentarium zur Verfügung, so daß man nicht mehr – wie seinerzeit Walzel – auf die Methoden der

Kunstwissenschaft zurückgreifen muß. Solche Analysen braucht man, um strukturelle Übereinstimmungen oder Ähnlichkeiten in Werken verschiedener Autoren extrapolieren zu können, die kontrollierbare Aussagen über Stilrichtungen, vorherrschende „Zeitstile" in einer Kunstart oder gar stilistische Analogien in verschiedenen Künsten erlauben. Die Literaturwissenschaft ist auf diesem Gebiet im Rückstand gegenüber der Kunstwissenschaft. Sie hat nicht nur bis heute keinen Konsens erzielt, welche Strukturmerkmale für literarische Stile konstitutiv sein sollen, sondern sie hat auch ein Defizit an sachlichen, auf formalästhetische Gesichtspunkte konzentrierten Werkanalysen, die ausreichend Material für stiltheoretische Verallgemeinerungen bieten würden. (Solche Arbeiten waren überall dort nicht beliebt, wo es galt, die Grundthesen materialistischer Geschichtsauffassung in der Literaturforschung durchzusetzen.) Aber man wird, auch mit dem reichhaltigsten Fundus an formalästhetischen Werkanalysen, Stile und Stilwandel nicht erklären können, solange man die Ebene der Kunst*produktion* nicht überschreitet. Andererseits hat der vulgärsoziologische Kurzschluß auf die Produktionsverhältnisse in den meisten kunstspezifischen Fragen auch nicht weitergebracht. Denn gefragt war immer nach den Vermittlungen, die das Basis-Überbau-Schema unbezeichnet ließ.

Ansätze, diese Vermittlungen aufzusuchen, wie Warburg das getan hat, sind für die Literatur schon von Walter Benjamin, Siegfried Kracauer und Arnold Hauser[349] gemacht worden. Diesen Autoren ist gemeinsam, daß sie eine sozialpsychologische Vermittlungsebene einführen, auf die sowohl das Schreiben wie das Lesen der Literatur bezogen werden. Der Ort der Entscheidung über die Entwicklungsrichtung der Literatur, für die im nachhinein einzelne Kunstereignisse namhaft gemacht werden können, wird in der literarischen Kommunikation der Gesellschaft gesucht, die auf diese Vermittlungsebene gestellt ist. Für die Literaturkommunikation gelten allerdings bestimmte Verkehrsformen, die nicht nur von den die soziale Psychologie prägenden allgemeinen gesellschaftlichen Verhältnissen, sondern auch vom Entwicklungsstand der materiellen Produktivkräfte abhängen. Die literarischen Verkehrsformen wirken ihrerseits auf die Entwicklung der literarischen Strukturen ein. Den Autoren, die die Sozialgeschichte der Literatur von diesen Prämissen her zu erfassen versuchten, verdanken wir eine Reihe konkreter Einsichten in die geschichtlich-gesellschaftliche Bedingtheit von Stilwandel und

Gattungsentwicklung. Sie legen den Versuch nahe, die Kategorie des literarischen Stils gleichfalls als eine Kategorie der (kunst-)literarischen Kommunikation zu entwickeln: Stil, der sich in einer durch die historischen Bedingungen und die Art und Weise der Literaturkommunikation bestimmten Interaktion von Schreibern und Lesern bildet und über dessen Durchsetzung und Ablösung gleichfalls in dieser Interaktion entschieden wird. Maßgebend dabei wäre die je eigenartige psychische Verfassung literarisch kommunizierender gesellschaftlicher Gruppen, die sich unter den gegebenen historischen Bedingungen herausgebildet hat.

Die Möglichkeit einer stilistischen Periodisierung der Literaturgeschichte, die mit der Anerkennung von deren relativer Eigengesetzlichkeit wieder ins Gespräch kam, bleibt jedoch auch auf der Basis und im Rahmen einer Geschichte der Literaturkommunikation noch zweifelhaft. Gehen alle Versuche in dieser Richtung doch prinzipiell von der Voraussetzung aus, daß zu jeder Zeit eine literarische „Strömung", ein literarischer Stil vorgeherrscht habe, wobei dieser dann oft eben als literarisch-künstlerischer Ausdruck einer jeweils vorherrschenden Verfassung des allgemeinen gesellschaftlichen Bewußtseins, eines bestimmten „Stils" zu denken, zu fühlen und zu handeln – also der „gesellschaftlichen Psychologie" – aufgefaßt wird. „Romantik" z. B. entspricht in dieser Sicht subjektiv-idealistischen Ideologiestrukturen und individualistischen oder aktivistischen Haltungen in der gesellschaftlichen Praxis, der bürgerliche Realismus des 19. Jahrhunderts den Strukturen des philosophischen Positivismus und einem empiristischen, objektivistischen Praxisverhalten. Abgesehen davon, daß schon die chronologische Abfolge von „Klassik", „Romantik" und „Realismus" in der deutschen Literatur eine von der Literaturgeschichtsschreibung fabrizierte optische Täuschung ist (Nadlers Attacke auf die geistesgeschichtliche Konstruktion des „Zeitstils" schon von daher durchaus gerechtfertigt war) – unreflektiert bleibt in dieser Auffassung des Gangs der Literaturgeschichte vor allem, daß mit der Entwicklung des Kapitalismus nicht nur die Bedingungen und die Art und Weise der Literaturkommunikation sich fundamental veränderten, sondern auch das Traditionsverhältnis der Literatur sich generell zu wandeln begann. Die gesellschaftliche Verbindlichkeit der künstlerischen Tradition und damit auch des tradierten Stils, dessen Wandlungen im vorkapitalistischen Zeitalter die gesamte Literaturkommunikation erfassende historische Prozesse gewesen waren, unterlag in einem Prozeß, in dem die künstlerische Innovation, die Originalität der Faktur zum formalen Ausdruck der persönlichen Unabhängigkeit des bürgerlichen Individuums wurden und in dem die Gesellschaft alle Traditionen und Stile aller geographischen Regionen und historischen Epochen sich verfügbar machte. Das allgemeine Bewußtsein, die Mentalität oder „gesellschaftliche Psychologie" des Bürgertums, die selbst mit der fortschreitenden Arbeitsteilung sich weiter differenzierten, drückte sich nicht mehr in einem einheitlichen, für die gesamte die Literaturkommunikation führende Klasse verbindlichen literarischen Stil aus. Auf dem Gebiet der Literaturgeschichte wird diese Auflösung der gesellschaftlichen Verbindlichkeit des Stils in der kapitalistischen Gesellschaft noch verdeckt durch die mit ihrem Schwerpunkt in der zweiten Hälfte des 19. Jahrhunderts liegende Vorherrschaft des realistischen Erzählstils – und dies um so mehr, als die realistische Erzählkunst, d. h. ein Erzählen im Stil des Realismus des 19. Jahrhunderts (den wir – entgegen Kagan – durchaus noch glauben umschreiben zu können), nicht nur gegenüber der Romantik sich durchsetzte, sondern zur vorherrschenden literarischen Kunstform überhaupt wurde. In der Dramatik und im Gedicht hat es aber diese Vorherrschaft eines realistischen Stils schon nicht mehr gegeben. Eine stilistische Periodisierung, mit der die Literaturgeschichtsschreibung für die Zeit von den neunziger Jahren des 19. Jahrhunderts an dann ohnehin ins Stottern gerät, wäre danach schon mit dem Ausgang der Romantik, mit dem Ende der „Kunstperiode" prinzipiell nicht mehr akzeptabel.

Nationalliteratur und Weltliteratur

Die Ambivalenz des philologischen Ansatzes. Zur Bedeutung von Jacob Grimms Germanistik-Konzeption für die Entwicklung der Literaturwissenschaft

Wer – wie es dem Literaturwissenschaftler naheliegt – den Zugang zu Jacob Grimm über seine Reden und Rezensionen sucht, tut sich meist schwer. Die Schwierigkeit liegt darin, daß Jacob Grimms epochale Leistung als Sprachforscher in der L i t e r a t u r geschichte an die Peripherie gerückt ist, die Literaturgeschichtsschreibung seiner folglich außer als eines Sammlers nur noch als des Ideologen habhaft wird, der er ja auch war. Er geht als Sprachforscher von geschichtsphilosophischen Prämissen aus, und Geschichtsphilosophie durchdringt sein Werk. Aber es ist nicht mehr die Sache der Literaturgeschichtsschreibung zu fragen, auf welchen Weg in s e i n e r Wissenschaft ihn diese Prämissen geführt, zu welchen Erkenntnissen sie ihm in dieser Disziplin verholfen oder auch welche Erkenntnisse sie ihm versperrt haben.

Jacob Grimm hat auch auf die Entwicklung der Literaturwissenschaft im späteren 19. Jahrhundert vor allem durch seine Leistung als Sprachforscher Einfluß genommen. Nicht von seiner Schiller-Rede oder anderen Äußerungen zu den Dichtern, sondern nur von seiner Konzeption der Germanistik aus ist überhaupt seine Bedeutung für die Literaturwissenschaft zu erfassen. Jacob Grimms Bedeutung für die Literaturwissenschaft reicht weit und greift tief, wenn man sie von daher ermessen hat. Grimm hat der Literaturwissenschaft viele Anregungen gegeben, die ihre Entwicklung gefördert haben. Sein Einfluß hat gleichzeitig mitbewirkt, daß bestimmte Ansätze in ihrer Entwicklung gehemmt wurden. Er hat Vorschläge gemacht, die von den Literaturhistorikern, die sich auf ihn berufen haben, in eine Richtung gelenkt wurden, die seinem eigentlichen Anliegen widersprach. Und wir finden in seiner Germanistik-Konzeption Vorgriffe auf aktuell gestellte Aufgaben, für deren Lösung er seinen Zeitgenossen keinen Weg zu weisen vermochte.

In Grimms Germanistik-Konzeption wird die Literaturforschung auf die Grundlage der Sprachforschung gestellt. Das widersprach dem Vorgang der herrschenden philosophischen Ästhetik der Zeit, die den sprachlichen Aufbau der Dichtung kaum reflektierte und überhaupt nicht beim Wort, sondern am oberen Ende der Stufenleiter der Phänomenologie des literarischen Werks, bei den Ideen, ansetzte und sich allenfalls bis auf die Ebene der poetischen Bilder und Metaphern herabließ.

Dennoch führte gerade von dieser sprachwissenschaftlich fundierten Konzeption der Literaturforschung kein Weg zum Aufbau einer Phänomenologie des literarischen Werks. Abgesehen davon, daß Grimms eigenes Interesse sich auf die Sprache konzentrierte, nicht auf das literarische Werk gerichtet war, sondern von diesem auf die Sprache – das Wort und seine Geschichte – zurückging, für die er die Literatur in erster Linie immer nur als Beleg heranzog. Es handelte sich um eine Konzeption, die, wie von seiten der Sprachwissenschaft festgestellt wurde,[350] in ihrer genetisch-prozessualen Ausrichtung selbst auf linguistischer Ebene die freilich wiederum unhistorischen Ansätze der Schulgrammatik und der allgemeinen Sprachwissenschaft für eine System- bzw. Strukturauffassung der Sprache überging und folglich der Literaturwissenschaft in dieser Hinsicht auch keine Analogie anbot. Mehr noch: Mit der retrograden Interessenrichtung auf die früheren und frühesten Sprachformen erhielt die germanistische Literaturforschung ihren Schwerpunkt in der mittelalterlichen deutschen Literatur. Die moderne deutsche Literatur seit der Aufklärung, auf die die geschichtsphilosophische Literaturgeschichtsschreibung seit Gervinus ihren Begriff der Nationalliteratur gegründet hatte, rückte in der Grimmschen Germanistik-Konzeption an den äußersten Rand ihrer Gegenstandsbestimmung.

Die Durchsetzung dieser Sprach- und Literaturwissenschaft verbindenden Konzeption hatte daher die paradoxe Folge, daß das Studium der modernen deutschen Literatur von der Sprachforschung weitgehend getrennt war. Es blieb – bis zu Wilhelm Scherer und darüber hinaus – vorwiegend die Domäne der Kritiker, Journalisten und Schriftsteller und Nebenbeschäftigung einer stattlichen Reihe von Vertretern der Nachbardisziplinen – der politischen Historiographie, der Philosophie und Ästhetik. Scherer ist zwar mit der Autorität des ausgewiesenen Sprachforschers für die neuzeitliche deutsche Literatur als gleichberechtigten Gegenstand der Germanistik eingetreten.

Dennoch hielten sich auch unter seinen Schülern bis weit ins 20. Jahrhundert noch Vorbehalte gegen die Literaturwissenschaft. Die Vertreter der deutschen Geistesgeschichte ihrerseits trugen mit ihrer Geringschätzung der Philologie, die sie per se als eine positivistische Beschäftigung deklarierten, wenig zur Anerkennung philosophischer und ästhetischer Fragestellungen innerhalb der germanistischen Sprachwissenschaft bei.

Grob gesagt: Sprachwissenschaft und sprachwissenschaftlich orientierte Beschäftigung mit der mittelalterlichen deutschen Literatur und geistesgeschichtlich orientierte Beschäftigung mit der neuzeitlichen deutschen Literatur fanden, auch nachdem die Germanistik die Lehrstühle für „neuere deutsche Literatur" eingeräumt hatte, nicht zur einheitlichen Konzeption einer Wissenschaft von deutscher Sprache und Literatur, die den Forschungsinteressen beider Teildisziplinen gleichermaßen entsprach. Die wissenschaftsorganisatorische Entscheidung, der Jacob Grimm vorgearbeitet hatte und die trotz aller Anfechtungen bis heute gilt: Daß akademische Erforschung und Lehre der deutschen Literaturgeschichte der Kompetenz der Germanistik übertragen wurden, brachte die konzeptionelle Verbindung von Linguistik und Literaturtheorie/Ästhetik nicht zustande. Wenn für das Zustandekommen dieser Verbindung in Grimms Konzeption das theoretische Angebot fehlte, so enthielt diese Konzeption stattdessen ein anderes Angebot: das Angebot, die Literatur im komplexen Zusammenhang der Erscheinungen des geschichtlich-gesellschaftlichen Lebens zu betrachten, die man seit dem Ende des 19. Jahrhunderts im Begriff der Kulturgeschichte zusammenfaßt.

Grimm ging davon aus, daß die geistige Kultur der Menschen auf der Sprache beruht, deren Ausbildung er als einen gesellschaftlichen Arbeitsprozeß beschrieb. Die Sprachwissenschaft erhielt bei ihm die Rolle der „Grundlagenwissenschaft", die später die Psychologie einnehmen sollte. Aber er wußte auch, daß die Sprachwissenschaft, um auf ihrem Feld voranzukommen, die Kenntnis der „Sachen" und Sachverhalte benötigt, die die Sprache bezeichnet.[351] Eben darum sollten sich um die eigentliche Sprachforschung Forschungen gruppieren, die von der Art und Weise der Reproduktion des materiellen Lebens über die Sitten und Gebräuche, die Lebensweise also, und die sie kodifizierenden Rechtsvorschriften bis zur Mythologie und Poesie reichten. So war seine Germanistik-Konzeption letzten Endes keine Konzeption nur einer „Wissenschaft von deutscher Sprache und Literatur", sondern die Konzeption einer – sprachwissenschaftlich zentrierten – Kulturgeschichte des deutschen Volkes. Zurückhaltender ausgedrückt: Sie reichte in diese Dimension hinein, selbst wenn Grimm die Kenntnis der Sachen nur um der Sprache willen hätte haben wollen. In dieser Konzeption war die Literaturgeschichte jedenfalls nicht nur insgesamt in die Kulturgeschichte eingebunden: sie war von ihr aus auch anders aufzubauen als es von der philosophischen Ästhetik aus geschehen war. Statt sich auf die Meisterwerke der großen Dichter zu konzentrieren, sollte sie von der poetischen Selbstbetätigung des Volkes ausgehen, von der im „Volk" (das waren damals natürlich in erster Linie die bäuerlichen Schichten) noch lebendigen Überlieferung an alten Liedern, Sagen und Sprüchen und von den neuen Erfindungen im Zuge von deren ständiger Umarbeitung. Das war – wie es später auch genannt wurde – die Konzeption einer „Literaturgeschichte von unten"[352], die die Meisterwerke der großen Dichter organisch aus einer kollektiven poetischen Arbeit der breiten Massen herausgewachsen sah – eine romantische Vorstellung sicher, die den Ideologen demokratischer Volksbewegungen im 19. Jahrhundert jedoch weit entgegenkam.

Grimm ging mit dieser Konzeption auch konform mit der Entwicklung der Literaturwissenschaft in einigen anderen Ländern – den Ländern nämlich, wo die Herausbildung einer eigenen Nationalliteratur im Zusammenhang der sogenannten nationalen Wiedergeburts- oder Erneuerungsbewegungen unmittelbar mit der Reaktivierung der Volkssprache, ihrer Entwicklung zur modernen Literatursprache und mit dem Kampf um deren öffentliche Anerkennung verbunden war. In diesen Erneuerungsbewegungen fiel die Idee der „Sprachnation" mit der der „Literaturnation" zusammen. Die Folklore lieferte hier den literarischen Exponenten dieser Bewegungen oft unmittelbar das Material für ihre poetischen Produktionen. In Deutschland war das aber anders. Der Rückgriff der Romantiker auf die überlieferte Volksdichtung war zwar gleichfalls von nationalen Ideen inspiriert gewesen, er war jedoch bereits im Rahmen einer entwickelten bürgerlichen Literatur erfolgt. Grimms Anregungen zu einer „Literaturgeschichte von unten", einem kulturgeschichtlich begründeten Herangehen an den gesellschaftlichen Umgang mit Literatur, beginnend mit dem Gebrauch poetischer Überlieferungen im Alltagsleben des Volkes, hätten, um für die Historiographie der neuzeitlichen deutschen Literatur produktiv zu werden, auf einen

Standpunkt treffen müssen, von dem aus der zeitgenössische Gesellschaftszustand: die bürgerliche Gesellschaft, ins Blickfeld kam.

Ansätze für ein solches Vorgehen gab es zwar in der Literaturgeschichtsschreibung des 19. Jahrhunderts – bei Gervinus und dann vor allem bei Robert Prutz –, aber die rührten nicht von Grimm her, wurden außerhalb der Germanistik gemacht und waren nicht mit einem sprachwissenschaftlichen Interesse verbunden. Innerhalb der Germanistik fehlten sie wiederum bis zu Scherer hin, den die mit seinem nationalliberalen politischen Engagement gegebene Nähe zur neueren Literatur zu dem ersten großangelegten Versuch führte, die Grimmsche Konzeption einer philologischen Germanistik mit kulturgeschichtlichem Horizont, den Erfordernissen dieses Gegenstandes entsprechend, in der Richtung der zeitgenössischen soziologischen und psychologischen Forschung auszubauen. Deren naturalistische, biologistische Grundlagen führten die positivistische Literaturgeschichtsschreibung in der Scherer-Nachfolge, soweit sie den kulturgeschichtlichen Ansatz wirklich ernst nahm, aber dann doch wieder auf das Raster früherer Gesellschaftszustände zurück – der Geburtsfehler der auf das flache Land sich beschränkenden Volkskunde und das Prokrustes-Bett der modernen Literatur in der „stammheitlichen" Gliederung der Sauer und Nadler.

Ich komme jedoch mit der Erwähnung Scherers auf die Ausgangsthese zurück, daß Grimms Bedeutung für die Entwicklung der Literaturwissenschaft zuallererst in seiner Leistung als Sprachforscher liegt, und das heißt hier, daß seine linguistischen Erkenntnisse und Verfahren eine Modellfunktion für die Ausarbeitung eines positivistischen Literaturforschungsprogramms erlangten. Nun kann dieser für die Wissenschaftsentwicklung wesentlich erscheinende Bezug der Literaturforschung auf Grimm kaum verhandelt werden, ohne daß auf den romantischen Hintergrund von Grimms Geschichtsphilosophie, deren Beziehung zum Geschichtsdenken der Historischen Rechtsschule näher eingegangen wird. Das wäre eigentlich um so notwendiger, als die Meinungen darüber beträchtlich auseinandergehen, in welchem Maß Jacob Grimm in der Weiterführung Herderscher Traditionen von Savigny abzusetzen sei. Schließlich sind ja auch die Konsequenzen nicht zu übersehen, die allein schon die Tatsache, daß Grimm Sprache und Poesie dem Recht überordnete, für die Entwicklung seiner Geschichtskonzeption hatte. Daß Grimm von der Sprache her jedenfalls eine Auffassung von der kollektiven Aktivität des Volkes in der Geschichte gewann, die aus dem Geschichtsdenken der Historischen Rechtsschule herausführte, ist mehrfach festgestellt worden.[353] Dennoch wird man kaum in Abrede stellen können, daß Grimms Volksbegriff aus Vorstellungen gebildet ist, die – von der Vorstellung des Volksgeistes bis hin zu seiner Auffassung von Volksdichtung –, wenngleich in ihrem Ursprung auf Ideen der europäischen Aufklärung zurückführbar, so doch von der deutschen Romantik geprägt sind und jedenfalls nicht deren Horizont übersteigen. Bei aller Skepsis, die heute gegen die sei es geistesgeschichtliche, sei es ideologiekritische Pauschalierung besteht, die mit Allgemeinbegriffen wie „Romantik" oder „Positivismus" arbeitet, ohne den definitorischen Konsens, den ihr Gebrauch unterstellt, zu besitzen – wir kommen ohne sie um so weniger aus, als die Ökonomie des wissenschaftlichen Diskurses ja eben Abkürzungen erforderlich macht. Aber das, worauf es hier zunächst ankommt, läßt sich auch einfach auf die Feststellung bringen: Grimms Volksbegriff in seiner Oszillation zwischen der Gesamtheit der Sprecher einer Sprache und den sozialen Schichten – Bauern, Kleinbürgern –, die die Masse ihrer Sprecher bilden, hat seinen Ort in der Zeit vor der industriellen Revolution und dem Aufkommen der politischen Ideologien, die die von ihr hervorgetriebenen gesellschaftlichen Widersprüche reflektieren.

Die Germanistik hat, unter dem Einfluß von Grimm und nicht nur unter seinem Einfluß, romantische Vorstellungen in die zweite Hälfte des 19. Jahrhunderts hineingetragen, und die germanistische Literaturgeschichtsschreibung war an deren ideologischer Umfunktionierung im Sinne des Schererschen Konzepts der Nationalwissenschaft maßgeblich beteiligt. Dennoch zeigt sich eben an der Figur Scherers, daran, wie Scherer auf Grimm reflektierte, zugleich, welche Bedeutung die Leistungen der Sprachwissenschaft für die Ausarbeitung des positivistischen Programms der Literaturforschung erhielten.

Mit der Entdeckung der Lautgesetze, dem Fortschreiten von der etymologischen Spekulation zur genetischen Anschauung auf der Grundlage von Belegsammlung und Gesetzesannahme und der Systematisierung der Sprachverwandtschaften[354] hatte die Sprachforschung schon in der ersten Hälfte des 19. Jahrhunderts einen Ausbildungsstand erreicht, auf dem sie sich dem unter dem Paradigma der Naturwissenschaften aufsteigenden positivistischen Wissenschaftsmodell unter den Geisteswissenschaften, zu denen sie ja gerechnet wurde, am meisten annäherte. Man muß die Sprachwissenschaft deshalb noch nicht als Vorschule des Positivismus betrachten, weil es ein Germanist war, der in Deutschland den Positivismus programmatisch verkündet hat. Und es ist auch nur eine Tatsachenfeststellung, daß Scherer, als er zur Literaturforschung überging, dem Vorgang der Sprachwissenschaft analoge Verfahren suchte.

Natürlich steht für die Vorleistungen der Sprachwissenschaft der Name Jacob Grimm nicht allein. Scherers wichtigste Lehrer waren sicher Bopp und Müllenhoff, der aus der Schule Lachmanns hervorging. So kann man das bleibende Verdienst der positivistischen Germanistik, die induktive, empirische Arbeit nach methodischen Regeln auch in der Literaturwissenschaft prinzipiell durchgesetzt zu haben (ein Prinzip, das selbst in den extremsten Formen des geistesgeschichtlichen Intuitionismus nicht mehr völlig negiert, sondern nur degradiert werden konnte), auch nicht in erster Linie auf Jacob Grimm zurückprojizieren. Lachmanns Wissenschaftsstil entsprach dem positivistischen Ideal viel eher. Und Scherer selbst hat bekanntlich Lachmann und Benecke neben den Brüdern Grimm als „Begründer der altdeutschen Philologie" genannt und die spekulativen Züge auch noch im Werk des alten Jacob Grimm vermerkt.[355] (Wie dann die Scherer-Schüler freilich auch ihrem Lehrer sein „naives Vertrauen auf die eigene Intuition, auf momentane Einfälle" – so Konrad Burdach[356] – vorwarfen.) Dennoch steht fest, daß die positivistische Literaturgeschichtsschreibung – unter wievielen Mißverständnissen immer – vornehmlich das Grimmsche Erbe beschworen hat, wenn sie den breiten Umfang, die Sorgfalt und vermeintliche Wertneutralität ihrer Materialaufnahme gegen den geistesgeschichtlichen Subjektivismus und Aristokratismus verteidigt, ihre literatursoziologischen, kulturgeschichtlichen Interessen begründet und ihren nationalwissenschaftlichen Anspruch proklamiert hat. Diesem Anspruch konnte sie nur mit einem Wissenschaftsprofil genügen, das die Qualität des Grimmschen Ansatzes besaß, auch wenn sich das Schwergewicht von der Sprache auf die Literatur verschieben sollte. Und in der konkreten Form, in der sie diesem nationalwissenschaftlichen Anspruch zu genügen hatte, benötigte die Literaturgeschichtsschreibung dazu auch einen großen Teil der romantischen Begriffsinhalte, die das Grimmsche Erbe aufwies. Insofern war der Bezug auf Grimm auch gar kein Mißverständnis.

Hier ist neben den volkskundlichen und regionalistischen (stammesgeschichtlichen) Proliferationen der positivistischen Germanistik auch die vergleichende Literaturgeschichte zu nennen, deren Entwicklung ebenfalls von der Sprachwissenschaft bestimmt worden ist. Von den erkannten Sprachverwandtschaften wurde auf die ethnische Zusammengehörigkeit der verwandte Sprachen sprechenden Völker geschlossen und so, auf der Basis eines Systems von Sprachfamilien, ein System von Literaturfamilien konstruiert. Durch die Institutionalisierung der Literaturforschung innerhalb der Philologien war der vergleichenden Literaturgeschichte auch wissenschaftsorganisatorisch mit der Sprachfamilie der Rahmen gesetzt. Die prinzipielle Kritik, der schon Werner Krauss diese Analogiebildung in der Erkenntnis unterzogen hat,[357] daß die geschichtlichen Wechselbeziehungen zwischen den Literaturen nicht von der Sprachverwandtschaft abhängen, braucht hier nicht wiederholt zu werden. Ebenso weiß man, daß die vergleichende Literaturgeschichte, wie sie vor allem in den slawischen Ländern in diesem Rahmen betrieben wurde, nichtsdestoweniger wertvolle Erkenntnisse, bedeutsame Resultate erzielt hat. Daß auch die vergleichende Literaturgeschichte das Vorbild der Sprachwissenschaft wesentlich in der Grimmschen Konzeption angenommen hat, erklärt sich leicht daraus, daß in ihr die Literatur schon enthalten war. Ihrem breiten kulturgeschichtlichen Ansatz verdankt es die Grimmsche Konzeption wiederum, daß sie auch für die vergleichende Literaturgeschichte produktiv werden konnte. Denn von diesem Ansatz her kam diese tatsächlich auf die Ebene, auf der Literaturverwandtschaft und Sprachverwandtschaft ursprünglich zusammenfallen: auf die Ebene der Volksmythen, der poetischen Ritualformen, der Rhythmik der Volkspoesie.

Die Problematik der vergleichenden Literaturgeschichte führt schließlich unmittelbar auf den Punkt zurück, in dem die wissenschaftsgeschichtliche Bedeutung der Grimmschen Konzeption, am meisten mit der ideologischen Funktion der Literaturgeschichtsschreibung verwickelt, in die politische Geschichte der deutschen Germanistik eingebunden ist. Es handelt sich um die „letzten Fragen", die das Studium der deutschen Sprache und der deutschen Literatur beantworten sollte – die Fragen nach der nationalen Identität, von den Zeitgenossen in den Begriffen der „deutschen Art", des „Volksgeists", des „Nationalcharakters", „deutschen Charakters" oder „Wesens" oder des „deutschen Geistes" gefaßt. Grimm hat das Erkenntnisinteresse seines Faches in seiner bekannten Rede an die Studenten schlicht in der Frage, „was das wesen unseres volkes ist“, in der „erforschung des deutschen wesens“ zusammengefaßt,[358] und ähnlich lautende Erklärungen über den tiefsten Sinn germanistischer Forschung charakterisieren die Programme der Literaturwissenschaftler von Scherer bis zu – sagen wir – Julius Petersen.

Wir haben gelernt, diese Frage unter dem Aspekt der gesellschaftlichen Funktion zu erörtern, die dem Studium von deutscher Sprache und Literatur in den einzelnen Etappen der deutschen Geschichte zukam. Wir wissen, daß sowohl Gervinus' Konzeption der „Literaturnation“ wie die Grimmsche Konzeption der „Sprachnation“ der Begründung des Anspruchs des deutschen Bürgertums auf einen einheitlichen Nationalstaat diente. Dabei stört uns der Grimmsche Pangermanismus – die Tatsache, daß Grimm, auf den romantischen Ursprungsmythos fixiert, so schlecht zwischen „Germanisch“ und „Deutsch“ unterscheiden konnte und mindestens Dänen, Niederländer und Schweizer diesem ersehnten deutschen Nationalstaat einverleibt sehen wollte.[359] Uns stört die unentwegte Entgegensetzung von germanischer und „welscher“ Kultur in der Antinomie des „Eigenen“ und des „Fremden“, die Redeweise von „unserem“ Wolfram und „ihrem“ Dante und die dem Gervinus vorgeführte Milchmädchenrechnung, wer der größere sei.[360] Eingedenk der Tatsache, daß Jacob Grimm immerhin auch der Meinung war, daß „andersredende nicht erobert werden sollen“[361], übergehen wir das aber, weil wir die Überwindung des feudalen Partikularismus ja als eine geschichtliche Notwendigkeit betrachten. Unsere Bewertung ändert sich allerdings, wenn die Germanistik nach 1871 als „Nationalwissenschaft“ des neuen Reiches dieselben nationalen Werte aufruft, um bestehende Herrschaftsverhältnisse zu legitimieren und imperialistische politische Ziele zu proklamieren. So weit, so gut – oder vielleicht auch etwas zu einfach. Denn erstens hat der bürgerliche Nationalismus, natürlich nicht nur der deutsche, doch wohl den Keim in sich getragen, aus dem dann imperialistische Ideologie wurde. Zweitens aber: Die fatalen politischen Implikationen der Fragestellung, die chauvinistischen und rassistischen Antworten, auf die die Germanistik gekommen ist, haben uns den Blick dafür verstellt, daß die Frage nach der nationalen Identität, nach der geschichtlich gewordenen spezifischen Mentalität eines Volkes, ja nicht nur auf ein Geflecht von Interessen und interessenbedingten Vorurteilen zurückführt, sondern eine wissenschaftlich begründete Frage ist. Die von Psychologie und Soziologie aus betriebene heutige Mentalitätsforschung besteht darauf. Sicher ist es für uns heute nicht mehr die l e t z t e Frage der Literaturwissenschaft, aber daß die Literatur eine Schlüsselstellung unter den Äußerungsformen des geistig-kulturellen Lebens einnimmt, die nationale Besonderheiten interpretierbar machen, steht nach wie vor außer Zweifel. Und die Literaturwissenschaft mancher anderer Länder, vor allem die vergleichende Literaturwissenschaft, versucht sich fortwährend an derartigen Interpretationen.

Germanistik und Komparatistik. Vorleistungen und Hindernisse für die Etablierung der vergleichenden Literaturwissenschaft

I

Als der Breslauer Germanist Max Koch 1887 den ersten Band seiner *Zeitschrift für Vergleichende Litteraturgeschichte*[362] herausbrachte, versuchte er in seinem programmatischen Einleitungsartikel nachzuweisen, daß die Literaturgeschichtsschreibung in Deutschland „bereits in ihren Anfängen als vergleichende Litteraturgeschichte hervorgetreten“[363] sei. Koch ging zurück bis auf Daniel Georg Morhof, der 1682 seiner Schrift *Von der deutschen Poeterey Ursprung und Fortgang* fünf Kapitel *Von dem Aufnehmen der reimenden Poeterey bey frembden Völkern* vorangestellt hatte. Wichtiger als das umfangreiche Werk dieses barocken Polyhistors – vielleicht wirklich des ersten Geschichtsschreibers der deutschen Literatur überhaupt – nahm Koch jedoch Leibniz' verstreute Hinweise für das Studium der Literaturgeschichte, das dieser – ausgehend von der geschichtlichen Zusammengehörigkeit der Völker Europas – nur als ein alle europäischen Literaturen umspannendes vergleichendes denken konnte. Er hebt dann Lessings Wirken für das deutsche Theater hervor, das von seinen ersten Jugendarbeiten bis zur *Hamburgischen Dramaturgie* durch das Bemühen gekennzeichnet war, die Erfahrungen möglichst der gesamten europäischen Dramatik seit Aischylos den deutschen Dichtern verfügbar zu machen. Lessings Vorrede zu den von ihm und Mylius 1750 gegründeten *Beiträgen zur Historie und Aufnahme des Theaters*, die 1754 mit der *Theatralischen Bibliothek* fortgesetzt wurden, wertet er als „die erste in Deutschland erschienene Abhandlung über Wesen, Aufgabe und Nutzen vergleichender Litteraturgeschichte“[364]. Das Verdienst, die grundlegenden theoretischen Vorleistungen für eine solche Arbeit erbracht zu haben, aber spricht er natürlich Herder zu. Koch konstatiert, daß von Herder „eine neue Auffassung der Litteratur und der Litteraturgeschichte“ ausgeht.[365]

Der kritischen Einmischung in den in diesem Artikel vorgelegten Abriß einer Art deutscher Vorgeschichte der Komparatistik bieten sich – sofern man eine solche „Vorgeschichte“ überhaupt annimmt – bis hierher wenig Ansatzpunkte. Das von Herder geweckte Bewußtsein der Geschichtlichkeit der Literatur, der Abhängigkeit ihrer Entwicklung von den natürlichen Lebensbedingungen der Menschen und ihres untrennbaren Zusammenhangs mit der Entwicklung von Religion, Moral, Politik sowie den anderen Formen der geistigen Produktion war die unabdingbare Voraussetzung für die Konstituierung des philosophisch-kritischen Studiums der Literatur als einer historischen Wissenschaft, wie sie von Friedrich Schlegel in seinen Pariser *Vorlesungen über die Geschichte der europäischen Literatur* und von August Wilhelm Schlegel in seinen Berliner *Vorlesungen über schöne Literattur und Kunst* konzipiert wurde.[366] Und über die komparatistischen Aspekte von Herders Sammler- und Übersetzertätigkeit, die Koch hervorhebt, gibt es ebenfalls kaum Meinungsverschiedenheiten.

Auch Friedrich Schlegel und August Wilhelm Schlegel kommen bei Koch nicht nur unter dem allgemeinen Gesichtspunkt von Theorie und Praxis der Literaturgeschichtsschreibung in Betracht, sondern werden speziell als diejenigen gewürdigt, die – als Anreger wie als Ausführende – den größten Anteil an der in den ersten Jahrzehnten des 19. Jahrhunderts in Deutschland geleisteten immensen Übersetzungsarbeit hatten. Tatsächlich wurde in diesen Jahrzehnten mit der Übersetzung sämtlicher Werke Shakespeares (August Wilhelm Schlegel, Dorothea Tieck, Wolf v. Baudissin), mit der Übersetzung Dantes, Ariosts, Calderóns (A. Wilhelm Schlegel, Johann D. Gries) und Cervantes' (Ludwig Tieck) der Grundbestand dessen geschaffen, was aus dem Erbe der modernen europäischen Literaturen in die literarische Kommunikation des deutschen Bürgertums eingegangen ist. Gleichzeitig wurde der herrschende Europazentrismus des bisherigen Literaturstudiums durchbrochen, setzte – beginnend mit Friedrich Schlegels Schrift *Über die Sprache und Weisheit der Indier*[367] – eine lebhafte Beschäftigung mit asiatischen Sprachen und Literaturen ein, wurde erstmals in breiterem Umfang indische, persische, arabische Literatur übersetzt und nachgedichtet (A. W. Schlegel, Hammer-Purgstall, Goethe, Rückert, Platen u. a.). Darüber hinaus vergrößerten sich auch der Umfang und das Tempo der Übersetzung zeitgenössischer englischer, französischer und italienischer Literatur, rückten andere europäische Literaturen – wie die moderne russische – überhaupt erst in den Gesichtskreis deutscher Leser.

Hatte das Übersetzen im Hinblick auf die nationale Literaturproduktion bis ins letzte Viertel des 18. Jahrhunderts einem Lernprozeß gedient, in dem die deutschen Schriftsteller die Kenntnis der französischen, englischen und antiken griechischen Literatur erwarben und ihren fortgeschrittenen westeuropäischen Zeitgenossen nacheiferten, so erschien diese Arbeit, als sie – nach dem Aufstieg der deutschen Literatur – um die Jahrhundertwende mit neuem Elan wieder einsetzte, nun bereits als eine internationale Anerkennung fordernde selbständige kulturelle Leistung. Verbunden mit den nationalliterarischen Leistungen des letzten Vierteljahrhunderts, nährte diese Übersetzungsarbeit eine Euphorie, in der die politische Ohnmacht des deutschen Bürgertums durch die Utopie einer Weltgeltung der deutschen Sprache kompensiert wurde. Diesbezügliche Äußerungen aber las Koch als Verheißungen für die Zukunft Deutschlands. Sie entsprachen der Einstellung, mit der er – wie wir sehen werden – an das Projekt einer vergleichenden Literaturgeschichte heranging. So zitiert er dann auch ausführlich August Wilhelm Schlegel, der in seinen Berliner Vorlesungen das Ziel des Übersetzens gegen den Vorwurf der Schwächung der eigenen Produktionskraft verteidigte: „Es ist auf nichts geringeres angelegt, als die Vorzüge der verschiedensten Nationalitäten zu vereinigen, sich in alle hinein zu denken und hinein zu fühlen, und so einen kosmopolitischen Mittelpunkt für den menschlichen Geist zu stiften. Universalität, Kosmopolitismus ist die wahre Deutsche Eigenthümlichkeit. Was uns so lange im äußern Glanze gegen die einseitige, beschränkte, aber eben darum entschiedne Wirksamkeit andrer Nationen hat zurückstehen lassen: der Mangel einer Richtung, welcher, in ein Positives verwandelt, zur Allseitigkeit der Richtungen wird: muß in der Folge die Überlegenheit auf unsre Seite bringen. Es ist daher wohl keine zu sanguinische Hoffnung anzunehmen, daß der Zeitpunkt nicht so gar entfernt ist, wo das Deutsche allgemeines Organ der Mittheilung für die gebildeten Nationen seyn wird."[368] Noch wichtiger ist für Koch die ähnlich lautende Äußerung Schillers aus einem Gedichtentwurf zur Antrittsfeier des 19. Jahrhunderts: „Dem, der den Geist bildet, beherrscht, muß zuletzt die Herrschaft werden, ... und das langsamste Volk wird alle die schnellen flüchtigen einholen ... Unsre Sprache wird die Welt beherrschen."[369] Schiller überträgt hier – ebenso wie August Wilhelm Schlegel – einen Gedanken Turgots über die französische Klassik, nach dem diese als die zuletzt gekommene, jüngste die Errungenschaften der früher ausgebildeten italienischen und spanischen Literatur in sich aufnehmen und daher diese übertreffen konnte, auf die deutsche Geschichte, für die wiederum – mangels einer wirklichen politischen Bewegung – die Geschichte der deutschen Literatur eintreten muß.[370] Lag die Utopie der Weltherrschaft der deutschen Sprache damit auch auf der Ebene der mehr oder weniger politisch ausgerichteten nationalen Messianismen, wie sie die Frustration nationalen Einheits- und Freiheitsstrebens in der ersten Hälfte des 19. Jahrhunderts in verschiedenen Ländern hervorbrachte, so zeigt die angeführte Stelle aus August Wilhelm Schlegels Berliner Vorlesungen doch mit exemplarischer Deutlichkeit, wie der die spätere Germanistik-Entwicklung beherrschende bürgerliche Nationalismus im Kosmopolitismus des aufgeklärten deutschen Bürgertums vorgebildet wird, noch ehe dieser in Goethes Utopie einer „Weltliteratur" seine höchste kunstphilosophische Ausbildung erreicht.

Goethe war mit seinen Cellini-, Diderot-, Byron-, Manzoni- und Euripides-Übersetzungen, mit seinen Nachdichtungen aus orientalischen Sprachen und seiner Propagierung der in Deutschland bis dahin unbekannten serbischen und neugriechischen Volksdichtung sowie mit seinen zahlreichen Rezensionen und Aufsätzen zur „auswärtigen Literatur" selbst an der Vermittlung zwischen den Literaturen der Völker beteiligt. Auch er vermerkte, daß zu einer solchen „Vermittelung und wechselseitigen Anerkennung" die Deutschen seit langer Zeit schon beitrugen: „Wer die deutsche Sprache versteht und studiert, befindet sich auf dem Markte, wo alle Nationen ihre Waren anbieten, er spielt den Dolmetscher, indem er sich selbst bereichert."[371] Dieser Ausspruch wird von Koch jedoch unter das angeführte Schiller-Zitat gestellt und dahingehend interpretiert, daß Goethe nur eine „Weltliteratur in deutscher Sprache"[372] oder vielmehr die deutsche Literatur als „Weltliteratur" vor Augen gehabt hätte. An dieser Interpretation des Goetheschen Weltliteratur-Begriffs hat ein Teil der deutschen Germanistik lange festgehalten.[373] Andererseits haben schon Zeitgenossen Kochs mit anderen Goethe-Zitaten nachzuweisen versucht, daß Goethe doch an ein künftiges Zusammenfließen mindestens der tragenden Ideen der verschiedenen Literaturen gedacht haben müsse.[374]

Die Entwicklung von Goethes Weltliteratur-Auffassung ist in neuerer Zeit von Peter Weber überzeugend herausgearbeitet worden.[375] Weber unterstellt eine Auffassung von Weltliteratur in vielen Sprachen, ursprünglich im Herderschen Sinn entwickelt aus der Überzeugung vom Fortschritt eines in allen Völkern wirksamen Geistes der Humanität. Sie erhielt später noch eine realistische Begründung: die kapitalistische Ausweitung des Warenhandels und die Zunahme des Handelsverkehrs. Der „Geist", stellt Goethe fest, sei nach und nach zu dem Verlangen gekommen, „in den mehr oder weniger freien geistigen Handelsverkehr mit aufgenommen zu werden. Diese Bewegung währt zwar erst eine kurze Weile, aber doch immer lang genug, um schon einige Betrachtungen darüber anzustellen und aus ihr baldmöglichst, wie man es im Warenhandel ja auch tun muß, Vorteil und Genuß zu gewinnen."[376] Goethe denkt dabei – „wie im Warenhandel" – unzweifelhaft an einen gegenseitigen Vorteil der einzelnen Nationen, indem „wir jetzt, bei dem engen Verkehr zwischen Franzosen, Engländern und Deutschen, in den Fall kommen, uns einander zu korrigieren". Darin bestehe „der große Nutzen, der bei einer Weltliteratur herauskommt, und der sich immer mehr zeigen wird".[377]

Weber zeigt auch, wie Goethe, indem er den Begriff der „Weltliteratur" in die Debatte einführt, auf die Kritik antwortet, die von der politisches Engagement für die nationalen Belange des deutschen Bürgertums fordernden jungen Intelligenz der zwanziger Jahre des 19. Jahrhunderts an seinem eigenen Werk geübt wurde. Goethe stellt diesen Begriff in Opposition zum Begriff der Nationalliteratur („Nationalliteratur will jetzt nicht viel sagen, die Epoche der Weltliteratur ist an der Zeit ..."[378]), der schon in der Zeit des Aufbruchs seiner Generation das Programm einer auf die politische Formierung des deutschen Bürgertums orientierenden Literatur bezeichnet hatte. Die in den Begriff der „Weltliteratur" projizierten kulturellen Segnungen des Kapitalismus dienten ihm eine Zeitlang als Bestätigung der evolutionistischen Geschichtsauffassung, die ihn schon vor der Französischen Revolution von dem Nationalliteratur-Programm weggeführt hatte. Weber findet jedoch auch genügend Anhaltspunkte dafür, daß Goethes Überzeugung von der humanisierenden Wirkung von Handel und Verkehr zuerst durch seine Erfahrungen mit der Literatur in die Krise geriet. Der symbolischen Gestaltung der Dialektik des kapitalistischen Fortschritts im zweiten Teil des *Faust* ging die Korrektur seiner Weltliteratur-Konzeption voraus: Goethe wurde gewahr, daß die „erleichterte Kommunikation" auf literarischem Gebiet keineswegs nur oder überhaupt in erster Linie der Vermittlung des „allgemein Menschlichen" diente. Von der Utopie einer der ökonomischen Entwicklung anvertrauten Weltmacht des Geistes blieb zuletzt nichts weiter übrig als die Idee einer „stille[n], fast gedrückte[n] Kirche"[379] – einer die technischen Errungenschaften des Kapitalismus ausnutzenden Kommunikation abgeklärter Geister, die hoch über dem standen, was an „literarischen Tageserzeugnissen" tatsächlich über die nationalen Grenzen hinweg in immer engere wechselseitige Abhängigkeit geriet.

Koch läßt die mit Leibniz begonnene Entwicklung des komparatistischen literaturtheoretischen Denkens in Deutschland in Goethes Konzeption der „Weltliteratur" einmünden, wie er sie verstand: „Die Weltliteratur in deutscher Sprache, welche Goethe gefordert und gefördert, ist durch die Meisterthaten unserer großen Übersetzer gegründet worden, und was Schlegel, Gries, Tieck, Rückert begonnen, wird auch in neuester Zeit von W. Hertz, Schack, Heyse, Storck, L. Fritze, Gildemeister, Schipper und anderen würdig weitergeführt. Die Betrachtung der Weltlitteratur aber" – resümiert er in seinem Artikel – „ist eben vergleichende Litteraturgeschichte."[380] Diesem Einleitungsartikel zu seiner Zeitschrift kommt in der Wissenschaftsgeschichte in doppelter Hinsicht eine besondere Bedeutung zu. Zum einen sind hier erstmals die tatsächlich in Deutschland erbrachten Vorleistungen für eine vergleichende Literaturwissenschaft zusammengefaßt worden. Andererseits hat Koch mit seiner Interpretation des Goetheschen Weltliteratur-Begriffs die nationalwissenschaftliche Germanistik-Konzeption bestätigt und allen denen die Argumente geliefert, die einer nicht von nationalen Interessen bestimmten vergleichenden Literaturwissenschaft in Deutschland den Weg versperrten. Auf Koch können sich folglich auch diejenigen berufen, die das Scheitern der vergleichenden Literaturwissenschaft darauf zurückführen, daß in Deutschland „schon immer verglichen wurde".

II

Läßt man sich darauf ein, in Kochs Weise Vorleistungen für die moderne Komparatistik zu bestimmen, dann erscheint sein Resümee aus heutiger Sicht allerdings nicht nur in wesentlichen Punkten – wie eben in seiner Auffassung von Goethes Weltliteratur-Konzeption – als korrekturbedürftig, es ist auch zu ergänzen. Neben Goethe müßte Hegel genannt werden, der in seinen Vorlesungen über die Ästhetik eine historische Theorie der „Weltliteratur" gegeben hat, der vor allem hinsichtlich ihrer Auffassung der Unterschiede zwischen der „romantischen" (christlich-mittelalterlichen und modernen bürgerlichen) Literatur und der Literatur des klassischen Altertums[381] ein wichtiger Platz in der Geschichte des literaturtheoretischen Denkens zukommt. Hegel hat in diesen Vorlesungen überdies auch selbst einen weitreichenden diachronischen Literaturvergleich geboten. Die darin vorgeführte Methode, die Literatur- und Kunstentwicklung als integrierenden Bestandteil eines geschichtlichen Gesamtprozesses darzustellen, eröffnete der Literaturgeschichtsschreibung insgesamt neue Perspektiven. Aus dem Studium der Hegelschen Philosophie gewann Karl Rosenkranz die Ordnungsprinzipien, unter denen er in seinem 1832 erschienenen dreibändigen *Handbuch der allgemeinen Geschichte der Poesie*[382] die Geschichte der „Weltliteratur" darstellte. Mit seinem Buch *Die Poesie und ihre Geschichte. Eine Entwicklung der poetischen Ideale der Völker*[383] unternahm Rosenkranz mehr als zwei Jahrzehnte später noch einmal den Versuch einer geschichtsphilosophischen Gesamtdarstellung der Literaturen aller Völker. Dieses Buch – auf einer noch breiteren Materialgrundlage entstanden als das erste – bot zweifellos den weitesten Überblick, den die Literaturgeschichtsschreibung in Deutschland bis dahin sich verschafft hatte, und mit Recht konnte Rosenkranz auch darauf hinweisen, daß eine vergleichbare Arbeit in England oder Frankreich noch nicht geleistet worden war.[384] Dennoch hatte das Buch in Deutschland keinen großen Erfolg, nachdem die Hegelsche Philosophie samt allen von ihr abgeleiteten geschichtsphilosophischen Konstruktionen dem Verdikt des Spekulativen verfallen war. Aber Rosenkranz war selbst schon insofern hinter Hegel zurückgegangen, als er den von diesem hergestellten Zusammenhang von Literatur- und Gesellschaftsentwicklung, seine Theorie der modernen („romantischen") Literatur als der Literatur in der bürgerlichen Gesellschaft, ignorierte. Mehr auf Schleiermacher als auf Hegel reflektierend, legte er die Literaturen der Völker auf bestimmte „poetische Ideale" fest, die er als je unterschiedliche Ausprägungen des Ideals der Schönheit, der Weisheit oder der Freiheit beschrieb und in dieser Subsumierung auf die polytheistischen („ethnischen") Religionen, die monotheistischen Religionen bzw. das Christentum zurückbezog. Abgesehen davon, daß die Festlegung einer Literatur auf ein bestimmtes „poetisches Ideal" der Erhellung der wirklichen Geschichte dieser Literatur wenig förderlich war, trug Rosenkranz – im Unterschied zu Hegel – mit seiner Konstruktion auch kaum zum Aufbau einer historischen Vergleichsbasis für das literaturtheoretische Denken bei. Der Literaturwissenschaft blieb kaum etwas zu tun übrig, wenn mit den „poetischen Idealen" quasi die Formel für die einzelnen Literaturen gefunden und mit der Systematisierung dieser Ideale das Verhältnis der einzelnen Literaturen zueinander ein für allemal bestimmt war.

Obwohl in der Literaturgeschichtsschreibung des 19. Jahrhunderts insgesamt das universelle, „weltliterarische" Komplement zur Nationalliteratur immer weiter zurücktrat, blieb doch auch der auf die Konzeption der „Literaturnation" gegründeten, aufstrebenden Nationalliteratur-Geschichtsschreibung ein komparatistischer Zug erhalten. Denn der Anspruch auf den einheitlichen Nationalstaat bildete sich im Vergleich mit den großen bürgerlichen Nationen Englands und Frankreichs, war somit von Anfang an auch ein Anspruch auf eine bestimmte nationale Größe. Damit die „Geschichte der deutschen Nationalliteratur" diese Legitimierungsfunktion erfüllen konnte, mußte sie ständig mit der englischen und französischen Literaturgeschichte verglichen werden. Das geschah im großen und ganzen allerdings immer seltener in den synthetischen Formen der allgemeinen oder Weltliteratur-Geschichte, wenngleich diese von einzelnen Autoren wie Johannes Scherr,[385] Theodor Mundt[386] oder Adolf Stern[387] weiter betrieben wurde, als vielmehr im Rahmen der Historiographie der deutschen Nationalliteratur. Die Geschichtsphilosophie hatte das komparatistische Denken gefördert, ihm zugleich aber auch eine Grenze gesetzt. Indem sie nämlich in allen ihren Varianten auf die Konstruktion eines einheitlichen Gesamtprozesses ausging, dem die einzelnen europäischen Literaturen lediglich als größere oder kleinere Komponenten (oder als einander ablösende Etappen des Geistes) zugeordnet wurden, regte sie zwar das Interesse für die genetischen Beziehungen zwischen den einzelnen Literaturen an (und verhalf sie der Literaturgeschichtsschreibung in dieser Hinsicht auch zu neuen Erkenntnissen) – eine komplexe historisch vergleichende Untersuchung kontemporaner Literaturzustände war auf geschichtsphilosophischer Basis nicht zu begründen. Dazu hätte es deutlicherer Vorstellungen von den Strukturen bedurft, in denen sich das geistige Leben entwickelt, als sie der Geschichtsphilosophie zur Verfügung standen. Deren Prozeßdialektik verband sich überhaupt nicht mit einem Strukturmodell, wie es sich z. B. die Linguistik in der ersten Hälfte des 19. Jahrhunderts aufgrund exakter Forschung für die Sprachentwicklung erarbeitete.

Angesichts dieser Tatsache war es eben der von Hettner in seiner Literaturgeschichte[388] beschrittene Weg, auf dem die Literaturforschung in der zweiten Hälfte des 19. Jahrhunderts zu diesem über die Registratur von Kontaktbeziehungen hinausgehenden Literaturvergleich kam. Hettners *Literaturgeschichte des achtzehnten Jahrhunderts*, die in je zwei umfangreichen Bänden die deutsche, englische und französische Literatur dieses Zeitraums nebeneinander stellt und damit die Ebenbürtigkeit der deutschen Literatur oder besser gesagt: der Leistung der Deutschen auf dem Gebiet der Literatur schon in ihrer Anlage geltend macht, wurde für die Entwicklung des komparatistischen Denkens gerade deshalb so wichtig, weil sie von den geschichtsphilosophischen Konstruktionen des deutschen Idealismus zurücktritt und die drei genannten Literaturen grundsätzlich in ihren eigenen nationalgeschichtlichen Zusammenhängen zu erfassen bestrebt ist, ohne deren Einbindung in einen gesamteuropäischen Entwicklungszusammenhang aus dem Auge zu verlieren: „Weil die Literatur der Aufklärung nicht ausschließlich diesem oder jenem Volk zufällt, sondern nach einer bekannten Bezeichnung Goethe's durchaus Weltliteratur ist, so kann eine Geschichte der Aufklärung nur eine allgemeine, d. h. eine die Wirkungen und Gegenwirkungen aller abendländischen Völker in gleicher Weise umfassende Literaturgeschichte des achtzehnten Jahrhunderts sein."[389]

Es versteht sich von selbst, daß unter den theoretischen Vorleistungen, die für die vergleichende Literaturwissenschaft des 19. Jahrhunderts erbracht wurden, für marxistische Wissenschaftshistoriker schließlich die Ausarbeitung der materialistischen Geschichtsauffassung und in diesem Zusammenhang Marx' und Engels' historisch-materialistische Fundierung des Begriffs der Weltliteratur eine zentrale Rolle spielen.

Wenn bereits Goethes Vorstellung von einer sich herausbildenden Weltliteratur die Überzeugung zugrunde lag, daß der „Geist" nach und nach in den „mehr oder weniger freien geistigen Handelsverkehr" aufgenommen werden würde, und wenn Goethe den „Warenhandel" dem Entstehen einer „Weltliteratur" voraussetzte, dann hatte er den Begriff im Prinzip schon der bürgerlichen Gesellschaft zugeordnet. Marx und Engels definierten diese Voraussetzung im *Kommunistischen Manifest* eindeutig als die mit der kapitalistischen Industrieproduktion durchgesetzte Herrschaft der Bourgeoisie: „Die große Industrie hat den Weltmarkt hergestellt, den die Entdeckung Amerikas vorbereitete. Der Weltmarkt hat dem Handel, der Schiffahrt, den Landkommunikationen eine unermeßliche Entwicklung gegeben ... Das Bedürfnis nach einem stets ausgedehnteren Absatz für ihre Produkte jagt die Bourgeoisie über die ganze Erdkugel. Überall muß sie sich einnisten, überall anbauen, überall Verbindungen herstellen."[390] Erst der Weltmarkt schmolz die diversen lokalen und regionalen Entwicklungen in den verschiedenen Erdteilen mit der europäischen Geschichte endgültig zusammen, erst über den Weltmarkt entstand „Weltgeschichte": „Die Bourgeoisie hat durch die Exploitation des Weltmarkts die Produktion und Konsumtion aller Länder kosmopolitisch gestaltet ... Und wie in der materiellen, so auch in der geistigen Produktion. Die geistigen Erzeugnisse der einzelnen Nationen werden Gemeingut. Die nationale Einseitigkeit und Beschränktheit wird mehr und mehr unmöglich, und aus den vielen nationalen und lokalen Literaturen bildet sich eine Weltliteratur."[391]

Mit diesem historisch-materialistisch fundierten Weltliteratur-Begriff war dem marxistischen literaturtheoretischen Denken ein Ansatz geboten, der die Geschichtlichkeit der Vergleichsbasis implizierte und es ihm damit ermöglichte, auch vergleichende Literaturwissenschaft als historische Wissenschaft zu entwickeln. Aus diesem Weltliteratur-Begriff ließen sich bereits die wesentlichen Grundsätze ableiten, von denen die moderne literaturwissenschaftliche Komparatistik – auch die nichtmarxistische – ausgeht, sofern sie sich als historische Wissenschaft versteht: Sprachen übergreifende über- oder internationale Literaturzusammenhänge sind das Ergebnis einer geschichtlichen Entwicklung und haben ihre eigene Geschichte. „Weltliteratur" ist – als prästabilierte ontologische Qualität aufgefaßt – eine geistige Konstruktion, realgeschichtlich aber eine mit der Entwicklung der bürgerlichen Gesellschaft aufgekommene Tendenz des Literaturprozesses. Marx und Engels betonen, indem sie den Begriff ins Spiel bringen, diese Tendenz; für das vergleichende literaturwissenschaftliche Denken ergibt sich umgekehrt jedoch aus der Feststellung, daß es nicht ein präexistentes System „Weltliteratur“, sondern nationale und lokale Literaturen in einem Prozeß wechselseitiger Annäherung zum Gegenstand hat, eben die Notwendigkeit, eine historische Vergleichsbasis einzuführen. Die literaturwissenschaftliche Komparatistik muß sich eine Vorstellung von der jeweiligen geschichtlichen Stufe des Formierungsprozesses über- oder internationaler Literaturzusammenhänge bilden, auf der sie ihre Untersuchung ansetzt; sie hat zu berücksichtigen, daß die in diesen Prozeß hineingezogenen einzelnen Literaturen ihre je eigene Geschichte haben, durch den konkreten Verlauf ihrer Geschichte je eigenartig ausgebildet und im Hinblick auf die allgemeinen literaturgeschichtlichen Entwicklungstendenzen verschieden weit fortgeschritten sind.

In der Untersetzung des im *Kommunistischen Manifest* entwickelten Weltliteratur-Begriffs mit der Marxschen Theorie der ökonomischen Gesellschaftsformationen sehen marxistische Literaturtheoretiker[392] heute die Denkvoraussetzung für einen globalen Literaturzusammenhang als eines sich bildenden Systems von Systemen gegeben, in dem die zunehmenden wechselseitigen Anleihen und Übernahmen der einzelnen Literaturen nicht mehr nach der Herkunft der „Einflüsse“ zu ordnen, sondern vielmehr unter dem Gesichtspunkt der Transposition in ein anderes System als Transformationen funktional zu analysieren sind. Auf dieser Denkvoraussetzung basiert nicht nur ein Modell für eine die mechanische Einflußtheorie der Positivisten übersteigende Darstellung des Entstehens von Kontaktbeziehungen zwischen den verschiedenen Literaturen, sie liefert zugleich auch eine Erklärungsgrundlage für Analogien nicht in Kontaktbeziehungen stehender Literaturen jenseits der Anthropologie der deutschen Geistesgeschichte.

III

Max Kochs *Zeitschrift für Vergleichende Litteraturgeschichte*, die von 1887 bis 1910 erschien, war das zweite Unternehmen dieser Art überhaupt. Vorausgegangen war ihm nur Hugo Meltzl von Lomnitz, der 1877 zusammen mit Samuel Brassai in Klausenburg eine *Zeit-*

schrift für vergleichende Litteratur gegründet hatte, die unter ihrem späteren lateinischen Haupttitel *Acta comparationis litterarum universarum*[393] in die Wissenschaftsgeschichte eingegangen ist. In ihr werden diese beiden Gründungen heute übereinstimmend als die ersten Kristallisationspunkte der literaturwissenschaftlichen Komparatistik als einer neben den Nationalphilologien entstehenden eigenen Wissenschaftsdisziplin aufgefaßt, obwohl Meltzl selber noch von einer „Zukunftswissenschaft"[394] gesprochen hatte und das Wissenschaftsinteresse bei Koch – wie wir gesehen haben – keineswegs als übernational bezeichnet werden kann.

Die theoretische Grundlage, auf der die literaturwissenschaftliche Komparatistik als eigene Wissenschaftsdisziplin entstand, entstammte – darin stimmen die Wissenschaftshistoriker ebenfalls überein – dem philosophischen Positivismus. Vom positivistischen Standpunkt aus waren die literarischen Produktionen nach dem Modell der Naturwissenschaften als Resultate bestimmter Ursachen zu betrachten, die es zu erforschen galt. Die Tatsache, daß das Produzieren literarischer Texte durch das Lesen vorher entstandener Texte erlernt wird, Literatur immer auch durch Literatur determiniert ist, wurde unter dem positivistischen Postulat der lückenlosen kausalen Erklärung zu einem der Hauptansatzpunkte der Forschung. Die Feststellung der literarischen Vorbilder, der stofflichen und motivischen Entlehnungen aus älteren Werken, wurde neben der Erforschung der Biographie des Schriftstellers und der historisch-kritischen Rekonstruktion der Textgenese (der „Textherstellung") zur Hauptbeschäftigung der positivistischen Literaturwissenschaftler. Die ersten praktischen Versuche, neben oder über den inzwischen festgefügten Nationalphilologien eine vergleichende Literaturwissenschaft zu etablieren, standen im Zeichen dieses Bemühens, die Literatur auf ihre „Ursachen" zurückzuführen, unter denen der Wirkung der vorhergehenden Literatur auf jedes neu entstehende literarische Werk, ihrem „Einfluß" auf seinen Urheber, besonderes Gewicht zugemessen wurde. Die Aufhellung dieser „Einflüsse" führte aber unweigerlich aus dem nationalliterarischen Traditionszusammenhang heraus und forderte vom Literaturwissenschaftler in bestimmtem Maß die Kompetenz für zwei oder mehrere Nationalliteraturen, die oft auch verschiedenen Sprachengruppen angehörten.

So ist es nicht erstaunlich, daß Scherer bereits 1874 von einer „vergleichenden Literaturwissenschaft"[395] gesprochen hatte und daß Moniz Carriere 1884 – ebenfalls vor der Gründung des Kochschen Unternehmens – in seinem Buch *Die Poesie. Ihr Wesen und ihre Formen* schon die „epischen Dichtarten im Licht der vergleichenden Literaturgeschichte" betrachtete und ihr „Grundzüge und Winke zur vergleichenden Literaturgeschichte des Dramas" beifügte.[396] Carriere selbst erinnert im Vorwort zu diesem Buch an dessen erste Fassung von 1854[397], die schon „Ideen zu einer vergleichenden Darstellung des arischen Volksepos bei Indern, Persern, Griechen und Germanen" enthielt, und er nimmt für sie in Anspruch, daß sie „ein erster Versuch auf dem Felde der vergleichenden Literaturgeschichte" waren, „einer werdenden Wissenschaft", die er seitdem stets im Auge gehabt habe.[398] Die dem neuen Buch beigefügten „Grundzüge und Winke" präsentiert er als „den ersten Entwurf einer vergleichenden Literaturgeschichte".[399] Allgemein bezog man sich auf die Vorbilder der vergleichenden Sprachwissenschaft und der Völkerpsychologie, so Meltzl, der die Sprachwissenschaft als „die ältere Schwester unserer Zukunftswissenschaft"[400] bezeichnet, und Koch, der Friedrich Schlegels Zurückgehen auf den alten Orient, insbesondere auf Indien, als für Sprach- und Literaturwissenschaft gleichermaßen bedeutsam vermerkt.[401] Dem Vorgang von Sprachwissenschaft und Völkerpsychologie entsprechend sollte die vergleichende Literaturwissenschaft sich auch auf Mythen und Sagen, Sitten und Gebräuche der Völker erstrecken. Meltzl setzt ihren Gegenstand sogar mit dem der Folklore und der Völkerpsychologie gleich: „Das unendliche Wissensgebiet, welches der große Goethe als 'Weltlitteratur' prophetisch ahnend vorher verkündet hatte, das heute die praktischen Engländer 'Folklore' und die unpraktischen Berliner Professoren 'Völkerpsychologie' getauft haben, und das nur diesen einen wissenschaftlich berechtigten Namen tragen dürfte: Vergleichende Litteraturgeschichte, oder vielmehr vorderhand noch bescheiden Vrgl. Litteraturforschung."[402] Andere Autoren wie z. B. Ludwig Katona schlugen hinsichtlich der „Gesamtmasse dessen, was heute unter 'Folklore' verstanden wird", eine Arbeitsteilung zwischen der „vergleichenden Litteraturgeschichte" und „Volkskunde (Ethnologie) d. h. der Natur- und Kulturgeschichte eines Volkes" vor.[403]

Über die Anfänge der vergleichenden Literaturforschung existieren mittlerweile eine Reihe von Spezialarbeiten. Für unseren Zusammenhang ist Susanne Schröders Untersuchung *Deutsche Kompara-*

tistik im Wilhelminischen Zeitalter[404] von besonderem Interesse. Schröder hat die diversen komparatistischen Forschungsprogramme analysiert, und sie weist nach, daß sie alle auch ein Angebot an die Nationalliteraturforschung enthielten. Sie zitiert Carriere, den Alfred Biese 1891 in seinem Nachruf als „eigentliche[n] Schöpfer der vergleichenden Literaturgeschichte" bezeichnet hatte,[405] mit den Worten, die Methode des Vergleichs werde „in dem Gemeinsamen den ursprünglichen Grundstock, das Gemeingut der Urzeit erkennen, und in der Art und Weise der Umgestaltung den Charakter der besonderen Nationen wahrnehmen"[406]. Und aus Schröders Analysen wird gleichfalls ersichtlich, daß das Interesse, unter dem vergleichende Literaturforschung damals angestrebt oder betrieben wurde, auch sehr unterschiedlich gerichtet sein konnte. Meltzls Richtung war jedenfalls weder deutsch- noch ungarisch-nationalistisch: „Weltliteratur, Übersetzungskunst und Polyglottismus sind die drei Pfeiler des Meltzl'schen Programms; der Garant dieses Programms ist Goethe, der mit der 'Idee des Volksliedes aller Völker der Welt' der 'Nationalliteratur-Methodik den Todesstoß versetzt' habe."[407] Meltzl: „Denn hinfort muß jeder aberglauben oder hintergedanken an eine inferiorität oder superiorität dieser oder jener race schwinden ..."[408] Meltzls Biographen Kerekes und Czoppelt berichten, daß dem Professor für deutsche Sprachwissenschaft und Literaturgeschichte an der Universität Klausenburg diese Einstellung weder von seiner siebenbürgisch-sächsischen Landsmannschaft noch von den Ungarn honoriert wurde.[409] Gründe dafür, daß Meltzl 1887 das Erscheinen seiner Zeitschrift einstellte, sind denn auch sowohl in der Konkurrenz des Kochschen Unternehmens wie in der innenpolitischen Situation der österreichisch-ungarischen Monarchie gesucht worden.[410]

Im Gegensatz zu Meltzl machte Koch – nach übereinstimmender Auffassung der meisten Wissenschaftshistoriker – das Angebot der vergleichenden Literaturgeschichte eindeutig im deutsch-nationalistischen Sinn. Schon im Einleitungsartikel seiner Zeitschrift erklärte er: „Die deutsche Litteratur und die Förderung ihrer historischen Erkenntnis soll den Ausgangs- und Mittelpunkt der in der Zeitschrift für vergleichende Litteraturgeschichte geförderten Bestrebungen bilden."[411] Dem Kosmopolitismusverdacht, dem sich Meltzl ausgesetzt hatte, begegnete er von vornherein mit Verlautbarungen wie: „In nebelhafte Ferne sind die alten Lieblingsgedanken vom ewigen Frieden und Völkerverbrüderung geschwunden, seitdem in der engen

Welt die Völker allzu hart auf einander gestoßen sind. Das Gefühl des nationalen Gegensatzes und der bis zum Kampfe ums nationale Dasein sich steigernden, einander bekämpfenden Bestrebungen hat sich stärker erwiesen als die Ideen der alle verbindenden Kultur und fortschreitenden Menschlichkeit ... Nicht beklagen, sondern freudig begrüßen müssen wir diese Wandlung der Anschauungen und Verhältnisse ..."[412]

Auf dem Gebiet der vergleichenden Literaturwissenschaft begrüßte Koch vor allem Arbeiten, die der imperialistischen geistigen Aufrüstung Deutschlands nützlich waren. So hebt er in seiner Rezension von Theodor Süpfles *Geschichte des deutschen Kultureinflusses auf Frankreich*[413] hervor, daß sie es zum ersten Mal möglich gemacht habe, „im Zusammenhange zu überblicken, was Frankreich den deutschen Kultureinflüssen verdankt." Und er meint, daß es, auch wenn „der Einfluß, den Frankreich auf Deutschland ausgeübt hat, ... viel umfassender, breiter und tiefer wirkend" war, vielleicht nicht ganz unnötig sei, „sich an diese geschichtlichen Thatsachen zu erinnern, gerade in der Zeit, welche, wie wir hoffen und zu sehen glauben, dem deutschen Kultureinflusse die Vorherrschaft auf der Erde zu bringen bestimmt ist."[414]

Kochs Rolle in der Geschichte der vergleichenden Literaturwissenschaft ist nicht allein von der politischen Ideologie her zu beurteilen, die er vertrat. Er hat mit seinen Arbeiten *Das Quellenverhältnis von Wielands Oberon* und *Beziehungen der englischen Litteratur zur deutschen im 18. Jahrhundert* Beispiele positivistischer Einflußforschung gegeben und mit seinen Zeitschriften – er unterhielt mit seinen *Studien zur vergleichenden Litteraturgeschichte* von 1901 bis 1909 noch ein zweites komparatistisches Organ – ein Forum für komparatistische Studien – geschaffen, das die Literaturwissenschaft in Deutschland bis dahin nicht besaß. Dennoch hat Schröder wohl recht, wenn sie resümiert, daß eine vergleichende Literaturgeschichte, die sich nicht „von einzelliterarischen Gegenständen und nationalphilologischer Interessengebundenheit" zu lösen vermochte, „letzten Endes als Anhängsel der Einzelphilologien überflüssig wurde. Wenn man die These zur Grundlage nimmt, daß Koch der Anfang der vergleichenden Literaturgeschichte in Deutschland war, dann kann man sagen, daß in diesem Anfang schon ihr Ende vorprogrammiert wurde."[415]

Nun folgten jedoch nicht alle, die sich Ende des 19. Jahrhunderts der vergleichenden Literaturforschung zuwandten, der Kochschen Konzeption. Das wissenschaftsgeschichtliche Interesse richtet sich zunehmend auf die Vorschläge und Initiativen, die von Wilhelm Wetz und Louis Paul Betz ausgingen und die teilweise schon nahe an heutige komparatistische Wissenschaftskonzeptionen heranführen. Wetz, der sich zunächst für vergleichende Literaturgeschichte und dann für englische Literatur habilitiert hatte und zuletzt in Freiburg i. Br. tätig war, hat u. a. das Buch *Shakespeare vom Standpunkte der vergleichenden Litteraturgeschichte* geschrieben. Er hat seine Auffassung von vergleichender Literaturgeschichte im Vorwort zu diesem Buch *(Über Begriff und Wesen der vergleichenden Litteraturgeschichte)* sowie in einer Reihe von Aufsätzen und Rezensionen (darunter der programmatische Aufsatz *Über Litteraturgeschichte* von 1891) dargelegt, die z. T. in Kochs Zeitschrift erschienen sind. Betz, außerordentlicher Professor für vergleichende Literaturgeschichte in Zürich, nimmt mit seinen Büchern *Heine in Frankreich, Heinrich Heine und Alfred de Musset. Eine biographisch-litterarische Parallele* und *Die französische Litteratur im Urteile Heinrich Heine's* eine wichtige Stellung auch in der Geschichte der Heine-Forschung ein. Für die Erörterung seiner theoretischen Position und seiner wissenschaftsorganisatorischen Bestrebungen werden in der Wissenschaftsgeschichtsschreibung vor allem seine *Kritischen Betrachtungen über Wesen, Aufgabe und Bedeutung der vergleichenden Litteraturgeschichte* (1896) und der Aufsatz *Litteraturvergleichung* (1901) herangezogen.

Wetz und Betz ist gemeinsam, daß sie die vergleichende Literaturforschung von der „nationalphilologischen" – ich würde sagen: nationalpolitischen – „Interessenbefangenheit", von der Schröder in bezug auf Koch spricht, befreien wollten. Einen bemerkenswerten Unterschied sehe ich darin, daß dieses Bestreben bei Betz auch eine deutliche politisch-philosophische Komponente hat, die die Mehrzahl der reichsdeutschen Germanisten als Provokation empfinden mußte.[416] Betz konstatiert: „Die Völker und Völkchen flüchten schon längst zum trauten Hort der Heimathkunde. Ihre treuen Hüter sammeln und retten im hastigen Eifer Sprache, Sagen und Lieder ihrer Vorfahren, bevor es zu spät ist, bevor der Riesenpolyp 'Weltverkehr' mit seinen kosmopolitischen Fangarmen umklammert, was einst sprachlich, politisch, litterarisch, sittlich und religiös so sauber von einander getrennt war, und mit seinem internationalen Hauch das

Aroma, den Erdgeschmack des heimathlichen Gutes vergiftet!" Und er beschreibt die Situation, in der dies geschieht, als ein Bild von „Kontrasterscheinungen" draußen „im Leben, auf der Straße, im Gewühl der Massen", das er im Paris der Jahrhundertwende gewonnen hat: „Begeisterter Völkerverbrüderungstaumel, internationale Republik der Wissenschaft und Litteratur, utopistische Friedensevangelien ... und dicht daneben und ringsumher krasser, bornirter Jingodünkel, das Geleise des Allerweltchauvinismus, von Militarismus hypnotisirte und berauschte Völker, die brutale, Recht und Freiheit zertretende Gewalt des Imperialismus ..."[417] Betz respektiert durchaus die nationalen Eigenarten der „Völkerindividuen", und er will eben die vergleichende Literaturwissenschaft dafür einsetzen, um sie zu erhalten, aber er setzt der „Literaturvergleichung" dabei auch noch andere Ziele: „Weltfrieden, Völkervermittlung, ein Menschentum, das unbeschadet eines nationalen Seelenlebens, auch Herz und Sinn hat für das, was jenseits der Grenzpfähle vorgeht. So geübt, führt sie zur Erkenntnis, daß Völkereintracht und fortschrittlich nationale Entwickelung auf einem stets wachsenden Bewußtsein des Gesamtreichtums und der allgemeinen Zusammengehörigkeit der Völker, auf dem Grundsatz beruht, sich selbst immerdar treu zu bleiben und sich an die andern anzuschließen."[418] Betz' Konzeption setzt einen Begriff von allgemeiner Literaturgeschichte voraus, der seinerseits auf einem Weltliteratur-Begriff basiert, in dem die literarische Erbschaft der ganzen Menschheit zusammengefaßt ist: „Im Gegensatz zur nationalen Litterarhistorik geht die Litteraturvergleichung von der allgemeinen Litteraturgeschichte aus. Sie rückt die Einzelerscheinung unter den Gesichtspunkt der Gesamtheit. Sie betrachtet die Einzellitteraturen als lokale Gruppen der Weltlitteratur ... Indem sie uns die Ketten bloßlegt, die die Jahrhunderte und die Völker verbinden, schärft sie unseren Blick für das Umfassen großer Gebiete, lehrt sie uns den ganzen litterarischen Besitz der Menschheit aus der Vogelschau frei von nationaler Befangenheit überblicken."[419]

Im Verhältnis zu Betz' praktischer Orientierung auf die „Litteraturvergleichung" stehen in Wetz' Reflexionen über die Aufgaben der literaturwissenschaftlichen Komparatistik die Probleme der „allgemeinen Litteraturgeschichte" selbst stärker im Vordergrund. Wetz möchte die komparatistische Tätigkeit auf Aufgaben konzentriert sehen, „welchen die Speziallitteraturgeschichten nicht gerecht zu werden vermögen". Sie liegen für ihn nicht in erster Linie in der Einfluß- und Wirkungsforschung als vielmehr darin, „mehrere Litteraturgebiete zugleich zu umspannen", um so „durch Vergleichung analoger Erscheinungen unter einander in das innerste Wesen jeder einzelnen derselben einzudringen, die Gesetze zu entdecken, welche die Aehnlichkeiten wie die Verschiedenheiten bewirkt haben".[420] Diese Tätigkeit, die Wetz auch als „eigentlich vergleichende Litteraturgeschichte" oder als „analytisch-kritische Litteraturforschung" bezeichnet, wird von der „vorwiegend historische Ziele verfolgenden Litteraturforschung" abgehoben. Wetz' Aussagen, daß die „eigentlich vergleichende Litteraturgeschichte" nicht mehr vorwiegend historische Ziele verfolge, hat bereits die Zeitgenossen verwirrt.[421] Sie korreliert jedoch mit einer Orientierung auf Gesetzeserkenntnis, die vom positivistischen Modell der Naturwissenschaften ausging. Denn: Daß die Literaturforschung sich „zum Range einer exakten Wissenschaft zu erheben vermöge, welche an Genauigkeit der Methode, wie an Schärfe und sachlicher Bestimmtheit des Ausdruckes erfolgreich mit den Naturwissenschaften wetteifern könne"[422] – das war Wetz' Ideal.

Es liegt in der Konsequenz ihrer Gegenstandsauffassung, daß Wetz und Betz sich auch entschieden für die Etablierung von Lehrstühlen für vergleichende Literaturgeschichte im Deutschen Reich einsetzten. Wetz kritisiert das generelle Übergewicht der Sprachwissenschaften und der sprachwissenschaftlich ausgerichteten Beschäftigung mit der mittelalterlichen Literatur in den Neuphilologien, auch in der Germanistik. Während aber an den germanischen Seminaren der größeren Universitäten mittlerweile Professuren für neuere deutsche Literatur eingerichtet seien, sehe man sich nach wie vor der „traurigen Thatsache" gegenüber, „daß die großen fremden Literaturen der Neuzeit und ihre Beziehungen zur deutschen Literatur auf unseren Universitäten sehr stiefmütterlich behandelt, oft überhaupt nicht berücksichtigt werden". Nach dem Muster der Departments of Comparative Literature der Harvard und der Columbia University in den USA sollten daher „Lehrstühle für neuere außerdeutsche Litteraturgeschichte" errichtet werden.[423] Auch Betz geht von der Feststellung aus, daß die meisten Lehrstühle in den Philologien mit Sprachwissenschaftlern besetzt sind, „die nebenher die Litteraturgeschichte vertreten"[424]. Angesichts der Kluft, die „zwischen den Aufgaben und Zielen und der Methode des Sprachforschers und denen des Litteraturhistorikers" entstanden sei, hält er zunächst in allen Philologien „eine Teilung des bisher allein dem Philologen [d. h. dem Sprachforscher – R. R.] zufallenden Gebietes schon aus praktischen, äusseren Gründen [für] wünschenswert".[425] Dann aber fordert er – unter Berufung auf das Beispiel der US-Amerikaner, Engländer und Franzosen – unumwunden die Etablierung der vergleichenden Literaturgeschichte als selbständiger Disziplin an den deutschen Universitäten. Betz untermauert seine Forderung mit folgenden Argumenten: Vergleichende Literaturgeschichte sei als wissenschaftliche Disziplin auch in Deutschland bereits existent. „So hat sich denn die Litteraturvergleichung nach und nach zu einer wissenschaftlichen Disziplin entwickelt, mit der die allgemeine Litteraturgeschichte und deren berufene Heimstätte, die Universität zu rechnen haben wird. Geräuschlos wuchs sie aus den Zeitverhältnissen und den modernen litterarischen Anschauungen heraus." Er verweist auf die Arbeiten, die in der Kochschen Zeitschrift gesammelt vorliegen. Weiterhin: „Jedes Wachstum beruht auf Wechselwirkung. Isolierung ist gleichbedeutend mit Untergang. Da sich in den Litteraturen wie in den Sprachen eine den lebenden Organismen ähnliche Entwickelung nachweisen läßt, so müssen jene wie diese mittels analoger Methoden erforscht werden. Und diese können, wie in den Naturwissenschaften, nur vergleichende sein."[426] Die vergleichende Sprachwissenschaft, die er in diesem Zusammenhang ebenfalls als die „ältere Schwester" der vergleichenden Literaturgeschichte bezeichnet, sei längst „zu hohen akademischen Ehren" gelangt. Und schließlich sei Deutschland das Land, „in dem die Weltliteratur stets von höchster Warte mit gerechtestem Sinn und sicherstem Blick beurtheilt wurde, wo ein Herder wirkte und wo Goethe das Wort Weltlitteratur neu prägte" und dessen Universitäten „sonst allen Hochschulen der Welt vorauseilten" und „stets ein Hort der vergleichenden Sprachforschung waren".[427]

Wetz' und Betz' Forderungen stießen auf den heftigsten Widerstand deutscher Germanisten. Unter ihnen waren es vor allem der Marburger Ordinarius Ernst Elster und der Göttinger Privatdozent Hans Daffis, die es sich zur Aufgabe machten, die Ansprüche der vergleichenden Literaturgeschichte zurückzuweisen. Ernst Elster, Mitarbeiter an der Weimarer Goethe-Ausgabe und Leiter der Klassiker-Editionen des Bibliographischen Instituts, in deren Rahmen er die Heine-Ausgabe besorgte, sowie Autor einer umfangreichen theoretischen Abhandlung *Prinzipien der Literaturwissenschaft* (2 Bde., 1897–1910), hatte sich mit Betz bereits in seiner Rezension von dessen Buch *Heine in Frankreich* angelegt.[428] Schon der in diesem Buch von Betz ausgesprochene Wunsch, „daß beide Nationen, Frankreich und Deutschland, einander geistig immer näher rücken sollten", hatte bei ihm die Befürchtung geweckt: „Wenn nur unter solchen Vermittlungsbestrebungen die Schätzung deutschen Wesens nicht litte."[429] Gegen Betz' Bekenntnis: „Freunde und Verwandte hüben und drüben, Geschmack und Sympathien machen mir Land und Leute, Denken und Dichten beider Völker an den Ufern des Rheines gleich lieb"[430], hatte er eingewandt: „Wir Deutschen kennen nur e i n Volk an beiden Ufern des Rheins", und daß Betz den „Germanismus" der „französischen Kultur" gegenüberstellte und Paris „die geistige Metropole der Welt"[431] nannte, hatte er als „Einseitigkeiten" getadelt, die „man von einem Gelehrten der deutschen Schweiz nicht erwarten sollte"[432]. Aber Elster weiß, was er sich und seiner Zunft schuldig ist. In seinem Aufsatz *Weltlitteratur und Litteraturvergleichung* (1901) vermeidet er jeden persönlichen Angriff auf Betz.

Elster betrachtet die Bezeichnung „vergleichende Litteraturgeschichte" als irreführend: „Der falsche Ausdruck vergleichende Litteraturgeschichte für internationale Litteraturgeschichte ist von Betz und anderen dazu benutzt worden, um die Notwendigkeit neuer Lehrstühle durch die Parallele der vergleichenden Sprachwissenschaft annehmbar zu machen."[433] Diese Parallele ist nach Elsters Auffassung jedoch ebenfalls trügerisch. Denn die „vergleichende Sprachwissenschaft muß natürlich die Sprachen verschiedener Nationen vergleichen, oder sie hat überhaupt so gut wie nichts zu vergleichen". Jede Sprache bilde „ein geschlossenes einheitliches Ganze", wohingegen jede Literatur „aus einer unbegrenzten Anzahl von einzelnen Werken" bestehe, „die einzeln oder gruppenweise mit anderen, sei es derselben oder einer anderen Nation, in Beziehung gesetzt werden können". Außerdem sei „der Gewinn, der aus der vergleichenden Betrachtung der Sprachen einerseits und der internationalen Litteraturströmungen andererseits gezogen werden kann, ... ganz verschieden. Bei jener handelt es sich um die Erkenntnis von Entwickelungsprodukten, die auf ein und denselben Ursprung zurückweisen; durch die vergleichende Betrachtung der Sprachdenkmäler der historischen Zeit erschließt die Forschung auch die vorgeschichtlichen oder nichtgeschichtlichen Sprachstufen, und erst von diesen aus kann sie die Entwickelung der einzelnen Sprachen ganz überblicken und verständnisvoll würdigen. Es liegt auf der Hand, daß die Litteraturwissenschaft niemals einen ebenso bedeutenden Gewinn durch eine über die nationalen Grenzen hinausgreifende Betrachtung erzielen kann, denn der Gegenstand ihrer Arbeit ist nicht, wie die Sprache, ein einheitliches Erzeugnis des Gesamtbewußtseins einer menschlichen Gemeinschaft."[434] Unabhängig davon, ob Elsters Definition der Sprache haltbar ist oder nicht – daß Sprachsysteme und Literatursysteme keine identischen Strukturen bilden, steht außer Zweifel. Die Definition von Literatur als „einer unbegrenzten Anzahl von einzelnen Werken", als „einer unendlichen Anzahl von individuellen Äußerungen der einzelnen," aus der Elster die Evidenz des geringeren Nutzens von Literaturvergleichen ableitet, kann ihm allerdings auch nur für eine Argumentation genügen, die zu dem Schluß führen soll: „Die Forderung, deshalb, weil die vergleichende Sprachwissenschaft sich glänzend bewährt habe und im akademischen Unterricht eine wichtige Rolle spiele, nun auch Lehrstühle für vergleichende, in Wahrheit internationale Litteraturgeschichte zu schaffen, fällt damit in sich zusammen."[435]

Ein anderes Argument, das Elster wie auch andere deutsche Germanisten immer wieder ins Feld führten, war, daß in der Literaturwissenschaft ja seit eh und je verglichen werde. Insofern als sie „den Zusammenhang nicht aus den abweichenden, sondern aus den übereinstimmenden dichterischen Elementen" erschließe, müsse „natürlich eine Vergleichung stattfinden", habe die „vergleichende Methode in der Litteraturgeschichte" eine große Bedeutung. Diese „vergleichende Methode" habe aber „mit der Forderung, statt oder neben der Geschichte der Nationallitteratur die internationale Litteratur zu pflegen, nichts zu thun".[436] „Wenn im akademischen Betrieb die Forschung auch fernerhin auf die Pflege der Nationallitteraturen beschränkt bleibt, so ist der Gewinn der letzten Jahrzehnte auch für die Zukunft wohl ziemlich gesichert: der vergleichenden Methode bedienen wir uns dabei ja alle, und auch der Berücksichtigung der internationalen Beziehungen steht nicht das geringste im Wege." Freilich warnt Elster zugleich, „die nationale Seite in der Geschichte der Dichtkunst zu unterschätzen. Wie viel auch die Dichter fremden Zeiten und Völkern entnommen haben, die Hauptsache bleibt doch ohne Frage das, was sie ihrem eigenen Volkstum verdanken. Das Ideal der Humanität unserer Klassiker würde uns weniger erwärmen, wenn es nicht überall aus echt deutscher Empfindung hervorgewachsen wäre."[437] So erscheint es nur folgerichtig, daß Elster, nachdem er die Forderung nach komparatistischen Lehrstühlen abgewiesen hat, seine Argumentation geradezu umkehrt. Er ist durchaus für die „vergleichende internationale Litteraturgeschichte", wenn „durch solche Zusammenstellung der Litteraturen verschiedener Völker nicht nur die Übereinstimmungen, sondern auch die Unterschiede, die nationalen Eigentümlichkeiten, in ein helleres Licht gesetzt werden". Denn nun ist ihm plötzlich auch „die Dichtung eines jeden Landes ein einheitliches Ganze", in dem „gewisse Züge des Nationalcharakters zum Ausdruck gelangen, die derjenige nicht genügend zu überschauen vermag, der nur einen Teil dieser Nationallitteratur durchforscht hat".[438]

Die meisten anderen Germanisten haben in der Zurückweisung der komparatistischen Ansprüche weit weniger theoretischen Aufwand getrieben als Ernst Elster. Hans Daffis kontert zuerst mit dem bekannten Argument: „Vergleichen tun wir ja alle." Betz sei „nicht der erste, der die 'vergleichende' Litteraturgeschichte als neue Wissenschaft bei uns einführen will und Platz für sie in der Fakultät verlangt". Und ebensowenig sei er, Daffis, „der erste, der darauf hinweist, daß jeder Litterarhistoriker, der seine Aufgabe richtig versteht, schon nach dem [Schererschen – R. R.] Prinzip der 'gegenseitigen Erhellung' vergleichende Litteraturgeschichte getrieben hat und treiben muß". Sodann macht er geltend, daß die neuere deutsche Literatur an den deutschen Universitäten noch unterrepräsentiert sei: „Darum sollten wir doch, bevor wir Lehrstühle für vergleichende Litteraturforschung wünschen, erst einmal danach streben, für mehr Vertreter unserer e i g e n e n Litteratur an unseren Hochschulen Platz zu schaffen." Und schließlich gibt er dann immer noch dem Mann, der an jeder deutschen Universität die Geschichte der deutschen Literatur als „dienendes Glied einer großen allgemeinen 'Kulturgeschichte' einordnet und etwa, wie es der alte Riehl in München that, die Geschichte der deutschen Politik, Wirtschaft, Litteratur, Musik, bildenden Kunst zu einer Geschichte der deutschen Art und Kunst überhaupt verbindet", vor dem Vertreter der vergleichenden Literaturgeschichte den Vorzug.[439] Ein frühes Konzept der „Deutschkunde", wie Susanne Schröder bemerkt, das Daffis damit den Ansprüchen der Komparatisten gegenüberstellt.[440]

Die geschilderte Debatte fand – wie schon gesagt – zu einem Zeitpunkt statt, da die Vertreter der vergleichenden Literaturgeschichte in Deutschland bereits auf eine ganze Reihe komparatistischer Leistungen verweisen konnten. 1903 erschien schon der erste Band einer – nicht weiter fortgesetzten – *Bibliographie der vergleichenden Litteraturgeschichte* von Arthur L. Jellinek.[441] Überdies war die Zahl derer, die die Existenzberechtigung der vergleichenden Literaturgeschichte zumindest verbal anerkannten, bestimmt nicht gering. Schröder führt entsprechende Äußerungen von Alfred Biese, Eugen Kühnemann (der 1903 einen Aufsatz *Zur Aufgabe der vergleichenden Litteraturgeschichte* veröffentlichte) u. a. an.[442] Hierher gehört auch das in seiner Rede *Literaturgeschichte und Volkskunde* entwickelte Wissenschaftsprogramm August Sauers. Bei Sauer heißt es, daß die Literatur eines Volkes, wenn man von ihren schwer zu erfassenden Anfängen absehe, „immer in engerer oder fernerer Verbindung mit der Literatur eines anderen Volkes" sich entwickele und daher „oft nur als Teilerscheinung grosser Kulturübertragungen" werde aufgefaßt werden können: „so schließen sich die Literaturen einzelner Zeiträume, Völkergruppen und Weltteile zu einem Ganzen zusammen; die Literaturen vergangener Zeiten können die Literaturen der Nachwelt kräftig beeinflussen, entlegene Literaturen können miteinander in Berührung treten und so gliedert sich die Literatur e i n e s Volkes in die Gesamtheit der Weltliteratur ein und die Erforschung der einzelnen Nationalliteraturen wird abgelöst durch die neue in der Entstehung begriffene Wissenschaft der allgemeinen oder vergleichenden Literaturgeschichte, die wieder neue Methoden zur Lösung ihrer umfassenderen Aufgaben auszubilden gezwungen ist".[443] Sauer ist freilich auch wohl das beste Beispiel dafür, wie folgenlos eine solche Einsicht für die praktische Arbeit bleiben konnte. Steht sie doch schon in seinem Programm nur unter den Präliminarien für die Propagierung jener stammesgeschichtlichen Literaturgeschichtsschreibung, die dem internationalen Literaturenvergleich direkt entgegengesetzt war. Und als Sauer 1916 die Gründung eines „Reichsinstituts für Literaturgeschichte" als zentraler literaturwissenschaftlicher Forschungsinstitution Österreich-Ungarns ins Gespräch brachte, dachte er keineswegs an vergleichende Forschungen zu den verschiedenen Literaturen der Monarchie, sondern nur an die deutsche Literaturgeschichte.[444] Dennoch: Das von Scherer formulierte Prinzip der „wechselseitigen Erhellung" oder „Beleuchtung" war ein komparatistisches Prinzip, das von allen positivistischen Literaturwissenschaftlern anerkannt wurde, und der Literaturenvergleich konnte ja auch – wie wir bei Koch gesehen haben und wie Ernst Elster es nahelegt – durchaus zur Akzentuierung der nationalen Gegensätze benutzt werden.

Wenn man nach den Gründen fragt, die zum Scheitern der vergleichenden Literaturwissenschaft in Deutschland geführt haben, dann wird man sich also trotz allem wohl nicht mit dem Hinweis auf das nationalwissenschaftliche Funktionsverständnis der deutschen Germanistik und dessen politisch-ideologische Implikationen zufriedengeben können. Sicherlich: stoff- und motivgeschichtliche Untersuchungen, wie sie im nationalliterarischen Rahmen mit großem Erfolg betrieben wurden, kollidierten mit der ideologischen Funktion der deutschen Germanistik, sobald sie die Abhängigkeit der deutschen Literatur von ausländischen Mustern feststellten. Schließlich waren die „Einflüsse", insbesondere der französischen und englischen Literatur, auf die deutsche nicht zu übersehen, und die Forschung hat sie auch registriert. Daß in dem zur imperialistischen Großmacht aufsteigenden Deutschland eine vergleichende Literaturwissenschaft wenig Chancen hatte, die in der Praxis mehr oder weniger auf die Registratur ausländischer Einflüsse hinauslief und erst für die kurze Zeitspanne vom Ende des 18. Jahrhunderts an auch eine aktive Rolle der deutschen Literatur in den literarischen Wechselbeziehungen mit Frankreich und England nachweisen konnte, verwundert nicht. Auch blieb natürlich der internationalistische Zug, der in der Bewegung für die vergleichende Literaturgeschichte enthalten war, nicht verborgen. Georg Brandes' Vorlesungen *Hauptströmungen in der Literatur des 19. Jahrhunderts* waren seit 1872 auch in deutscher Sprache erschienen, und der Autor, der von 1877 bis 1883 in Berlin gelebt hatte, mischte sich auch nach 1900 in die im Deutschen Reich geführten Debatten ein.[445] Darüber, mit welchen politischen Anschauungen das komparatistische Konzept von Betz verbunden war, konnte es ebenfalls keine Zweifel geben. Daß die ganze Bewegung – zumal sie ja eine internationale Bewegung war – die Funktion der deutschen Germanistik konterkarieren könnte, war demnach keine völlig aus der Luft gegriffene Befürchtung, und daß die abweichenden Intentionen einzelner ihrer deutschen Promotoren wie Max Koch diese Befürchtung nicht entkräften konnten, leuchtet auch ein. Was die Frage der Einrichtung von Lehrstühlen für vergleichende Literaturgeschichte anbetrifft, über die letzten Endes der Geldgeber der Universitäten – der Staat – zu entscheiden hatte, so kann man annehmen, daß die Haltung der Mehrheit der Germanisten dazu beigetragen hat, eine wissenschaftsorganisatorische Entscheidung ausbleiben zu lassen.

Doch daß die Bewegung für die vergleichende Literaturgeschichte bald nach der geschilderten Debatte mit dem Aufstieg der deutschen Geistesgeschichte versiegte (Koch 1910 auch das Erscheinen seiner Zeitschriften einstellte), ist nicht – wie die neuere Komparatistik-Geschichte nahelegt und wie das auch Susanne Schröder tut – aus den politischen Umständen allein zu erklären.[446] Zwar ist es nicht richtig, daß die „ganze Bewegung", wie Julius Petersen schreibt, sich „in problemloser Stoffgeschichte" erschöpft habe.[447] Betz' Konzept zumindest war nicht auf „Einfluß"-Studien eingeschränkt, sondern visierte bereits eine „synthetische Darstellung der Literaturepochen" an.[448] Aber es läßt sich nicht bestreiten, daß die Bewegung doch ganz im Zeichen des Taine-Schererschen Positivismus stand, daß die an ihr Beteiligten sich in der Forderung einig waren, „daß die vergleichende Litteraturgeschichte an Exaktheit der Tatsachenbehandlung den Naturwissenschaften gleichkommen müsse."[449] Die Praxis lief daher – genau wie in den Nationalphilologien – doch im allgemeinen auf genetische („Ursachen"-)Forschung, in positivistischem Verständnis also auf „Einfluß"-Studien hinaus. Mit der sogenannten geistesgeschichtlichen Wende in der bürgerlichen deutschen Ideologie wurde dieser Praxis die weltanschaulich-philosophische Grundlage entzogen. So kam es auch, daß Benedetto Croces berühmte Kritik der positivistischen Komparatistik[450], die sich an Max Kochs *Einführung* in seine *Zeitschrift für Vergleichende Litteraturgeschichte* entzündete, in Deutschland ein lebhaftes Echo fand. Demgegenüber begründeten die programmatischen Arbeiten Joseph Xextes (*Jean-Jacques Rousseau et les origines du cosmopolitisme littéraire*, 1895; *L'histoire comparée des littératures* 1896), Ferdinand Brunetières (*La littérature européenne* in: *Revue des deux mondes,* 1900, Nr. 161) und Fernand Baldenspergers (*Goethe en France,* 1904) in Frankreich eine positivistische Tradition ununterbrochener komparatistischer Forschung, die von geistesgeschichtlichen Einwänden in der Art Croces weitgehend unberührt blieb. Auch Betz hat mit seiner – in französischer Sprache verfaßten – Arbeit *La littérature comparée. Essai bibliographique* (1904), zu der Joseph Texte eine Vorrede schrieb, Anteil an der Begründung dieser Tradition.

Der französischen Komparatistik mag, wie Petersen später mit Bezug auf die von Baldensperger und Hazard ins Leben gerufene *Revue de littérature comparée* annimmt, tatsächlich zugute gekommen sein, daß sie „namentlich über Aufnahme und Wirkung französischer Dichter im Auslande und ausländischer Dichter in Frankreich" zu vermelden hatte, so daß „die französische Nationalliteratur ... im Mittelpunkt [stand] oder wenigstens bei der vergleichenden Betrachtung ein Übergewicht" hatte.[451] Weil sie das nationale Bewußtsein der weltweiten Wirkung der französischen Literatur stärkte, wäre die französische Komparatistik demnach – im Unterschied zur deutschen – auch von der nationalliterarischen bürgerlichen Historiographie akzeptiert worden. Sollte der wesentliche Grund für die ununterbrochene Entwicklung der französischen Komparatistik aber nicht vielleicht doch darin zu suchen sein, daß sie von einem so massiven Einbruch der Geistesgeschichte verschont blieb? Wir wollen uns nicht von Petersen zu weiteren Spekulationen über diese Frage verführen lassen, sondern uns auf die Feststellung beschränken, daß die vergleichende Literaturgeschichte von den geistesgeschichtlich orientierten deutschen Germanisten generell abgelehnt wurde.

Welchen Gewinn die Komparatistik ihrerseits aus der geistesgeschichtlichen Typologie gezogen hat, habe ich an anderer Stelle erörtert.[452] Und Bücher führender Vertreter der deutschen Geistesgeschichte wie Gundolfs *Shakespeare und der deutsche Geist* oder Korffs *Voltaire im Deutschland des 18. Jahrhunderts* sind auch in die Geschichte der vergleichenden Literaturwissenschaft eingegangen. Das gilt natürlich erst recht für das 1923 unter Oskar Walzel Leitung begonnene *Handbuch der Literaturwissenschaft.*[453] Walzel hat mit dem *Handbuch* – einer vielbändigen Geschichte der Weltliteratur, zu der er selbst die Darstellung der deutschen Literaturgeschichte von Gottsched bis zur Gegenwart und, als theoretisch-methodologische Einführung, seine Arbeit über *Gehalt und Gestalt im Kunstwerk des Dichters* beisteuerte – eines der anspruchsvollsten Unternehmen initiiert, das von den deutschen Literaturhistorikern vor 1945 ausgeführt wurde. Dieses Handbuch verfährt zwar nicht eigentlich komparatistisch, sondern besteht aus einer Reihe in sich geschlossener Darstellungen der einzelnen Nationalliteraturen, von denen die meisten überdies auch die von Walzel praktizierte Methode der ständigen Konfrontation der Literaturentwicklung mit der gleichzeitigen Entwicklung in den anderen Künsten vermissen lassen. Dennoch nimmt das *Handbuch der Literaturwissenschaft* auch international in der Geschichte der vergleichenden Literaturwissenschaft einen wichtigen Platz ein, zumal auch neuere international organisierte komparatistische Projekte, selbst wenn sie z. B. die europäischen Literaturen in Epochendarstellungen zusammenzufassen versuchen, über das additive Verfahren des *Handbuchs* nicht grundsätzlich hinausgekommen sind.

Diese und andere Unternehmen gründeten sich jedoch auf eine Wissenschaftsauffassung, die sich von einer vergleichenden Literaturgeschichte, wie sie um 1900 in Deutschland Fuß zu fassen versuchte, scharf abgrenzte. Repräsentativ für den Standpunkt der deutschen Geistesgeschichte waren Julius Petersens Aufsatz *Nationale oder vergleichende Literaturgeschichte?* von 1928[454] und Fritz Strichs Beitrag *Weltliteratur und vergleichende Literaturgeschichte* in dem schon mehrfach zitierten Sammelband *Philosophie der Literaturwissenschaft* von 1930.

Strich argumentiert gleichwohl nicht gegen die Sache selbst als vielmehr gegen ihre positivistische Auffassung. Er plädiert sogar sehr nachdrücklich für eine „Weltliteraturgeschichte" oder „Weltliteraturwissenschaft", der er neben dem Vorteil für die „nationale Selbsterkenntnis" vor allem das Ziel setzte, „daß sie die Völker einander kennen lehrt, auf solchem Wege Haß und Chauvinismus verscheucht und der allgemeinen Duldung Raum gibt . . . Denn sie vermag es, zur Schlichtung jenes heute tobenden Kampfes zwischen der Idee der Nation und der Idee der Menschheit zu helfen."[455] Strich steht mit dieser Funktionssetzung einer „Weltliteraturwissenschaft" durchaus im Einklang mit dem Positivisten Betz, der in der „vergleichenden Literaturgeschichte" den Ort einer als Mittel der Verständigung, der kulturellen Annäherung und des Völkerfriedens dienenden internationalen Zusammenarbeit der Literaturwissenschaftler gesehen hatte. Aber Strichs Konzeption ist nicht mehr die einer historischen Wissenschaft, wie sie die Positivisten betrieben hatten, auch wenn er die Untersuchung der „wirklich historischen und aktiven Beziehungen zwischen den Literaturen" und des Entstehens und der Ausbildung übernationaler regionaler Literaturzusammenhänge noch als unterste Stufe in seinem stufenförmig aufgebauten Wissenschaftsmodell beibehält. Dessen höchste Stufe ist jedenfalls die Zusammenfassung derjenigen kunstliterarischen Leistungen der Völker, die „kraft ihres eigenartig nationalen und allgemein menschlichen Gehalts" „überräumliche" und „überzeitliche" Geltung erlangt haben. Die Wissenschaft hat auf dieser Stufe nur noch auszusagen, welchen eigenartigen Beitrag die einzelnen „weltliterarischen" Werke zum „Bilde des Menschen" geleistet haben und worin die Größe ihres „allgemein menschlichen Gehalts" besteht.[456]

Von Petersen wurde ein solcher selektiver Weltliteratur-Begriff, wie er Strichs Konzeption krönte, durchaus akzeptiert. Auch vermied er es, den Gedanken an die friedenstiftende Mission internationaler Literaturforschung, den gerade erst auch wieder Jean Marie Carré geäußert hatte, indem er die littérature comparée mit dem Völkerbund verglich,[457] zu diskreditieren. Aber Petersen sprach klar aus, daß eine auf dem selektiven Weltliteratur-Begriff beruhende Wissenschaft nicht mehr „Literatur g e s c h i c h t e" sei.[458] Eine Gesamtgeschichte der Literaturen aller Völker hielt er dagegen für praktisch undurchführbar. Im Unterschied zu Strich vertrat er den Standpunkt, daß die lösbaren Aufgaben der vergleichenden Literaturgeschichtsschreibung im Rahmen der Nationalliteraturforschung zu bewältigen seien und daß neben der „nationalen Literatur- und Geistesgeschichte in Deutschland" nur eine „a l l g e m e i n e L i t e r a t u r w i s s e n s c h a f t" bestehen könne, die „als Systematik und Prinzipien-Lehre gegenüber der rein geschichtlichen Auffassung ihr Recht fordert".[459] Einer vergleichenden Literaturgeschichte im Sinne der littérature comparée, wie sie um 1900 in Deutschland vertreten wurde, sei dagegen durch die Geistesgeschichte der Boden entzogen worden. Die Ermittlung und Darstellung des Rezeptionsprozesses ausländischer Literatur seien selbstverständliche Aufgaben der nationalhistorischen Literaturforschung und würden von ihr auch erfüllt: Bücher wie Gundolfs *Shakespeare und der deutsche Geist* oder Korffs *Voltaire im Deutschland des 18. Jahrhunderts* gehörten ebenso in den Rahmen der deutschen Literatur- und Bildungsgeschichte, wie Baldenspergers *Goethe en France* im Rahmen der französischen stehe. Die Erfüllung solcher Aufgaben, die den Hauptgegenstand der gegenwärtigen außerdeutschen littérature comparée ausmachten, seien „auf keine Methode angewiesen, die man eigentlich v e r g l e i c h e n d" nennen könne, „es sei denn, daß erst eine gewisse Gleichheit der Anlage bei den im Kulturaustausch stehenden Völkern erwiesen werden müßte, die natürlich die Voraussetzung der gegenseitigen Einwirkung ist".[460]

Vergleichend werde die Literaturgeschichtsschreibung stattdessen im nationalhistorischen Rahmen, wenn sie „die Literatur und den Geist ganzer Perioden wie die deutsche Aufklärung, den Sturm und Drang, die deutsche Klassik, die deutsche Romantik, nicht nur entwicklungsgeschichtlich auseinander hervorgehen läßt, sondern synthetisch nebeneinander stellt als geschlossene Einheiten". Den letzten Sinn des Vergleichs solcher nationaler geistesgeschichtlicher Epochensynthesen sah Petersen jedoch nicht in der Wahrnehmung der Unterschiede als vielmehr des der deutschen Literatur zu allen Zeiten Gemeinsamen – dessen, worin nach seiner Überzeugung „das spezifisch Deutsche in Weltanschauung, Problemstellung und Stil zu finden sein" müsse. Da sich dieses „als nationale Eigentümlichkeit aber ... natürlich erst im Vergleich mit dem Fremden erweisen" könne, trete die Literaturgeschichtsschreibung an diesem Punkt tatsächlich aus dem nationalen Rahmen heraus: „die Literaturgeschichte vollendet ihren nationalen Charakter erst, indem sie vergleichend wird". Petersen meinte nun – wie schon gesagt –, daß sie damit aber auch aufhöre, „Literaturgeschichte zu sein, denn um das Ganze zu vergleichen, [darf] man es nicht als ein Werdendes, sondern muß es als ein Gewordenes, Seiendes betrachten ..., und die nationale Selbstcharakteristik kann auch nicht aus dem literarischen Material allein erkannt werden, sondern findet ihre Ergänzung in allen andern geistigen Lebensäußerungen der Nation. So wird letzten Endes nicht Literatur verglichen, sondern eine aus dem Vergleich der Literatur mit anderen Gebieten des nationalen Geisteslebens hervorgegangene Einheit"[461]. Die Annahme dieser durch alle geschichtlichen Wandlungen in Religion, Philosophie, Ethik, Politik und allen Maximen des Handelns eines Volkes hindurchgehenden Einheit sah Petersen in einem „im Wesenskern unveränderlichen Nationalgeist" beschlossen, dessen Werden die G e i s t e s g e s c h i c h t e , dessen Sein die K u l t u r k u n d e offenbaren sollte. Petersen zieht mit seiner Ablehnung der vergleichenden Literaturgeschichte letztlich nur die Konsequenz aus der lebensphilosophischen Überleitung des historischen Denkens in die Typologie: „Die Überleitung aus der Kategorie des Werdens in die des Seins vollzieht sich in der Methode des Vergleichs als ein Übergang von Tatsachen zu Begriffen, von Kräften zu Formen, von geschichtlicher Entwicklung zur Wesensschau, von Persönlichkeiten zu Typen, und als letztes Ergebnis kann nicht ohne Gefahr konstruktiver Verallgemeinerung der Typus des deutschen Menschen herausspringen, der an sich schon ein Vergleichsprodukt ist und nun wieder seine geschlossene Einheit bewähren muß im Vergleich mit dem Typus des Franzosen, des Engländers und anderer benachbarter Völker."[462]

Die „geistesgeschichtliche Betrachtung", die in Deutschland an den Platz getreten sei, den „bisher die vergleichende Literaturgeschichte einnehmen wollte", trage selbstverständlich auch der Tatsache Rechnung, daß in Kulturgemeinschaft lebende Nationen geistige Bewegungen gemeinsam erleben. Auf geistesgeschichtlicher Grundlage sei daher auch eine zusammenfassende Literaturgeschichte dieser Nationen für bestimmte Perioden möglich: „Neue Einheiten stellen sich damit her, die nicht in der Perspektive der nationalen Entwicklungstendenz liegen, vielmehr in der waagerechten Verbindung der Zeitgenossenschaft, der Altersgemeinschaft, des Zeitgeistes."[463] Petersen hebt diese übernationalen geistesgeschichtlichen Synthesen jedoch wiederum von der littérature comparée ab, die sich zwar neuerdings auch geistesgeschichtliche Ziele stelle, dabei aber über die geschichtlichen Kulturzusammenhänge hinausgehe. Daß „der Vergleich der nationalen Literaturgeschichten untereinander ... auch bei Ausschluß des Kulturzusammenhangs und der geistigen Wechselwirkung gleichartige Entwicklungsformen innerhalb jedes Kulturkreises beobachten" lasse, weist Petersen zwar nicht ab. Die systematische Untersuchung solcher Analogien in universalhistorischem, soziologischem und völkerpsychologischem Zusammenhang gehöre jedoch nicht mehr in das Gebiet der Literaturgeschichtsschreibung, sondern eben einer allgemeinen Literaturwissenschaft, die auf den nationalen Literaturgeschichten aufbaut. Die Organisation einer solchen allgemeinen Literaturwissenschaft wiederum aber sei nicht möglich durch die Institutionalisierung der vergleichenden Literaturgeschichte als eines besonderen Wissenschaftszweiges, sondern nur durch die Zusammenarbeit mehrerer literaturgeschichtlicher Disziplinen im Rahmen eigener Forschungsinstitute.[464]

Petersens Ablehnung der vergleichenden Literaturgeschichte enthält zweifellos eine Reihe von Argumenten, die auch von anderen als geistesgeschichtlichen Standpunkten gegen die auf positivistischer Grundlage konstituierte komparatistische Forschung vorzubringen waren. Über den theoretischen Beitrag, den die deutsche Germanistik unter der Dominanz der Geistesgeschichte zur Begründung einer allgemeinen Literaturwissenschaft leistete, wie sie als Alternative zur vergleichenden Literaturgeschichte am Horizont von Petersens Wissenschaftsprogramm aufschien, ist die Zeit jedoch auch hinweggegangen, Petersens in seinem Hauptwerk *Die Wissenschaft von der Dichtung* vereinigte theoretische Anstrengungen eingeschlossen. Und die geistesgeschichtliche Praxis jener Jahre bietet überdies ein Bild, in dem die Stelle die nationalliterarischen Zusammenhänge übergreifender empirischer Forschung, wie sie die Positivisten geleistet hatten, allzu häufig bloß noch von „kulturphilosophischen" Klischees besetzt ist wie den Oppositionen von deutscher Kultur und französischer Zivilisation oder germanischer Tatbereitschaft und slawischer Passivität.

Sicher gilt diese Feststellung nicht in demselben Maße wie für die Germanistik auch für die deutsche Romanistik und die deutsche Slawistik. Sie blieben durch die Natur ihres Gegenstandes weitgehend vor der nationalistischen Horizontverengung bewahrt, die die deutsche Germanistik in ihrer ideologischen Funktion als „Deutschwissenschaft" bzw. „deutsche Wissenschaft" erfuhr. Überdies waren die Vertreter der sogenannten Fremdphilologien in der Regel jeweils für mehrere Literaturen der betreffenden Sprachfamilie „zuständig", mithin schon durch die Wissenschaftsorganisation zum komparatistischen Denken angehalten. Im Rahmen der „Fremdphilologien" wurden in den zwanziger Jahren an deutschen Universitäten auch die ersten Lehraufträge für vergleichende Literaturgeschichte erteilt (in Leipzig und Würzburg). Der Umfang der in Deutschland bis 1945 geleisteten praktischen komparatistischen Arbeit vergrößert sich zweifellos beträchtlich, wenn man die Forschungen in den „Fremdphilologien" berücksichtigt. Im ganzen gesehen gab jedoch in der Wissenschaftsauffassung und damit auch in der Einstellung zum Problem der vergleichenden Literaturwissenschaft mindestens seit Scherer die Nationalphilologie den Ton an. Die deutsche Germanistik hat die dauerhafte Etablierung der vergleichenden Literaturwissenschaft in Deutschland bis 1945 behindert. Und von der deutschen Germanistik gingen zugleich wesentliche Anregungen aus, die das vergleichende literaturwissenschaftliche Denken aus Deutschland erhalten hat.

Die Literatur der Arbeiterbewegung als Forschungsgegenstand der Literaturwissenschaft

Ausgehend von der Vormärzliteratur wandte sich die Literaturwissenschaft in der DDR schon Anfang der sechziger Jahre auch der Erforschung der Literatur der deutschen Arbeiterbewegung der zweiten Hälfte des 19. Jahrhunderts zu. Zusammen mit dem Ende Georg Weerths, mit Heines *Wintermärchen,* einigen Gedichten Freiligraths und dem Spätwerk Georg Herweghs führte sie sie als „frühe sozialistische Literatur" in die Literaturgeschichtsschreibung ein. Bereits das *Lexikon sozialistischer deutscher Literatur* (1963), das die Geschichte dieser Literatur bis in die vierziger Jahre des 19. Jahrhunderts zurückprojiziert), verzeichnet etwa ein Dutzend sozialdemokratischer Schriftsteller und Journalisten, die bis dahin in keiner Literaturgeschichte erwähnt worden waren.[465] Das Lexikon bietet mit dem *Literaturgeschichtlichen Überblick* von Silvia Schlenstedt auch den ersten Versuch der zusammenhängenden Darstellung einer Geschichte sozialistischer deutscher Literatur bis 1945. Zur Konstituierung dieses Gegenstandes hat eine Gruppe von Wissenschaftlern unter der Leitung von Alfred Klein, die sich seit Anfang der sechziger Jahre an der Akademie der Künste der DDR speziell der Erforschung der mit der Arbeiterbewegung verbundenen Literatur der Weimarer Republik widmete, wesentlich beigetragen.[466] An der Akademie der Wissenschaften der DDR entstand in den folgenden beiden Jahrzehnten mit der von Bruno Kaiser, Manfred Häckel und Ursula Münchow begründeten und von Reinhard Weisbach und Norbert Rothe weitergeführten Reihe der *Textausgaben zur frühen sozialistischen Literatur* eine Sammlung, die die künstlerische Literatur der deutschen Arbeiterbewegung bis 1918 in größtmöglicher Breite dokumentierte.[467]

Die konzeptionelle Grundlage dieser Dokumentation war mit der 1964 in den *Weimarer Beiträgen* veröffentlichten *Skizze zur Ge-*

schichte der deutschen Nationalliteratur erarbeitet worden.[468] Der Konzeption der *Skizze* folgten grundsätzlich dann auch die Bände 8 und 9 der zwölfbändigen *Geschichte der deutschen Literatur.* Wie schon aus der Begriffsbildung hervorgeht, wurde der Gegenstand zunächst ideologisch bestimmt. Dabei hatten die Literaturwissenschaftler für die proletarische Literatur keinen anderen Literaturbegriff als den der bürgerlichen Ästhetik des 19. Jahrhunderts (den die marxistische Ästhetik übernommen hatte): In Betracht kamen eigentlich nur kunstliterarische Produkte und nur die Produkte bzw. die Produktion. Die Forschungspraxis ging allerdings stets über diesen Rahmen hinaus. Wilhelm Weitlings theoretische Schriften wurden von Anfang an ebenso in die literaturhistorische Darstellung einbezogen wie seine Gedichte. Der von Ingrid Pepperle verfaßte Abschnitt über die proletarische Literatur des Vormärz und der Achtundvierziger Revolution im Band 8.1. der *Geschichte der deutschen Literatur* behandelt die politische Aufklärungs- und Agitationsliteratur ausführlich,[469] und Ursula Münchow veröffentlichte eine Studie *Frühe deutsche Arbeiterautobiographien*, die diese ebenfalls unter literaturgeschichtlichen Aspekten betrachtet.[470]

Trotz der die Grenzen der Ästhetik überschreitenden Praxis blieben jedoch viele Probleme ungeklärt. Schon der Begriff der „frühen sozialistischen Literatur" stieß auf Widerspruch. Der von Manfred Häckel angebotene Beitrag über die Literatur der deutschen Arbeiterbewegung 1869–1918 erschien in der fünfbändigen sowjetischen *Geschichte der deutschen Literatur* unter der Kapitelüberschrift *Literatur der deutschen Sozialdemokratie*[471]. Die sowjetischen Herausgeber waren offensichtlich nicht bereit, eine rein ideologische Bestimmung als Gliederungsprinzip zu übernehmen. Und sie wären, selbst wenn sie dieses Prinzip akzeptiert hätten, noch mit der Tatsache konfrontiert gewesen, daß hier eine Literatur das Attribut „sozialistisch" erhalten hatte, deren Ideologie nur zum geringsten Teil als marxistisch qualifiziert werden konnte. Aber auch innerhalb der Literaturwissenschaft der DDR bestanden unterschiedliche Begriffe sozialistischer Literatur nebeneinander. Allgemein sprach man von sozialistisch-realistischer deutscher Literatur im Hinblick auf die seit Ende der zwanziger Jahre entstandenen Werke Bechers, Seghers', Bredels usw., und man sprach von der „sozialistischen Nationalliteratur der DDR". Die mit der revolutionären Arbeiterbewegung verbundene deutsche Literatur der zwanziger Jahre wurde demgegenüber als „proletarisch-revolutionär" definiert. Diese Unterscheidung beruhte offensichtlich darauf, daß eine rein ideologische Begriffsbestimmung auch von den Literaturwissenschaftlern der DDR, die auf dem Gebiet der deutschen Literatur des 20. Jahrhunderts arbeiteten, nicht angestrebt wurde. „Sozialistische Literatur" meinte in ihrem Sprachgebrauch „Literatur der sozialistischen Gesellschaft", die Literatur in der bürgerlichen Gesellschaft wurde dagegen grundsätzlich in den durch die Realismus-Theorie gegebenen ideologisch-ästhetischen Kategorien (kritischer Realismus/sozialistischer Realismus – nichtrealistische Strömungen oder „Methoden") gedacht. In diesen Kategorien war die proletarische Literatur der zwanziger Jahre aber nicht adäquat zu erfassen. Der Begriff der „frühen sozialistischen Literatur", der als ideologische Bestimmung eher auf diese Literatur anzuwenden gewesen wäre als auf die proletarische Literatur des 19. Jahrhunderts, stimmte jedenfalls mit dem Sprachgebrauch in der Forschung zur deutschen Literatur des 20. Jahrhunderts nicht überein.

Schwerer als die widersprüchliche Begriffsbildung wog jedoch die ihr zugrunde liegende Problematik der ideologisch-ästhetischen Bewertung, der die literaturwissenschaftliche Beschäftigung mit diesem Gegenstand nicht entgehen konnte. Zweifellos hatten die Herausgeber der *Textausgaben zur frühen sozialistischen Literatur*, als sie diesen Gegenstand zu erschließen begannen, sich nicht in erster Linie von einem ästhetischen Interesse leiten lassen. Da sie – als Literaturhistoriker – ihn aber nicht in erster Linie in den Forschungszusammenhang der Geschichte der deutschen Arbeiterbewegung, sondern der Geschichte der deutschen Literatur stellten, mußten sie erfahren, daß auch die geltenden ideologisch-ästhetischen Wertkriterien an ihn herangetragen wurden. Die Herausgeber der *Textausgaben* haben über die auf diese Weise zustande gekommenen „schiefen" Urteile und eine daraus folgernde Geringschätzung der proletarischen Literatur des 19. Jahrhunderts oft geklagt, obwohl die literaturwissenschaftlichen Veröffentlichungen zu solchen Klagen keinen greifbaren Anlaß gaben. Sie wurde in ihnen, da sie ja doch zur Geschichte der deutschen Arbeiterbewegung gehörte, in der Regel pietätvoll umgangen. Tatsächlich war es nur eine kleine Zahl von Literaturwissenschaftlern, die sich mit der proletarischen Literatur des 19. Jahrhunderts ernsthaft beschäftigten. Deren Versuche, die künstlerischen Qualitäten dieser Literatur auf der Grundlage der Realismus-Theorie nachzuweisen, wirkten allerdings zumeist defensiv und verkrampft.

Generell waren die konzeptionellen Schwierigkeiten der Einordnung der Literatur der deutschen Sozialdemokratie in die Literaturgeschichte durch die *Skizze* nicht gelöst worden. Als Geschichte des Realismus konzipiert, deren Bogen sich von Goethe über Keller, Raabe, Fontane bis zu Thomas Mann und zur sozialistisch-realistischen Literatur der DDR spannte, konnte die deutsche Literaturgeschichte des 19. Jahrhunderts die Mehrzahl der Literaturerzeugnisse proletarischer Laienschriftsteller oder sozialdemokratischer Parteijournalisten eigentlich nur als ungelenke Anfänge oder publizistische Randerscheinungen aufnehmen – und die Literaturhistoriker hätten sich dabei auch noch auf Mehring berufen können, der zwar – Engels' Hinweisen folgend – Georg Weerth als ersten Dichter des deutschen Proletariats in Erinnerung brachte, aber gegenüber den zeitgenössischen Bemühungen um eine proletarische Literatur sich bekanntlich reserviert verhielt. Die Autoren der zwölfbändigen *Geschichte der deutschen Literatur* behalfen sich statt dessen mit einem Kompromiß: Die „große Linie" der Realismus-Entwicklung wurde voll durchgezogen, d. h., die Geschichte der deutschen Literatur des 19. Jahrhunderts wurde wesentlich als eine Geschichte bürgerlicher Literatur geschrieben. Die Kapitel über die Entwicklung der „frühen sozialistischen Literatur" wurden in die Geschichtserzählung „eingeschoben", wobei die Wertung in erster Linie unter dem Gesichtspunkt der „Stofferoberung" – der „Widerspiegelung des Grundwiderspruchs der kapitalistischen Gesellschaft", der Schilderung der Not des Proletariats und des Klassenkampfes – erfolgte. Diese „Stofferoberung" konnte als eine „künstlerische Errungenschaft" dargestellt werden, auch wenn sie an und für sich noch keine realistische Qualität verkörperte. (Während aber doch die Qualität des Realismus der zeitgenössischen bürgerlichen Erzählliteratur in Deutschland nach allgemeiner Übereinkunft als dadurch gemindert angesehen wurde, daß der Grundwiderspruch der kapitalistischen Gesellschaft ausgespart blieb.) Gleichzeitig gab es theoretische Bemühungen, die Kluft zwischen bürgerlicher und proletarischer Literatur mit Hilfe von Lenins Lehre von den zwei Kulturen zu überbrücken. Die demokratischen Züge in den Werken der bürgerlichen Realisten herausstellend, rückte man sie mit der proletarischen Literatur als Elemente jener demokratischen und sozialistischen Kultur zusammen, die Lenin der herrschenden Kultur gegenübergestellt hatte. Dabei blieb allerdings die Grenze zur herrschenden Kultur, d. h. zur Kultur der herrschenden Klasse im Ungefähren: So wenig die bürgerlich-realistische Literatur von Keller bis Fontane in der herrschenden Kultur restlos aufging, so wenig ließ sie sich von der Kultur der herrschenden Klasse gänzlich abtrennen.

Die Experten der proletarischen Literatur brachten ihrerseits keine Lösungsvorschläge für die Probleme, die ihr Gegenstand der Literaturgeschichtsschreibung aufgab, in die Diskussion ein. Sie waren dazu auch kaum in der Lage, weil ihre Aufmerksamkeit auf die proletarische Literatur konzentriert war. Die Feststellung dieses Tatbestandes enthält keinen Vorwurf gegen die Experten, denn schließlich hatten sie erst einmal das Material zu sammeln und zu sichten, das von der Literaturwissenschaft bisher unbeachtet liegen gelassen worden war, während für die Beschäftigung mit dem bürgerlichen Erbe ein reicher Materialfundus existierte, von dem die Literaturwissenschaft in der DDR – manchmal vielleicht zu unbedenklich – ausging. Nichtsdestoweniger wurde die Isolierung der proletarischen Literatur vom Gesamtprozeß auf die Dauer auch für die Erforschung dieses Gegenstandes zu einem Handicap.

Mit der Einführung wirkungsästhetischer und kommunikationstheoretischer Gesichtspunkte in die Literaturwissenschaft und der Durchsetzung einer funktionalen Betrachtungsweise veränderte sich auch hier die Problemlage. Denn den Gegenstand der Literaturgeschichtsschreibung bildete ja nun nicht mehr nur ein Traditionszusammenhang von literarischen Kunstwerken (in den die Erzeugnisse der proletarischen Literatur einzuordnen waren), sondern das gesamte Feld der literarischen Kommunikation der Gesellschaft. Indem das einzelne Literaturprodukt danach nicht mehr nur in seinem Entstehungsprozeß, sondern im komplexen Zusammenhang seiner Entstehung, Verbreitung und Wirkung zu betrachten war, bildete sich auch eine umfassendere und differenziertere Vorstellung des gesamten Literaturprozesses. Dieser ließ sich nicht mehr einfach mit dem Traditionszusammenhang der Werke identifizieren. Zur Debatte stand vielmehr die Entwicklung des gesellschaftlichen Umgangs mit Literatur. Differenzierter wurde die Vorstellung insofern, als die literarische Kommunikation der Gesellschaft ja ebensowenig ein homogenes Feld darstellt wie die Gesellschaft selbst. Die verschiedenen Klassen und Schichten gehen unterschiedlich mit Literatur um und sie gehen auch mit unterschiedlicher Literatur um. Es bestehen – klassen- oder schichtenspezifisch bestimmte – unterschiedliche Ebenen der Literaturkommunikation, und es bestehen verschiedene – einander vielfach überschneidende – Kommunikationskreise.

Den Experten der proletarischen Literatur lieferte die kommunikationswissenschaftliche Gegenstandsbestimmung die theoretische Begründung für eine Arbeitsweise, zu der sie – gedrängt durch die Natur ihres Gegenstandes und durch die Forschungslage – von Anfang an tendierten. Sie hatten deshalb auch die geringste Veranlassung „umzudenken", wohl aber half ihnen die Wissenschaftentwicklung – wie die Forschungsergebnisse zeigen –, die theoretischen Fragen schärfer zu erfassen oder neu zu formulieren und ihre Methode zu reflektieren. Geht man von den jüngsten Forschungsergebnissen aus, so stellt sich die Problematik des Gegenstandes heute etwa folgendermaßen dar:

Erforscht werden Entstehung und Entwicklung der literarischen Kommunikation der deutschen Arbeiterklasse, die ein vom literarischen Leben der bürgerlichen Schichten abgehobenes eigenes Kommunikationssystem ausbildet. Das literaturwissenschaftliche Interesse konzentriert sich auf Struktur und Funktionsweise dieses Systems – geht also nicht in der soziologischen bzw. kulturhistorischen Frage auf, was alles Proletarier unter dem Einfluß der herrschenden Kultur gelesen haben mögen, obwohl für die Literaturwissenschaft natürlich auch diese Frage von Belang ist. Angesichts der Tatsache, daß die Ausbildung eines eigenen Kommunikationssystems der Arbeiterklasse an die Entwicklung der Arbeiterbewegung gebunden ist und dieses System sich in seiner entwickelten Form als eine literaturorganisatorische Leistung einer politischen Partei darstellt, ist es gerechtfertigt, es als Literatur der deutschen Arbeiterbewegung oder als Literatur der deutschen Sozialdemokratie zu definieren. Dieses System umfaßt nicht alle von Proletariern gelesenen oder unter Proletariern verbreiteten Literaturerzeugnisse, enthält aber mehr als die von Vertretern der deutschen Arbeiterklasse erzeugten literarischen Kunstprodukte.

Die kommunikationswissenschaftliche Gegenstandsbestimmung hatte zunächst eine theoretische Begründung für die Historisierung des Literaturbegriffs geliefert. Zwar hatte die Literaturgeschichtsschreibung, auch wenn ihr in neuerer Zeit zumeist rein „dichtungsgeschichtliche" Konzepte zugrundelagen, in der Regel schon vorher die jeweilige historische Stufe der Arbeitsteilung berücksichtigt und beispielsweise in ihre Darstellung der frühbürgerlichen oder der mittelalterlichen Literatur Literatursorten einbezogen, die sie aus der Literaturgeschichte des 19. und 20. Jahrhunderts mit Recht ausschloß. Die System-Auffassung der proletarischen Literatur verhalf den Historikern nun aber auch zu der Einsicht, daß sie bei der Behandlung dieses Gegenstands mit dem gleichen Recht auf einem Literaturbegriff bestehen konnten, der über die poetischen Gattungen hinausging. Erforschte man die Entwicklung der proletarischen Literatur des 19. Jahrhunderts unter dem Aspekt der Ausbildung eines relativ selbständigen literarischen Kommunikationssystems, dann erkannte man nämlich auch sofort, daß das System in Struktur und Funktionsweise vom bürgerlichen Literatursystem abwich. Eine Reihe dieser Abweichungen ließ sich aus dem unterschiedlichen Entwicklungsstand beider Systeme erklären. Hier halfen die historischen Analogien zur bürgerlichen Literatur vom späten Mittelalter bis zur Aufklärung. Noch für das 18. Jahrhundert ist erwiesen, daß politisch-philosophische Traktate, Predigten, Streitschriften, Reisebeschreibungen oder historiographische Texte ebenso als Kunstleistungen aufgefaßt wurden wie epische oder dramatische Dichtungen (die Geschichtsschreibung galt – zumindest im Selbstverständnis der Historiker – bis ins 19. Jahrhundert als eine „Kunst“). Die Vertreter der „rhetorischen“ Genres waren zumeist mit den Verfassern poetischer Texte identisch, und sie bedienten sich in diesen Genres ebenso poetischer Mittel wie andererseits für die Poesie weitgehend noch die Regeln der Rhetorik Gültigkeit hatten. Der Roman hatte noch Ende des 18. Jahrhunderts keinen höheren künstlerischen Status als die „rhetorischen“ Genres und wurde gar nicht unter die poetischen Gattungen gerechnet. (Daß er für die epische Gattung eintrat, war das Resultat eines historischen Prozesses, der sich erst im 19. Jahrhundert vollendete.) Dementsprechend waren auch die funktionalen Divergenzen zwischen den „rhetorischen“ und den poetischen Genres geringer: jene sprachen ebenso auch ästhetische Bedürfnisse an wie die poetischen Genres auch Informations- und Aufklärungsfunktionen erfüllten. (Diese und andere außerästhetische Funktionen erfüllen künstlerische Literaturprodukte auch heute noch, insgesamt ist jedoch die zunehmende funktionale Divergenz nicht zu übersehen.)

Die Literatur der Arbeiterbewegung hat mit der bürgerlichen Literatur früherer Zeiten die enge Verbindung der ästhetischen Funktion mit didaktisch-aufklärerischen, politischen, moralischen Funktionen gemein, das proletarische Literatursystem entsteht ebensowenig als ein System der Kunstkommunikation wie auch die bürgerliche Kunstliteratur bis zum Ausgang des 18. Jahrhunderts kein eigenes System bildete. Der Literaturbegriff, der den Forschungen zur proletarischen Literatur des 19. Jahrhunderts vorauszusetzen ist, darf also nicht enger sein als der Literaturbegriff der Aufklärung. Viel weiter als bis zu der Feststellung, daß beide Literatursysteme – die Literatur der Arbeiterbewegung und die bürgerliche Literatur mindestens bis zur Revolution 1848 – grundsätzlich der Emanzipation der Schichten dienten, die sie trugen, helfen die historischen Analogien allerdings nicht. Denn das Bürgertum hatte schon unter der Feudalherrschaft die geistige Führungsrolle in der Gesellschaft erlangt. Die Entwicklung der Wissenschaften und der Technik, der Aufbau der neuzeitlichen weltlichen geistigen Kultur wurden wesentlich vom Bürgertum vorangetrieben. Die geistige Produktion, die Literaturproduktion vor allem, war im großen und ganzen eine bürgerliche Tätigkeit. Die diese Tätigkeit ausübten und zunehmend ihre Existenz auf sie gründeten, bildeten die bürgerliche Intelligenzschicht, die sich ursprünglich aus den verschiedensten Klassen und Schichten rekrutierte, in wachsendem Maß aber selbst reproduzierte. Diese Schicht nutzte ihre unter der Feudalherrschaft und in deren Dienst erworbene Stellung im geistig-kulturellen Leben der Gesellschaft, nach Maßgabe der ökonomischen Stärke des Bürgertums, zur Ausarbeitung und Verbreitung einer bürgerlichen Ideologie. Die Emanzipation von den Fesseln der Feudalherrschaft war ein Prozeß, in dem das Bürgertum, ökonomisch gestärkt durch die Akkumulation des Kapitals in seinen Händen und durch die Entwicklung der Warenproduktion, zuerst die ideologischen Stützen des herrschenden Systems untergrub, ehe es zum politischen Kampf antrat. In Deutschland, wo die Bedingungen für die politische Revolution erst im 19. Jahrhundert heranreiften, bildete das Bürgertum mit reformerischen Konzepten seine Führungsrolle in wichtigen ideologischen Bereichen wie z. B. der Kunst noch unter der Feudalherrschaft voll aus, wurde die Kunst selbst – im Programm der ästhetischen Erziehung – zu einer Form bürgerlicher Emanzipation, die die politische Revolution gar nicht mehr anvisierte, sondern als Alternative zu ihr gedacht war.

Für das Proletariat war demgegenüber der politische Kampf der einzige Weg, der es aus der Situation herausführte, in der es sich um die Mitte des 19. Jahrhunderts befand. Nur durch den Aufbau einer politischen Kampforganisation konnte das Proletariat auch seine Kulturlosigkeit überwinden, und nur innerhalb der politischen Kampforganisation konnte es ein eigenes geistig-kulturelles Leben entfalten. Proletarische Literatur entstand und entwickelte sich als Kommunikationsmittel des organisierten Proletariats zur Verständigung über die Klassenlage, über die Ziele des politischen Kampfes und über dessen Strategie und Taktik. Ihre Formen waren bestimmt durch diese Funktion und durch den Umstand, daß die Proletarier erst in der politischen Kampforganisation literarischer Kommunikation sich zu bedienen lernten – in den ersten Jahrzehnten beginnend mit der Alphabetisierung. Die proletarische Literaturkommunikation konnte somit auch nicht auf dem Niveau der literarischen Kultur des Bürgertums ansetzen, sondern sie mußte auf die Traditionen der oralen Poesie – des Volkslieds, des mündlich überlieferten Gedichts – und auf diejenigen literarischen Formen zurückgehen, für die Elementarschulunterricht und Kirche Rezeptionsvoraussetzungen geschaffen hatten. Von diesen Voraussetzungen her entwickelte sich das literarische Kommunikationssystem des Proletariats als ein System, in dem die politische Literatur die dominierende Rolle behielt und auch die literarischen Kunstformen weitgehend der politischen Funktion untergeordnet blieben. Bestimmte literarische Kunstformen, die in der bürgerlichen Literatur des 18. Jahrhunderts eine politische Funktion erfüllt hatten, nämlich die dramatischen, konnte das Proletariat aber auch in dieser Funktion nicht voll aufnehmen, weil es im 19. Jahrhundert kaum Zugang zum Ort ihrer Realisation, dem Theater, fand. Schließlich wurde die eigenartige Entwicklung der proletarischen Literatur durch die Unterdrückung und Verfolgung der politischen Kampforganisationen mitbedingt. Zwar war auch die freie Entfaltung der bürgerlichen Literatur durch die politischen Herrschaftsmächte behindert worden, hatten ökonomische Beschränkungen und politische Repressionen auch das bürgerliche Literatursystem deformiert. Diese Repressionen hatten jedoch weder den Erfolg noch das Ziel, die literarische Kommunikation des Bürgertums überhaupt zu unterbinden. Demgegenüber wurden die Ansätze einer proletarischen Literatur, weil sie an die politische Kampforganisation gebunden waren, mit deren Verfolgung mehrfach zerstört, haben die herrschenden Klassen auch später die proletarische Literaturorganisation bekämpft.

Die kommunikationswissenschaftliche Auffassung der proletarischen Literatur gab aber nicht nur die Legitimation, die politische Literatur in die Forschung einzubeziehen; sie enthielt eine viel weitergreifende Gegenstandsbestimmung. Denn kein Literatursystem – das der Arbeiterbewegung so wenig wie das bürgerliche – basiert allein auf der klasseneigenen nationalsprachlichen zeitgenössischen Literaturproduktion. In der Literaturkommunikation der deutschen Arbeiterbewegung befinden sich auch Werke der bürgerlichen deutschen Literatur, vornehmlich der Aufklärung und der Klassik, und Übersetzungen bürgerlicher und proletarischer Literatur anderer Völker. Dieses Faktum hatte die Forschung zwar ebenfalls schon früher beschäftigt, weil sie ja mit den großen Debatten konfrontiert war, die in der deutschen Sozialdemokratie über den Wert des bürgerlichen Literaturerbes und der zeitgenössischen bürgerlichen Literatur für die Arbeiterbewegung geführt wurden, und weil sie, beim Studium der Periode von 1890 bis 1918, allenthalben auch des Echos gewahr wurde, das die zeitgenössische russische, skandinavische und französische Literatur bei lesenden deutschen Arbeitern hervorrief. Der Konsequenz, die in der Literaturkommunikation der deutschen Arbeiterbewegung befindlichen Werke des bürgerlichen Erbes und der Literaturen anderer Völker nicht nur als Gegenstände sozialdemokratischer Literaturkritik, sondern als Elemente des Systems der proletarischen deutschen Literatur zu behandeln, sie damit in den Begriff der Literatur der deutschen Arbeiterbewegung hineinzunehmen, hat sich die Forschung jedoch, obwohl konzeptionelle Bedenken nicht geltend gemacht wurden, bisher kaum gestellt. Man wird das Ausweichen vor dieser Konsequenz in erster Linie wohl auf die unübersehbare Stoffmasse zurückzuführen haben, die die Forscher auf sich zukommen sahen. Tatsächlich ist die kommunikationswissenschaftliche Konzeption der Literaturgeschichtsschreibung ja auf keinem Gebiet bisher befriedigend realisiert worden, dürfte die umfassende und detailgetreue historische Rekonstruktion des Literatursystems der deutschen Arbeiterbewegung letzten Endes auch eine unerfüllbare Aufgabe sein. Die kommunikationswissenschaftliche Orientierung wird durch die theoretischen Inkonsequenzen und praktischen Eingrenzungen jedoch nicht in Frage gestellt, und ein Abrücken von ihr ist auch kaum zu befürchten, weil sie die Forschung schließlich einer Reihe konzeptioneller Schwierigkeiten enthoben hat, die auf anderer theoretischer Grundlage nicht zu lösen waren.

Darüber, daß nur auf kommunikationswissenschaftlicher Grundlage ein dem objektiven Sachverhalt entsprechender Literaturbegriff gewonnen werden konnte, ist das Nötige bereits gesagt worden. Erst die System-Auffassung der proletarischen Literatur befreite die Forschung auch aus dem Dilemma der ideologischen Gegenstandsbestimmung. Gäbe man diese Auffassung auf, müßte man zu dem Verfahren zurückkehren, die Zugehörigkeit eines Textes zur proletarischen Literatur danach zu entscheiden, ob er vom „Standpunkt der Arbeiterklasse" geschrieben ist. Abgesehen davon, daß das, z. B. in der Lyrik, oft zu einer rein thematischen Auswahl geführt hat, bestand das Dilemma dieses Verfahrens darin, daß die Forschung in der DDR ihren Gegenstand damit gewissermaßen selbst diskreditierte, weil sie die diversen utopisch-kommunistischen, die lassalleanischen, reformistischen und revisionistischen oder anarchistischen Standpunkte, von denen ein großer Teil der in Frage kommenden Texte geprägt war, ja nicht unterschiedslos als „Standpunkt der Arbeiterklasse" deklarieren konnte. Sie nahm selbstverständlich den marxistischen Standpunkt zum Maßstab, mit dem sie dann aber meist nur eine Annäherung an den Standpunkt der Arbeiterklasse oder eine Abweichung von ihm festzustellen vermochte. (Andere ebenso unzulängliche Verfahren, eine proletarische Literatur zu konstituieren, etwa nach dem Kriterium der sozialen Herkunft des Autors oder nach der Devise: proletarische Literatur ist alles, was von Arbeitern gelesen wurde, haben, soweit ich sehe, in der Literaturforschung der DDR keine Rolle gespielt.) Die kommunikationswissenschaftliche Konzeption ermöglichte es der Forschung demgegenüber, die proletarische Literatur in jedem Stadium ihrer Entwicklung zunächst als historische Errungenschaft der Arbeiterklasse, als kulturelle Leistung der Arbeiterbewegung zu würdigen, dabei zugleich die jeweilige ideologische Verfassung der Arbeiterbewegung herauszuarbeiten und natürlich auch den ideologischen Gehalt der einzelnen Texte in seinem Verhältnis zum marxistischen Standpunkt zu bestimmen. Schließlich etablierte sie mit der Einführung funktionaler Wertungskriterien eine Wertungsebene, auf der die geschichtlichen Wirkungspotenzen dieser Literatur in Betracht kamen, nach denen unter dem Paradigma der Realismustheorie nicht hatte gefragt werden können.

Wie stellt sich die Geschichte der proletarischen deutschen Literatur – als Entwicklung des literarischen Kommunikationssystems der deutschen Arbeiterbewegung betrachtet – aber nun konkret dar? Die Anfänge haben wir zweifellos in den Arbeiterliederbüchern und in den Flugblättern, Broschüren und Zeitungen zu sehen, die von deutschen Handwerkergesellen und Arbeitern seit den dreißiger Jahren des 19. Jahrhunderts in der Schweiz, in Frankreich, Belgien und Großbritannien herausgebracht wurden. Konzentrationspunkte dieser ersten Zeugnisse waren die frühkommunistischen Geheimgesellschaften und Bünde, denen sie zur Verständigung unter ihren Mitgliedern und zur Werbung für ihre Ziele dienten. Der Wirkungsradius der meisten Zeitungen muß, da sie in der Regel nur geringe Auflagen hatten und oft nur in wenigen Nummern erschienen, als relativ klein angenommen werden, während andererseits ihre Zahl bis 1848 beträchtlich anstieg. Gleichzeitig entwickelten sich einige bürgerliche Gründungen im Zuge der Radikalisierung der antifeudalen Opposition zu „Organen der Demokratie", die die gemeinsamen Aufgaben aller revolutionären Kräfte formulierten. Dazu gehörten vor allem der Pariser *Vorwärts!*, die *Deutsche Londoner Zeitung* und die *Deutsche-Brüsseler-Zeitung*. Diese Blätter, an denen neben Heine, Ruge, Heß, Herwegh, Weerth, Freiligrath u. a. auch Marx und Engels mitarbeiteten, spielten nicht nur eine wichtige Rolle bei der politischen und theoretischen Qualifizierung der elementaren deutschen Arbeiterbewegung, sie trugen gleichzeitig auch Werke der künstlerischen Literatur, die auf der Höhe der künstlerischen Möglichkeiten der Zeit standen, in die Arbeiterbewegung hinein. Wenn aber z. B. die *Deutsche-Brüsseler-Zeitung* am Vorabend der Revolution faktisch zur publizistischen Plattform des Bundes der Kommunisten wurde, so bedeutete das nicht, daß sie nur noch proletarische Leser ansprach. Sie reflektierte vielmehr auf die Herstellung einer demokratischen Öffentlichkeit, in der der vom Bürgertum geschaffene Literaturapparat für die Arbeiterklasse nutzbar wurde. Die historische Chance einer solchen auf dem Boden der Exilländer angebahnten Entwicklung bot die bürgerlich-demokratische Revolution 1848/49, als ein Blatt wie die von Karl Marx geleitete *Neue Rheinische Zeitung*, die sich im Untertitel ausdrücklich als „Organ der Demokratie" bezeichnete, für kurze Zeit in Deutschland bestehen konnte. Mit dem Sieg der Konterrevolution wurde diese Entwicklung abgebrochen. Nicht nur, daß bürgerlichen Demokraten wie Kommunisten jede öffentliche Wirksamkeit in Deutschland abermals versperrt wurde und an die Möglichkeit proletarischer Kommunikation über den bürgerlichen Literaturapparat folglich schon gar nicht mehr zu denken war. Auch im Exil setzte sich der für die vorrevolutionäre

Situation charakteristische Prozeß der Annäherung bürgerlicher Intellektueller an den Interessenstandpunkt des Proletariats nicht fort, trat vielmehr eine rückläufige Entwicklung ein. Verlauf und Ergebnis der Revolution hatten den Widerspruch von Kapital und Arbeit, der durch den gemeinsamen Kampf aller unterdrückten Klassen und Schichten gegen das feudalbürokratische Herrschaftssystem überdeckt worden war, in voller Schärfe hervortreten lassen und damit der Herausbildung revolutionärdemokratischer Positionen offenbar den Boden entzogen. Diese Positionen, die im Vormärz öfter die Tendenz des Übergangs zur Arbeiterbewegung aufwiesen, fielen nach 1849 in der bürgerlichen deutschen Intelligenz fast völlig aus, der Übergang, mit dem revolutionärdemokratische Intellektuelle in großem Maßstab auch die literarische Bildung des Bürgertums in die elementare Arbeiterbewegung hineingetragen hatten, war offensichtlich schwieriger geworden.

Demgegenüber brachte erst die kapitalistische Entwicklung der fünfziger und sechziger Jahre in Deutschland massenhaft ein modernes Industrieproletariat hervor, bildeten sich erst in den sechziger Jahren in Deutschland Formen der politischen Klassenorganisation, deren Basis so breit war, daß sie nicht mehr durch Polizeiaktionen liquidiert werden konnten. Beginnend mit den lokalen Arbeiterbildungsvereinen entwickelte sich, markiert durch historische Daten wie die Gründung des Allgemeinen Deutschen Arbeitervereins (ADAV) und der Sozialdemokratischen Arbeiterpartei und deren Vereinigung auf dem Gothaer Kongreß von 1875, in den sechziger/siebziger Jahren eine das ganze 1871 gegründete Deutsche Reich umfassende einheitliche politische Organisation der Arbeiterklasse. In diesem Prozeß entstanden bereits in den sechziger Jahren eine Reihe von Publikationsorganen von überregionaler Bedeutung, so der *Nordstern* (1860–1866, seit 1863 unter dem Einfluß des ADAV), der *Social-Demokrat* (1864–1871), die *Deutsche Arbeiterhalle* (1867–1868, Organ des von August Bebel geleiteten Verbandes deutscher Arbeitervereine) und deren Fortsetzung, das *Demokratische Wochenblatt* (1868–1869, unter der Redaktion von Wilhelm Liebknecht), das auf dem Eisenacher Kongreß in *Der Volksstaat* umbenannt wurde und unter diesem Titel von 1869 bis 1876 als Zentralorgan der Sozialdemokratischen Arbeiterpartei fungierte. Nach der Reichsgründung kamen bei den „Eisenachern“ wie bei den Lassalleanern neue Publikationsorgane hinzu, wurde von den neugegründeten Verlagen wie der Leipziger Genossenschaftsdruckerei (seit 1871), dem Verlag von Wilhelm Bracke, der 1871–1878 den *Braunschweiger Volksfreund* herausgab, dem Verlag von J. H. W. Dietz (seit 1881) oder dem Verlag von Paul Singer (seit 1884) auch die Buchproduktion aufgenommen. Bracke warb darüber hinaus mit seinem *Volks-Kalender* (1874–1878) vornehmlich unter der Landbevölkerung für die Ziele der Sozialdemokratie. Die 1875 aus dem Zusammenschluß von ADAV und SDAP hervorgegangene Sozialistische Arbeiterpartei Deutschlands verfügte bereits Ende 1878, beim Erlaß des Sozialistengesetzes, mit ihrem Zentralorgan *Vorwärts* (1876–1878), mit der Illustrierten *Neue Welt* (1876–1919, Leitung Wilhelm Liebknecht, später Bruno Geiser) und mehreren lokalen und regionalen Zeitungen, mit einer von parteieigenen oder Parteimitgliedern gehörenden Verlagen unterhaltenen Buchproduktion und einem gut funktionierenden Verteilersystem über eine Literaturorganisation, die zweifellos einen beachtlichen Teil der lesenden Arbeiter erfaßte. Das Sozialistengesetz erwies sich – trotz der Beschränkungen und Erschwernisse, die es der proletarischen Literaturkommunikation verursachte – letzten Endes auch in dieser Hinsicht als ein Fehlschlag: Abgesehen davon, daß die Partei es vermochte, mit dem 1879–1888 in Zürich, 1888–1890 in London gedruckten *Sozialdemokrat* sich ein neues Zentralorgan zu schaffen, das als „kollektiver Agitator, Propagandist und Organisator" der Partei im Kampf gegen das Sozialistengesetz nach Deutschland hineinwirkte, fällt in diese Zeit auch die Gründung der ersten theoretischen Zeitschrift der deutschen Sozialdemokratie, *Die Neue Zeit* (1883, von Karl Kautsky geleitet, im Verlag von J. H. W. Dietz), sowie zweier massenwirksamer satirischer Zeitschriften: des *Wahren Jacob* (1879 von J. H. W. Dietz in Hamburg als lokales Monatsblatt gegründet und seit 1884 als Organ der ganzen Partei in Stuttgart herausgegeben) und des *Süddeutschen Postillon* (1884; Herausgeber: Max Kegel und Ludwig Viereck). Als das Sozialistengesetz fiel, bestanden im Deutschen Reich über 60 Parteizeitungen mit etwa 250 000 Abonnenten. Der *Wahre Jacob* erreichte mit 100 000 Abonnenten sogar eine Auflage, wie sie zu dieser Zeit sonst nur bürgerliche Generalanzeiger aufzuweisen hatten.[472]

Mit der Legalisierung der Parteiarbeit und der raschen Entwicklung der deutschen Sozialdemokratie zur Massenpartei wuchs die proletarische Literaturorganisation sich schließlich zu einem mächtigen, vielfach gegliederten literarischen Kommunikationssystem aus, das bis 1917 in der internationalen Arbeiterbewegung ohne Beispiel war. Die Sozialdemokratische Partei Deutschlands – wie sie seit dem Hallenser Parteitag von 1890 hieß – unterhielt um die Jahrhundertwende außer ihrem Zentralorgan (seit 1891 *Vorwärts,* das ehemalige *Berliner Volksblatt*) Tageszeitungen in allen größeren Städten (darunter einige wie die *Leipziger Volkszeitung*, das *Hamburger Echo* oder die *Bremer Bürgerzeitung* – von regionaler oder überregionaler Bedeutung), eine große Illustrierte (*Die Neue Welt*), eine Romanwochenschrift (*In freien Stunden*, seit 1896), zwei theoretische Zeitschriften (*Die Neue Zeit* und – seit 1897 – die *Sozialistischen Monatshefte. Internationale Revue des Sozialismus)*, die schon genannten satirischen Blätter, eine *Zeitschrift für die Interessen der Arbeiterinnen* (*Die Gleichheit*, 1891–1923, seit 1892 unter der Redaktion von Clara Zetkin), daneben diverse andere auf bestimmte Zielgruppen innerhalb der Arbeiterbewegung gerichtete Zeitschriften (wie *Der sozialistische Akademiker. Organ der sozialistischen Studierenden und Studierten deutscher Zunge*, 1895–1896, 1897 umgewandelt in die *Sozialistischen Monatshefte,* oder *Der Bibliothekar. Monatsschrift für Arbeiterbibliotheken*, 1909–1914), außerdem in mehreren parteieigenen Verlagen eine Buchproduktion, die bereits in Reihen gruppiert war (z. B. die *Hausbibliothek* der Leipziger Genossenschaftsdruckerei oder die *Internationale Bibliothek* des Dietz-Verlages) sowie ein ganzes Netz von Leihbibliotheken. Bestandteil dieses Systems waren schließlich auch die proletarischen Laienspielgruppen (1908 im „Bund der Arbeiter-Theater-Vereine Deutschlands" zusammengeschlossen) und die Arbeiterchöre (1908 vereinigt zum „Deutschen Arbeiter-Sänger-Bund").

Mit dem Aufbau dieser hier nur in groben Umrissen skizzierten Literaturorganisation ging die Bedeutung der Emigrantenzeitungen für die proletarische Literaturkommunikation in Deutschland allmählich zurück. Das gilt zumindest für das fremdsprachige Ausland, namentlich für die USA, wo die Gruppen der „Nachmärz"-Emigranten zu Konzentrationspunkten für die politische Organisation der massenhaft einwandernden deutschen Arbeiter wurden. Diese Arbeiter dachten jedoch – im Unterschied zu der Masse derer, die im Vormärz nach Frankreich oder England emigriert waren –, in der Regel nicht an die Rückkehr nach Deutschland. Dementsprechend waren auch die deutschsprachigen amerikanischen Zeitungen in erster Linie nicht auf die Probleme der deutschen, sondern der amerikanischen Arbeiterbewegung orientiert, die diese Einwanderer mitbegründeten, und der eigene Kommunikationskreis, den sie bildeten, stand nur noch in losem Zusammenhang mit dem der deutschen Arbeiterbewegung. In den Jahren unter dem Sozialistengesetz verlagerte sich zwar ein Teil der Literaturproduktion der deutschen Sozialdemokratie ins Ausland, vor allem in die Schweiz, aber anders als im Vormärz konnten die Repressalien der Staatsmacht nicht mehr die proletarische Literaturkommunikation insgesamt aus Deutschland verbannen. Die in der Schweiz von deutschen Sozialdemokraten publizierten Bücher und Zeitungen waren in erster Linie für die Leser im Deutschen Reich bestimmt und erreichten nachweislich auch einen beträchtlichen Teil ihrer Adressaten. Im Fall der deutschsprachigen Schweiz wie auch der deutschsprachigen Gebiete Österreich-Ungarns wirkte überdies der Umstand, daß sie mit den später im Deutschen Reich vereinigten Ländern ein zusammenhängendes Sprachgebiet bildeten, bereits bei der bürgerlichen Literatur auf die Entwicklung eines gemeinsamen Kommunikationssystems hin, in dem die politischen Grenzen und die unterschiedlichen regionalen Traditionen, die Unterschiede in der geistigen Verfassung und im Stand der politischen Emanzipation des Bürgertums innerhalb der einzelnen politischen Gebilde als Gliederungsfaktoren auftraten. Die Klassenlage des Proletariats und die politische Ideologie der Arbeiterbewegung bewirkten, daß die proletarische Literaturkommunikation in den deutschsprachigen Ländern sich von Anfang an in einem noch engeren Zusammenhang entwickelte. Die Mobilität der Proletarier begünstigte es, daß z. B. österreichische Arbeiter in anderen deutschsprachigen Ländern proletarische Literatur rezipierten (und auch produzierten). Die in Leipzig, Stuttgart und Berlin angesiedelten sozialdemokratischen Verlage versorgten auch die österreichischen Leser mit den Werken von Lassalle, Marx, Engels, Bebel, Kautsky und anderer Theoretiker der Arbeiterbewegung; ebenso hatten dann später auch Wiener oder Prager Arbeiterverlage ihre reichsdeutschen Abnehmer. Um eine volle Vorstellung von dem Umfang, der Struktur und der Funktionsweise des literarischen Kommunikationssystems der deutschen Arbeiterbewegung zu erhalten, wird man also auch noch dessen Zusammenhang mit der proletarischen Literaturkommunikation in Österreich-Ungarn und der Schweiz bedenken müssen, ohne daß man freilich die selbständige Entwicklung der politischen Klassenorganisationen in diesen Ländern übersehen und ohne daß man verkennen dürfte, daß die kunstliterarischen Äußerungen der Arbeiterklasse dieser Länder retrospektiv gleichzeitig als Anfänge einer österreichischen bzw. deutschschweizerischen sozialistischen Literatur erscheinen.

Von besonderem Interesse für die Literaturgeschichtsschreibung in der DDR war selbtverständlich die Frage nach der Stellung von Marx und Engels in der Literatur der deutschen Arbeiterbewegung der sechziger bis neunziger Jahre. Zweifellos geht Marx' und Engels' literarisches Werk ebensowenig in der Geschichte der proletarischen deutschen Literatur auf, wie ihr politisches Wirken (das auch nach 1850 zu einem bedeutenden Teil literarisch vermittelt war) allein der Geschichte der deutschen Arbeiterbewegung angehört. Marx und Engels nutzten in ihrem Exil in England bekanntlich jede Chance, um die Organisation der Arbeiterbewegung im internationalen Maßstab publizistisch zu unterstützen; sie schrieben daher vor allem auch für englische und amerikanische Zeitungen in englischer Sprache. Gleichzeitig waren sie an der Entwicklung der deutschen Sozialdemokratie, die schon in den siebziger Jahren die zahlenmäßig stärkste, theoretisch gebildetste und bestorganisierte Arbeiterpartei darstellte, besonders interessiert, beschäftigten sie sich intensiv mit deren Entwicklungsproblemen und versuchten sie, insbesondere auch ihre großen wissenschaftlichen Arbeiten in Deutschland herauszubringen. Umgekehrt bemühten sich die Führer der deutschen Sozialdemokratie, die die Autorität von Marx und Engels als Begründer des wissenschaftlichen Kommunismus anerkannten, ihrerseits um deren Mitarbeit in der Parteipresse, waren sie bestrebt, deren Schriften in Deutschland zu popularisieren. Auf diese Weise erschienen – beginnend mit dem ersten Band des *Kapital* (1867 bei O. Meißner in Hamburg) – seit Anfang der siebziger Jahre fast alle größeren Arbeiten von Marx und Engels zuerst in Deutschland bzw. – während der Gültigkeit des Sozialistengesetzes – im Verlag der schweizerischen Volksbuchhandlung (Hottingen–Zürich), von wo aus ihre Verbreitung in Deutschland organisiert wurde. So gingen – während das *Kommunistische Manifest* in den fünfziger/sechziger Jahren in Deutschland kaum aufzutreiben gewesen war und die nachwachsenden Generationen deutscher Arbeiter die Namen seiner Verfasser nur noch vom Hörensagen gekannt hatten – die Werke von Marx und Engels in die Literaturkommunikation der deutschen Arbeiterbewegung ein und wurden sie zu einem festen Bestandteil ihrer Literatur.

Die Forschungen zur Literatur der deutschen Arbeiterbewegung, die von der Vorstellung eines Kommunikationssystems mit ungefähr den hier skizzierten Konturen ausgingen, stießen jedoch noch auf eine Reihe anderer Fragen, die sich früheren Forschungen nicht oder nicht in dieser Weise gestellt hatten. Zur Beantwortung eines Teils dieser Fragen benötigte die Literaturwissenschaft nicht nur empirische soziologische Daten, kulturgeschichtliches Faktenmaterial aus anderen Lebensbereichen – sie war auch angewiesen auf einen bestimmten Stand der kulturtheoretischen Verallgemeinerung dieses Materials. Motivierte dieser Umstand die Spezialisten der proletarischen Literatur zu einem engeren Kontakt mit den Kulturhistorikern, so gewannen für diese die literaturwissenschaftlichen Forschungen und Forschungsvorhaben ebenfalls an Interesse. Sie kamen ihren Versuchen, eine systematische Vorstellung von der Kultur der Arbeiterklasse überhaupt zu gewinnen, entgegen, indem sie auf Ergebnisse zielten, die für die kulturtheoretische Verallgemeinerung unmittelbar genutzt werden konnten. Im folgenden sollen einige der Fragen erörtert werden, die die kommunikationswissenschaftlich fundierte Literaturforschung mit der Kulturgeschichte verbinden. Dabei wird dann allerdings auch deutlich zu machen sein, daß die Literaturforschung, indem sie diesen Fragen nachgeht, sich nicht in der Kulturgeschichte auflöst, sondern durchaus ihre eigenen Erkenntnisziele verfolgt.

Die Literaturforschung verbindet mit den kulturgeschichtlichen Forschungen zur proletarischen Lebensweise zunächst die Frage nach der Gesellschaftsgruppe, der Größe und der sozialen Zusammensetzung der Gruppe, die dieses literarische Kommunikationssystem ausbildete. Wenn festgestellt wurde, daß seine Ausbildung an die Entwicklung der politischen Klassenorganisation gebunden war, so ist damit selbstverständlich nicht gesagt, die von deren Distributionsapparaten in Umlauf gebrachte Literatur sei nur von organisierten Arbeitern gelesen worden. Es muß aber noch einmal darauf hingewiesen werden, daß die proletarische Literatur zu keinem Zeitpunkt die ganze Klasse erfaßte. Die Kulturhistoriker haben zwar eine Reihe vorliterarischer bzw. subliterarischer Formen von z. T. bäuerlicher oder bürgerlicher Herkunft, darunter Formen oraler Poesie, beschrieben, die im Arbeiterleben generell eine kulturgeschichtlich beachtliche Rolle spielten. Von diesen Formen hat jedoch nur das Lied für die Literatur der Arbeiterbewegung größere Bedeutung erlangt. Das Lesen von Zeitungen oder Büchern oder gar das Schreiben gehörte hingegen – wie die Untersuchungen des Kulturhistoriker ergeben haben – auch in den siebziger/achtziger Jahren des 19. Jahrhunderts noch nicht zur Lebensweise der Masse der Industriearbeiter – was niemanden verwundern wird, der bedenkt, daß der Arbeitstag, der in den vierziger Jahren vielfach 16 Stunden betragen hatte, erst nach 1870 allgemein auf 12 Stunden verkürzt wurde.[473] Ebenso ist erwiesen, daß in dem Maß, wie die Zahl der lesenden Arbeiter sich vergrößerte, auch die Zahl derer zunahm, die an der bürgerlichen Literaturkommunikation partizipierten (die Produkte der bürgerlichen Massenliteratur konsumierten).[474] Um so bemerkenswerter ist die Tatsache, daß schon in der elementaren Arbeiterbewegung des Vormärz eine Literaturkommunikation existierte und daß dabei auch schon Proletarier-Autodidakten wie Wilhelm Weitling, Heinrich Bauer oder Stephan Born als Autoren auftraten. Für die zweite Jahrhunderthälfte verbürgen Namen wie Audorf, Bebel, Dietzgen, Kaiser, Kämpchen, Kegel, Klaar, Krille, Lepp, Rehbein, Rosenow, Scheu, Schiller, Vahlteich, um nur einige zu nennen, die ständig wachsende Zahl dieser Autodidakten, die ihre literarische Bildung erst in der politischen Arbeit erwarben, für die das Schreiben Teil ihrer politischen Arbeit war oder die diese jedenfalls zum Schreiben motivierte. Andererseits riß auch nach 1849 der Zustrom bürgerlicher Intellektueller zur Arbeiterbewegung nicht ab, entstammte auch noch ein großer Teil der sozialdemokratischen Autoren (und das heißt zugleich der Ideologen der Partei) den bürgerlichen Schichten. Die meisten dieser Autoren hatten die bürgerliche Bildung genossen, und einige von ihnen – wie z. B. Franz Mehring – hatten auch bereits ein bürgerliches Literatendasein geführt. Der Wechsel der Klassenposition war für diese Autoren generell gleichbedeutend mit dem Verzicht auf ein bürgerliches Publikum bzw. mit dem Verlust desselben. Selbst bürgerlich-gebildete Autoren wie Leopold Jacoby oder August Otto-Walster wurden vom bürgerlichen Publikum nicht mehr rezipiert und dementsprechend von der bürgerlichen Literaturgeschichtsschreibung nicht mehr registriert. Für sie bildete dann auch die gesamte künstlerische Literatur der deutschen Arbeiterbewegung von Weitling und Weerth bis zu den sozialdemokratischen Schriftstellern der Jahrhundertwende eine zusammenhängende terra incognita. Die politisch-organisierte, agitatorische oder didaktisch-aufklärerische Funktionsbestimmtheit der Literatur der Arbeiterbewegung auf der einen Seite und auf der anderen die Tatsache, daß ihre Rezeption weitgehend auf proletarische Leserschichten beschränkt war, bestimmten schließlich auch den gesellschaftlichen Status ihrer Produzenten: Sie waren seit den sechziger Jahren meist Redakteure der Parteipresse, wenn sie nicht als Autodidakten ihren Lebensunterhalt weiterhin mit manueller Arbeit bestritten. Ein Teil der sozialdemokratischen Parteijournalisten ging aus der Gruppe dieser Arbeiter-Autodidakten hervor. Als „freier" Schriftsteller zu leben, wie es die Mehrzahl der bürgerlichen Autoren anstrebte, war im allgemeinen weder das Ziel der Schriftsteller der Arbeiterbewegung noch eine für sie mögliche Existenzform. (Zu dieser Existenzform zwang allerdings Marx und Engels wie auch Herwegh das Exil.)

Die soziologische Analyse von Autoren und Lesern proletarischer Literatur, deren bekannte Ergebnisse hier zusammengetragen wurden, hat Tatbestände zutage gefördert, die die Systemauffassung dieser Literatur unterstützen. Dennoch stößt man bei dem Versuch, die Geschichte der proletarischen Literatur als Entwicklung eines relativ selbständigen Kommunikationssystems zu beschreiben, auch auf eine Reihe von Sachverhalten, die diese Auffassung einzuschränken gebieten. Sie provozieren weitere für die Literaturgeschichtsschreibung wie die Kulturtheorie gleichermaßen interessante Fragen. So lief z. B. die Distribution der proletarischen Literatur zu einem bedeutenden Teil über den kapitalistischen Markt. Insbesondere für die Buchproduktion erlangte der kapitalistische Markt, trotz des gleichzeitigen Aufbaus einer eigenen sozialdemokratischen Verteilerorganisation, zunehmend auch die Mittlerfunktion zwischen sozialdemokratischen Verlagen und proletarischen Lesern. Weiterhin ist daran zu erinnern, daß die Literaturproduktion der deutschen Arbeiterbewegung überwiegend in politischer Literatur bestand. Die Verbreitung politischer Literatur war die Hauptaufgabe der sozialdemokratischen Verlage. Daneben publizierten sie zwar auch die wachsende Zahl der spontan entstandenen kunstliterarischen Äußerungen der Arbeiterklasse, deren Wert wie überhaupt die Perspektive einer proletarischen künstlerischen Literatur wurden jedoch von den Ideologen der deutschen Sozialdemokratie – Mehring eingeschlossen – bekanntlich zurückhaltend beurteilt. Trotz der Förderung, die die Arbeiter-Autodidakten in der Regel erfuhren, orientierte die Partei in der Frage der künstlerischen Literatur grundsätzlich auf die Aneignung des Erbes der bürgerlichen „Aufstiegsperiode" – als der notwendigen Bildungsvoraussetzung für die Entwicklung einer sozialistischen Literatur nach der proletarischen Revolution oder auch nur für eine prognostizierte Einebnung der Klassengegensätze in einer reformierten kapitalistischen Gesellschaft. Die ideologisch bedeutsamen Differenzen, die in der Frage nach der Art und Weise der Erbe-Aneignung – exemplarisch in der berühmten Schiller-Debatte 1905 – zutage traten, spielen in diesem Zusammenhang eine untergeordnete Rolle. Hier kommt es auf die Feststellung an, daß – ungeachtet der Bemühungen um eine eigene Erbe-Auswahl beim Abdruck künstlerischer Literatur in sozialdemokratischen Zeitschriften und bei der Programmierung belletristischer Buchreihen in sozialdemokratischen Verlagen sowie der seit den neunziger Jahren ständig geführten kritischen Auseinandersetzung mit der bürgerlichen Gegenwartsliteratur in der Parteipresse – die künstlerische Literatur überhaupt nicht die Hauptform der Literaturkommunikation der deutschen Arbeiterbewegung war und umfassendere und differenziertere belletristische Leseransprüche, wie sie naturgemäß vor allem politisch organisierte Arbeiter entwickelten, auf das Angebot der bürgerlichen Verlage verwiesen blieben. Schließlich gehört in diesen Zusammenhang auch die Problematik der Volksbühnen-Bewegung. Auch die Idee der „Freien Volksbühne" entsprang dem sozialdemokratischen Bildungsprogramm. Gedacht war ja nicht an die Entwicklung eines proletarischen Theaters, sondern an die Öffnung einer bürgerlichen Institution für die Arbeiterklasse. Die Volksbühne wollte auf die Auswahl der aufzuführenden Stücke aus dem bürgerlichen Literaturerbe und der zeitgenössischen bürgerlichen Literatur Einfluß nehmen. In der Praxis war diese Einflußnahme gering, entwickelte sich die Volksbühnen-Bewegung vielmehr zu einer reinen Besucherorganisation, die vorwiegend eine bestimmte Schicht – die sozialdemokratische Arbeiteraristokratie – an das Theater heranführte. Daß die Volksbühnen-Bewegung – besonders in Gestalt der „Neuen Freien Volksbühne", die von den sogenannten „Jungen" in der Partei unterstützt wurde – für eine begrenzte Zeit auch eine fördernde Rolle bei der Durchsetzung neuer Tendenzen in der bürgerlichen Kunst spielte, steht auf einem anderen Blatt. Hier handelt es sich darum, erstens die Verflechtung der proletarischen Literaturkommunikation mit dem bürgerlichen Literaturbetrieb zu veranschaulichen und zweitens deutlich zu machen, daß nicht nur das umfassendere Thema „Arbeiterklasse und Literatur", sondern auch das Thema

„Arbeiterbewegung und Literatur" in der Beschreibung eines literarischen Kommunikationssystems nicht aufgeht: Die deutsche Sozialdemokratie baute nicht nur ihre eigene Literaturorganisation auf, sondern entwickelte zugleich Strategien, unternahm Versuche, sich des bürgerlichen Literaturapparats zu bedienen, in ihn einzudringen und seine Funktionsweise mitzubestimmen. Diese Versuche sind, auch wenn sie bis 1918 in den Prozeß der „Verbürgerlichung" einmündeten, von ihrem Ansatz her nicht durchweg als „reformistisch" einzuschätzen; sie waren auch noch Teil der „Doppelstrategie", die von der revolutionären Arbeiterbewegung in der Weimarer Republik angewendet wurde.

Geht man jedoch auf den Versuch zurück, ein relativ selbständiges literarisches Kommunikationssystem zu beschreiben, so ist auch noch in anderer Richtung zu fragen. Wenngleich die künstlerische Literatur in der Literaturkommunikation der deutschen Arbeiterbewegung nicht denselben Stellenwert erhielt wie im bürgerlichen Literatursystem, so gehörten zu den ersten literarischen Artikulationen des Proletariats doch Lieder und Gedichte; war die Auseinandersetzung mit den Phänomenen der Kunst, vor allem der künstlerischen Literatur, schon im Vormärz integrierender Bestandteil der theoretischen Reflexion von Marx und Engels, die überdies als Kritiker der zeitgenössischen bürgerlichen Literatur auftraten und in der mit Lassalle geführten Sickingen-Debatte – Engels später ebenso in den bekannten Briefen an Minna Kautsky und an Margaret Harkness – auch ihre eigenen ästhetischen Vorstellungen erläuterten. Lassalle seinerseits attackierte in seinem Pamphlet *Herr Julian Schmidt, der Literaturhistoriker* die liberale bürgerliche Literaturgeschichtsschreibung. In der deutschen Sozialdemokratie erreichte die Literaturkritik einen hohen Stand; seit den neunziger Jahren beschäftigte sich die sozialdemokratische Presse ständig mit dem Verhältnis der Arbeiterklasse zum bürgerlichen Literaturerbe und mit den Entwicklungstendenzen der zeitgenössischen Literatur, wurden Literaturfragen – beginnend mit der Naturalismus-Debatte – mehrfach zum Gegenstand wichtiger parteiinterner ideologischer Auseinandersetzungen. Mit Mehrings umfangreichem literaturkritischem und literaturhistorischem Werk verfügte die deutsche Arbeiterbewegung bereits vor 1918 über eine marxistische Darstellung der Hauptlinien der deutschen Literaturgeschichte von der Aufklärung bis zum Ausgang des 19. Jahrhunderts. Zugleich enthielt dieses Werk die erste – bis in die zwanziger Jahre des 20. Jahrhunderts wirksame – in Deutschland ausgearbeitete Konzeption einer marxistischen Literaturtheorie und Ästhetik. Neben diesen und anderen Leistungen auf dem Feld der Literaturkritik, der Literaturtheorie und -geschichtsschreibung, das als ein Feld der Auseinandersetzung mit den herrschenden Klassen wie auch zwischen den beiden Grundrichtungen innerhalb der deutschen Sozialdemokratie zunehmende Aufmerksamkeit der Parteiideologen erlangte, gewann jedoch auch die Produktion künstlerischer Literatur eine beachtliche Breite und Vielfalt. In ihrem entwickelten Stadium um die Jahrhundertwende stellte sie sich als ein Gattungsensemble dar, in dem sich – wenn auch in anderer Gewichtung – fast alle von der bürgerlichen deutschen Literatur des 19. Jahrhunderts verwendeten Genretypen wiederfanden. So hatte die proletarische Literatur in ihren Neuansätzen nach 1850 z. B. im Gedicht zwar zunächst bei weitem nicht den Formenreichtum besessen, zu dem sie von Georg Weerth bereits geführt worden war. Obwohl die kunstliterarischen Bemühungen des Proletariats auch nach 1850 vor allem dem Gedicht galten, herrschten lange Zeit rhetorisch-appellative und balladeske Formen vor, die an die pathetische politische Lyrik des Vormärz und der Unabhängigkeitskriege oder auch unmittelbar an die Volkslied-Tradition anknüpften. Dennoch wurde – am wirkungsvollsten wahrscheinlich von Georg Herwegh, der selbst zu den hervorragendsten Vertretern der pathetischen Vormärz-Lyrik gehört – auch das satirische politische Gedicht in der Art Heines und Weerths in die proletarische Literaturproduktion wieder eingeführt, Heines *Wintermärchen* sogar in einem *Neuen Wintermärchen* unmittelbar nachgearbeitet. Schon vor der Reichsgründung trat Leopold Jacoby mit großen, z. T. in freien Rhythmen geschriebenen, philosophischen Gedichten auf, für die sich zu seiner Zeit auch in der bürgerlichen deutschen Literatur kaum Vergleichbares fand. Seit dem Eintritt einiger Vertreter der in den achtziger Jahren zu schreiben beginnenden Generation bürgerlicher Schriftsteller in die Arbeiterbewegung kamen in der proletarischen Literatur nicht nur naturalistische (und später auch impressionistische und symbolistische) Schreibweisen zur Geltung, sondern wurde von ihr in größerem Umfang auch die „Arbeitswelt" selbst – der Arbeitsvorgang, die Stadt- bzw. Industrielandschaft – zum Gegenstand des lyrischen Gedichts genommen. Das Spektrum der erzählenden Prosaformen, die in den fünfziger/sechziger Jahren weitgehend ausfielen, deckt sich schon zu Anfang der neunziger Jahre nahezu mit dem der bürgerlichen Literatur und reicht von der Anekdote bis zum Gesellschaftsroman (Minna Kautsky). Thematisch wird das proletarische Alltagsleben ebenso angeeignet wie der große historische Gegenstand (Schweichels Bauernkriegserzählungen). Gleichzeitig fördert die Entwicklung der Arbeiterpresse die Aufnahme nicht-fiktionaler künstlerischer Prosagenres wie der Reportage oder des Feuilletons, entsteht eine Reihe von Arbeiter-Autobiographien, die nicht nur von dokumentarischem Wert sind, sondern z. T. auch künstlerische Qualitäten aufweisen. Selbst die von der bürgerlichen Literatur ausgebildeten dramatischen Genres wurden von der Arbeiterbewegung, obwohl sie über kein eigenes Theater verfügte, aufgenommen und mit eigenem Inhalt erfüllt. Vom historischen Drama im „hohen" Stil der bürgerlichen Schiller-Epigonen (Lassalles *Franz von Sickingen*, Wittichs *Ulrich von Hutten*) über diverse Schwank- und Lustspielformen, wie sie die bürgerliche Unterhaltungsdramatik des 19. Jahrhunderts verwendete, bis zum „sozialen Drama" nach dem Vorbild des jungen Gerhart Hauptmann sind in der Literatur der Arbeiterbewegung fast alle dramatischen Genres, wenn auch mitunter nur durch wenige Stücke, belegt. Seit 1876 existierte (zuerst im Verlag der Volksbuchhandlung in Hottingen-Zürich, dann im Vorwärts-Verlag) eine Reihe *Sozialistische Theaterstücke*, in der ein Teil der dramatischen Produktion proletarischer Schriftsteller gesammelt wurde.

Während diese Entwicklung von der Literaturgeschichtsschreibung in der DDR als Erfolgsbilanz geschildert wurde, ist sie von einigen Vertretern der Neuen Linken in der BRD der siebziger Jahre als Kopie des bürgerlichen Literatursystems kritisiert und zur Illustration der „Verbürgerlichung" der deutschen Sozialdemokratie ausgemalt worden.[475] Zweifellos lassen sich solche Verbürgerlichungstendenzen an der Literatur der Arbeiterbewegung um 1900 demonstrieren. Es ist jedoch nicht zu übersehen, daß die kunstliterarische Produktion der deutschen Arbeiterbewegung sich nicht in der Aneignung der von der zeitgenössischen bürgerlichen Literatur verwendeten Genretypen erschöpfte. Sie ging auch auf Formen zurück, die von der zeitgenössischen bürgerlichen Literatur nicht mehr gebraucht wurden, insbesondere auf Formen didaktischer Poesie (Fabel, Lehrgedicht), und gängige bürgerliche Literaturformen wurden ihrer veränderten Funktionsbestimmung entsprechend umgemodelt. In diesem Zusammenhang hat man vor allem auf die Verwendung von

Schwank- und Lustspielstrukturen für didaktische agitatorische Zwecke aufmerksam gemacht, sind etwa Jean-Baptiste von Schweitzers *Schlingel* oder das anonyme *Demos und Libertas oder Der entlarvte Betrüger* als frühe Formen eines sozialistischen Lehrstücks bzw. politischen Agitationsstücks beschrieben worden.[476]

Angesichts der hier nur angedeuteten Entwicklung der kunstliterarischen Produktion, mit der eine quantitative Zunahme und qualitative Differenzierung der politischen, philosophischen und (populär)-wissenschaftlichen Literatur korrespondierte, stellt sich nicht nur unter dem Gesichtspunkt der praktischen Durchführbarkeit die Frage, ob die proletarische Literatur auch in ihrem entwickelten Stadium noch in ihrem ganzen Umfang Gegenstand der Literaturwissenschaft zu sein hat. Rechnet man die Herausbildung differenzierterer Lesebedürfnisse bei den Arbeitern hinzu, so spricht vielmehr einiges dafür, die Literaturkommunikation der deutschen Arbeiterbewegung in ihrem entwickelten Stadium auch theoretisch differenzierter zu fassen. Es wäre sicher verfehlt, den Literaturbegriff nun auch in bezug auf die Entwicklung der proletarischen Literatur sukzessiv wieder auf die künstlerische Literatur einzuschränken. Wenn schon die System-Auffassung der proletarischen Literaturkommunikation im ganzen ihre problematischen Seiten hat, so ist die kunstliterarische Kommunikation erst recht nicht als selbständiges System zu denken. Die künstlerische Literatur bleibt grundsätzlich an die politische Klassenorganisation gebunden, erfährt keine von den Institutionen der deutschen Sozialdemokratie und vom bürgerlichen Literaturapparat abgesetzte autonome Institutionalisierung, die eine solche Auffassung rechtfertigen würde. Wohl aber gewinnen – wie schon gesagt – alte und neue bürgerliche Literatur und deren kritische Reflexion fortgesetzt an Raum innerhalb der proletarischen Literaturkommunikation, beanspruchen auch die spontan entstehenden kunstliterarischen Produkte von Parteijournalisten und Arbeitern selbst einen wachsenden Anteil an ihr. Dabei beweist die Tatsache, daß dieser Prozeß zum Gegenstand parteiinterner Diskussionen wurde, eine Auffassung des Sachverhalts bei den Debattanten, die der hier dargelegten entspricht: Die kunstliterarische Produktion sozialdemokratischer Autoren wird als „proletarische Kunst" bzw. als „sozialistische Dichtung" von der „sozialistischen Literatur" abgehoben,[477] aber dennoch als eine Art von „Parteiliteratur" gewertet, d. h. als eine interne Angelegenheit der sozialdemokratischen Literaturorganisation angesehen (und eben deshalb Diskussionsgegenstand der Parteiideologen). Sofern die Literaturwissenschaft sich die fortdauernde Einbindung der künstlerischen Literatur in eine politisch bestimmte Literaturorganisation bewußt hält, läßt sich die praktisch gebotene (und vollzogene) sukzessive Einschränkung der Forschungen auf den Umgang der Arbeiterbewegung mit der künstlerischen Literatur somit auch theoretisch begründen. Nicht mehr vertretbar ist allerdings der Ausschluß der in die Kommunikation einbezogenen bürgerlichen deutschen und ausländischen Kunstliteratur sowie der Literaturkritik und die Einschränkung auf die kunstliterarische Produktion proletarischer Schriftsteller, obwohl diese für den Literaturwissenschaftler durchaus auch ein eigenes Interesse behält.

Eben um auf dieses eigene Interesse zu kommen, ist noch eine letzte System-Frage zu erörtern. Während sich die Literaturkommunikation der deutschen Sozialdemokratie nach dem Fall des Sozialistengesetzes enorm verbreitert und differenziert, verliert sie – als Ganzes betrachtet – immer mehr den Charakter einer „Gegen-Öffentlichkeit". Es wird nicht nur in wachsendem Maß zeitgenössische bürgerliche Literatur in die sozialdemokratische Literaturkommunikation eingespeist, sondern auch die kritischen Maßstäbe, die die Arbeiterbewegung für die Aneignung des bürgerlichen Erbes sich geschaffen hatte, werden immer weiter abgebaut. Gleichzeitig kommen auch in der proletarischen Literaturproduktion nach der Jahrhundertwende Tendenzen zur Geltung, sich ins bürgerliche Literatursystem zu integrieren. Mindestens im Umgang mit der künstlerischen Literatur verschwimmen schon vor dem ersten Weltkrieg die Grenzen zwischen der sozialdemokratischen Literaturkommunikation und dem bürgerlichen Literatursystem, in dem sie sich schließlich auflöst. Während die naturalistische Generation der bürgerlichen Schriftsteller noch auf die Sozialdemokratie als „Gegen-Öffentlichkeit" reflektierte, kam diese für den antikapitalistischen Protest der ersten expressionistischen Generation schon gar nicht mehr in Betracht. Dabei war es sicher nicht nur das vom Reformismus geprägte Bild der „Verbürgerlichung", sondern auch der ästhetische Konservatismus der marxistischen Anhänger der Partei, die apriorische Auffassung, daß die neuen Formen der bürgerlichen Kunst nur noch Ausdrucksformen des Verfalls der bürgerlichen Gesellschaft sein könnten, was der Verbindung avantgardistischer bürgerlicher Schriftsteller mit der Arbeiterbewegung entgegenstand. Nach der Novemberrevolution von

1918 und der organisatorischen Neuformierung der revolutionären Arbeiterbewegung in der Kommunistischen Partei spielte der alte sozialdemokratische Literaturapparat für die Vermittlung der Gegenwartsliteratur nur noch eine völlig untergeordnete Rolle. Die der SPD nahestehenden Künstler waren nicht mehr auf ihn angewiesen, weil sie nun vollen Zugang zum kapitalistischen Literaturmarkt hatten, die KPD baute im Zuge ihrer politisch-ideologischen Konsolidierung ihre eigene Literaturorganisation auf. Die sozialdemokratischen Leser befriedigten ihre Lesebedürfnisse aus dem Angebot der bürgerlichen Verlage bzw. der – z. T. von der SPD unterstützten – Buchgemeinschaften. Die revolutionäre Kunst der zwanziger Jahre des 20. Jahrhunderts entwickelte sich in allen ihren Strömungen außerhalb der von der alten Sozialdemokratie geebneten Bahnen und knüpfte in keiner ihrer Strömungen unmittelbar an die künstlerischen Traditionen der proletarischen Literatur des 19. Jahrhunderts an. Versucht man also die Geschichte der proletarischen deutschen Literatur als die im Vormärz beginnende, nach 1850 neu ansetzende Entwicklung eines literarischen Kommunikationssystems zu beschreiben, so läuft diese Geschichte mit dem Zusammenbruch der II. Internationale aus. Die durch alle Brüche hindurchgehenden Kontinuitätslinien einer der Arbeiterbewegungen verbundenen Literatur geraten in Gefahr, übersehen zu werden. (Was freilich auch bei den 1917/18 ansetzenden Forschungen leicht der Fall sein kann, wenn sie die Neuformierung einer revolutionären Kunst einseitig aus der Opposition gegen die II. Internationale ableiten.) Sofern man aber diese Kontinuitätslinien im Auge behält, bleibt den eindringlichen Schilderungen des Umbruchs, der sich in der revolutionären Nachkriegskrise im Verhältnis von Arbeiterklasse und Literatur vollzog, nichts hinzuzufügen. Die Geschichte der proletarischen Literatur mindestens des Zeitraums von den sechziger Jahren des 19. Jahrhunderts bis 1918 war zwar schon unter werkästhetischen Gesichtspunkten als eine in sich zusammenhängende Entwicklung dargestellt worden. Erst mit der Erforschung der Kommunikationsbedingungen und der Art und Weise der Kommunikation, den speziellen Literaturverhältnissen also, die die Produzenten dieser Literatur vorfanden und auf die sie sich einstellten, und mit der grundsätzlichen Unterscheidung dieser speziellen Literaturverhältnisse von der Situation der revolutionären Literatur nach 1918 (wie auch von der Situation der zeitgenössischen bürgerlichen Literatur) wurde jedoch die funktionale Wertungsebene eingeführt, die die Literaturwissenschaft benötigt, um der proletarischen Literatur des 19. Jahrhunderts historisch gerecht werden zu können.

Die Literaturwissenschaft ist an diesem Punkt allerdings nicht zu Ende. Sie kann weder bei der Untersuchung der „Funktionsgerechtigkeit" der proletarischen Literatur stehenbleiben noch die Wirkung dieser Literatur auf ihre ersten Leser als einzigen Wertungsmaßstab gebrauchen. Der literarische Gesamtprozeß, in den die werkästhetisch bestimmte Forschung die proletarische Literatur unvermittelt hineingestellt hat, ist keine Erfindung der idealistischen Geschichtsphilosophie. Bürgerliche und proletarische Literatur, wie die Klassenkulturen überhaupt, entwickeln sich nicht auf verschiedenen Planeten. Die Literatur der Arbeiterbewegung übernimmt ihr Material größtenteils von der bürgerlichen Literatur und dies nicht in einer einmaligen Transaktion, sondern laufend, geht also, selbst wenn sie dieses Material in anderen Funktionen verwendet und teilweise umarbeitet, bis zu einem bestimmten Grad mit der bürgerlichen Literaturentwicklung mit. Bürgerliche Schriftsteller treten mit ihren künstlerischen Erfahrungen in die proletarische Literaturkommunikation ein- und auch wieder aus. Zeitweise – etwa zwischen 1885 und 1890 – nähert sich die gesamte Avantgarde der bürgerlichen Literatur der Arbeiterbewegung an, wirkt auf die proletarische Literatur ein und wird von der Ideologie der Arbeiterbewegung selber beeinflußt. Schließlich verläuft die Entwicklung nicht als kontinuierliche Höherentwicklung eines proletarischen und fortschreitende Aushöhlung eines bürgerlichen Literatursystems bis zu einem Punkt, von dem an ersteres die gesamte Literaturkommunikation der Gesellschaft übernimmt. Die der revolutionären Arbeiterbewegung verbundene Literatur nach 1918 beginnt – unter neuen Bedingungen – ihren Durchsetzungskampf mitten auf dem Markt, und sie beginnt diesen Kampf in der revolutionären Nachkriegskrise an einem Punkt, an dem sie sich selbst erst aus der Masse der von Revolutionsbegeisterung getragenen und mit utopisch-kommunistischen Visionen der Menschheitsverbrüderung erfüllten Kunstäußerungen neu herauskristallisiert. Bürgerliche und proletarische Literatur sind in ihrer Entwicklung also vielfach ineinander verschlungen, sind – ungeachtet der relativen Selbständigkeit der Literaturkommunikation der Arbeiterbewegung zwischen 1830 und 1918 – doch Teile eines widersprüchlichen Ganzen, das von der Produktionsseite aus gesehen als der „innerliterarische Zusammenhang", als der „Traditionszusammenhang der Werke" erscheint. Von der Produktionsseite aus gesehen kann die Isolierung der proletarischen Kunstliteratur folglich nur ein methodischer Schritt sein; die Entwicklung der Produktion kann jedoch nicht isoliert beschrieben werden, weil sie keinen eigenen, von der Entwicklung der bürgerlichen Literatur unbeeinflußten unabhängigen „innerliterarischen" Zusammenhang bildet.

Die Literaturwissenschaft hat gelernt, den literarischen Gesamtprozeß als ein kompliziertes Gefüge mit unterschiedlichen, einander überschneidenden Kommunikationskreisen zu begreifen, unter denen die Literatur der deutschen Arbeiterbewegung im Zeitraum von den sechziger Jahren des 19. Jahrhunderts bis 1918 – die eingangs wiedergegebene heutige Auffassung dieses Gegenstandes einschränkend, jetzt besser gesagt: Züge eines relativ selbständigen literarischen Kommunikationssystems aufweist. Die durch diese Auffassung ermöglichte Einführung der historischen Funktion als einer ersten Wertungsebene hat die Literaturwissenschaft in die Lage versetzt, dieser Literatur historisch besser gerecht zu werden als sie es auf der Grundlage der Realismus-Theorie, die Literaturerzeugnisse der deutschen Arbeiterbewegung unmittelbar mit den Hauptwerken des „kritischen Realismus" konfrontierend, vermochte. Die Kulturgeschichtsschreibung kann mit der historisch-funktionalen Wertung der Literatur abschließen. Die Literaturwissenschaft hat demgegenüber immer auch auf die Frage zu antworten, welche Wirkungen die Literatur über ihre Entstehungszeit hinaus gehabt hat; ihr werden Erklärungen dafür abverlangt, warum diese oder jene alten Kunstprodukte bis heute oder heute wieder in Gebrauch sind; und man erwartet von ihr Anregungen und Vorschläge, alte Literatur, in der sie Wirkungspotenzen vermutet, wieder in Umlauf zu bringen. Auf das kunstliterarische Erbe der deutschen Arbeiterbewegung vor 1918 bezogen, heißt das, die Literaturwissenschaft muß auch erklären, warum dieses Erbe zum größten Teil heute nicht mehr „lebendig" ist, sondern nur noch kulturgeschichtliches Interesse weckt, und warum es selbst die Tradition der sozialistischen Literatur des 20. Jahrhunderts nicht wesentlich bestimmt hat. Man ist sich heute durchaus darüber im klaren, daß Kunstliteratur auch in außerästhetischen Funktionen weiterwirken oder wieder zur Wirkung gelangen kann; im allgemeinen aber ist die Wirkungspotenz in ihrem Kunstcharakter beschlossen, ermöglicht eben er es ihr, in neue gesellschaftliche Funktionen einzutreten. Ein noch so flüchtiger Blick auf die heute gelesene Literatur genügt, um zu beweisen, daß gerade auch alte Kunst, deren historische Funktion politisch bestimmt war, noch wirken kann, nachdem sie diese ursprüngliche Funktion längst verloren hat, indem sie ästhetisch rezipiert wird (und dank ihrer erhalten gebliebenen ästhetischen Rezipierbarkeit u. a. auch neue politische Funktionen erfüllen kann). Die Literaturwissenschaft muß das kunstliterarische Erbe der deutschen Arbeiterbewegung somit auch ästhetisch werten, und zwar nicht nur, um Gründe dafür zu suchen, warum heute so viel weniger davon „lebendig" ist als von der gleichzeitig entstandenen bürgerlichen Literatur, um also die gegenwärtige Beschaffenheit der Literaturkommunikation zu bestätigen. Sie muß gerade auch dann ästhetisch werten, wenn sie ihrer anderen Aufgabe gerecht werden will, das Erbe immer wieder von neuem nach Texten zu durchforschen, die – einmal in Umlauf gebracht – aktuelle gesellschaftliche Funktionen übernehmen können. Selbstverständlich kalkuliert diese Forderung die Auffassung ein, daß der ästhetische Wert ebenfalls nur als eine funktionale Größe und nicht als eine Dingeigenschaft – vom wertenden Subjekt unabhängiges, dem Kunstprodukt eingeschriebenes unveränderliches Maß – zu fassen ist. Indem Ästhetik heute das geltende Werturteil als einen gesellschaftlichen Konsens begreift, reflektiert sie jedoch zugleich die komplexe historisch-gesellschaftliche Bedingtheit der Wertvorstellungen und -maßstäbe, die der Urteilsbildung zugrundeliegen. Ein wesentliches Moment in diesem Bedingungskomplex ist nun der Literaturprozeß selbst – und zwar sowohl in seiner gesellschaftsgeschichtlichen Dimension als literarischer Kommunikationsprozeß gesehen wie auch als Traditionszusammenhang der Werke. Jenseits aller werkästhetischen Verabsolutierungen und Verkürzungen erweist sich das Werturteil über ein überliefertes Literaturprodukt immer auch als abhängig von dessen Stellung in der Literaturgeschichte. Indem die Wissenschaft die Stellung der Literatur der deutschen Arbeiterbewegung im literarischen Gesamtprozeß zu bestimmen versucht, geht sie folglich nicht nur einer wesentlichen Komponente der ästhetischen Urteilsbildung nach, der diese Literatur wie jede andere alte Literatur bei der unausgesetzten Selektion des Erbes unterliegt, sondern versucht sie, die Urteilsbildung auch zu beeinflussen.

Die Literaturwissenschaft hat, veranlaßt durch Engels' bzw. Mehrings Einschätzungen, dazu beigetragen, daß das Erbe Georg Weerths und Robert Schweichels heute wieder zu der gelesenen Literatur gerechnet werden kann, und sie hat auch mit der ästhetischen Neubewertung von Herweghs späten Gedichten Erfolg gehabt. Von Autoren wie Rosenow oder Preczang sind zumindest einzelne Texte in Umlauf geblieben. Die Arbeiter-Autobiographien können mit einem, wenngleich mehr kulturgeschichtlich bestimmten Leserinteresse rechnen. Und sicher sind die Wirkungspotenzen dieser Literatur mit den genannten Werken nicht ausgeschöpft. Der ästhetischen Rezipierbarkeit des größeren Teils dieser Literatur scheinen jedoch nichtsdestoweniger Grenzen gesetzt, die durch die Forschungsergebnisse der Literaturwissenschaft kaum wesentlich zu erweitern sein werden. Die Literatur der deutschen Sozialdemokratie kam nur in seltenen Fällen an die künstlerischen Möglichkeiten heran, die die zeitgenössische bürgerliche Literatur gewonnen hatte. (Die bürgerlichen Schriftsteller, die sich der Arbeiterbewegung annäherten, vermochten diese Möglichkeiten in der Sozialdemokratie nicht zu realisieren.) Dieser Sachverhalt ist natürlich ebenfalls historisch erklärbar aus der mangelnden ästhetischen Bildung der Masse der an der proletarischen Literaturkommunikation partizipierenden Arbeiter, aus der durch ihre Klassenlage verursachten Rückständigkeit ihres künstlerischen Geschmacks, aus der Tatsache, daß die neuen Techniken und Mittel der bürgerlichen Literatur vielfach an der Arbeiterbewegung fremde Ideologien gebunden und für die proletarische Literatur gar nicht ohne weiteres nutzbar waren (weshalb sie auch gerade von den marxistischen Anhängern der Sozialdemokratie abgelehnt wurden). Andererseits deutet eben die unangefochtene Geltung des Vorbilds der traditionellen bürgerlichen Kunstformen darauf hin, daß die Arbeiterbewegung noch nicht imstande war, in großem Maßstab eigene, der Funktion proletarischer Kunst entsprechende Techniken und Mittel auszubilden. (Wobei gleichzeitig die unter lassalleanischem und reformistischem Einfluß erfolgende Zurückdrängung der politisch-agitatorischen Funktion durch eine vom Aufklärungs- und Bildungsgedanken getragene Funktionsbestimmung mit im Spiel gewesen sein mag.) Und schließlich wirkten sich die bei den meisten Parteiideologen bestehenden Vorbehalte gegen eine proletarische Kunst überhaupt hemmend aus. Heißt das, daß die Literaturwissenschaft sich anschickt, diese Vorbehalte mit solchen Erklärungen nachträglich zu rechtfertigen? Das bestimmt nicht. Denn Wilhelm Liebknecht bezweifelte die Vereinbarkeit von proletarischem Klassenkampf und Kunstproduktion an sich. (Wer kämpft, habe keine Zeit zum Dichten.[478]) Und Mehring war jedenfalls davon überzeugt, solange das Proletariat „in diesem heißen Kampfe steht“, könne und werde es „keine große Kunst aus seinem Schoße gebären“.[479] Die der revolutionären Arbeiterbewegung verbundene Literatur des 20. Jahrhunderts hat indessen wenige Jahre nach Mehrings Tod das Beispiel einer „kämpfenden Kunst“ gegeben, die selbst Maßstäbe im literarischen Gesamtprozeß setzte. Die Erfahrungen mit der Literatur der deutschen Sozialdemokratie, die Mehring verallgemeinerte, ließen allerdings eine solche Entwicklung kaum ahnen. Sie war unter den sozialen, politischen und ideologischen Bedingungen, unter denen die Literatur der deutschen Arbeiterbewegung in der zweiten Hälfte des 19. Jahrhunderts und noch bis zum Ausbruch des ersten Weltkriegs stand, nicht vorstellbar. Die Literaturwissenschaft muß sich nicht dem Vorwurf aussetzen, die künstlerische Aktivität des Proletariats geringzuschätzen, wenn sie Mehrings Urteil über die proletarische Kunst seiner Zeit grundsätzlich nur im Hinblick auf deren historische Funktion zu korrigieren vermag, die geschichtliche Leistung der deutschen Arbeiterbewegung auf dem Gebiet der Literatur in dieser Zeit aber vor allem als eine theoretische und organisatorische würdigt.

Anmerkungen

1 Wilhelm Dilthey: Gesammelte Schriften. (Bde. 1–12. Leipzig – Berlin 1914 ff., Bde. 13–19. Göttingen 1966 ff.) Bd. 1: Einleitung in die Geisteswissenschaften. Versuch einer Grundlegung für das Studium der Gesellschaft und der Geschichte. Hg. v. Bernhard Groethuysen. 1922, S. 26.

2 Vgl. ebenda, S. 37.

3 Vgl. Nobert Krenzlin: Das Werk „rein für sich". Zur Geschichte des Verhältnisses von Phänomenologie, Ästhetik und Literaturwissenschaft. Berlin 1979 (Literatur und Gesellschaft).

4 Vgl. Friedrich Gundolf: Goethe. Berlin 1916, S. 542.

5 Ebenda, S. 2.

6 Vgl. Werner Herden: Über die Zusammenarbeit des Germanischen Seminars mit der Preußischen Akademie der Künste (1928–1932). In: Wissenschaftliche Zeitschrift der Humboldt-Universität zu Berlin. Gesellschaftswissenschaftliche Reihe. 36 (1987) 9, S. 828.

7 Vgl. Josef Nadler: Literaturgeschichte der deutschen Stämme und Landschaften. 4 Bde. Regensburg 1912–1928; Adolf Bartels: Geschichte der Deutschen Literatur. Große Ausgabe in drei Bänden. Leipzig 1924–1928; Eduard Engel: Geschichte der deutschen Literatur von den Anfängen bis in die Gegenwart. 2 Bde. 29. Aufl. Wien – Leipzig 1918.

8 Julius Petersen: Schreiben an den Minister für Wissenschaft, Kunst und Volksbildung vom 15. 6. 1928. Zit. nach: Herden: Über die Zusammenarbeit des Germanischen Seminars, S. 822.

9 Vgl. Albert Soergel: Dichtung und Dichter der Zeit. Eine Schilderung der deutschen Literatur der letzten Jahrzehnte. Neue Folge. Im Banne des Expressionismus. Leipzig 1925; Albert Soergel: Dichter aus deutschem Volkstum. Leipzig 1934.

10 Vgl. Oskar Walzel: Wechselseitige Erhellung der Künste. Ein Beitrag zur Würdigung kunstgeschichtlicher Grundbegriffe. Berlin 1917; Oskar Walzel: Gehalt und Gestalt im Kunstwerk des Dichters. Berlin 1924.

11 Vgl. Julius Petersen: Die Wissenschaft von der Dichtung. System und Methodenlehre der Literaturwissenschaft. Bd. 1: Werk und Dichter. Berlin 1939.

12 Vgl. Philosophie der Literaturwissenschaft. Hg. v. Emil Ermatinger. Berlin 1930.

13 Vgl. Friedrich Sengle: Biedermeierzeit. Deutsche Literatur im Spannungsfeld zwischen Restauration und Revolution 1815–1848. Bd. 1: Allgemeine Voraussetzungen, Richtungen, Darstellungsmittel. Stuttgart 1971, S. 10.

14 Vgl. Werner Mahrholz: Literaturgeschichte und Literaturwissenschaft. Berlin 1923; 2. erw. Aufl. mit einem Nachwort v. Franz Schultz. Stuttgart 1932.

15 Vgl. Manfred Nössig/Johanna Rosenberg/Bärbel Schrader: Literaturdebatten in der Weimarer Republik. Zur Entwicklung des marxistischen literaturtheoretischen Denkens 1918–1933. Berlin – Weimar 1980, S. 287–335.

16 Vgl. Werner Mittenzwei: Gesichtspunkte. Zur Entwicklung der literaturtheoretischen Position Georg Lukács'. In: Dialog und Kontroverse mit Georg Lukács. Hg. v. Werner Mittenzwei. Leipzig 1975, S. 9–104 (RUB 643).

17 Vgl. Klaus Städtke: Das Werk in der Geschichte. Zu Fragen einer Theorie der Literaturgeschichte. In: Weimarer Beiträge 31 (1985) 7, S. 1100–1130.

18 Rita Schober: Abbild – Sinnbild – Wertung. Aufsätze zur Theorie und Praxis literarischer Kommunikation. Berlin – Weimar 1982, S. 254. – Vgl. Roman Ingarden: Vom Erkennen des literarischen Kunstwerks. Tübingen 1968, S. 16–94.

19 Vgl. Jan Mukařovský: Ästhetische Funktion, Norm und ästhetischer Wert als soziale Fakten. In: Jan Mukařovský: Kapitel aus der Ästhetik. 4. Aufl. Frankfurt a. M. 1982; vgl. auch Jurij Striedter: Vorwort. In: Felix Vodička: Die Struktur der literarischen Entwicklung. Hg. v. Jurij Striedter. München 1976, S. XXXIII–XXXV.

20 Schober: Abbild – Sinnbild – Wertung, S. 256–257.

21 Ebenda, S. 257–258.

22 Über die konzeptionellen Gesichtspunkte, unter denen dieses Unternehmen begonnen wurde, informieren: Dieter Schiller: In Sachen Literaturgeschichte. In: Weimarer Beiträge 14 (1968) 1, S. 5–10, und: Autorenkollektiv: Historisch-inhaltliche Konzeption der Geschichte der deutschen Literatur. In: Weimarer Beiträge 17 (1971) 2, S. 54–86.

23 Helmut Hanke/Thomas Koch: Zum Problem der kulturellen Identität. Anregungen für eine Diskussion. In: Weimarer Beiträge 31 (1986) 8, S. 1237.

24 Ebenda, S. 1238.

25 Wolfgang Menzel: Die deutsche Literatur. 4 Teile. 2. verm. Aufl. Stuttgart 1836. Teil 1, S. 38.

26 Ebenda, S. 32.

27 Vgl. Johann Joachim Eschenburg: Entwurf einer Theorie und Literatur der schönen Wissenschaften. 2. Aufl. Berlin – Stettin 1789, S. 335 ff.; August Ferdinand Bernhardi: Sprachlehre. 2 Teile. 2., erw. u. umgearb. Ausg. Berlin 1801–1803. Teil 2, S. 186 f.

28 Unter dem Begriff der „imagination" hatte d'Alembert bereits 1751 in seinem *Discours préliminaire* und in der *Introduction* zum ersten Band der *Encyclopédie* „im grunde die semantische Struktur des Begriffs künstler.(ische) L.(iteratur)" beschrieben und das gesamte Begriffsfeld von den Wissenschaften abgegrenzt. Vgl. Claus Träger: Literatur. In: Wörterbuch der Literatur-

wissenschaft. Hg. v. Claus Träger. Leipzig 1986, S. 299–303. Genaueres über die Veränderungen des Literaturbegriffs in Frankreich und Deutschland bis Ende des 18. Jahrhunderts bei Martin Fontius: Literaturkritik im ‚Zeitalter der Kritik'. In: Französische Aufklärung. Bürgerliche Emanzipation. Literatur und Bewußtseinsbildung. Leipzig 1979, S. 346–402, und Klaus Weimar: Literatur, Literaturgeschichte, Literaturwissenschaft. Zur Geschichte der Bezeichnungen für eine Wissenschaft und ihren Gegenstand. In: Zur Terminologie der Literaturwissenschaft. Akten des IX. Germanistischen Symposions der Deutschen Forschungsgemeinschaft Würzburg 1986. Stuttgart 1988, S. 9–23.

29 Vgl. Käte Hamburger: Das Wort „Dichtung". In: Literatur und Dichtung. Versuch einer Begriffsbestimmung. Hg. v. Horst Rüdiger. Stuttgart – Berlin (West) – Köln –Mainz 1973, S. 33–46.

30 Johann Christoph Adelung: Versuch eines vollständigen grammatisch-kritischen Wörterbuchs der hochdeutschen Mundart, mit beständiger Vergleichung der übrigen Mundarten, besonders aber der oberdeutschen. 5. Bde. Leipzig 1774–1786. – In der 2. Aufl., Teil 1 1793, Sp. 1479, fehlt bereits der Hinweis auf die Neuheit der Wortbildung.

31 Menzel: Die deutsche Literatur, Teil 1, S. 31–32.

32 Ebenda, S. 86, 92.

33 Ebenda, S. 88–89.

34 Vgl. Wilhelm Hauff: Sämtliche Werke in zwei Bänden. Hg. v. Hans Hoffmann. Leipzig [o. J.]. Bd. 2, S. 723–737.

35 Vgl. *Die Versuche und Hindernisse Karls* (1808), eine Gemeinschaftsarbeit Karl August Varnhagens von Ense, Wilhelm Neumanns, August Ferdinand Bernhardis, Friedrich de la Motte-Fouqués und Adelbert von Chamissos, und das Projekt eines *Romans des Freiherrn von Vieren* (1813/1815), an dem E. T. A. Hoffmann, Karl Wilhelm Contessa, Chamisso und Fouqué beteiligt waren. Erinnert sei auch an die Mitarbeit Tiecks an Wilhelm Heinrich Wackenroders *Herzensergießungen eines kunstliebenden Klosterbruders* (1797) und an Wackenroders Anteil an *Franz Sternbalds Wanderungen*, die 1798 unter Tiecks Namen erschienen.

36 Menzel: Die deutsche Literatur, Teil 1, S. 105.

37 Ebenda, S. 110.

38 Ebenda, S. 107–108.

39 Vgl. Peter Uwe Hohendahl: Literaturkritik in der Epoche des Liberalismus. In: Geschichte der deutschen Literaturkritik (1730–1980). Hg. v. Peter Uwe Hohendahl. Stuttgart 1985, S. 129–204.

40 Vgl. Karl Gutzkow: Wolfgang Menzel und die über ihn ergangenen Urtheile. In: Forum der Journal-Literatur. Eine antikritische Quartalschrift. Ersten Bandes Erstes Heft (1831), S. 56–59.

41 Hohendahl: Literaturkritik in der Epoche des Liberalismus, S. 168.

42 [Heinrich Laube:] Literatur. (Beschluß). In: Zeitung für die elegante Welt (1833) Nr. 183 v. 19. 9., S. 731.

43 Vgl. Hohendahl: Literaturkritik in der Epoche des Liberalismus, S. 169.

44 Ebenda, S. 168.

45 Menzel: Die deutsche Literatur, Teil 1, S. 103.

46 Ebenda, S. 95.

47 Ebenda, S. 39.

48 Theodor Mundt: Literarischer Zodiacus. Journal für Zeit und Leben, Wissenschaft und Kunst (1835) Januar bis Juni, S. 9.

49 Vgl. Hans-Joachim Kreutzer: Nachwort. In: Robert Eduard Prutz: Geschichte des deutschen Journalismus. Teil 1. Göttingen 1971 (Faksimiledruck nach der 1. Aufl. v. 1845. Deutsche Neudrucke. Reihe: Texte des 19. Jahrhunderts.); Robert Eduard Prutz: Schriften zur Literatur und Politik. Ausgewählt u. mit einer Einführung hg. v. Bernd Hüppauf. Tübingen 1973; Robert Eduard Prutz: Zwischen Vaterland und Freiheit. Eine Werkauswahl. Hg. u. kommentiert v. Hartmut Kircher. Köln 1975; Reinhard Lahme: Zur literarischen Praxis bürgerlicher Emanzipationsbestrebungen. Robert Prutz. Erlangen 1977; Ingrid Pepperle: Junghegelianische Geschichtsphilosophie und Kunsttheorie. Berlin 1978 (Literatur und Gesellschaft).

50 Vgl. ebenda und Ingrid Pepperle: Einleitung. In: Robert Eduard Prutz: Zu Theorie und Geschichte der Literatur. Berlin 1981.

51 Robert Eduard Prutz: Geschichte des deutschen Journalismus. Zum ersten Male vollständig aus den Quellen gearbeitet. Teil 1. Hannover 1845, S. 19.

52 Ebenda, S. 2–3.

53 Ebenda, S. 4.

54 Ebenda, S. 4–5.

55 Ebenda, S. 6, 8–9.

56 Robert Eduard Prutz: Zwischen Vaterland und Freiheit. Eine Werkauswahl. Deutschen. In: Robert Eduard Prutz: Kleine Schriften. Zur Politik und Literatur. Bd. 2. Merseburg 1847, S. 185, 184.

57 Ebenda, S. 184.

58 Robert Eduard Prutz: Die deutsche Literatur der Gegenwart. 1848–1858. 2 Bde. Bd. 2. Leipzig 1859, S. 69, 71.

59 Ebenda, S. 73.

60 Vgl. Wilhelm Scherer: Poetik. Hg. v. Richard Moritz Meyer. Berlin 1888. 2. Kapitel: Dichter und Publicum, S. 72–204.

61 Vgl. Josef Nadler: Literaturgeschichte der deutschen Stämme und Landschaften. Bd. 3: Hochblüte der Altstämme bis 1805 und der Neustämme bis 1800. Regensburg 1918, S. 12.

62 Vgl. Wilhelm Scherer [Rez. zu]: H. Hettners Litteraturgeschichte des 18. Jahrhunderts. 3. Theil. 2. Buch. Braunschweig 1864. Zit. nach: Wilhelm Scherer: Kleine Schriften. Bd. 2: Kleine Schriften zur neueren Litteratur, Kunst und Zeitgeschichte. Hg. v. Erich Schmidt. Berlin 1893, S. 70.

63 Vgl. Adolf Bartels: Geschichte der Deutschen Literatur. 2 Bde. Leipzig 1901 bis 1902. Eine neue Ausgabe erschien in 3 Bänden (Leipzig 1924–1928).

64 Vgl. z. B. Thomas Koebner: Zum Wertungsproblem in der Trivialliteratur-

forschung. In: Festschrift für Helmut Motekat. Hg. v. A. Goetze/G. Pflaum. München 1970, S. 74 f.

65 Dorothee Bayer: Der triviale Familien- und Liebesroman im 20. Jahrhundert. Tübingen 1963, S. 15.

66 Vgl. z. B.: Hans Dieter Zimmermann: Schema-Literatur. Ästhetische Norm und literarisches System. Stuttgart – Berlin – Köln – Mainz 1979.

67 Vgl. Joachim Wilhelm Appell: Die Ritter-, Räuber- und Schauerromantik. Zur Geschichte der deutschen Unterhaltungsliteratur. Leipzig 1859, S. 11.

68 Vgl. Altrud Dumont: Zur Trivialisierung des Erzählens im ersten Drittel des 19. Jahrhunderts. Dargestellt an ausgewählten Werken der deutschen Unterhaltungsliteratur im Zeitraum von 1815 bis 1830. Diss. A. Pädagogische Hochschulen Erfurt – Mühlhausen 1985. – Vgl. auch: Altrud Dumont: Bewertung von Literatur – Ermittlung von Trivialität. Ein analysemethodischer Diskussionsbeitrag zum Umgang mit unterhaltenden Prosatexten der Zeit um 1815. In: Weimarer Beiträge 32 (1986) 11, S. 1903–1922.

69 Vgl. Martin Greiner: Die Entstehung der modernen Unterhaltungsliteratur. Studien zum Trivialroman des 18. Jahrhunderts. Hamburg 1964, S. 79.

70 Helmut Kreuzer: Trivialliteratur als Forschungsproblem. In: Helmut Kreuzer: Veränderungen des Literaturbegriffs. Fünf Beiträge zu aktuellen Problemen der Literaturwissenschaft. Göttingen 1975, S. 17.

71 Günter Fetzer: Wertungsprobleme in der Trivialliteraturforschung. München 1980, S. 37.

72 Kreuzer: Trivialliteratur als Forschungsproblem, S. 22.

73 Vgl. z. B. Erwin Guido Kolbenheyer: Wie wurde der deutsche Roman Dichtung? München 1938, S. 10 f.; Oswald Spengler: Krieg, Drama und Roman. In: Aquädukt. Ein Jahrbuch. Hg. im 175. Jahre der C. H. Beckschen Buchhandlung 1763/1938. München – Berlin 1938, S. 20–29.

74 Vgl. Julius Petersen: Die Wissenschaft von der Dichtung. System- und Methodenlehre der Literaturwissenschaft. Mit Beiträgen aus dem Nachlaß hg. v. Erich Trunz. 2. Aufl. Berlin 1944.

75 Ebenda, S. 60–61.

76 Ebenda, S. 62. – Heinzel schreibt an Scherer: „Du, wie alle Literaturhistoriker, gebt nie reine Kunstgeschichte, sondern immer Geschichte des geistigen Lebens." (Brief vom 26. März 1881.) Und: „Es ist zu viel Geschichte des geistigen Lebens, nicht reine Kunstgeschichte, aber wirkliche Geschichte des geistigen Lebens ist es auch nicht. Der Stoff scheint mir nicht gehörig abgegrenzt. Für die Periodisierung einer Geschichte der Poesie müßte der Stil im Winckelmannischen Sinne maßgebend sein." (Brief vom 11. Februar 1884). Zit. nach: Samuel Singer: Heinzel und Scherer. In: Samuel Singer: Aufsätze und Vorträge. Tübingen 1912, S. 215.

77 Petersen: Die Wissenschaft von der Dichtung, S. 62.

78 Herbert Cysarz: Zwischen Dichtung und Philosophie oder Literaturhistorie als Schicksal. In: Dichtung und Forschung. Festschrift für Emil Ermatinger.

Zum 21. Mai 1933. Hg. v. Walter Muschg/Rudolf Hunziker. Frauenfeld 1933, S. 1.

79 Petersen: Die Wissenschaft von der Dichtung, S. 61.

80 Vgl. Benedetto Croce: La Poesia. Introduccione alla Critica e Storia della Poesia e della Letteratura. Bari 1936.

81 Petersen: Die Wissenschaft von der Dichtung, S. 63.

82 Vgl. Josef Ponten: Offener Brief an Thomas Mann. In: Deutsche Rundschau (1924), Nr. 201 v. 21. Oktober, S. 64–83.

83 Petersen: Die Wissenschaft von der Dichtung, S. 66.

84 Ebenda.

85 Ebenda, S. 66–67.

86 Ebenda, S. 441–464.

87 Ebenda, S. 65.

88 Ebenda, S. 63.

89 Ebenda, S. 66.

90 Ebenda, S. 65.

91 Ebenda.

92 Ebenda, S. 64.

93 Ebenda, S. 67.

94 Vgl. Erich Schmidt: Wege und Ziele der deutschen Litteraturgeschichte. Eine Antrittsvorlesung. In: Erich Schmidt: Charakteristiken. Berlin 1886, S. 480–498.

95 Vgl. z. B.: Walter Muschg: Dichtertypen. In: Weltliteratur. Festgabe für Fritz Strich zum 70. Geburtstag. Bern 1952, S. 67–83; Paul Kluckhohn: Dichterberuf und bürgerliche Existenz. Tübingen – Stuttgart 1949; Hermann Kunisch: Grundformen der Dichtung und des Dichtertums. In: Wirkendes Wort 5 (1954/55), S. 36–47; Paul Kluckhohn: Literaturwissenschaft. Literaturgeschichte. Dichtungswissenschaft. Bemerkungen zu Fragen der Terminologie. In: Deutsche Vierteljahrsschrift für Literaturwissenschaft und Geistesgeschichte 26 (1952), S. 112–118; Käte Hamburger: Die Logik der Dichtung. Stuttgart 1957; Helmut Kuhn: Dichter und Dichtung. In: Das Fischer-Lexikon. Literatur II. Teil 1. Hg. von Wolf-Hartmut Friedrich/Walter Killy. 73.–78. Tausend. Frankfurt a. M. 1972, S. 115–151.

96 Vgl. Literatur und Dichtung. Versuch einer Begriffsbestimmung. Hg. v. Horst Rüdiger. Stuttgart – Berlin (West) – Köln – Mainz 1973. (Darin u. a.: Pierre Bertaux: Literatur, Dichtung, Poesie; Karl Otto Conrady: Gegen die Mystifikation von Dichtung und Literatur; Helmut Kreuzer: Zum Literaturbegriff der sechziger Jahre in der Bundesrepublik Deutschland.)

97 Ebenda, S. 61.

98 Georg Herwegh: Frühe Publizistik 1837–1841. Unter Leitung v. Bruno Kaiser bearb. v. Ingrid Pepperle/Johanna Rosenberg/Agnes Ziegengeist. Berlin 1971, S. 131.

99 Robert Eduard Prutz: Vorlesungen über die deutsche Literatur der Gegenwart. Leipzig 1847, S. 325–326.

100 Vgl. Walter Dietze: Junges Deutschland und deutsche Klassik. Zur Ästhetik und Literaturtheorie des Vormärz. Berlin 1957.

101 Vgl. Heinrich Heine: Werke und Briefe in zehn Bänden. Hg. v. Hans Kaufmann. Berlin 1961–1964. Bd. 5, 1961, S. 126–128.

102 Theodor Mundt: Geschichte der Literatur der Gegenwart. 2. neu bearb. Aufl. Leipzig 1853, S. 606.

103 Friedrich Oswald (d. i. Friedrich Engels): Modernes Literaturleben (II). In: Mitternachtzeitung für gebildete Leser (1840) Nr. 83 vom 21. Mai. Zit. nach: Karl Marx/Friedrich Engels: Werke. Hg. v. Institut für Marxismus-Leninismus beim ZK der SED. Erg. Bd. Teil 2. Berlin 1967, S. 46.

104 Alexander Jung: Vorlesungen über die moderne Literatur der Deutschen. Danzig 1842, S. 18.

105 Heine: Werke und Briefe, Bd. 7, 1962, S. 473.

106 Hermann Marggraff: Deutschland's jüngste Literatur- und Culturepoche. Leipzig 1839, S. 262.

107 Jung: Vorlesungen über die moderne Literatur der Deutschen, S. 177.

108 Vgl. Peter Uwe Hohendahl: Literarische Kultur im Zeitalter des Liberalismus 1830–1870. München 1985, S. 229 ff.

109 Vgl. Walter Dietze: Junges Deutschland und deutsche Klassik. Berlin 1957 (4. Aufl. 1981); Das junge Deutschland. Texte und Dokumente. Hg. v. Jost Hermand. Stuttgart 1966; Jost Hermand: Von Mainz nach Weimar 1793–1919. Stuttgart 1969; Helmut Koopmann: Das junge Deutschland. Analyse seines Selbstverständnisses. Stuttgart 1970; Zur Literatur der Restaurationsepoche 1815–1848. Hg. v. Jost Hermand/Manfred Windfuhr. Suttgart 1970; Sengle: Biedermeierzeit, 3 Bde., Stuttgart 1971–1980; Alfred Estermann: Politische Avantgarde 1830–1840. Eine Dokumentation zum „Jungen Deutschland". 2 Bde. Frankfurt a. M. 1972; Wolfgang W. Behrens/Gerhard Bott/Hans-Wolf Jäger u. a.: Der literarische Vormärz 1830 bis 1847. München 1973; Peter Stein: Epochenproblem „Vormärz" (1815 bis 1848). Stuttgart 1974; Demokratisch-revolutionäre Literatur in Deutschland: Vormärz. Hg. v. Gert Mattenklott/Klaus R. Scherpe. Kronberg/Ta. 1975; Alfred Estermann: Die deutschen Literaturzeitschriften 1815–1850. 10 Bde. Nendeln/Liechtenstein 1978–1981; Wulf Wülfing: Junges Deutschland. Texte, Kontexte, Abbildungen, Kommentar. München – Wien 1978; Hartmut Steinecke: Literaturkritik des Jungen Deutschland. Entwicklungen – Tendenzen – Texte. Berlin 1982; Wulf Wülfing: Schlagworte des Jungen Deutschland. Berlin 1982 (Diss. Bonn 1963).

110 Theodor Mundt: Geschichte der Literatur der Gegenwart. Berlin 1842, S. 2–3.

111 Theodor Mundt: Kritische Wälder. Leipzig 1833, S. 185.

112 Heine: Werke und Briefe, Bd. 1, 1961, S. 354.

113 Vgl. Heine: Werke und Briefe, Bd. 5, S. 126.

114 Vgl. Heine: Werke und Briefe, Bd. 1, S. 346.

115 Vgl. Hinrich C. Seeba: Nationalliteratur. Zur Ästhetisierung der politi-

schen Funktion von Geschichtsschreibung. In: Kontroversen, alte und neue. Akten des VII. Internationalen Germanisten-Kongresses. Göttingen 1985. Bd. 9. Tübingen 1986, S. 197–207.

116 [Leonhard Meister:] Beyträge zur Geschichte der teutschen Sprache und National-Litteratur. Erster Theil. Dritter Abschnitt. London (= Bern) 1777, S. 28.

117 Vgl. Eva D. Becker: Klassiker in der deutschen Literaturgeschichtsschreibung zwischen 1780–1860. In: Zur Literatur der Restaurationsepoche 1815 bis 1848, S. 349–370.

118 Vgl. Karl Heinrich Ludwig Poelitz: Practisches Handbuch zur statarischen und kursorischen Lectüre der teutschen Klassiker. 2 Teile. 2. Aufl. Leipzig 1828. (1. Aufl. Leipzig 1804) Vorrede zum 2. Teil; vgl. Johann Gottfried Sauer/Neuhofer: Vorlesung über deutsche Klassiker für Gebildete und zum Gebrauche in höheren Lehranstalten. Augsburg 1810.

119 Erduin Julius Koch: Grundriß einer Geschichte der Sprache und Literatur der Deutschen von den ältesten Zeiten bis auf Lessings Tod. 2 Bde. Berlin 1795–1798, Bd. 1, S. XIII.

120 Vgl. Johann Friedrich Ludwig Wachler: Handbuch der allgemeinen Geschichte der literärischen Cultur. 2 Bde. Marburg 1804/1805; Franz Horn: Geschichte und Kritik der deutschen Poesie und Beredsamkeit. Berlin 1805; Friedrich Bouterwek: Geschichte der Poesie und Beredsamkeit. 12 Bde. Göttingen 1801–1819; Theodor Heinsius: Teut oder theoretisch-praktisches Lehrbuch des gesammten Deutschen Sprachunterrichts. 4. Teil. 2. Aufl. Berlin 1818, S. 471. – Die 1. Auflage erschien 1811.

121 Vgl. Heinrich Laube: Geschichte der deutschen Literatur. 4 Bde. Stuttgart 1839–1840.

122 Vgl. Joseph Hillebrand: Die deutsche Nationalliteratur seit dem Anfange des achtzehnten Jahrhunderts. 3 Bde. Hamburg – Gotha 1845.

123 Klaus L. Berghahn: Von Weimar nach Versailles. Zur Entstehung der Klassik-Legende im 19. Jahrhundert. In: Die Klassik-Legende. Second Wisconsin Workshop. Hg. v. Reinhold Grimm/Jost Hermand. Frankfurt a. M. 1971, S. 65 (Schriften zur Literatur Bd. 18).

124 Vgl. Georg Gottfried Gervinus: Geschichte der Deutschen Dichtung. Bd. 5. 4. verb Aufl. Leipzig 1853, S. 331–517.

125 Vgl. Berghahn: Von Weimar nach Versailles, S. 63.

126 Vgl. den von Herbert Cysarz zum Stichwort *Klassik* verfaßten Artikel in: Reallexikon der deutschen Literaturgeschichte. Bd. 1. 2. Aufl. Berlin (West) 1958, S. 852–858.

127 Vgl. Helmut Holtzhauer: Von sieben, die auszogen, die Klassik zu erlegen. In: Wer war Brecht. Wandlung und Entwicklung der Ansichten über Brecht. Sinn und Form. Hg. v. Werner Mittenzwei. Berlin (West) 1977, S. 522. Erstdruck in: Sinn und Form 25 (1973) 1, S. 169–188.

128 Vgl. Hans-Dietrich Dahnke: Zur Situation der Klassik-Forschung in der DDR. In: Deutsche Klassik und Revolution. Texte eines literaturwissen-

schaftlichen Kolloquiums. Hg. v. Paolo Chiarini/Walter Dietze. Rom 1981, S. 15–50.

129 Walter Dietze: Aufgaben und Probleme der Aneignung des bürgerlich-humanistischen Kunst- und Kulturerbes (unter besonderer Berücksichtigung der deutschen Aufklärung, Klassik und Romantik). In: Das kulturelle Erbe in unserer sozialistischen Gesellschaft. Wissenschaftliches Kolloquium vom 21. bis 23. Oktober 1975 in Weimar. Berlin 1976, S. 83.

130 Gervinus: Geschichte der Deutschen Dichtung, Bd. 5, S. 667.

131 Ebenda, S. 652.

132 Ebenda, S. 657.

133 Ebenda, S. 658.

134 Hermann Hettner: Geschichte der deutschen Litteratur im achtzehnten Jahrhundert. Hg. v. Gotthard Erler. Bd. 2. Berlin 1961, S. 740.

135 Ebenda, S. 741.

136 Ebenda, S. 745.

137 Ebenda, S. 741.

138 Ebenda, S. 743.

139 Wilhelm Scherer: Geschichte der deutschen Litteratur. Berlin 1883, S 705.

140 Ebenda, S. 713.

141 Ebenda, S. 712.

142 Ebenda, S. 714.

143 Ebenda, S. 712.

144 Gervinus: Geschichte der Deutschen Dichtung, Bd. 5, S. 518.

145 Ebenda, S. 530.

146 Ebenda, S. 546.

147 Ebenda, S. 564–565.

148 Ebenda, S. 565.

149 Ebenda, S. 565–566.

150 Vgl. ebenda, S. 578, 539, 535.

151 Ebenda, S. 613.

152 Ebenda, S. 613–614.

153 Hettner: Geschichte der deutschen Litteratur im achtzehnten Jahrhundert, Bd. 2, S. 634.

154 Ebenda, S. 639.

155 Ebenda, S. 640.

156 Ebenda, S. 644.

157 Ebenda, S. 647.

158 Ebenda, S. 652.

159 Ebenda, S. 648–649.

160 Ebenda, S. 653.

161 Ebenda, S. 654.

162 Vgl. Hermann Hettner: Die romantische Schule in ihrem inneren Zusammenhange mit Goethe und Schiller. In: Hermann Hettner: Schriften zur Literatur. Hg. v. Jürgen Jahn. Berlin 1959, S. 68.

163 Vgl. ebenda, S. 67.
164 Vgl. Hettner: Geschichte der deutschen Litteratur im achtzehnten Jahrhundert, Bd. 2, S. 591.
165 Ebenda, S. 621.
166 Gervinus: Geschichte der Deutschen Dichtung, Bd. 4, S. 341.
167 Hettner: Geschichte der deutschen Litteratur im achtzehnten Jahrhundert, Bd. 2, S. 626.
168 Ebenda.
169 Scherer: Geschichte der Deutschen Litteratur, S. 642–643.
170 Ebenda, S. 644.
171 Ebenda, S. 646.
172 Ebenda, S. 664.
173 Ebenda, S. 664–665.
174 Ebenda, S. 666.
175 Ebenda, S. 691.
176 Ebenda, S. 691–693.
177 Ebenda, S. 677.
178 Ebenda, S. 621.
179 Ebenda, S. 704.
180 Richard Moritz Meyer: Die deutsche Litteratur des Neunzehnten Jahrhunderts. 2. Aufl. Berlin 1900, S. 687.
181 Ebenda, S. 688.
182 Ebenda, S. 404.
183 Ebenda, S. 434.
184 Vgl. Julian Schmidt: Geschichte der Deutschen Litteratur von Leibniz bis auf unsere Zeit. Bd. 5: 1814–1866. Berlin 1896.
185 Vgl. Rudolf v. Gottschall: Die deutsche Nationallitteratur des neunzehnten Jahrhunderts. Litterarhistorisch und kritisch dargestellt. Bd. 4. 7. verb. und bis zum Jahre 1900 fortgeführte Aufl. Breslau 1902.
186 Vgl. Schmidt: Geschichte der Deutschen Litteratur, Bd. 5, S. 460–600.
187 Vgl. Rudolf v. Gottschall: Die deutsche Nationallitteratur des neunzehnten Jahrhunderts. Bd. 4. 5. verm. und verb. Aufl. Breslau 1881, S. 361–362.
188 Ebenda, Bd. 4, 7. Aufl., Breslau 1902, S. 494.
189 Meyer: Die deutsche Litteratur des Neunzehnten Jahrhunderts, S. 686.
190 Ebenda, S. 404.
191 Vgl. ebenda, S. 389–477.
192 Vgl. ebenda, S. 494 f.
193 Ebenda, S. 403–404.
194 Ebenda, S. 433.
195 Ebenda, S. 434.
196 Ebenda, S. 438.
197 Ebenda, S. 440.
198 Ebenda, S. 846.
199 Ebenda, S. 304.

200 Ebenda, S. 305.

201 Ebenda, S. 271.

202 Ebenda, S. 270.

203 Vgl. Max Koch: Geschichte der deutschen Litteratur. 2. neubearb. Aufl. Stuttgart 1895, S. 261 u. 267–269.

204 Vgl. Richard Moritz Meyer: Nietzsche. Berlin 1913.

205 Meyer: Die deutsche Litteratur des Neunzehnten Jahrhunderts, S. 719.

206 Ebenda, S. 721.

207 Vgl. Franz Mehring: Ästhetische Streifzüge (1898). IX. Friedrich Nietzsche. In: Franz Mehring: Gesammelte Schriften. Hg. v. Thomas Höhle/Hans Koch/Josef Schleifstein. Bd. 11. Berlin 1961, S. 210–221.

208 Vgl. Meyer: Die deutsche Litteratur des Neunzehnten Jahrhunderts, S. 562 f., 204.

209 Vgl. ebenda, S. 226 f., 590 f.

210 Ebenda, S. 144.

211 Vgl. ebenda, S. 142 f., 139 f., 132 f.

212 Vgl. Gottschall: Die deutsche Nationallitteratur des neunzehnten Jahrhunderts, Bd. 2, 5. Aufl., S. 51–67.

213 Vgl. Christ. Dietr. Grabbe's sämmtliche Werke. Erste Gesammtausgabe. Hg. u. eingel. v. Rudolf v. Gottschall. 2 Bde. Leipzig 1870.

214 Gottschall: Die deutsche Nationallitteratur des neunzehnten Jahrhunderts, Bd. 3, 5. Aufl., S. 292.

215 Meyer: Die deutsche Litteratur des Neunzehnten Jahrhunderts, S. 160.

216 Gottschall: Die deutsche Nationallitteratur des neunzehnten Jahrhunderts, Bd. 2, 5. Aufl., S. 321.

217 Ebenda, S. 322. (Namen und Titel im Original gesperrt).

218 Meyer: Die deutsche Litteratur des Neunzehnten Jahrhunderts, S. 168.

219 Ebenda, S. 165.

220 Ebenda, S. 166.

221 Ebenda, S. 168.

222 Eduard Engel: Geschichte der Deutschen Literatur von den Anfängen bis in die Gegenwart. Bd. 2: Das 19. Jahrhundert und die Gegenwart. 29. Aufl. Wien – Leipzig 1918, S. 126–127.

223 Vgl. Friedrich Nietzsche: Götzendämmerung. In: Friedrich Nietzsche: Sämtliche Werke. Kritische Studienausgabe in 15 Bänden. Bd. 6. Berlin (West) 1980, S. 125; Friedrich Nietzsche: Ecce Homo. In: Ebenda, S. 286; Friedrich Nietzsche: Nietzsche contra Wagner. In: Ebenda, S. 427.

224 Vgl. Scherer: Geschichte der deutschen Litteratur, S. 649 f.

225 René Wellek: Geschichte der Literaturkritik 1750–1950. Bd. 3: Das späte 19. Jahrhundert. Berlin (West) – New York 1977, S. 300.

226 Vgl. Helmut Johach: Handelnder Mensch und objektiver Geist. Zur Theorie der Geistes- und Sozialwissenschaften bei Wilhelm Dilthey. Meisenheim am Glan 1974.

227 Vgl. Christofer Zöckler: Dilthey und die Hermeneutik. Diltheys Begrün-

dung der Hermeneutik als Praxiswissenschaft und die Geschichte ihrer Rezeption. Stuttgart 1975. – Vgl. dazu auch die Rezension von Wolfgang Heise. In: Referatedienst zur Literaturwissenschaft 10 (1978) 3, S. 251.

228 Vgl. Georg Lukács: Die Zerstörung der Vernunft. Berlin 1954, S. 329–350; ähnlich auch Wolfgang Heise: Aufbruch in die Illusion. Berlin 1964, S. 139–145; vgl. auch Wolfgang Heises Rezensionen zur Neuauflage von Wilhelm Dilthey: Der Aufbau der geschichtlichen Welt in den Geisteswissenschaften. Frankfurt a. M. 1970, in: Referatedienst zur Literaturwissenschaft 4 (1972) 3, S. 251, sowie zu den Bänden XV, XVI, XVII, XVIII und XIX von Wilhelm Diltheys Gesammelten Schriften. Göttingen 1970–1982, in: Referatedienst zur Literaturwissenschaft 4 (1972) 3, S. 251; 6 (1974) 4, S. 411; 10 (1978) 3, S. 279 und 16 (1984) 2, S. 307.

229 Vgl. Johach: Handelnder Mensch und objektiver Geist, S. 156 ff.

230 Wilhelm Dilthey: Die Psychologie und die Wissenschaften der Kultur. Berliner Nachlaß. C 12, S. 258–298 (Heft mit der Aufschrift: Einleitung in das wissenschaftliche Studium des Menschen, der Gesellschaft und der Geschichte, drittes Stück, begonnen den 14. Januar 1866 frühmorgens), fol. 271 (Zentrales Archiv der Akademie der Wissenschaften der DDR).

231 Vgl. Dilthey: Gesammelte Schriften, Bd. 1, S. 51–80.

232 Ebenda, S. 40.

233 Ebenda, S. 41.

234 Ebenda, S. 33.

235 Vgl. ebenda, S. XVII f.

236 Johach: Handelnder Mensch und objektiver Geist, S. 55.

237 Dilthey: Gesammelte Schriften, Bd. 1, S. 37.

238 Ebenda, S. 26.

239 Vgl. Johach: Handelnder Mensch und objektiver Geist, S. 48 f.

240 Dilthey: Gesammelte Schriften, Bd. 1, S. 26.

241 Ebenda, S. 36–37.

242 Johach: Handelnder Mensch und objektiver Geist, S. 57.

243 Dilthey: Gesammelte Schriften, Bd. 5: Die geistige Welt. Einleitung in die Philosophie des Lebens. 1. Hälfte: Abhandlungen zur Grundlegung der Geisteswissenschaften, hg. v. Georg Misch, 1924, S. 366.

244 Dilthey: Gesammelte Schriften, Bd. 1, S. XVIII.

245 Johach: Handelnder Mensch und objektiver Geist, S. 77.

246 Dilthey: Gesammelte Schriften, Bd. 7: Der Aufbau der geschichtlichen Welt in den Geisteswissenschaften, hg. v. Bernhard Groethuysen, 1927, S. 216.

247 Vgl. Dilthey: Gesammelte Schriften, Bd. 1, S. 3.

248 Vgl. Marion Förster: Wilhelm Dilthey und die Hermeneutik. Analyse der Diltheyschen Philosophie und seiner literaturwissenschaftlichen Konzeption. Diss. (A). Leipzig 1982.

249 Dilthey: Gesammelte Schriften, Bd. 9: Pädagogik. Geschichte und Grundlinien des Systems, hg. v. Otto Friedrich Ballnow, 1934, S. 179.

250 Dilthey: Gesammelte Schriften, Bd. 2: Weltanschauung und Analyse des

Menschen seit der Renaissance und Reformation, hg. v. Georg Misch, 1914, S. 245.

251 Wilhelm Dilthey [Rez. zu]: Das Capital. Kritik der politischen Oekonomie. Von Carl Marx. Buch I: Productionsproceß des Capitals. 2. verb. Aufl. Hamburg [1873]. In: Westermann's Jahrbuch der Illustrirten Deutschen Monatshefte. Ein Familienbuch für das gesamte geistige Leben der Gegenwart (1878) Bd. 44, April bis September, S. 224. Zit. nach: Dilthey: Gesammelte Schriften, Bd. 17: Zur Geistesgeschichte des 19. Jahrhunderts, hg. v. Ulrich Herrmann, 1974, S. 187.

252 Briefwechsel zwischen Wilhelm Dilthey und dem Grafen Paul Yorck von Wartenburg 1877–1897. Hg. v. Sigrid von der Schulenburg. Halle/Saale 1924, S. 76.

253 Vgl. Zöckler: Dilthey und die Hermeneutik, S. 227 ff.

254 Wilhelm Dilthey: Entwurf zur „Einleitung in die Geisteswissenschaften". Berliner Nachlaß. C 76 fol. 19. Rückseite. – Die Kürzel in der Handschrift wurden aufgelöst.

255 Vgl. Lukács: Die Zerstörung der Vernunft, S. 345 f.

256 Wilhelm Dilthey: Das Erlebnis und die Dichtung. Lessing, Goethe, Novalis, Hölderlin. 8. Aufl. Leipzig – Berlin 1922, S. 173.

257 Dilthey: Gesammelte Schriften, Bd. 5, S. 13. – Auf die Bedeutung von Diltheys Baseler Antrittsvorlesung für die Ausbildung seiner Konzeption der deutschen Literaturgeschichte hat Peter Uwe Hohendahl hingewiesen. Vgl. Hohendahl: Literarische Kultur im Zeitalter des Liberalismus, S. 262 bis 264.

258 Dilthey: Gesammelte Schriften, Bd. 5, S. 14–15.

259 Ebenda, S. 16–17.

260 Ebenda, S. 18–19.

261 Ebenda, S. 19–20.

262 Ebenda, S. 21–23.

263 Ebenda, S. 23. – Dilthey zitiert hier Kant.

264 Ebenda, S. 24–25.

265 Ebenda, S. 25–26.

266 Ebenda, S. 13.

267 Ebenda.

268 Rudolf Haym: Die Romantische Schule. Ein Beitrag zur Geschichte des deutschen Geistes. Berlin 1870, S. 5.

269 Ebenda.

270 Ebenda, S. 4.

271 Dilthey: Gesammelte Schriften, Bd. 5, S. 13.

272 Dilthey: Das Erlebnis und die Dichtung, S. 472, 471.

273 Vgl. ebenda, S. 347.

274 Ebenda, S. 474.

275 Georg Lukács: Skizze einer Geschichte der neueren deutschen Literatur. Berlin 1953. S 43.

276 Vgl. Lukács: Die Zerstörung der Vernunft, S. 318 ff.

277 Dilthey: Das Erlebnis und die Dichtung, S. 269–271.

278 Vgl. Dilthey: Gesammelte Schriften. Bd. 3: Studien zur Geschichte des deutschen Geistes, hg. v. Paul Ritter, 1927, S. 209–275.

279 Vgl. Manfred Buhr/Gerd Irrlitz: Der Anspruch der Vernunft. Die klassische bürgerliche deutsche Philosophie als theoretische Quelle des Marxismus. Teil 1. Berlin 1968, S. 141–185.

280 Vgl. ebenda, S. 149.

281 Vgl. Friedrich Engels: Ludwig Feuerbach und der Ausgang der klassischen deutschen Philosophie. In: Marx/Engels: Werke, Bd. 21, Berlin 1969, S. 259–307.

282 Vgl. Julian Schmidt: Geschichte der deutschen Nationalliteratur im 19. Jahrhundert. Bd. 1. Leipzig 1853, S. 11 f., 19–20.

283 Werner Krauss: Literaturgeschichte als geschichtlicher Auftrag. In: Werner Krauss: Aufsätze zur Literaturgeschichte. 2. Aufl. Leipzig 1968, S. 64.

284 Lukcás: Die Zerstörung der Vernunft, S. 334.

285 Vgl. Niklas Luhmann: Das Problem der Epochenbildung und die Evolutionstheorie. In: Epochenschwellen und Epochenstrukturen im Diskurs der Literatur- und Sprachhistorie. Hg. v. Hans-Ulrich Gumbrecht/Ursula Link-Heer. Frankfurt a. M. 1985, S. 11.

286 Wallace K. Ferguson: La Renaissance dans la pensée historique. Paris 1950 (engl. Erstausgabe 1948), S. 11.

287 Vgl. Ursula Link-Heer: Giorgio Vasari oder der Übergang von einer Biographien-Sammlung zur Geschichte einer Epoche. In: Epochenschwellen und Epochenstrukturen, S. 73–88.

288 Ebenda, S. 75.

289 Vgl. Georg Gottfried Gervinus: Geschichte der poetischen National-Litteratur der Deutschen. Leipzig 1835–1842.

290 Vgl. Hermann Hettner: Literaturgeschichte des achtzehnten Jahrhunderts. 3 Teile in 6 Bdn. Braunschweig 1856–1870.

291 Vgl. August Vilmar: Geschichte der deutschen National-Literatur. Marburg 1845.

292 Vgl. Wolfgang Menzel: Die deutsche Literatur. Bde. 1–4. 2. Aufl. Stuttgart 1836; Wolfgang Menzel: Deutsche Dichtung von der ältesten bis auf die neueste Zeit. 3 Bde. Stuttgart 1858–1859.

293 Vgl. Wilhelm Scherer: Geschichte der deutschen Litteratur. Berlin 1883.

294 Vgl. Johann Wolfgang von Goethe: Aus meinem Leben. Dichtung und Wahrheit. 2. Teil. 7. Buch. In: Goethes Werke. Bd. 9. 3. Aufl. Hamburg 1955, S. 279 ff. (Hamburger Ausgabe in 14 Bänden).

295 Vgl. Julian Schmidt: Zu Goethe's Jubelfeier. In: Grenzboten (1849), 3, S. 204, und Julian Schmidt: Geschichte der deutschen Nationalliteratur im 19. Jahrhundert. Bd. 1. Leipzig 1853, S. 11 f.

296 Scherer stellte die Theorie einer sechshundertjährigen Periodizität der „Blütezeiten" der deutschen Literatur (um 600, um 1200 und um 1800)

auf. Vgl. Wilhelm Scherer: Die Epochen der deutschen Literaturgeschichte. In: Wilhelm Scherer: Kleine Schriften. Bd. 1: Kleine Schriften zur altdeutschen Philologie. Hg. v. Konrad Burdach/Erich Schmidt. Berlin 1893, S. 672–675.

297 Vgl. Richard Moritz Meyer: Die deutsche Litteratur des Neunzehnten Jahrhunderts. 2. Aufl. Berlin 1900.

298 Vgl. Friedrich Kummer: Deutsche Literaturgeschichte des 19. Jahrhunderts dargestellt nach Generationen. Dresden 1909.

299 Ebenda, S. 2.

300 Vgl. Jost Hermand: Literaturwissenschaft und Kunstwissenschaft. Methodische Wechselbeziehungen seit 1900. 2. Aufl. Stuttgart 1971, S. 45.

301 Vgl. Karl Mannheim: Das Problem der Generation. In: Kölner sozialpolitische Vierteljahrsschrift. Zeitschrift des Forschungsinstituts für Sozialwissenschaften in Köln 7 (1928).

302 Vgl. Julius Petersen: Die literarischen Generationen. In: Philosophie der Literaturwissenschaft, S. 130–187.

303 Wilhelm Pinder: Das Problem der Generation in der Kunstgeschichte Europas. Berlin 1926.

304 Cysarz: Das Periodenprinzip in der Literaturwissenschaft. In: Philosophie der Literaturwissenschaft, S. 92.

305 Vgl. ebenda, S. 103.

306 Petersen: Die literarischen Generationen, S. 132.

307 Vgl. ebenda.

308 Ebenda.

309 Vgl. z. B. Oskar Walzel: Gehalt und Gestalt im Kunstwerk des Dichters. Berlin 1924.

310 Cysarz: Das Periodenprinzip in der Literaturwissenschaft, S. 118.

311 Vgl. Günter Müller: Deutsche Dichtung von der Renaissance bis zum Ausgang des Barock. Wildpark-Potsdam 1927–29; Franz Schultz: Klassik und Romantik der Deutschen. 2 Bde. Stuttgart 1935, S. 2.

312 Benno v. Wiese: Zur Kritik des geistesgeschichtlichen Epochebegriffes. In: Deutsche Vierteljahrsschrift für Literaturwissenschaft und Geistesgeschichte 11 (1933), S. 140, 133.

313 Ebenda, S. 137.

314 Vgl. Geschichte der deutschen Literatur. Von den Anfängen bis zur Gegenwart. Bde. 6–9. Hg. v. einem Kollektiv unter Leitung v. Hans-Günther Thalheim. Berlin 1975–1979.

315 Vgl. Claus Träger: Zur Methodologie der Literaturgeschichtsschreibung. In: Träger: Studien zur Erbetheorie und Erbeaneignung. Leipzig 1981, S. 223.

316 Ebenda, S. 225–226.

317 Vgl. Gesellschaft – Literatur – Lesen. Literaturrezeption in theoretischer Sicht. Von Manfred Naumann. Autorenkollektiv. Berlin – Weimar 1973.

318 Vgl. Hansers Sozialgeschichte der deutschen Literatur vom 16. Jahrhundert bis zur Gegenwart. Hg. v. Rolf Grimminger. Red. Hans-Joachim Simm.

München – Wien 1980 ff.; Deutsche Literatur. Eine Sozialgeschichte. Von den Anfängen bis zur Gegenwart in 10 Bänden. Hg. v. Horst Glaser. Reinbek b. Hamburg 1982 ff. Vgl. auch: Geschichte der deutschen Literatur vom 18. Jahrhundert bis zur Gegenwart. Hg. v. Viktor Žmegač. Königstein/Ta. 1979 ff., die ebenfalls als Sozialgeschichte der deutschen Literatur konzipiert ist. („Eine neue Literaturgeschichte, die vor allem sozialhistorisch informiert." – Klappentext).

319 Werner Krauss: Grundprobleme der Literaturwissenschaft. IX. Periodisierung und Generationstheorie. In: Werner Krauss: Das wissenschaftliche Werk. Bd. 1: Literaturtheorie, Philosophie und Politik. Hg. v. Manfred Naumann. Berlin – Weimar 1984, S. 239.

320 Ebenda, S. 240.

321 Luhmann: Das Problem der Epochenbildung und die Evolutionstheorie, S. 26.

322 Ebenda, S. 16–17.

323 Ebenda, S. 19.

324 Vgl. z. B. Juri Tynjanow: Über die literarische Evolution (1927). In: Juri Tynjanow: Poetik. Ausgewählte Essays. Leipzig – Weimar 1982, S. 31–48; Jan Mukařovský: Die Kunst als semiologisches Faktum (1936). In: Mukařovský: Kapitel aus der Ästhetik, S. 138–146.

325 Vgl. Jürgen Kocka: Sozialgeschichte. Begriff – Entwicklung – Probleme. 2. erw. Aufl. Göttingen 1986, S. 73–74.

326 Ebenda, S. 73–75.

327 Ebenda, S. 78–79.

328 Vgl. Luhmann: Das Problem der Epochenbildung und die Evolutionstheorie, S. 16–19.

329 Vgl. Stil und Gesellschaft. Ein Problemaufriß. Hg. v. Friedrich Möbius. Dresden 1984 (Fundus-Bücher 89/90); Stil. Geschichten und Funktionen eines kulturwissenschaftlichen Diskurselements. Hg. v. Hans-Ulrich Gumbrecht/K. Ludwig Pfeiffer. Frankfurt a. M. 1986.

330 M. S. Kagan: Vorlesungen zur marxistisch-leninistischen Ästhetik. Berlin 1969, S. 608.

331 Vgl. Dieter Schlenstedt: Problemfeld Widerspiegelung. In: Literarische Widerspiegelung. Geschichtliche und theoretische Dimensionen eines Problems. Autorenkollektiv u. Leitung v. Dieter Schlenstedt. Berlin – Weimar 1981.

332 Kagan: Vorlesungen zur marxistisch-leninistischen Ästhetik, S. 610.

333 Ebenda, S. 608.

334 Vgl. Ästhetik heute. Redaktion: Michael Franz/Karin Hirdina/Günter Mayer/Erwin Pracht (Leitung). Berlin 1987.

335 Vgl. Dilthey: Gesammelte Schriften, Bd. 1.

336 Vgl. Oskar Walzel: Das Wortkunstwerk. Mittel seiner Erforschung. Leipzig 1926, S. 51.

337 Vgl. Heinrich Wölfflin: Kunstgeschichtliche Grundbegriffe. Das Problem der Stilentwicklung in der neueren Kunst. München 1915.

338 Vgl. Vergleichende Literaturwissenschaft. Theorie und Praxis. Hg. v. Manfred Schmeling. Wiesbaden 1981.

339 Vgl. Josef Nadler: Das Problem der Stilgeschichte. In: Philosophie der Literaturwissenschaft, S. 376–397.

340 Vgl. Josef Nadler: Literaturgeschichte der deutschen Stämme und Landschaften. Bd. 1, Regensburg 1912.

341 Vgl. August Sauer: Literaturgeschichte und Volkskunde. Rektoratsrede gehalten in der Aula der k.k. deutschen Karl-Ferdinands-Universität in Prag. Am 18. November 1907. Prag 1907.

342 Vgl. Rudolf Unger: Gesammelte Studien. Bd. 1: Aufsätze zur Prinzipienlehre der Literaturgeschichte. Berlin 1929, S. 176.

343 Nadler: Das Problem der Stilgeschichte, S. 387.

344 Ebenda, S. 388–389.

345 Ebenda, S. 394–395.

346 Vgl. Aby M. Warburg: Ausgewählte Schriften und Würdigungen. Hg. v. Dieter Wuttke in Verbindung mit Carl Georg Heise. Baden-Baden 1979; Vgl. auch Ernst H. Gombrich: Aby Warburg. An Intellectual Biography. London 1970 (deutsch 1981).

347 Vgl. Aby M. Warburg: Bildniskunst und florentinisches Bürgertum (1902) und Francesco Sassettis letztwillige Verfügung (1907). In: Warburg: Ausgewählte Schriften und Würdigungen, S. 65–102, 137–164. – Vgl. auch Harald Olbrich: Gotik im Quattrocento oder: Der ausgebliebene Dialog zwischen Frederick Antal und Aby Warburg. In: Stil und Gesellschaft, S. 199–225.

348 Vgl. Josef Adolf Schmoll gen. Eisenwerth: Stilpluralismus statt Einheitszwang – Zur Kritik der Stilepochen – Kunstgeschichte. In: Argo. Festschrift für Kurt Badt. Köln 1970, S. 77–95.

349 Vgl. z. B. Walter Benjamin: Charles Baudelaire. Ein Lyriker im Zeitalter des Hochkapitalismus. In: Walter Benjamin: Gesammelte Schriften. Unter Mitwirkung v. Theodor W. Adorno/Gershom Scholem hg. v. Rolf Tiedemann/Hermann Schweppenhäuser. Bd. 1. Frankfurt a. M. 1974, S. 509–690; Siegfried Kracauer: Der Detektiv-Roman. Ein philosophischer Traktat (1922 bis 1925); Siegfried Kracauer: Die Angestellten. Aus dem neuesten Deutschland (1929). In: Siegfried Kracauer: Schriften I. Frankfurt a. M. 1972; Arnold Hauser: Sozialgeschichte der Kunst und Literatur. München 1958.

350 Vgl. Sprachwissenschaftliche Germanistik. Ihre Herausbildung und Begründung. Hg. v. Werner Bahner/Werner Neumann. Berlin 1985, S. 148.

351 Vgl. Jacob Grimm: Rede auf Lachmann. Gehalten in der öffentlichen Sitzung der Akademie der Wissenschaften am 3. Juli 1851. In: Jacob Grimm: Kleinere Schriften. Bd. 1. Hg. v. Karl Müllenhoff/Eduard Ippel. Berlin 1864, S. 150–151.

352 Vgl. Sauer: Literaturgeschichte und Volkskunde, S. 20.

353 Vgl. z. B. Jutta Strippel: Zum Verhältnis von deutscher Rechtsgeschichte und deutscher Philologie. In: Germanistik und deutsche Nation 1806–1848.

Zur Konstitution bürgerlichen Bewußtseins. Unter Mitarbeit v. Reinhard Behm/Karl-Heinz Götze/Ulrich Schulte-Wülwer/Jutta Strippel. Hg. v. Jörg Jochen Müller. Stuttgart 1974, S. 113–166.

354 Vgl. Gunhild Ginschel: Der junge Jacob Grimm 1805–1819. Berlin 1967. – Vgl. auch: Sprachwissenschaftliche Germanistik. Ihre Herausbildung und Begründung.

355 Vgl. Wilhelm Scherer: Jacob Grimm. Neudruck der zweiten Auflage mit Beigaben aus der ersten Auflage und Scherers Rede auf Grimm besorgt von Sigrid von der Schulenburg. Berlin 1921, S. 101, 49.

356 Konrad Burdach: Vorwort. In: Wilhelm Scherer: Kleine Schriften. Bd. 1: Kleine Schriften zur altdeutschen Philologie. Hg. v. Konrad Burdach/Erich Schmidt. Berlin 1893, S. XIX.

357 Vgl. Krauss: Aufsätze zur Literaturgeschichte, S. 384.

358 Jacob Grimm: Rede an die studenten. Bei deren ovation für die brüder Grimm am 24. febr. 1843. Allgemeine preuszische staatszeitung (1843) Nr. 59, S. 246. In: Jacob Grimm: Kleinere Schriften. Bd. 8. Hg. v. Eduard Ippel. Gütersloh 1890, S. 465.

359 Jacob Grimm: Geschichte der deutschen Sprache. Bd. 1. Leipzig 1848, S. IV–V.

360 Jacob Grimm [Rez. zu]: Geschichte der poetischen nationalliteratur der Deutschen von dr. G. G. Gervinus. In: Jacob Grimm: Kleinere Schriften. Bd. 5. Berlin 1871, S. 178–179.

361 J. Grimm: Geschichte der deutschen Sprache, Bd. 1, S. V.

362 Vgl. Max Koch: Zur Einführung. In: Zeitschrift für Vergleichende Litteraturgeschichte. Hg. v. Max Koch. Bd. 1. Berlin 1887, S. 1–12.

363 Ebenda, S. 1.

364 Ebenda, S. 2.

365 Vgl. ebenda, S. 5.

366 Vgl. Friedrich Schlegel: Vorlesungen über die Geschichte der europäischen Literatur. In: Kritische Friedrich Schlegel-Ausgabe. Hg. v. Ernst Behler. II. Abt.: Schriften aus dem Nachlaß. Bd. 11: Wissenschaft der europäischen Literatur. Vorlesungen, Aufsätze und Fragmente aus der Zeit von 1795 bis 1804. München – Paderborn – Wien 1958; August Wilhelm Schlegel: Vorlesungen über schöne Litteratur und Kunst. 3 Teile. Hg. v. Jakob Minor. Heilbronn 1884.

367 Vgl. Friedrich Schlegel: Über die Sprache und Weisheit der Indier. In: Kritische Friedrich Schlegel-Ausgabe. I. Abt.: Kritische Neuausgabe. Bd. 8: Studien zur Philosophie und Theologie. München – Paderborn – Wien 1975, S. 105–317.

368 A. W. Schlegel: Vorlesungen über schöne Litteratur und Kunst, 3. Teil (1803–1804): Geschichte der romantischen Litteratur, S. 33.

369 Friedrich Schiller: [Deutsche Größe]: In: Schillers sämtliche Werke. Hg. v. Hans-Günther Thalheim u. einem Kollektiv v. Mitarbeitern. Bd. 1: Gedichte. Berlin – Weimar 1980, S. 557 (Berliner Ausgabe).

370 Vgl. Werner Krauss: Grundprobleme der Literaturwissenschaft, S. 161, 622.

371 Johann Wolfgang Goethe: [German Romance. Volumes IV. Edinburgh 1827]. In: Johann Wolfgang Goethe: Werke. Kunsttheoretische Schriften und Übersetzungen. Schriften zur Literatur II. Bd. 18. Berlin – Weimar 1972, S. 396 (Berliner Ausgabe).

372 Vgl. Koch: Zur Einführung, S. 10.

373 Vgl. z. B.: Otto Freiherr von Weddigen: Geschichte der Einwirkungen der deutschen Litteratur auf die Litteraturen der übrigen europäischen Kulturvölker der Neuzeit. Leipzig 1882.

374 Vgl. Johann Wolfgang Goethe: [German Romance.] In: Goethe: Werke, Bd. 18, S. 395–396 (Berliner Ausgabe). – Zu einem solchen „Weltliteratur"-Verständnis vgl. z. B. Heinrich Hart: „Weltliterarisches". In: Deutsches Dichterheim 2 (1882) 29, S. 310–313; Georg Brandes: Weltliteratur. In: Das Litterarische Echo 2 (1989) 1, Sp. 1–5.

375 Vgl. Peter Weber: Die Herausbildung des Begriffs Weltliteratur. In: Literatur im Epochenumbruch. Funktionen europäischer Literatur im 18. und beginnenden 19. Jahrhundert. Hg. v. Günter Klotz/Winfried Schröder/Peter Weber. Berlin – Weimar 1977, S. 531–614.

376 Johann Wolfgang Goethe: Thomas Carlyle. „Leben Schillers". Aus dem Englischen. Eingeleitet durch Goethe. In: Goethe: Werke, Bd. 18, S. 399 (Berliner Ausgabe).

377 Johann Peter Eckermann: Gespräche mit Goethe in den letzten Jahren seines Lebens. Berlin – Weimar 1982, S. 227–228 (Eintragung vom 15. Juli 1827).

378 Ebenda, S. 198 (Eintragung vom 31. Januar 1827).

379 Johann Wolfgang Goethe: [Ferneres über Weltliteratur.] In: Goethe: Werke, Bd. 18, S. 430 (Berliner Ausgabe).

380 Koch: Zur Einführung, S. 10.

381 Vgl. Georg Wilhelm Friedrich Hegel: Ästhetik. Hg. v. Friedrich Bassenge. Berlin 1955. Zweiter Teil: Entwicklung des Ideals zu den besonderen Formen des Kunstschönen, S. 309–573, und Dritter Teil. Dritter Abschnitt. Drittes Kapitel. C.: Die Gattungsunterschiede der Poesie, S. 932–1105.

382 Vgl. Karl Rosenkranz: Handbuch der allgemeinen Geschichte der Poesie. 3 Teile. Halle 1832/33.

383 Vgl. Karl Rosenkranz: Die Poesie und ihre Geschichte. Eine Entwicklung der poetischen Ideale der Völker. Königsberg 1855.

384 Vgl. ebenda, S. X.

385 Vgl. Johannes Scherr: Allgemeine Geschichte der Literatur von den ältesten Zeiten bis auf die Gegenwart. Ein Handbuch für alle Gebildeten. 2 Bde. Stuttgart 1851.

386 Vgl. Theodor Mundt: Allgemeine Literaturgeschichte. 3 Bde. Berlin 1846.

387 Vgl. Adolf Stern: Geschichte der Weltlitteratur in übersichtlicher Darstellung. Stuttgart 1888.

388 Vgl. Hermann Hettner. Literaturgeschichte des achtzehnten Jahrhunderts. 3 Teile in 6 Bdn. Berlin 1856–1870.

389 Hermann Hettner: Literaturgeschichte des achtzehnten Jahrhunderts. Bd. 1: Geschichte der englischen Literatur von der Wiederherstellung des Königthums bis in die zweite Hälfte des 18. Jahrhunderts 1660–1770. 4. Aufl. Braunschweig 1881, S. 8.

390 Karl Marx/Friedrich Engels: Manifest der Kommunistischen Partei. In: Marx/Engels: Werke, Bd. 4, Berlin 1959, S. 463–465.

391 Ebenda, S. 466.

392 Vgl. z. B. Winfried Schröder: Die Antinomie von autonomer Nationalgeschichte und ideellem Universalismus. Das Dilemma der bürgerlichen Komparatistik. In: Vergleichende Literaturforschung in den sozialistischen Ländern 1968–1979. Hg. v. Gerhard R. Kaiser. Stuttgart 1980, S. 223–251.

393 Vgl. Zeitschrift für vergleichende Litteratur. 1. u. 2. Jg. (1877/78); Acta comparationis litterarum universarum. 3. bis 11. Jg. (1879/1888).

394 Vgl. Carl Hugo Meltzl von Lomnitz: Vorläufige Aufgaben der vergleichenden Litteratur. In: Acta comparationis litterarum universarum 1 (1877), S. 162.

395 Vgl. Wilhelm Scherer: Moriz Haupt. In: Scherer: Kleine Schriften, Bd. 1, S. 119.

396 Moriz Carriere: Die Poesie. Ihr Wesen und ihre Formen mit Grundzügen der vergleichenden Literaturgeschichte. 2. umgearb. Aufl. Leipzig 1884, S. 227–367 (VIII. A 2: Die epischen Dichtarten im Licht der vergleichenden Literaturgeschichte) u. S. 539–706 (VIII. C 3: Grundzüge und Winke zur vergleichenden Literaturgeschichte des Dramas).

397 Vgl. Moriz Carriere: Das Wesen und die Formen der Poesie. Ein Beitrag zur Philosophie des Schönen und der Kunst. Mit literarhistorischen Erläuterungen. Leipzig 1854.

398 Carriere: Die Poesie. Ihr Wesen und ihre Formen, S. V.

399 Ebenda, S. VI.

400 Meltzl von Lomnitz: Vorläufige Aufgaben der vergleichenden Litteratur. Zit. nach: Susanne Schröder: Deutsche Komparatistik im Wilhelminischen Zeitalter 1871–1918. Bonn 1979, S. 13.

401 Vgl. Koch: Zur Einführung, S. 6.

402 Carl Hugo Meltzl von Lomnitz: Der transcendentale Idealismus der Siebenbürger Magyaren. In: Acta comparationis litterarum universarum 6 (1881), S. 155. Zit. nach: Schröder: Deutsche Komparatistik im Wilhelminischen Zeitalter, S. 15.

403 Vgl. Ludwig Katona: Zur Litteratur und Charakteristik des magyarischen Volkes. In: Zeitschrift für vergleichende Litteraturgeschichte und Renaissance-Litteratur. Neue Folge. Bd. 1. Berlin 1887/88, S. 19.

404 Vgl. Schröder: Deutsche Komparatistik im Wilhelminischen Zeitalter.

405 Ebenda, S. 16.

406 Ebenda.

407 Ebenda, S. 24.

408 Meltzl von Lomnitz: Vorläufige Aufgaben der vergleichenden Litteratur. Zit. nach: Schröder: Deutsche Komparatistik im Wilhelminischen Zeitalter, S. 308.

409 Vgl. Sandor Kerekes: Karl Hugo Meltzl von Lomnitz. 1846–1908. Budapest 1937. (Jahrbuch des Deutschen Instituts der Königlich-Ungarischen Péter-Pázmány-Universität); Vgl. Hellmut Czoppelt: Carl Hugo Meltzl von Lomnitz. In: Südostdeutsche Vierteljahrsblätter 21 (1972), S. 254–257.

410 Vgl. Kerekes: Karl Hugo Meltzl von Lomnitz, S. 52.

411 Koch: Zur Einführung, S. 12.

412 Max Koch [Rez. zu]: Geschichte des deutschen Kultureinflusses auf Frankreich von Theodor Süpfle. In: Das Magazin für die Literatur des In- und Auslands 57 (1888), S. 729.

413 Vgl. Theodor Süpfle: Geschichte des deutschen Kultureinflusses auf Frankreich mit besonderer Berücksichtigung der litterarischen Entwicklung. 2 Bde. Gotha 1886.

414 Max Koch [Rez. zu]: Geschichte des deutschen Kultureinflusses, S. 751 f.

415 Schröder: Deutsche Komparatistik im Wilhelminischen Zeitalter, S. 41.

416 Louis Paul Betz war USA-Bürger. Seine Eltern waren aus dem Elsaß nach New York eingewandert, wo er zur Welt kam.

417 Louis Paul Betz: Weltlitteratur – Goethe und Richard M. Meyer. Eine Litteraturkritik. In: Allgemeine Zeitung 103 (1900) Nr. 258 v. 20. Okt.

418 Louis Paul Betz: Kritische Betrachtungen über Wesen, Aufgabe und Bedeutung der vergleichenden Litteraturgeschichte. In: Zeitschrift für französische Sprache und Litteratur, Bd. 18 (1896), S. 155–156, und Louis Paul Betz: Litteraturvergleichung. In: Das litterarische Echo. Halbmonatsschrift für Litteraturfreunde 3 (1901) 10, Sp. 665. (Wiederabgedruckt in: Louis Paul Betz: Studien zur vergleichenden Litteraturgeschichte der neueren Zeit. Frankfurt a. M. 1902.)

419 Betz: Litteraturvergleichung, Sp. 662–663.

420 Wilhelm Wetz: Shakespeare vom Standpunkte der vergleichenden Litteraturgeschichte. Bd. 1: Die Menschen in Shakespeares Dramen. 2. Ausg. Hamburg 1897, S. 4, 6.

421 Wilhelm Wetz: Ueber Litteraturgeschichte. Eine Kritik von ten Brink's Rede 'Über die Aufgabe der Litteraturgeschichte'. Worms 1891, S. 65.

422 Wetz: Shakespeare vom Standpunkte der vergleichenden Litteraturgeschichte, Bd. 1, S. VII. – Diesen Zusammenhang hat bereits Susanne Schröder hergestellt. Vgl. Schröder: Deutsche Komparatistik im Wilhelminischen Zeitalter, S. 44.

423 Wilhelm Wetz: Die Zukunft deutscher und amerikanischer Wissenschaft. In: Frankfurter Zeitung (1903) v. 16. 1., S. 1.

424 Betz: Kritische Betrachtungen über Wesen, Aufgabe und Bedeutung der vergleichenden Litteraturgeschichte, S. 154.

425 Ebenda, S. 146, 154.

426 Betz: Litteraturvergleichung, Sp. 662.

427 Ebenda; und Betz: Weltlitteratur – Goethe und Richard M. Meyer, S. 4.

428 Vgl. Ernst Elster [Rez. zu]: L. P. Betz, Heine in Frankreich. Eine litterarhistorische Untersuchung. In: Euphorion. Zeitschrift für Litteraturgeschichte (1898) Bd. 5. S. 335–342.

429 Ebenda, S. 336.

430 Louis Paul Betz: Heine in Frankreich. Eine litterarhistorische Untersuchung. Zürich 1895, S. 2.

431 Ebenda, S. 289.

432 Elster [Rez. zu]: L. P. Betz, Heine in Frankreich, S. 336.

433 Ernst Elster: Weltlitteratur und Litteraturvergleichung. In: Archiv für das Studium der neueren Sprachen und Litteraturen (1901), Bd. CVII, H 1/2, S. 41.

434 Ebenda, S. 41–42.

435 Ebenda.

436 Ernst Elster: Geschichte und Litteratur. In: Kleinere Beiträge zur Geschichte von Dozenten der Leipziger Hochschule. Festschrift zum deutschen Historikertage in Leipzig – Ostern 1894. Leipzig 1894, S. 250 und Elster: Weltlitteratur und Litteraturvergleichung, S. 41.

437 Elster: Weltlitteratur und Litteraturvergleichung, S. 47 und Ernst Elster: Die Aufgaben der Litteraturgeschichte. Akademische Antrittsrede. Halle 1894, S. 21.

438 Elster: Weltlitteratur und Litteraturvergleichung, S. 44–46.

439 Hans Daffis: Litteratur und Universität. In: Das litterarische Echo. Halbmonatsschrift für Litteraturfreunde 3 (1901) 12, Sp. 809.

440 Vgl. Schröder: Deutsche Komparatistik im Wilhelminischen Zeitalter, S. 161.

441 Arthur L. Jellinek: Bibliographie der vergleichenden Literaturgeschichte. Bd. 1. Berlin 1903.

442 Vgl. Schröder: Deutsche Komparatistik im Wilhelminischen Zeitalter, S. 96, 116; Eugen Kühnemann: Zur Aufgabe der vergleichenden Litteraturgeschichte. In: Centralblatt für Bibliothekswesen 18 (1902), S. 1–11.

443 Sauer: Literaturgeschichte und Volkskunde, S. 3.

444 Vgl. August Sauer: Über die besonderen Aufgaben der Literaturgeschichtsforschung in Österreich. Manuskript (1917). Österreichische Nationalbibliothek Wien. Nachlaß Joseph Nadler.

445 Vgl. Georg Brandes: Weltlitteratur. In: Das litterarische Echo 2 (1899) 1, Sp. 1–5.

446 Vgl. Schröder: Deutsche Komparatistik im Wilhelminischen Zeitalter, S. 174.

447 Julius Petersen: Nationale oder vergleichende Literaturgeschichte? Vortrag bei der zweiten allgemeinen Sitzung des 56. Deutschen Philologentages in der Aula der Universität Göttingen am 29. September 1927. In: Deutsche Vierteljahrsschrift für Literaturwissenschaft und Geistesgeschichte 6 (1928), Bd. 6, S. 39.

448 Betz: Litteraturvergleichung, Sp. 664.

449 Petersen: Nationale oder vergleichende Literaturgeschichte?, S. 40. – Vgl. dazu auch Wetz: Shakespeare vom Standpunkte der vergleichenden Litteraturgeschichte, S. 18.

450 Vgl. Benedetto Croce: Die vergleichende Literaturwissenschaft. In: Croce: Kleine Schriften zur Ästhetik. Bd. 2. Tübingen 1929, S. 61–73. – Vgl. auch: Briefwechsel. Benedetto Croce. Karl Vossler. Berlin (West) – Frankfurt a. M. 1955, S. 50 (Brief Croces vom 7. August 1902).

451 Petersen: Nationale oder vergleichende Literaturgeschichte?, S. 42.

452 Vgl. S. 191 f. dieses Bandes.

453 Handbuch der Literaturwissenschaft. Hg. v. Oskar Walzel. 20 Bde. Berlin-Neubabelsberg (ab 1924 Wildpark-Potsdam) 1923–1938.

454 Vgl. Julius Petersen: Nationale oder vergleichende Literaturgeschichte?, S. 39–40.

455 Fritz Strich: Weltliteratur und vergleichende Literaturgeschichte. In: Philosophie der Literaturwissenschaft, S. 423 und 438–440.

456 Ebenda, S. 424–425, 432–434.

457 Vgl. La littérature comparée á l'Université internationale de Bruxelles. In: Revue de littérature comparée 2 (1922), S. 137.

458 Vgl. Petersen: Nationale oder vergleichende Literaturgeschichte?, S. 48.

459 Ebenda, S. 40.

460 Ebenda, S. 46.

461 Ebenda, S. 48.

462 Ebenda, S. 49.

463 Ebenda, S. 51.

464 Ebenda, S. 61.

465 Vgl. Lexikon sozialistischer deutscher Literatur. Von den Anfängen bis 1945. Monographisch-biographische Darstellungen. Halle 1963.

466 Vgl. Beiträge zur Geschichte der deutschen sozialistischen Literatur im 20. Jahrhundert. Hg. v. der Deutschen Akademie der Künste Berlin. Bd. 1 bis 4. Berlin – Weimar 1970–1972.

467 Vgl. Textausgaben zur frühen sozialistischen Literatur in Deutschland. Hg. v. Bruno Kaiser/Manfred Häckel/Ursula Münchow. Berlin 1963 f. – Insgesamt erschienen 24 Bände.

468 Vgl. Skizze zur Geschichte der deutschen Nationalliteratur von den Anfängen der deutschen Arbeiterbewegung bis zur Gegenwart. In: Weimarer Beiträge 10 (1964) 4, S. 664–812.

469 Vgl. Geschichte der deutschen Literatur. Von den Anfängen bis zur Gegenwart, Bd. 8.1., S. 343–357.

470 Vgl. Ursula Münchow: Frühe deutsche Arbeiterautobiographien. Berlin 1973 (Literatur und Gesellschaft).

471 Vgl. Istorija nemeckoj literatury. Bd. 4. Kapitel XXV: Literatura germanskoj social-demokratii. Moskva 1968, S. 383–394.

472 Vgl. Geschichte der deutschen Literatur. Von den Anfängen bis zur Gegenwart, Bd. 8.2., S. 748.

473 Vgl. Jürgen Kuczynski: Die Geschichte der Lage der Arbeiter unter dem Kapitalismus. Teil I: Die Geschichte der Lage der Arbeiter in Deutschland von 1789 bis zur Gegenwart. Bd. 1: 1789–1849. Berlin 1954, S. 93 bis 106.

474 Vgl. August H. Th. Pfannkuche: Was liest der deutsche Arbeiter? Tübingen – Leipzig 1900.

475 Vgl. z. B.: Brigitte Emig: Die Veredelung des Arbeiters. Frankfurt a. M. 1980.

476 Vgl. Ursula Münchow: Arbeiterbewegung und Literatur 1860–1914. Berlin – Weimar 1981.

477 Vgl. Georg Fülberth: Proletarische Partei und bürgerliche Literatur. Auseinandersetzungen in der deutschen Sozialdemokratie der II. Internationale über Möglichkeiten und Grenzen einer sozialistischen Literaturpolitik. Neuwied – Berlin (West) 1972, S. 123–150.

478 Vgl. Wilhelm Liebknecht: Brief aus Berlin vom 17. 2. 1891. In: Die Neue Zeit. Wochenschrift der deutschen Sozialdemokratie 9 (1891), Bd. 1, S. 710.

479 Mehring: Gesammelte Schriften. Bd. 11, S. 139; vgl. auch S. 449: „Die Kunst darf ihre Wiedergeburt erst von dem ökonomisch-politischen Siege des Proletariats erwarten; in seinen Befreiungskampf vermag sie nicht tief einzugreifen."

Personenregister

Adelung, Johann Christoph 55
Adorno, Theodor W. 290
Aischylos 125 211
Alembert, Jean Baptiste le Rond d' 275
Appell, Johann Wilhelm 278
Ariosto, Lodovico 212
Aristophanes 112
Arndt, Ernst Moritz 117 133
Audorf, Jakob 260
Auerbach, Berthold 121

Bachtin, M. M. 46
Bahner, Werner 290
Baldensperger, Fernand 235–236 238
Balzac, Honoré de 122
Barck, Karlheinz 289
Bartels, Adolf 24 69
Bastiat, Frédéric 142
Baudissin, Wolf v. 212
Bauer, Heinrich 260
Bayer, Dorothee 278
Bebel, August 254 257 260
Becher, Johannes R[obert] 243
Becker, Eva D. 102–104
Behm, Reinhard 291
Behrens, Wolfgang W. 280
Benecke, George Friedrich 208
Benjamin, Walter 40 43 93 199
Bentham, Jeremy 142
Berghahn, Klaus L. 103–104
Bernhardi, August Ferdinand 54 276
Bertaux, Pierre 84
Bertram, Ernst 24 28
Betz, Louis Paul 226–230 232 234 bis 235 237 294
Bieber, Hugo 129
Biese, Alfred 224 233
Bismarck, Otto v. 125
Bloch, Ernst 93
Blum, Robert 129
Bopp, Franz 208
Borchardt, Rudolf 24
Born, Stephan 260
Börne, Ludwig 85 87 90–91 95 98 105 118
Bott, Gerhard 280
Bouterwek, Friedrich 103 111
Bracke, Wilhelm 255
Brandes, Georg 234
Brassai, Samuel 221
Brecht, Bertolt 40 43
Bredel, Willi 243
Brunetière, Ferdinand 235
Büchner, Georg 128–130
Buhr, Manfred 287
Burdach, Konrad 208

Calderón de la Barca, Pedro 145 212
Carré, Jean Marie 238
Carriere, Moriz 223–224
Cervantes Saavedra, Miguel de 212
Chamisso, Adelbert v. 116 276

Cimabue 161
Condillac, Étienne-Bonnot de 156
Conrady, Karl Otto 84
Contessa, Karl Wilhelm 276
Cotta, Johann Friedrich v. 56
Croce, Benedetto 79 81–82 235
Cysarz, Herbert 79 104 160 168 bis 169 281
Czoppelt, Hellmut 224

Daffis, Hans 229 232
Dahnke, Hans-Dietrich 104
Dante Alighieri 210 212
Danton, Georges-Jacques 125
Dietz, Johann Heinrich Wilhelm 255
Dietze, Walter 86 95 104–105
Dietzgen, Josef 260
Dilthey, Wilhelm 18 30 134–160 168 189–190
Döblin, Alfred 25
Droste-Hülshoff, Annette v. 120
Dumont, Altrud 74

Eckermann, Johann Peter 292
Eckhof, Konrad 103
Eichenbaum, B. M. 44
Eichendorff, Josef v. 116
Eisler, Hanns 40
Elster, Ernst 229–232 234
Engel, Eduard 24 129
Engels, Friedrich 33–35 90 135–136 140–141 157 219–221 245 253 257 bis 258 261 263 271
Ermatinger, Emil 193
Eschenburg, Johann Joachim 54
Estermann, Alfred 280

Ferguson, Wallace K. 161
Fetzer, Günter 278
Fichte, Johann Gottlieb 105 152 bis 153 156
Flaubert, Gustave 122
Fontane, Theodor 120 122–124 126 245–246
Fontius, Martin 276
Forster, Georg 103 105 114–115 118
Förster, Marion 285
François, Louise v. 122
Franz, Michael 289
Franzos, Karl Emil 128
Freiligrath, Ferdinand 131 242 253
Freytag, Gustav 97 107 120–122 127 157 167
Friedrich II., König von Preußen 125 145 165 167
Fritze, Ludwig 216
Füllberth, Georg 297

Geibel, Emanuel 127 132
Geiser, Bruno 255
George, Stefan 24 28 160
Gervinus, Georg Gottfried 54 60 84 94 101 103–104 106–115 117 129 132 152 165–166 210
Gildemeister, Otto 216
Ginschel, Gunhild 291
Giotto di Bondone 161
Goethe, Johann Wolfgang 22 53 55 60 72 83 85 93 95–98 102–110 112–114 116 118–120 123 127 bis 128 135 144 147–152 156–157 159 166–168 190 213–217 219–220 223–224 229 245
Goetze, A. 278
Gombrich, Ernst H. 290
Gotthelf, Jeremias 121
Gottschall, Rudolf v. 118 120–121 127–128 130–131
Gottsched, Johann Christoph 162 236
Götze, Karl-Heinz 291
Grabbe, Christian Dietrich 118 128 bis 130
Greiner, Martin 74

Gries, Johann Diederich 212 216
Grillparzer, Franz 117 120 123
Grimm, Herman 121 208
Grimm, Jacob 16 55 202–210
Gumbrecht, Hans-Ulrich 289
Gundolf, Friedrich 22 24 236 238
Günther, Sigmund 119
Gurlitt, Cornelius 119
Gutzkow, Karl 58 85–87 89 94 98 bis 99 121 127

Häckel, Manfred 242–243
Hamann, Richard 155
Hamburger, Käte 55
Hammer-Purgstall, Josef v. 213
Hanke, Helmut 275
Hardenberg, Friedrich Leopold v. (siehe auch Novalis) 153
Harkness, Margaret 263
Hart, Heinrich 292
Hauff, Wilhelm 56
Hauptmann, Gerhart 120–124 126 128–129 154 265
Hauser, Arnold 199
Haym, Rudolf 152–153
Hazard, Paul 236
Hebbel, Friedrich 120 123–125 128
Hegel, Georg Wilhelm Friedrich 111 136 142 144–145 148–149 150 bis 153 157 163 217–218
Heine, Heinrich 39 57 60–61 70 72 80–81 85–88 90–100 104 111 115–117 120 127 131 242 253 264
Heinsius, Theodor 103
Heinzel, Richard 78 278
Heise, Wolfgang 285
Herden, Werner 274
Herder, Johann Gottfried 55 103 bis 105 152 155–156 162–163 206 212 215 229 276
Hermand, Jost 95 167
Herrmann, Max 26
Hertz, Wilhelm 216
Herwegh, Georg 63 69 131 242 253 261 264 272
Heß, Moses 253
Hettner, Hermann 45 106–110 112 bis 115 117–118 129 165 167 219
Heyse, Paul 120 127 216
Hillebrand, Joseph 103
Hirdina, Karin 289
Hoffmann, Ernst Theodor Amadeus 111 276
Hoffman v. Fallersleben, August Heinrich 63
Hohendahl, Peter Uwe 58 94 286
Höhle, Thomas 297
Hölderlin, Johann Christian Friedrich 55 104–105 112 115–117 153 bis 154 159 166 168
Holtzhauer, Helmut 281
Horn, Franz 103 111
Huch, Ricarda 154
Humboldt, Wilhelm v. 104

Ingarden, Roman 43 46 81
Irrlitz, Gerd 287

Jacoby, Leopold 260 264
Jäger, Hans-Wolf 280
Jahn, Friedrich Ludwig 177
Jakobson, Roman 44
Jean Paul 105 112–113 115 117 166
Jellinek, Arthur L. 233
Johach, Helmut 139
Jordan, Wilhelm 122 125 127
Jung, Alexander 90–92 94

Kagan, M. S. 186–189 201
Kaiser, Bruno 242
Kaiser, Karl 260
Kämpchen, Heinrich 260
Kant, Immanuel 147–149 152–153 156
Katona, Ludwig 223
Kaufmann, Georg 119
Kautsky, Karl 34 255 257

Kautsky, Minna 263 265
Kegel, Max 255 260
Keller, Gottfried 120–124 245–246
Kerekes, Sandor 224
Kerner, Justinus 116
Klaar, Ernst 260
Klein, Alfred 242
Kleist, Heinrich v. 104 111 117
Kliche, Dieter 289
Klinger, Friedrich Maximilian 112 166
Klopstock, Friedrich Gottlieb 102 bis 104 107 125 132 147 152
Klotz, Günter 292
Kluckhohn, Paul 279
Koch, Erduin Julius 102
Koch, Hans 297
Koch, Max 125 211–217 221–226 229 234–235
Koch, Thomas 275
Kocka, Jürgen 181–183
Koebner, Thomas 278
Kolbenheyer, Erwin Guido 278
Koopmann, Helmut 95
Korff, Hermann August 158 236 238
Körner, Theodor 117 133
Korsch, Karl 33
Koselleck, Reinhart 181 183
Kotzebue, August v. 103
Kracauer, Siegfried 43 93 199
Krauss, Werner 159 177 209
Krenzlin, Norbert 274
Kreutzer, Hans Joachim 277
Kreuzer, Helmut 74 84
Krille, Otto 260
Kuczynski, Jürgen 297
Kuhn, Helmut 279
Kühnemann, Eugen 233
Kummer, Friedrich 167–168
Kunisch, Hermann 279

Lachmann, Karl 208
Lahme, Reinhard 277
Lassalle, Ferdinand 34 257 263 265
Laube, Heinrich 58 86–88 94 98 bis 99 103
Lazarus, Moritz 13
Leibniz, Gottfried Wilhelm 79 146 148 211 217
Lenin, W. I. 34
Lenz, Jakob Michael Reinhold 130
Lenzer, Rosemarie 289
Lepp, Adolf 260
Lessing, Gotthold Ephraim 39 102 bis 105 112 117 144–147 150 bis 153 155–157 159 162 166 168 211 276
Liebknecht, Wilhelm 254–255 272
Link-Heer, Ursula 161
Ludwig, Otto 12
Luhmann, Niklas 179–180 182
Lukács, Georg 33 40–42 136 143 154 159 186
Luther, Martin 125
Luxemburg, Rosa 34

Maaler, Josua 55
Mahrholz, Werner 35
Mann, Heinrich 80 84
Mann, Thomas 84 245
Mannheim, Karl 168
Marggraff, Hermann 91–92 94
Matthisson, Friedrich v. 102
Marx, Karl 33–35 40 135–136 140 bis 142 219–221 253 257–258 261 263
Mattenklott, Gert 280
Mayer, Günter 289
Mehring, Franz 33–39 126 245 260 bis 261 263 271 273
Meißner, Otto Karl 258
Meister, Leonhard 102
Meltzl von Lomnitz, Carl Hugo 221 bis 224

Menzel, Wolfgang 53–64 69 73 87 94–95 97–98 101 105 166–167
Meyer, Conrad Ferdinand 122
Meyer, Richard Moritz 119–129 167
Michelangelo Buonarotti 161
Mill, John Stuart 142
Milton, John 107
Mittenzwei, Werner 275
Möbius, Friedrich 289
Montesquieu, Charles de Secondat 156
Morhof, Daniel Georg 211
Motte-Fouqué, Friedrich de la 276
Mukařovský, Jan 44 46–47
Müllenhoff, Karl 208
Müller, Günter 170
Müller, Jörg Jochen 291
Müller, Wilhelm 116
Münchow, Ursula 242–243
Mundt, Theodor 58 60 86 90 94 bis 96 101 118 218
Muschg, Walter 279
Mylius, Christlob 211

Nadler, Josef 24 32 193–196 200 206
Napoleon I., Kaiser der Franzosen 22 125
Naumann, Manfred 173
Nedoshiwin, G. A. 186
Nestroy, Johann Nepomuk 129
Neumann, Werner 290
Neumann, Wilhelm 276
Newton, Isaac 79
Nietzsche, Friedrich Wilhelm 30 120 123 126 131 143 160
Nössig, Manfred 275
Novalis (siehe auch Hardenberg, Friedrich Leopold v.) 111 116 153–154 157 159 168

Olbrich, Harald 290
Opitz, Martin 166
Örtel, Wilhelm 121
Otto-Walster, August 260

Pepperle, Ingrid 243
Petersen, Julius 25–26 32 78–84 99 168 210 235–241
Pfannkuche, August Th. 297
Pfeiffer, K. Ludwig 289
Pflaum, G. 278
Pinder, Wilhelm 168
Platen, August v. 116 213
Plechanow, G. W. 38
Poelitz, Karl Heinrich Ludwig 102 bis 103
Ponten, Josef 79–80
Pracht, Erwin 289
Preczang, Ernst 272
Prutz, Robert Eduard 63–67 69–70 72–73 206

Raabe, Wilhelm 127 245
Rehbein, Franz 260
Reuleaux, Franz 119
Reuter, Fritz 120–121
Rickert, Heinrich 138
Riehl, Wilhelm Heinrich 232
Robespierre, Maximilien-Marie-Isidore de 125
Rosenberg, Johanna 275
Rosenkranz, Karl 217–218
Rosenow, Emil 260 272
Rothe, Norbert 242
Rousseau, Jean-Jacques 147
Rückert, Friedrich 213 216
Rüdiger, Horst 84
Ruge, Arnold 35 253

Salis-Sewis, Johann Gaudenz v. 102
Sauer, August 193 206 233
Savigny, Friedrich Karl v. 206
Schack, Adolf Friedrich v. 216
Scheffel, Josef Victor v. 127
Schelling, Friedrich Wilhelm Joseph v. 148–151 153 156–157

Schenkendorf, Max v. 133
Scherer, Wilhelm 15–16 18 30 69 78 106–110 115–122 127–129 133 152 166–167 195 203 206–208 210 222 233 235 241 278 288
Scherpe, Klaus R. 280
Scherr, Johannes 218
Scheu, Andreas 260
Schiller, Dieter 275
Schiller, Friedrich 55 97 102–107 110 112–115 117 132 147–148 151–152 156–157 163 167 169 **214**
Schiller, Josef 260
Schipper, Jakob 216
Schklowski, W. B. 43–44
Schlegel, August Wilhelm 102 110 113 116 130 212–214 216
Schlegel, Friedrich 110–111 113 116 131 163 212–213 223
Schleiermacher, Friedrich Daniel Ernst 144–145 149–150 218
Schleifstein, Josef 297
Schlenstedt, Dieter 187
Schlenstedt, Silvia 242
Schlenther, Paul 119
Schlesier, Gustav 87
Schmeling, Manfred 290
Schmidt, Erich 84
Schmidt, Julian 97 105 107 118 120–121 127 157 167
Schmoll (genannt Eisenwerth), Josef Adolf 290
Schober, Rita 275
Scholem, Gershom 290
Schopenhauer, Arthur 125
Schrader, Bärbel 275
Schröder, Susanne 223–226 232 bis 233 235
Schröder, Winfried 292
Schulte-Wülwer, Ulrich 291
Schultz, Franz 170
Schweichel, Robert 265 272
Schweitzer, Jean-Baptiste v. 266
Schweppenhäuser, Hermann 290
Seeba, Hinrich C. 102
Seghers, Anna 243
Sengle, Friedrich 34 95
Seume, Johann Gottfried 105 111
Shakespeare, William 95 102 112 117 130 145 212
Simm, Hans-Joachim 289
Singer, Paul 255
Singer, Samuel 278
Soergel, Albert 25
Sombart, Werner 119
Sophokles 125
Spengler, Oswald 278
Spielhagen, Friedrich 121 127
Spinoza, Baruch 146
Städtke, Klaus 46
Stein, Peter 95
Steinecke, Hartmut 95
Steinthal, Heymann 13
Stern, Adolf 218
Stifter, Adalbert 121 127
Storck, Karl 216
Storm, Theodor 120 124
Strich, Fritz 158 237–238
Striedter, Jurij 275
Strippel, Jutta 291
Süpfle, Theodor 225

Taine, Hippolyte 235
Texte, Joseph 235
Thalheim, Hans Günther 171
Thalmann, Marianne 73
Thümmel, Moritz August v. 102
Tieck, Dorothea 212
Tieck, Ludwig 116 130 153 212 216 276
Tiedemann, Rolf 290
Tolstoi, L. N. 122
Träger, Claus 172 276
Treitschke, Heinrich v. 120
Turgenjew, I. S. 122

Turgot, Anne-Robert-Jacques 214
Tynjanow, J. N. 43–45

Uhland, Ludwig 116
Unger, Rudolf 78 158 190 194

Vahlteich, Carl Julius 260
Varnhagen von Ense, Karl August 276
Vasari, Giorgio 161–162
Viereck, Ludwig 255
Vilmar, August 101 167
Vodička, Felix 46
Voß, Johann Heinrich 102 152

Wachler, Johann Friedrich Ludwig 103
Wackenroder, Wilhelm Heinrich 276
Wagner, Richard 124–125
Walzel, Oskar 24 29 31 78–79 81 158 169 190–193 195 197–198 236
Warburg, Aby M. 197 199
Weber, Peter 215–216
Weddigen, Otto v. 292
Weerth, Georg 242 245 253 260 264 271
Weimar, Klaus 276
Weisbach, Reinhard 242
Weitling, Wilhelm 243 260
Wellek, René 135
Werner, Zacharias 111
Wetz, Wilhelm 226–229
Wieland, Christoph Martin 103 bis 104 152 156
Wienbarg, Ludolf 87 98
Wiese, Benno v. 170
Wildenbruch, Ernst v. 133
Wilhelm I., deutscher Kaiser 119
Winckelmann, Johann Joachim 78 147 152 278
Windelband, Wilhelm 138
Windfuhr, Manfred 95
Wittich, Manfred 265
Wölfflin, Heinrich 193
Wolfram von Eschenbach 210
Wülfing, Wulf 95
Wuttke, Dieter 290

Yorck von Wartenburg, Paul 142

Zeisig, Adolf 121
Zetkin, Clara 34 256
Ziegengeist, Agnes 279
Ziegler, Theobald 119
Zimmermann, Hans Dieter 278
Zöckler, Christofer 285
Zschocke, Heinrich 111